读懂投资 先知未来

舵手证券图书
www.duoshou108.com

大咖智慧

THE GREAT WISDOM IN TRADING

/

成长陪跑

THE PERMANENT SUPPORTS FROM US

/

复合增长

COMPOUND GROWTH IN WEALTH

一站式视频学习训练平台

WWW.DUOSHOU108.COM

舵手证券图书

www.duoshou108.com

股票大作手回忆录讲解

齐克用　著

山西出版传媒集团

山西人民出版社

图书在版编目（CIP）数据

股票大作手回忆录讲解 / 齐克用著. — 太原：山
西人民出版社，2022.1

ISBN 978-7-203-11866-4

Ⅰ.①股… Ⅱ.①齐… Ⅲ.①股票投资—基本知识

Ⅳ.① F830.91

中国版本图书馆 CIP 数据核字（2021）第 138740 号

股票大作手回忆录讲解

著　　者：齐克用
责任编辑：魏美荣　赵　璐
复　　审：赵虹霞
终　　审：姚　军
装帧设计：王　峥

出 版 者：山西出版传媒集团·山西人民出版社
地　　址：太原市建设南路 21 号
邮　　编：030012
发行营销：0351-4922220　4955996　4956039　4922127（传真）
天猫官网：https://sxrmcbs.tmall.com　电话：0351-4922159
E - m a i l：sxskcb@163.com　发行部
　　　　　　sxskcb@126.com　总编室
网　　址：www.sxskcb.com

经 销 者：山西出版传媒集团·山西人民出版社
承 印 厂：廊坊市祥丰印刷有限公司

开　　本：787mm×1092mm　1/16
印　　张：31
字　　数：590 千字
印　　数：1—8000 册
版　　次：2022 年 1 月　第 1 版
印　　次：2022 年 1 月　第 1 次印刷
书　　号：ISBN 978-7-203-11866-4
定　　价：98.00 元

如有印装质量问题请与本社联系调换

出版者序

齐克用先生：利弗莫尔操盘思想的集大成者，投资教育的先锋。

作为专注证券图书的出版品牌，30年来，我们一直在寻找一位能够系统完整地讲透利弗莫尔操盘方法的人。

讲解《股票大作手回忆录》《股票大作手操盘术》并不容易。既要精通英文，能够查阅史料，理解利弗莫尔投资的精义，同时，还需要丰富的操盘经验，这样，才能够把利弗莫尔的操盘思想与技术讲得既原汁原味又清晰易懂。有幸，我们找到了齐克用先生。

齐克用先生是美国休斯顿大学的物理学硕士，他创作出版的利弗莫尔研究专著已有8册之多，被誉为"利弗莫尔的代言人"。他拥有完整的股票、债券、期货、期权、衍生性金融商品市场资历与30年以上的实战经验。除了在金融市场实际操作，齐克用先生更致力于投资教育训练和操盘手训练，具有授课万场以上的宝贵经验。一些交易员和基金经理甚至反复跟学齐克用先生的课程，并以此为乐，认为找到了安稳投资的"定海神针"。

齐克用先生坚信，从利弗莫尔的教训中，我们能获得宝贵的投资经验，学习到具体的操盘技术，进而建立起自己完整的交易系统，并可应用于股票、期货、外汇等不同的市场。将大作手利弗莫尔的操盘技术与现代金融工具结合使用，更能发挥奇效，提升盈利概率并大幅降低交易风险。正如利弗莫尔所言："如果有人使用我的方法，赚到超过我的财富，我一点都不惊讶。其他人可以在我的基础之上发展新思路，从而让我的思想更具价值。"

如今，齐克用先生的作品经由舵手证券图书出版，我们引为自豪。他有多年的实战投资经验和授课经验，并且怀有热诚之心，期待培养更多的交易能手，这与舵手证券图书的知识普及初心和内容传播创新完全契合。

在专注于精品、原创投资类书籍出版的基础之上，舵手不断创新内容生产、优化平台建设，现已形成图书、音视频课程、投资交流社群、配套应用软件为一体的综合投资学习平台，拥有多层次、多类型的课程体系，涵盖基本面分析和技术分析，针对股票、期货、外汇、期权、基金等各类交易品种推出了有针对性、系统化、实用性强的课程，不论是准备入门的投资者，还是想要进阶提升的投资者，都能找到适合自己的内容，更有与投资大师、交易专家面对面交流、坐而论道的机会，帮助投资者提升自我，找到投资常赢之道。

在本书出版的同时，齐克用先生将以视频讲解、直播交流、线下交流等方式，在舵手投资学习平台带读者领略利弗莫尔的神奇交易经历，学习到更有价值的交易技术。

不积跬步，无以至千里。扫描封面二维码，加读者交流群，与齐克用先生相遇！扫描封底二维码，关注杰西·利弗莫尔服务号，获取操盘讲解视频及更多服务！

序　言

　　《股票大作手回忆录》这本书，是投资界的"圣经"，长期占据证券理财书全球销量的榜首。这本书涵盖买卖技巧、筹码分析、解读消息、金融政策、宏观操盘等核心内容，也谈到欺诈与监管、人性与金融行业的销售技巧。利弗莫尔经常举证市场上其他赚钱人的操作技巧，证明从他人的市场经验中学习是进步最快的方式，这是我们需要仔细研读这本书的主要原因。跟着大师操盘学习，看懂市场上那些赚钱人的思维，是任何时代的操盘人都必须具备的基本功与敏感度。

　　这本书的架构有它的逻辑性，引导着读者循序渐进地学习。这种循序渐进，不是刻意规划，而是让读者在学习投资时，先从基本功开始练起，再练到进阶与高阶。它循序渐进，就是照这个架构与逻辑在走。例如，引导读者先看大盘再看个股。一般人初到股市，都是不管大盘，只看个股，后来才知道不对，应该要先看大盘。看懂大盘，就看懂个股了。那为何看懂大盘之后，就能看懂个股？因为到最后您会发现公司派与主力控盘，全部都在看大盘的方向在操作。所以，难怪您看懂大盘就能赚钱，因为赚钱的人都看大盘。

　　整本书的核心重点是：任何投资市场中或多或少都有一个人或一群人在操纵，投资者能够知道的是有人操纵，但不能知道的是他在如何操纵，因为操纵是动态的，连操纵的人自己都不知道持续如何进行。投资市场中，有很多是能够知道的事情，例如：任何投资市场都有人在操纵。也有很多是不能够知道的事情，例如：操纵者在如何操纵。长期下来，投资能赚钱是靠能够知道的事情来赚钱。失败的投资者，每天都在研究不能够知道的事情，例如：我要如何判断出庄家如何操纵。操纵是有固定的流程与逻辑的，了解这些运作过程，就是增加自己能知道的知识领域，有助于判断未来行情的发展。导读的后半部分有摘要的详细说明。

　　看完整本书后您会发现，利弗莫尔在投资中每当解决了一个问题，另一个问题就随即出现，总是要不停地学习与改善。当他发现全部的问题好像都解决了，往往遭遇一次彻底失败。所以这本书告诉您，投资者注定要从实战与失败中慢慢磨炼，才能获得成功。跟随笔者的书籍、视频课程、线下课程，将带领您进入正确的实战操盘世界。

　　笔者长年任教于金融研训院与证券基金会，并专职于利弗莫尔书籍著作与课程讲授。笔者于此特别感谢大陆舵手证券图书郑总的邀请出版本书。

利弗莫尔操盘术专家齐克用

2021.3.15 于台北

目　录

导　读

在财经书籍中,《股票大作手回忆录》每个月的销售排行总是第一名。翻译这本原作的书籍有许多版本,读者想要找到最好的翻译版本很困难。笔者意图写一本最好的《股票大作手回忆录》,以便于有志专心学习利弗莫尔操盘术的投资大众学习使用。

一、本书缘由

笔者创作《股票大作手回忆录讲解》一书,缘于笔者三十年来讲解利弗莫尔课程的经验。为了清晰地讲解利弗莫尔的精意,特别是涉及操盘的部分,笔者进行了大量的注解,并且修正了原来文章中翻译不妥的地方。另外,笔者也为本书配置了视频课程及相应的学习工具,期望读者在选择本书时,能够解决学习利弗莫尔操盘术的难题,并在操盘实践中得到进步。这本书值得一再重复地读,读百遍也不厌倦,是可以放在案头随时查阅的珍藏版本。

《股票大作手回忆录》这本书是投资界的宝典,是每个投资者都必须看的一本书。相信不少名人动过脑筋,想要来讲解这本经典。为何自始至终没有人来讲解呢?首先是利弗莫尔功力太过强大,若是讲解者的功力不够,就无法将这位交易巨匠的技巧解释清楚,同时,跟利弗莫尔比较,很容易被比下去。笔者个人拥有长期的操盘经验,已经著作出版了 8 本讲解利弗莫尔的相关书籍,在多地讲授利弗莫尔的初中高阶系列操盘课程,好评如潮。

面对大量的利弗莫尔相关书籍著作及课程讲授,笔者立志要发扬光大并始终怀有推广大师操盘技巧的使命感。

什么是利弗莫尔操盘术？就是全方位操盘术。

如图 0-1，三大核心是：资金管理、情绪管理、买卖时机。外面一圈显示适用于全部的投资品种与工具；再外面一圈包括了所有的投资技巧。

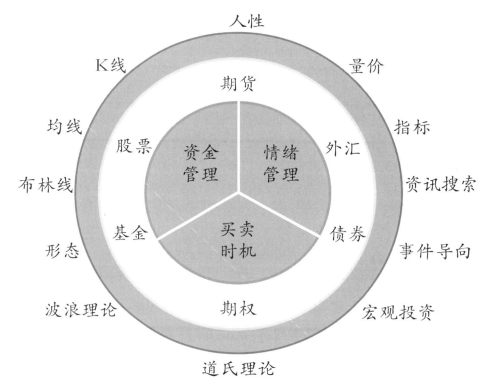

图 0-1 基于利弗莫尔理念的全方位操盘术

本书将带您深入看懂利弗莫尔故事背后的真正意义。为何看不透书中故事背后叙述的真正赚钱道理？因为您必须具备一些基本的投资操盘技巧，否则书中写的大户抛售股票、散户惨遭套牢的故事，您只能看懂表面的趣闻，而无法洞悉原本叙述的交易时机以及买卖赚钱的技巧。需要哪些基本的投资基础技巧呢？例如：融资、融券、机构买卖、道氏理论、波浪理论、宏观经济，等等。

二、本书架构与阅读技巧

为何要先看导读？导读的作用是什么？希望读者在阅读正文之前，借由阅读导读，了解如何正确阅读本书，进而能先看清楚这本书的结构及作者意图表达的思维逻辑，以期达到易学易懂的目的。为何每章都有？每章的导读是针对个别专章做导读说明。

整本书的架构与说明：本书的内核是笔者对《股票大作手回忆录》原著的翻译。笔者获美国休斯敦大学硕士学位，旅居美国多年，对于英文的听、说、读、写、译能力都超佳。对于技术分析等投资技巧都是在英文语境中学习，加上长年在国外操盘，所以对于操盘及理念阐释能力甚佳。笔者有着长期翻译英文书籍的经验，翻译代表作是4本证券行业的经典：

1.《股票大作手回忆录（注解版）》，这是许多明星基金经理的案头书。

2.《证券分析》，作者是本杰明·格雷厄姆和戴维·托德。这本书被誉为价值投资的"圣经"。

3.《智能型股票投资者》，也称《聪明的投资者》。作者本杰明·格雷厄姆是前世界首富巴菲特的老师，巴菲特对该书十分尊崇。

4.《卖出的艺术：卖出时机与放空技巧》。

懂英文的人很多，懂财经的人也很多，懂操盘的人是少数，同时懂英文、财经与操盘的人更是难寻。所以利弗莫尔托梦给笔者，要笔者做他的代言人，要笔者做他的"化妆师"，要笔者站出来，帮他将利弗莫尔操盘术发扬光大。

本书在每章开始都有导读。导读采取格式化的架构，固定四段式，分成四个主题说明：主题、本章案例、操盘逻辑、重点摘要。在每章的导读中，都会把那一章的核心架构与议题说清楚：

1. 主题：这一章谈了哪些主题？例如：资金管理、加码法则、人性。

2. 本章案例：这本书有很多特点，其中的案例都是非常精彩经典的案例，借以说明每章中要表达的主题议题。

3. 操盘逻辑：很多重要的操盘技巧与思维逻辑，都会在这里详加说明。

4. 重点摘要：当章的精句及重点话语，都会以摘要的方式放在这里。

总结本书架构。开始是序文，之后是导读，导读包括四个主题。导读之后接着是主文，主文之中再加上注解。整本书中穿插着图表进行解说。特别提醒读者，书中涉及操盘案例时，要对照走势图来解读，才能感受到利弗莫尔的操盘精髓。在笔者的视频课程中，通过动态K线的方式，对走势图进行更为精彩的展现。

三、本书的重点与特色

1. 坊间对原著的翻译有诸多不妥的地方，难以读懂，本书对这些问题加以修订调整，让读者易读易懂。

2. 原著以故事叙述方式表达，说明投资赚钱的过程，书中没细述投机技巧与赚钱要诀。本书以导读与注解的方式，把故事背后的操盘精髓详加说明。

3. 对于利弗莫尔说过的重要精句，本书将其摘要引述，加强读者的记忆。

4. 加强案例与图例说明。在导读与注解的部分，适时加入图表说明案例，以增强解读能力。将过去发生的事件，以现代的方式来解读。书中关键图表如下：

- 空桶店与合法券商交易的差异点
- 利弗莫尔在15岁至24岁间，资产净值的起伏变化
- 利弗莫尔开始交易，1892年—1901年，一波上涨波段
- 第二次赔光后，筹资重返华尔街的过程
- 利弗莫尔手稿六行记录。短中长期的多头趋势与空头趋势
- 大西洋城度假与萨拉托加温泉度假，操盘案例与走势
- 操盘高手有多种进场操作方法，三种操作模式的图解
- 旧金山大地震时操盘案例，倒金字塔型的加码法
- 库存持续升高与股价成正相关的加码技巧
- 准得不得了却赔光，高位放空第三次赔光的案例
- 棕榈滩度假与法国艾克斯雷班度假，其间的操盘案例与

走势

·关键点操作失败与退场情形，以及操盘案例与走势
·安纳康达股价走势图与利弗莫尔进场位置图
·没有波动的四年行情，以及"战争新娘景气"[①] 行情

四、延伸学习：操盘系列课程

您需要学习高超的投资技巧吗？您有学习投资的困扰吗？不知从哪里下手吗？舵手证券图书特别邀请笔者，针对投资者规划设计完整训练课程，包括音频与视频在线课程，以及顶级版的线下课程，用来学习投资获利的技巧。笔者长期以来专门针对基金公司等机构做操盘训练，在华人圈享有盛誉，业界基金经理人有很多都是笔者的学生，也针对一般投资者做系统化的系列课程训练。

五、操纵是操盘的升华

《股票大作手回忆录》原著在出版之前，由财经记者专访利弗莫尔，从1922年6月10日至1923年5月26日，前后大约一年的时间，刊载于《星期六晚邮》连载专栏。后来将这些专访文章结集成册，出版了《股票大作手回忆录》这本书。从这本书的内容与结构来看，专访连载于报纸时，就已经规划设定好要出回忆录这本书了，因为书中的时序、案例、阐述思考逻辑与操盘技巧，都是依序进行，同时案例引用都极为适当。

在《股票大作手操盘术》这本书最后附录的手稿与交易规则中，也看到六行记录表的操盘标的与时序，案例引用是极为适当的。六行记录表在说明交易规则时，只有一条规则未曾出现在记录表中，可知所有利弗莫尔的相关文章都是精心选取设计的。六行记录表是利弗莫尔临终前的操盘交易记录。

《股票大作手回忆录》中第十八章之前的内容，有九成以上都是报纸的连载专栏文章。第十九章到第二十四章共六章，核心议题谈操纵，这部分内容只有一成是报纸连载专栏文章。也就是利弗莫尔认为自己是作手，是从这一部分来的。从这里我们可以看出，操盘世界的极致就在操纵，看懂操纵就看懂了市场

---

① "战争新娘景气"指在一战后，美国股市出现的一段繁荣牛市。

最深层的波动，就能从市场中赚到钱。所以笔者将最后六章有关操纵的综合完整版导读放在本书一开始的导读中。

六、关于操纵的导读

从第十九章开始到第二十四章，都在谈操纵。

操纵是一门艺术，也是一种技巧。为什么它是艺术呢？因为每个人的操纵方式都不一样，它是主观行为，所以为什么有的人会成功，有的人会失败？这是原因之一。这本书为何要叫做"大作手回忆录"？这是否意味着利弗莫尔认为自己是个作手？如果是，那为何他要在这本书最后的六章来谈操纵，作为这本书的结束？当您看完本书，便知道操纵就是作手要做的事情。这本书之所以要叫作手，重点就在最后的六章，故定调为"大作手回忆录"。

那"作手"这两个字，在投资市场要如何解释呢？

当时那个年代是主力时代。股市有一点像历史，是一个时期又一个时期的延续。最早期是主力时代，后来有所谓的自营商时代，自营商时代是老板拿钱出来，找人来操作，再来后就是演化外资的时代。当来到自营商或外资的时代时，就已经把主力时代慢慢给替代了，所以市场的主力，全部都集中在中小型股票上。如果从主力这两个意思来解释，作手就是主力，主力就是庄家。到了外资时代，外资就是市场主力。

那么，从外资时代到现在，又是什么时代？已经来到计算机程序交易的时代。各式各样的计算机程序交易的形态，包括高频交易也算在内。这也就是为何我们要去了解计算机程序交易的原因——即便您不使用计算机程序交易，您也要了解。那要如何了解计算机程序交易呢？其实很简单，您只要了解技术分析，了解价格怎么波动，您就能够了解计算机程序交易形态到底是什么。简单讲，计算机程序交易的时代，是回到技术分析的时代。

以上，即为操纵是一种艺术，也是一种技巧的原因。

那作手是什么？就是市场的主力！市场庄家！

操纵，其实跟资金与筹码有很大关系。如果要操作，手上就要有两样东西，第一是手上要有很多钱，第二是手上要有很多股票，少一样就没办法操纵。如果您只有钱，没有股票，没有办法操纵。所以在操纵的初期，一定要潜伏在里面，偷偷买股票，直到您手中握有大量的股票，您才有办法操纵。为什么？因为股票价格要涨，就要靠钱买，价格要跌就要靠卖股票，所以操纵的基本要件，一定跟资金跟筹码有关系。

那外资为何可以操纵一只股票？因为外资手上有很多资金，又囤积了很多数量的这只股票。所以，外资可以操纵这只股票，它的主力与庄家就是外资。既然操纵跟资金与筹码有关系，那您就知道散户是没有办法操纵的，因为散户的资金与筹码都不够大。那么既然一般人与散户都无法操纵，为何我们要了解操纵？了解操纵，就是要先了解市场上的操纵，会有哪些人有可能去这样做？散户无法操纵，作手与庄家可以操纵；外资、证券投资信托公司、自营商、公司派（指上市公司内部人的投资资金）、牛散、内部人、大股东这些也可以操纵。所以操纵是在谈可以操纵的这些人，这类型的市场参与者。

当您了解了会有哪些类型的人从事操纵行为，您才有办法看懂这类型的市场参与者是如何影响价格的。所以，您要知道任何投资市场，或多或少都会有操纵者，您唯有了解到操纵者的意图，以及他到底怎么去操纵，您才有办法看清楚市场会如何摆荡。像期权到底是会往哪个方向去结算？是拉高还是压低结算？您一定要了解跟结算有关系的市场参与者怎么去操纵这个市场，您才有办法去判断会怎么结算。

外资的操纵，譬如说，操纵某只股票，外资有做长期投资的，单纯配股配息，也有为了操纵期权结算价，要让指数上下不停地波动，赚取选择权权利金的。所以它有不同的主力机构在买这只股票，但他们都是外资。简单讲，散户是起不了作用的，因为散户的筹码太少，资金太少，无法影响价格，所以谈不上操纵。

利弗莫尔谈操纵，他讲操纵是可行的，操纵是没有办法看清楚的，除非您是自己在操纵，否则很难看透。然后又说大量卖出股票也叫操纵，压低吃货也是操纵，这些话就告诉我们，投资市场真难，因为很难看清楚别人是在操纵还是在卖股，或者是压低股价，收集筹码，为未来大涨一波做准备。

整本书的核心重点：任何投资市场中或多或少都有少数人或一群人在操纵，投资者能够知道的是有人操纵，不能知道的是他在如何操纵，因为操纵是动态的，连操纵的人自己都不知道持续如何进行。

投资市场中，有很多是能够知道的事情，例如：任何投资市场都有人在操纵。也有很多是不能够知道的事情，例如：操纵者在如何操纵。长期下来，投资能赚钱是靠能够知道的事情来赚钱。操纵有固定的流程与逻辑，了解这些运作过程，就是增加自己能知道的知识领域，有助于判断未来行情的发展。失败的投资者，每天都在研究不能够知道的事情，例如：我要如何判断出操纵者要拉高或压低结算。

弄清楚什么是可以努力的地方，比什么都重要。俗话说，要怎么收获就得先怎么培育，在投资市场里，这句话是二八法则，"要先知道该栽在哪些事情上面，才会事半功倍！"

操纵的人，时时紧盯市场，因为市场瞬息万变，所以操纵是动态的，要一直顺应市场的变化。利弗莫尔在第二十二章举了炉具的案例，他说都还没开始操纵，但公司派就在他买进之前，先行买进，小道消息传得沸沸扬扬，股价一路往上涨，利弗莫尔就这样一只股票也没买，在零成本之下，轻松地把手中的股票脱手了。

在文章的架构上，第十九章就像是操纵六章中的总引言，第二十章谈操纵的逻辑与过程，他举了两个案例，一个是吉恩的，一个是自己的，来说明操纵的流程与逻辑。像吉恩的操纵，利弗莫尔就没有办法讲清楚是怎么操纵的，他只看懂他的操纵逻辑到底在哪里。第二个案例他就把过程与流程都讲得很清楚，因为他是以自己的案例来说明操纵是如何进行的。

第二十一章以帝国钢铁的案例来谈操纵，是把第二十章所谈的第二个案例再仔细说明，以实际情况来说明，包括了哪一家公司的公司派来找他，以及谈了什么条件，如何达成目标，怎么调查，怎么评估，怎么操纵等。因为有涉及操纵等这些原因，所以记者专访时，就不用利弗莫尔，而是用李文斯顿。所以第二十一章谈到操纵可分两个类型：一种是利弗莫尔这种的，不做没有良心的事，不做骗投资者的事，要来找他操纵的人，他就要看清楚这公司是正派经营，而且是真的做得不错，只是股价没有表现，利弗莫尔来帮这公司把量与价给做出来。这是利弗莫尔认为可以做的操纵，因为即便投资者买在高价，股票最后也不会变成壁纸。另外一种是一个烂公司，然后利用小道消息、假财报把它包装成好的，造成股价大涨。这种操纵，股票很容易变壁纸，买进去的投资者就会血本无归，这种是伤天害理的事，利弗莫尔是不做的。

什么是操纵？让股价依照自己的意思去发展，这就是操纵。不管是企图让股价上涨还是下跌，意思都是一样的。在第十九章一开始就谈到第一个有关操纵的议题。要如何买，才不会在一开始买，股价就一直涨上去？要如何买，才能买在相对低的价位？要如何才能办到这些？所以，只要是意图让股价照自己的意思去发展的，就是操纵，这是简单的定义。

另外，从操纵的目的来看，我们常见的，有政府的护盘基金，希望股价不要跌。但是不是所有的操纵行为都是要股价上涨？不见得，因为买了那么多的股票，到时候还是要卖的，譬如说，护盘基金开始卖出的时候，其抽出来的资金，是等待下一波股价下跌又引起恐慌时，再行护盘。

所以您看股市涨到某个高点，为何始终无法突破？除了外资的期货现货都在卖超之外，原先那些进场护盘基金或公司派，都站在卖方。他们卖出的原因，就是利弗莫尔所说的："我意图让股价往上走，但当它涨到一定程度的时候，我要去做卖出的动作，但当我把资金抽回来时，如果股价有掉下来，如果我还要护盘时，我才会有资金可以买。"简单讲，一方面赚钱，一方面护盘。所以广义来看操纵，就是意图让价格照自己的意思走，都属于操纵。再举个例子，像中央银行在调控汇率方面，有阻升与阻贬两种模式，那中央银行的意图是为了稳定汇市，让汇率在一定区间里面。简而言之，如果从股票市场的观点来看，护盘基金都是希望股价往上去，但如果从汇率的角度来看，则是意图让它维持在一定区间里面震荡。

所以如果从操纵的目的来区分：

1. 稳定股市汇市：中央银行；

2. 稳定股价或释出手中持股：护盘基金、公司派；

3. 放空赚钱：秃鹰。

有一些主力股，意图来抬股价，但当他发现他都还没开始拉，却有跟单者进来，大主力看到小主力进来，要来搭顺风车，那大主力会意图想把股价打下来，逼退一些小主力，所以当您去搭顺风车时，经常遇到震荡非常激烈，意图逼退您。所以当这些小主力最后止损出场时，大主力通常会顺势承接。主力的操纵模式等于逢高卖，逢低买。

秃鹰是放空机构的别称，它们就想放空赚钱。在这个过程中，股价可能会跌，这时候公司派就有可能会出来护盘。放空赚钱不是容易的事，比如说，您要知道流通在外的股数到底是多少？融资融券到底有多少量能放空？因为放空到某一定量以上，是很危险的。因为您能动用的筹码几乎都已经用光了。放空的时候，您手中要有股票，但您的股票绝对不会比大股东多，所以您会有风险。其次的风险是，融资融券的量是有限度的，当您放空很多时，融资融券来到百分之百时，容易产生公司派跟您对杀，这时如果您想把股价打下来，那是困难的，因为您手中完全没有可以卖的股票，这很危险。

秃鹰，可能是手上已经有股票了，或是借券放空。秃鹰放空，之所以能赚钱的原因是它攻击的那些股票都属于中小型，因为这类的公司多有问题。这类公司的第一个问题是大股东手上没有资金，所以当股价开始下跌的时候，秃鹰袭击您的股票时，大股东第一个动作就是买进股票，才有办法把股价往上推。但现在重点是这类的公司经营不善，股东手上都没有钱，根本没有办法买。再则，秃鹰把价格打下来之后，通常会很惨的原因是，因为这些大股东都拿着股票去质押，所以当股价跌到一定程度的时候，它一定会崩塌，因为它会被银行强制平仓。所以秃鹰要去袭击这类股票的时候，都会先计算筹码的。

另外，操纵商品期货，不像股票这么复杂，股票的市场参与者很多，但商品期货，就只有供需双方以及投机这三种，不会像股票有那么多的诈术。例如股东会、融券回补日等，这些在商品期货市场都不会有的，它就只有多与空两种。如果从操纵的角度来看的时候，供给端都是希望价格上涨的，需求端都是希望价格下跌的，那两边如果有一边在操纵，那当然是朝自己有利的方向去操纵嘛。

举个例子来说，石油输出国组织了OPEC，就是要来操纵油价。所以当谈到要OPEC限制产油，都没有人愿意，大家都想赚钱，但若要把价格弄高，那就要减产。这意图都是要操纵油价。

所以只要有人在买卖的市场，或多或少，后面都有人在操纵。操纵这两个字，就是有人刻意地希望股价能照自己想的意思去走。那随着操纵者的角色不同，其操纵的意图也就不同。股市为何长期是多头架构？因为多数人都希望股票往上涨，所以操纵者都希望股价是往上去，而不是往下走。

只要谈到操纵的议题，就会谈到有哪些操纵者。在第二十章的内容里，谈到经纪商，就是我们讲的经纪业务，这章的重点在谈如何操纵，如何意图影响价格。他们在意图影响价格的过程中，其第一个重点就是经纪业务要赚钱，那当站在这个角度去看的时候，您就知道他如何去影响价格了。譬如有人想要发行增资股，又有人想要把价格炒高，这时候就要拜托券商帮忙造市，造市基本上就多少有一点操纵的意味在里面。造市涵盖着两个意思，一个是价格，另外一个是成交量。所以操纵的时候，除了要操纵价之外，还要操纵量。如果您没有办法把量操纵出来的时候，光有价格是没有用的。就等于说我把价格炒得很高，但当没有量的状态下，我要出货就变成有困难了，这样就卖不掉了，这样的操纵是没有意义的。

从第十九章到第二十四章，贯穿了两个重点：

第一是谈人性，一般都是利用人性来操纵，这是最重要的。所以在第十九章的开头就讲了，要如何买很多，并且价格还不会涨上去？在这个问题之前，还谈了另外的重点，过去的操纵方法，现在很多都没有用了，就如同研究古代的兵器，在现在是没有用的，但研究人性是大有可为的。

第二是谈在操纵的过程中，意图影响价格时，您的影响方法是什么？他说这要靠小道消息。所以在第十九章到第二十四章里面，讲了各式各样的小道消息与各式各样的计谋，来意图影响价格。在第二十四章里面谈到经纪商有哪些计谋影响价格来造市。所以六章整个的重点是，第一先定义什么是操纵，第二是谈操纵者的意图，是希望价格照着操纵者的方向去走，第三个是谈操纵者在操纵的时候，不但要做价，还要做量。

在第十九章至第二十四章，开始介绍操纵者在市场扮演的角色是什么，例如经纪商在操纵上面，所扮演的角色是什么？自营商所扮演的角色是什么？内部人与外部人扮演的角色是什么？在第二十三章至第二十四章，谈操纵时，介绍市场参与者分成两种，一种是内部人，另一种是外部人。外部人的交易，所能利用的是小道消息。内部人所能知道的真实情形，外部人是不知道的，内部人要去操纵价格的时候，是依据公司的真正状况，但外部人不会知道的。所以在那一章里面，谈到内部人及外部人在操纵的过程中扮演的角色，并以实际的案例来加以说明。

从第十九章到第二十四章所谈案例的讲述顺序，第一个先讲逻辑与道理，接下来再讲案例。第一个案例是用描述的方式去讲的，讲其道理与运作模式。再接下来就举了实际发生的案例，这些案例，则是包括操纵成功与失败的案例。所以第十九章到第二十四章，就是根据这个架构来进行。在第十九章到第二十四章里面，有的章节谈到操纵二字，用了很多，有的章节用的比较少，例如第二十四章，但实际上都是在谈操纵，都是在谈操纵者意图让价格照自己的意思去发展，不管是要价格向上，还是向下，或者横着不动，这都叫操纵。

读者在看这本书时，可以透过阅读导读与注解，跟着笔者的剖析，把整本书所谈的股票百态与操盘技巧建立成模块，依据其轮廓构思出低风险高报酬的操盘策略，创造胜利。利弗莫尔在本书所谈的操纵案例中，都是公司派找他来配合操纵，都是公司派要抛售股票，请他来把价格拉高，或者是公司合并，要如何做价，让这些股票能够通通脱手。这其实在告诉您，利弗莫尔帮人做操纵时，都是做多不是做空的。

在最后一章结尾前，他又重复地描述一遍"当我去放空赚到大钱，股价跌下来了，绝对不是我去放空，把股价给空下来的，是因为这个趋势本来就向下发展的，我只是顺着趋势在走而已。"一家公司的股票，当它在下跌的时候，放空不是那么容易的事的原因是，如果您打算放空这股票来赚钱时，假若这只股票是一只本来就不该跌的股票，它不会因为您去放空就让您赚到钱，这理由非常简单，当您去放空一只不会跌的股票，即便是一开始跌一点点，但没多久，您就会遇到困难，为什么？因为公司的内部人非常清楚地知道自己公司的股票价值在哪里，所以您去放空，空到公司价值的位置时，公司派一定会大力买进，因为它会回归到基本面，所以当您认为借由放空去打压股票赚钱，这绝对是错误的逻辑，放空能赚到钱，一定是大盘走空或这股票本身就已经有问题了，譬如雇用了一个浪费的执行长，这样您放空才会赚到钱。为什么一般人去放空股票很难赚到钱？因为公司内部的事情外部是看不到的，您很难去评估这公司到最后会不会出问题。所以一般来说，公司会出问题的状态下，内部人一定会加以掩饰，绝对不会让外部人看得出来，否则它的股票会被袭击。

在第二十四章里面，他谈经纪商的各式各样的操纵状况，甚至还有谈到某种操纵状况应该是交易所要禁止的，那他举了这些案例，主要是透过券商造市，把内部人的股票给抛售掉，例如像增资股的策略、股票分割、非公开私下付款方案，等等，当利弗莫尔讲完各式各样的计谋时，就开始谈到如果您去放消息造成股票暴跌，这样是违法的，但如果您是去放小道消息，比如说是透过公司重量级人物在媒体所发表的言论去包装，结果您买进去之后，股价后来掉下来了，像这样的情形您是不违法的。这里要谈的重点是，经纪业务会如何造市，最后再谈到，这些操纵，都会造成投资者赔钱。所以利弗莫尔是在告诉我们，投资市场到底有哪些陷阱？有很多小道消息，特别是内部人的小道消息，很多都是不能信以为真的。

最后在第二十四章总结，回归到股价新高新低。做总结的时候，他讲到第十九章至第二十四章的重点是：

第一是谈操纵。

第二是谈伎俩。

第三是谈如果有人放利空造成股市大跌要抓起来，因为他做了违法的行为，但如果是某位重要的人物说……外资报告说……造成您买在高点赔钱了，您任何人都不能告，因为这个是没有犯法的。这是告诉您投资市场有各式各样的陷阱。您没有办法相信任何一条消息，但如果有人为非作歹害大家赔了钱，那就回归您自己的荷包要自己看好。这第三个重点意思是说，如果要人操纵让股价上涨，没人会讲怎样；那如果有人操纵让股价下跌，如果是隐姓埋名，那是无法可管的。

第四的重点就是要回归到价格。不管是操纵还是事实，全部都要回归到价格。因为您买了之后会上涨就会赚钱，下跌就会赔钱。

这本书讲到最后总结的地方，做了一个很重要的结论："技术面绝对比任何其他面都来得重要！"因为技术面是谈价格的，唯价是问！也就是说，经济好，股票不一定会赚钱，经济坏，股票也不见得会赔钱！财报好，股价不一定涨，财报差，股价也不一定赔。那只有股价涨，一定会赚钱，股价跌，一定会赔钱。所以要回归到价格！只要跟价格不符合的，即便是事实，也都是假的。从空桶店到结语，他告诉您所有的东西最重要的是价格，从价格出发，结束也是谈价格。其他的东西与故事，都只是穿针引线而已。

一切都得回归到注意价格的波动，那么有关价格的波动，又有哪些陷阱呢？

价格的波动，可分为自然波动及人为操纵的波动。实务操作端，我们经常看见的惨状是，明明是上涨格局，我们买进去了，价格却上上下下，不是走直线的，在上涨格局里面，隐藏着有人要压低吃货的震荡，有人获利了结想先出场，而我们刚买进去，看到震荡格局，开始使用技术分析领域所学到的，跌破支撑就要止损，本金亏损百分比的止损机制。针对自己的亏损，误以为是选择错了操作周期，以为是波段数错了，其实重点在于分析波动的背后脉动。

所有的人进到市场，都希望价格能照自己的意思走到目标值。这本书的最后六章，如果正面解读，谈了他操纵的道理与逻辑，以及他实际操纵的案例，您可以学习了解操纵，的确能使价格扭曲到非常夸张的地步，但即便是扭曲的，它确实是实实在在地呈现在那里。我们回归到技术分析的领域里，如何应付操纵呢？我们学了理论，然后进场操作，遇到状况了，就拿理论出来检讨自己错在哪里，以为这次的失败是符合某条理论没注意到，下次的失败又是符合另一条赔钱道理，一次次的赔钱，总是能讲出犯了哪一条人性弱点，但事实上呢？市场上那一群资金充沛的人，他们为了自己的私利，兴风作浪，他们运用理论来骗取一般大众的信任，他们运用人性的弱点在市场上冲下洗，震得您做多做空都不顺。这本书更深一层的意义是让您认清投资市场的百态，要您深思技术分析应该如何使用！

技术分析，不是让您用来预测未来走势的，未来走势的变化，没有任何人可以事先知道。您唯一能够知道的是，技术分析这个工具是能帮助您找到操作的位置，是赚钱几率比较大的位置，帮助您找到进场与出场的位置而已。技术分析没有办法告诉您未来走势一定会符合您原先的预判与预期。技术分析能帮助您看清楚那些有心人士在面对支撑与压力的地方，其资金实力、企图心、市场共识程度，在价格上的表现是强势还是弱势。

巴菲特曾讲，投资就是要挑选那些经营管理阶层能让他放心的公司，如果用这个道理，换成技术分析领域来看，其道理就是当您投资时，要挑选那些在支撑与压力的地方都会展现出企图心的走势，那这个就是您还可以放心抱住的股票。

第一章　穷小子富可敌国的密技

"我自始至终都一样，总是单枪匹马地行动。"

杰西·劳伦斯顿·利弗莫尔

(1877 年 7 月 26 日—1940 年 11 月 28 日)

导　读

主题

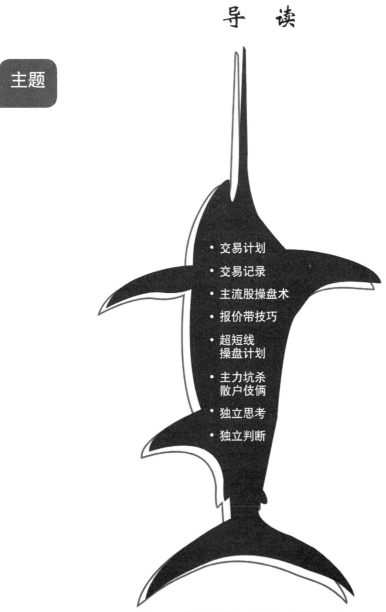

图1-1　先研究图中的主题，再阅读内文 *

附注：本书主人公利弗莫尔嗜好钓鱼。各章开头的鱼骨图，就取材于他捕获的旗鱼。

本章 3 个案例

案例 1：展示利弗莫尔时代的空桶店、报价纸带等影像。

案例 2：利弗莫尔研究了自己的笔记，开启了第一笔交易。

案例 3：对利弗莫尔实战交易全程进行解析。

扫描封面二维码，联系舵手编辑，可获取详细的案例解读视频。在学习和应用大作手操盘术中遇到什么困惑，也可以请齐老师为您解答。

在本章中，利弗莫尔找到了第一份工作，担任报价板记录员。他发现股价波动存在规律，并意识到群体的交易心理影响着股价，必须安全地使用资金，才能赢得长久，最终发展出全方位的利弗莫尔操盘术。

图 1-2　空桶店的报价记录员与略带焦虑的客户

操盘逻辑

作为一个操盘手的自我训练，您必须要看到与众不同的奥秘，才能塑造出一个靠操盘赚钱的可执行方案。让笔者来带您看看，要如何通过书中多数人看不懂的技巧，来从投资市场中持续赚到钱。

多数投资者阅读这本回忆录的起始章，看到的是穷小子的出身与操作生涯初期的情景。现在，笔者运用书中的一个交易记录案例来说明，百灵顿铁路股票，是他人生操作的第一只股票。

他讲："我持续在小册子里做记录，做了6个月。然后，有一天，年长的同事来找我，说有内线消息，想找我一起合作操盘百灵顿铁路。"于是，他拿出自己的小册子，看了一看，果然不错，根据记录，百灵顿铁路现在的表现，就像过去在上涨前，经常会显现的那种情况发生了。于是我们开始了操作，两人合资投机的结果是用5美元，赚了3.12美元。

上面的描述，一般投资者看到的故事是，他人生第一笔交易的经过情形。若从操盘手的自我学习过程来看，看到的是背后赚钱道理的第一个重点，也就是利弗莫尔操盘术的第一个密技：交易记录。一般来说，交易记录中，在开始买进之前，会先锁定交易目标，然后做观察期的记录，这称为交易计划。在这个案例中，买进百灵顿铁路股票之前的相关记录，称为交易记录中的交易计划。

这个案例中的第二个密技为：主流股操盘术。为何他的同事跟他讲百灵顿铁路股票时，他的小册子里已开始实施交易计划？他曾不断地说，只有追逐热门股、领头股与指标股才能赚到钱。这里已经透露出主流股操盘术的踪迹。

经营各行各业的生意人，从做记录开始的成功案例，不胜枚举。交易记录是利弗莫尔操盘术的起手式。要投机成功，就要从这里开始。主流股操盘术，是利弗莫尔操盘术中的重要选股策略。

我们通过回忆录这本书学习利弗莫尔操盘术时，不是在看脍炙人口的故事描述，而是要更进一步地做深层探讨，了解故事背后的操盘逻辑，以及实际运作时要如何应用他的启发，调整成适合自己的操盘方法。就以交易记录来说，利弗莫尔是怎么做的？记录了些什么？交易记录长得什么样子？这些问题的答案，都在回忆录与操盘术这两本书中。笔者将会帮大家——揭露说明。

笔者个人出版了多本讲解利弗莫尔操盘术的专著，并且推出了利弗莫尔操盘研习课程，广获好评。在数百场的线下探讨会中，很多学生拿了他们自创的交易记录让我检视。学生之间也都很好奇，想要看看别人做的记录。在这本回忆录之后，还会有利弗莫尔操盘术的研习课程。期望通过延伸学习，能让大家从利弗莫尔操盘术中，持续长期稳定获利。

重点摘要

本章的9个操盘重点：

1. 价格上下跳动变化，有一定的脉络与逻辑。透视数字变化，能掌握涨跌脉络。

2. 报价带上的数字，能显示出价格上下跳动的变化。

3. 交易记录，是研判价格上下跳动变化，基础技巧的应用。

4. 热门股与主流股操盘术的雏形，开始从交易记录中出现。

5. 初期的空桶店交易形态，包括：股票、期货、超短线的操盘技巧。

6. 开始建立选股与自己的操作系统，并且持续执行。

7. 开始建立独立思考、独立判断与独自操作的操盘架构。

8. 政策、保证金、手续费、税金等交易制度改变时，盈亏就改变。

9. 揭露主力坑杀散户的常用伎俩。

下面，我们进入正文。

小学一毕业我就出来工作了，在一家证券公司担任**行情报价板记录员**。我对数字过目不忘且具敏感度，尤其擅长心算。在学校里，我用一年的时间就完成了三年的数学课程。报价板记录员的工作就是把数字抄写在营业大厅的大黑板上，公司通常会派一个人坐在行情收报机旁，高声报出最新价格。我从来不觉得他们报得速度太快，因为我总是能记住这些数字，完全没问题。

齐克用注解：

    记录股票价格变化，是操盘过程中重要的工作之一，是独立判断的源头。

办公室里有很多员工，当然我和很多同事都成了朋友。不过，如果市场交投活跃，我都非常忙碌，根本没什么时间和他们聊天，但我并不在意。

即使工作很忙碌，也不会妨碍我对自己工作的思考。对我来说，报价板上的报价并不代表着股票价格，或是一股多少钱，它们只是数字而已。当然，这些数字总是在变化，而我认为这些数字及其变化，肯定具有某种意义，这才是我感到有兴趣的地方。为什么这些数字会变化？我不知道，也不在意，我不会去想这个问题。我看到的是这些数字一直在变化。从周一至周五每天5个小时，周六2个小时，我所有的思考聚焦在：**为什么这些数字总是变个不停？**

我开始对价格变动产生了兴趣，我对数字有惊人的记忆力，价格在上涨或下跌的前一天是如何表现的，我可以记得一清二楚。由于喜欢心算，因此要记住这些数字及其变化，是得心应手的。

齐克用注解：

    股价背后的涨跌脉动，是操盘行动的依据。技术分析领域的K线，最小单位是记录一分钟股价的变化，而他因为是行情报价板记录员的关系，追踪股价变化是深入到价格的每一档跳动。以目前的软件来看，只要观察当日走势图，就可以观察到每一档的跳动变化。

我注意到，股票在上涨和下跌的过程中，通常会表现出一定的惯性行为，这样的例子不胜枚举，而这些过去的案例是我用来预测未来的依据。我才14岁，但是在观察过数以百计相同的例子之后，我开始验证这些案例的准确性，比较这些股票今天的表现和过去的走势有什么不同。不久之后，我就开始预测股票的价格变化了。正如我长久以来一贯的说法，我唯一的依据，就是股票过去的表现。我的脑子里有本"股票数字记录与注解"，我会从中找出某些特定形态发展出来的股票，预测它们未来可能的变化。例如，找到买盘比卖盘更胜一筹的股票。当股市正在进行一场涨跌交战时，<u>报价带</u>上的记录才是您判断的依据，而利用这种方法进行投机，十次有七次您能靠这种方法赢得胜利。

利弗莫尔那个年代，投资者不在交易所交易，只能靠报价器来知道实时行情，而报价器把实时数据连续打印在纸带上，就像收款机印出收据一样。这种纸带就叫报价带。

图1-3 查看报价带的投资者

另一个我早就领悟到的经验是，华尔街没有新鲜事，因为投机就像地球上的山岳一样，自古以来就一直存在着。今日股市所发生的一切，过去都曾发生过，而且未来还会再度发生。我从来没有忘记这一点。我设法记住它们是<u>何时发生</u>以及<u>如何发生</u>的，但事实上，我是<u>亲身经历</u>过才记住的。

齐克用注解:

操盘手的交易经历之所以重要,在于深入了解股价产生重大变化的天时地利人和。过去经验之所以能应用于未来,是因为情境相同,才能得以复制。

我自己对这种游戏有着浓厚的兴趣,而且非常急切地想预测所有热门股的涨跌,于是**我准备了一本小册子来记录我所观察到的事情**。许多人都在做记录,但他们的记录大多是虚拟的交易,只是想象盈亏了几百万美元,却不会热昏头,也不会流落到收容所。我的记录和他们的不一样,我所记录的是,自己的预测是对或错。除了判定下一步的走势之外,我最感兴趣的是证实自己的观察是否精确,换句话说,就是验证我对未来的预测是否正确。

齐克用注解:

交易记录,该记录些什么?记录所追踪的热门股票,并加以分析、研判和预测股价的下一波运行模式与发动时间。最重要的是,事后要验证与检讨。一般人的交易记录,都是纸上谈兵,没真正把资金放进市场。利弗莫尔说:"下注之前,一切都是说不准的",这表示除了股价之外,还包括了您永远不会知道在恐慌与贪婪之下,自己会如何表现。

比如说,我研究一只热门股,在某一特定日子里,每一次波动后就下跌10点或8点,根据这种情形我就可以下结论,下一次遇到同样的波动后,这只股票会像过去的表现一样,随后也会下跌10点或8点。我会记下股票名称及其星期一的价格,然后根据它过去的表现,预测它在星期二和星期三可能出现的走势。之后,我会在报价带上验证我的判断。

我就是这样开始对报价带上的信息产生兴趣的。一开始,我是从观察股价的涨跌建立起波动的概念。当然,股价波动总有原因,但是报价带不会有任何解释说明,也不会告诉您股价波动的原因。我14岁时不会探究其原因,现在我40岁了,也不会去问为什么。某只股票今天涨跌的原因,也许两三天或者几个星期、几个月都可能不知道,但又如何呢?报价带上的信息关系着您现在的操作，您现在必须做出决断，而不是明天。至于要找出原因是可以等的，但现在您必须立即采取行动，否则机会就会消失。您或许还记得，几天前空管公司股价下跌了3点，而其他股票却都大幅回升了。事实上，在接下来的星期一，您可以看到报道，该公司董事会通过了股利方案，就是这个原因，他们知道股价会如何发展。尽管他们没有卖出持股，但他们也没有买进股票。既然公司**内部人都不支持**，股价当然就找到下跌的理由了。

齐克用注解：

　　主力、公司派炒股，都知道要配合大环境才能省力。若多数的股票都在上涨，却有一只股票不但没有随着大环境上涨，反而下跌，这就代表公司派没有顺势而为。那公司派为何在此时不护盘拉抬呢？只有内部人最知道公司状况的好坏。因而，利弗莫尔透视股价背后的深层脉动，是由此推演出来的。

　　内部人，在这里泛指公司的董事、监察人或经理人等管理阶层的人员。

我持续在我的小册子里做记录，大约做了6个月。下班后，我并没有立刻回家，而是继续自己的工作，记下想要研究的股票价格，并研究其变化。我一直在寻找重复或相似的形态，其实这就是在学习分析报价带上的数字，只不过当时我还没有意会到，自己已经开始学习分析、研判和预测未来了。

有一天，一位比我年长的同事来找我，我正在吃中饭，他低声地问我："有没有钱？"

我说："您想要做什么？"

"是这样，"他说："我有一个很棒的有关百灵顿铁路的**内线消息**，要是能够找到合作的人，我打算抓住这个机会好好玩一玩。"

齐克用注解：

　　公司高层或内部人知道的公司内情或机密消息。现行的规定，依内线消息交易是违法的行为。

我问他："玩一玩，您这么说是什么意思？"我认为只有那些很有钱的爷们儿才能够玩这种游戏。为什么呢？因为玩这种游戏需要好几百美元，甚至几千美元，就像那些拥有私家马车，还雇用头戴丝绒帽车夫的人才有资格。

"我的意思正是玩一把！"他说："您有多少钱？"

我说："您需要多少钱？"

"呃，凑足 5 元就可以交易 5 股。"

我说："您要怎么做？"

"我要拿这些钱到<u>空桶店</u>当保证金，他们允许我买多少百灵顿我就买多少。"他说："这只股票一定会涨，这样做就像是捡钱一样容易，立刻就能翻一倍。"

"等会儿。"说着，我拿出自己的小册子。

齐克用注解：

　　空桶店，指的是场外的股票交易场所，不论买家或是卖家，都可以靠着保证金在这里买进或卖出股票，买卖单会丢进一个空桶里，所以叫做空桶店。

我对自己的钱能翻一倍并不感兴趣，而是对百灵顿铁路就要上涨的说法产生兴趣。如果真的是这样，我的小册子笔记本就应该会显示出来。我看了一看，果然不错。根据我的记录，百灵顿铁路现在的表现，<u>就像过去在上涨前经常会显现的那样</u>。在此之前，我还没有买卖过任何股票，也从来不和其他同事一起下过赌注。但此刻我想到的是，这是一次大好机会，可以测试我的研究，以及我喜好的预测精不精确。我立刻想到，如果我的小册子秘籍不能实际派上用场，那么我这套理论也就没有人会感兴趣了。于是，我把所有的钱都给了他，他带着我们凑出来的资金，到附近的一家空桶店，买了百灵顿铁路的股票，两天后，我们获利卖出，赚了 3.12 美元。

齐克用注解：

　　股价在上涨之前，是如何表现的？多数人是看到大涨了，再来研究它为何大涨。然后，从报纸杂志找出上涨的理由，接着研判报载消息，自己是否认同，要不要买进。而利弗莫尔关注的重点在股价波动走势形态的表现，以及当资金进驻时，股价在供需产生重大变化时，应该会有的表现。

经历第一次的交易后，我开始遵照自己的小册子，到空桶店投机，我会在午餐时间进行买卖操作，而且每天持续进行。**我不是选取最爱的股票来做买卖**，也不是依据股票背后发生的事件来做决定买卖，而是**根据自己的系统操作**。我的系统告诉我，**我所能知道的只有数字与计算**。事实上，在空桶店那种地方操作，交易者只对报价带上的股价波动下注，我的这一套方法在空桶店里确实非常管用。

齐克用注解：

如何选股？投资行为最常犯的错误是，选取自己喜欢并认同的股票进行买进，而不是根据股票本身的表现值得投资来交易。根据过去的股价运行走势，从形态去推估进场出场目标值，是这里内容的精华所在。利弗莫尔的数字记忆能力很好，坚持使用小册子，是为了更好地制订和执行交易计划。

没过多久，我从空桶店赚到的钱，就远远超过在证券公司的工资，于是我辞去工作，打算专心操作。我的家人虽然反对，但他们看到我从行情中赚到的钱之后，就不再多说了。

15岁那年，我把钞票放在我母亲面前，赚到了人生第一个1000美元。这些钞票是我在几个月的时间从空桶店赚到的，且不包括我已经拿回家的。母亲面露惊恐，要我把钱存到银行，以免胡乱花掉。她说，她从来没听说过，有哪个15岁的男孩能白手起家，赚到这么多钱。她甚至不相信这些钞票是真的。她曾经为这些钱苦恼，但我不会为此而烦恼，只要我能继续证明自己的判断是正确的。这就是我所有的乐趣，**用自己的头脑，证明自己是正确的**。

齐克用注解：

多数人从事投资行为，为何家人都会反对？因为家人从您的行为模式中看不见把钱赚进来的投资逻辑，因而看不到安全无虑。

如果您能稳定并持续地赚到钱，如果您的研判都不是无稽之谈，如果您能控管资金风险、控制情绪，若是这样的话，没有人会反对您的！因为您所展现出来的是合乎逻辑的赚钱之道。

一次交易100股，会比交易10股更勇敢吗? 不！毫无差别！如果我用10股股票证明我的观点是正确的，那么对我来说，一次交易100股只是代表需要更多的保证金而已。但是，如果我只拥有10美元并且全部拿去交易，会比拿100万美元去交易但另外还保留100万美元来得勇敢多了。

齐克用注解:

若您问，一次买10股跟一次买100股，哪一个比较具有信心？运用利弗莫尔在这里的观点，就可以为此问题找到解答："买几股不是重点，重点在您动用的资金比率大小。"有信心之后，才敢下大注！而是否下大注，不是以金额来看，而是动用的本金比率。简单讲，在利弗莫尔操盘过程中，信心决定了动用资金比率与动用杠杆操作的技巧。

总之，我在15岁时就从股市里赚到相当多的钱，日子过得很优渥。我一开始在一些规模比较小的空桶店操作，在这里，要是有人一次交易20股的话，就会被认为是约翰·盖兹或摩根匿名出手。在那个年代，**空桶店很少坑杀客户**，他们不需要这样做，他们有其他方法赚客户的钱，即使客户猜对了行情，也免不了要脱层皮。这一行的利润非常高，即便空桶店真按自己所标榜的规规矩矩地经营，股价的波动就会让那些客户的保证金化为乌有。只要股价朝着不利于客户的方向变动达3/4点，客户的保证金就会被抹干而且赖账的人将永远被驱逐出场，再也别想交易。

齐克用注解:

这里提到的重点是，注意交易对手的赚钱策略与方法。在空桶店交易的交易对手是空桶店的老板。虽然股价的上涨下跌是盈亏的根据，但空桶店如何跟客户计算盈亏的规则，却是盈亏的核心重点。故投资者在投资过程中，除了要注意投资标的波动之外，还应注意交易对手，这包括了所有的市场参与者，甚至是券商。

我没有伙伴，我独自一个人做交易，经营的是一人独自操作的事业，我凭着自己的头脑赚钱，不是吗？股价朝我预测的方向发展时，并没有朋友或伙伴来帮我推动；股价朝不利于我的方向进行时，也没有人能阻挡它。所以我不需要把我的交易告诉别人。当然我也有不少的朋友，但我自始至终都一样，总是单枪匹马地行动，这就是我一直**独自操作的原因**。

齐克用注解：

这里提到"自己研究判断，不是大家一起讨论"。这很重要吗？为何要拿出来讲？K线理论的盲点是，图形的噪声很多，用收盘价连线图来检视股价的变化时，好处就是去除盘中的噪声。主观意识的价值，也是在于排除噪声！再一个，股价是向上还是向下？它只照自己想要去的方向进行，而不是靠大家意见的总结。股市中，多数人都是赔钱，少数人是赚钱的，赚大钱的是极少数人。所以，赚大钱的人，都是听自己的来操作，绝对不会是跟大家讨论出来的结果。

和往常一样，空桶店过不了多久，就会因为我一直赚钱而排斥我。我走到柜台并拿出保证金，他们却只是盯着钱而不接收，他们告诉我，不想再做我的生意了。就是那个时候，他们开始叫我"投机小子"，我必须不断地更换交易场所，从一家空桶店换到另外一家，这种情形糟糕到我必须使用假名。我得小心翼翼，开始交易只买15或20股。有时候，他们起了疑心，我就会故意输钱，然后再给他们沉重一击。当然，要不了多久，他们就会发现跟我做生意的代价太高了，于是他们就会叫我到别处去交易，不要挡了他们的财路。

有一次，和我做了几个月交易的大经纪商拒绝再接我的单，于是我下定决心要从他们身上好好地捞上一笔。这家经纪公司在市区各个地方、旅馆大厅和附近的小镇上，都设有分行。我到了其中一家设在旅馆大厅的分行，问了经理一些问题，然后开始交易。但我一开始依照自己特别的方法交易一只热门股时，他就接到了总公司的电话，问他是什么人在操作。经理把他们问的问题告诉我后，我告诉他，我的名字叫作**爱德华·罗宾森**，来自剑桥。他高兴地打电话向大老板报告，但是电话的另一端想知道我的长相。经理告诉我这件事，我跟他说："告诉他，我长得矮矮胖胖，黑头发，还有大胡子！"但他据实地描述了我的容貌，然后就一直听着电话，满脸通红，挂上电话后，马上过来叫我滚蛋。

齐克用注解：

爱德华·罗宾森，是利弗莫尔首次使用的假名。这里揭露了股市赚钱的游戏中充满了尔虞我诈。

青年时期的利弗莫尔有着惊人的天赋。他对数字过目不忘，并且总结了市场的规律。他做空之后，市场往往下跌，就像他给了市场当头一棒，所以就有了"大棒槌"的绰号。

图1-4　青年时期的利弗莫尔

"他们跟您说了什么？"我很客气地问道。

"他们说：'你这个大笨蛋，我们不是告诉过你，不要接**拉利·李文斯顿**的单子吗？你故意让他骗了我们700美元！'"除此之外，他就不肯再透露了。

齐克用注解：

拉利·李文斯顿，是利弗莫尔的化名。

我试了一家分行之后，又试了另一家，但他们全都认得我，他们都不肯接我的单子，甚至连进去看看股票报价也会被一些员工羞辱。我试图说服他们，允许我做长线，在不同的分行做不同的交易，但还是被拒绝。

最后我只有一个地方能去，就是最大、资金最雄厚的经纪商——**大都会证券经纪公司**。大都会是 A-1 级的公司，业务量非常庞大，在新英格兰地区每一个制造业小镇都设有分行。他们当下就接受我的单子，我在这里买卖股票好几个月，有赚有赔，但最后情况还是像过去一样，不接我的单了。他们并不像那些小公司那样，直截了当地拒绝我，这倒不是因为他们有职业道德，而是他们知道，如果只是因为一个家伙碰巧赚了一点钱，他们就拒绝接受这个人的生意，消息一旦传出去，会让他们的面子挂不住，也会影响生意。

齐克用注解：

　　大都会曾涉及诈骗，是全美最大的空桶店，它的经营范围在纽约、费城、波士顿等城市。

他们接下来的作为，跟断然拒绝我差不了多少，也就是说，他们要求我支付 3 点的保证金，而且一开始就**强制收我 1/2 点的溢价**。后来，1/2 点的溢价变为 1 点，最后变为 $1\frac{1}{2}$ 点。那可真是很大的困扰！怎么说呢？举个简单的例子：假设美国钢铁公司当时的股价 90 美元，而您打算买进。您的委托单通常会写："买 10 股美国钢铁，$90\frac{1}{8}$ 美元"。也就是说，如果您支付 1 点的保证金，价格跌破 $89\frac{1}{4}$ 美元，您就自动被扫出局了。在空桶店里，客户不会被强制要求追加保证金，也不必痛苦地请求经纪人不惜一切帮忙卖出。

齐克用注解：

　　溢价，指的是超过正常价格的部分。例如买进 90 美元，1/2 点的溢价，委托买进成交单回来，买到的价格就是 $90\frac{1}{2}$ 美元。1 点的意思，就是 1 美元。

大都会在买卖时强制提高保证金的做法是非常恶劣的，也就是说，如果我买进时的股价是 90 美元，此时委托单上写的不是"买进美国钢铁，$90\frac{1}{8}$ 美元"，而是"买进美国钢铁，$91\frac{1}{8}$ 美元"。为什么呢？因为即使我买进这只股票之后，股价如预期上涨了 $1\frac{1}{4}$ 点，此时我卖掉出场仍是亏钱的。除此之外，他们还要求我一开始就提供 3 点的保证金，这样就相当于削减了我 2/3 的交易能力。不过尽管如此，由于大都会是当时唯一愿意接我单子的空桶店，别无选择，我只能接受他们无理的要求，不然就没有地方可以交易了。

当然，我的运气时好时坏，不过总算是赚钱的。虽然大都会那些手段已足以打败任何人，但是他们对我使出的手段居然还不满意。他们还想欺骗我，但是我可不会上当，我是凭着直觉逃过了一劫。

齐克用注解：

操作技巧没变，市场的涨跌脉动也没变，但交易制度改变时，盈亏就改变了！影响盈亏最大的一条：制度！其中，包括政策、保证金制度、手续费率、交易税金等。

我说过，大都会是我最后的希望。它是新英格兰地区资金最雄厚的空桶店，而他们通常对交易的数量也不设限。在大都会每天固定交易的客户群中，我想我是交易量最大的客户。他们的办公室很豪华，拥有我所见过的最大且最完整的报价广告牌。广告牌的长度贯穿整个营业大厅，任何您能想到或看到的商品期货报价，行情广告牌上都有。我的意思是说，所有在纽约和波士顿证券交易所交易的股票、棉花、小麦、粮食和金属的报价，都应有尽有。

您知道空桶店是如何进行交易的吗？您把钱交给工作人员，告诉他您想买进或卖出哪只股票，他会看看报价带或报价板的数字，记下价格，也就是最后一笔成交的价格。他还会在交易单上记下时间，这样一来，成交单看起来就和正规的经纪公司的成交报告一样，也就是说，他们在某一天的某个时间，为您买进或卖出多少股的某只股票，并向您收了多少钱。如果您想平仓出场，您可以再找工作人员，告诉他您打算如何平仓。他会查阅最新的成交价格，如果这只股票不活跃，他就会等报价带上出现下一个报价，然后将价格和时间记录在您的交易单上，签核后交还给您。最后，您可以拿交易单到出纳那里领取您能获得的款项。当然，如果市场走势和您的预期相反，而且价格波动超出了保证金所能支撑的范围，您的交易就会自动了结，而您的交易单也就成了一张废纸。

条件较差的空桶店，甚至可以接受客户只买卖 5 股，买卖委托单是使用不同颜色的小纸条。这些规模较小的空桶店，偶尔也会大赔，例如，在狂热的多头市场里，如果客户都做多，而且刚好都做对了方向，那么空桶店就可能遭受到沉重的打击。在**空桶店买卖时，都要缴纳佣金。如果您以 20 美元的价格委托买进一只股票，而交易单上写的委托价会是 20 $\frac{1}{4}$ 美元**，也就是您的保证金只够支撑 3/4 点的跌幅。

齐克用注解：

　　空桶店的佣金，是以溢价的方式表达。

　　大都会是新英格兰地区最大的经纪商，拥有几千个客户，但我是他们唯一感到害怕的客户。不管是强制加收佣金费用，还是要求 3 点的保证金，他们都无法让我减少交易。我在他们允许的范围内，不断地买进和卖出，甚至有时候一次交易 5000 股。

　　好吧！让我来告诉您那一天发生的事情，我放空了 3500 股美国糖业。我有 7 张粉红色的委托单，每张 500 股。大都会用的是大张的委托单，上面空白的地方可以用来记录额外追加的保证金。当然，空桶店从来不会要求客户追加保证金的。对他们来说，您的保证金越少越好，因为他们靠的就是让您自动被扫出局来赚钱的。在小空桶店里，如果您想增加保证金，他们会给您一张新的委托单，这样他们就可以按新的买进委托收取佣金，而且您的保证金只能承受 3/4 点的反向波动。如果价格波动超过 3/4 点，您的交易就自动结束，而他们会像处理一笔新的交易那样，向您收取卖出的佣金。

　　喔，我记得那天我交的保证金超过 1 万美元。

　　我 20 岁那年就赚到了人生的第一笔 1 万美元。一般人会认为，除了老**洛克菲勒**之外，一定没有人会随身携带 1 万美元的现金。您应该记得我母亲曾说过的话，她曾经告诉我要知足，该去从事一些正当的职业。我费了不少的口舌，才说服了她，让她知道，我不是在赌博，而是靠着自己的判断在赚钱。然而，1 万美元在她眼里是一笔巨款，而我看到的却是用这 1 万美元保证金还可以赚到更多钱。

齐克用注解：

　　洛克菲勒与其兄长和 3 位股东，合伙创立了标准石油公司。

该公司后来成为美国最大及历史最悠久的企业，这让洛克菲勒成为美国第一位亿万富翁。事实上，他可能是历年来全美最富有的人，个人净资产价值在最高峰时，超过了3000亿美元。

我以105 $\frac{1}{4}$ 的价格放空了3500股糖业公司股票。交易大厅里还有另外一个人，叫作亨利·威廉斯，他也放空了2500股。我习惯坐在报价机旁边，向行情记录员大声报出价格。糖业这只股票的表现正如我预期的一样，快速地下跌了几点，在暂时停顿之后，又开始新的一波下跌。市场显得相当疲弱，一切都显示对我有利。然而，突然之间，我对糖业公司的表现起了疑虑，我开始觉得不安，认为自己应该马上出场。此时糖业公司的股价为103美元，这是当天的最低点，但我非但没有因此觉得更有信心，反而觉得更不安了。我知道应该是某个地方出了差错，但我又不知道错在哪里。像是真的有什么事即将发生，而我却无法知道事情从何而来，也就是说，我想防范也不知道如何下手。在这种情况下，我认为最好还是退场观望！

您知道，我从不盲目行事，我不喜欢这样做，也从来没这样做过。即使是小时候，我也总是想要知道事情背后的原因。然而，此时我却找不到合理的原因，我内心莫名不安，难以忍受。我叫了一个认识的小伙子过来，他叫戴夫·怀曼，我对他说："戴夫，您来接替我的位置，我希望您帮个忙，当糖业公司下一个价格出来后，您稍等一会儿再喊出报价，好吗？"

他答应了，于是我站起来让出报价机旁的位子给他，让他为报价记录员喊出价格。我从口袋里拿出7张单据，然后走向负责处理平仓的柜台。不过，我并不知道自己为什么要出场，所以我只是呆站在那里，斜靠着柜台，将单据捏在手里，不让工作人员看到。不久，电报机咯咯作响，那个名叫汤姆·伯翰的职员立刻转头去听，此时我有种不祥的预感，好像酝酿着什么阴谋，我决定不再等了。就在这时候，报价机旁的戴夫·怀曼开始喊："糖业公司……"我如闪电般将我手中的交易单往柜台一丢，没等戴夫喊出价格，便向柜台前的职员大声嚷道："平仓糖业！"这样一来，经纪商必须按上一个价格来结束我的空单。也就是说，我喊平仓后，戴夫才喊出价格，而戴夫喊出的价格仍然是103美元。

根据我的推测，糖业此时应该已跌破103美元了。电报机的声音很不正常，我觉得我的周围布满了陷阱。不管怎样，现在电报机像疯了一样，咯咯作响，我留意到汤姆·伯翰并没有在我的单据上记录，他仍然在听电报机的咯咯声，好像在等待什么事情发生。于是我对他高声大喊："喂，汤姆，您到底在等什么？赶快在我的单据上记下 103 美元！快一点！"

所有营业大厅里的人都听到了我的叫喊，纷纷转过头来问发生了什么事。您知道，大都会从来没有赖过账，但要是空桶店发生了信用问题，不用说您也知道，这种事会像银行挤兑一样可怕。一旦有客户起了疑心，其他人就会跟着怀疑。所以尽管汤姆非常不愿意，但他还是走了过来，在我的交易单上记下"103 美元平仓"，然后把 7 张单子扔给我。他的脸色的确很难看。

对了，从汤姆的柜台到出纳窗口相距不到 8 英尺，但我还没到出纳窗口拿到钱之前，报价机旁的戴夫·怀曼就兴奋地大叫："天啊！糖业公司，108 美元！"但一切都太迟了，我只是哈哈大笑，对着汤姆说："老兄，这行不通，是吗？"

当然，这一切早就有预谋。亨利·威廉斯和我一共放空了 6000 股糖业公司股票，而这家空桶店还有很多客户也放空糖业，加总起来可能有 8000 到 1 万股空单。**假设当时大都会总共收了 2 万美元的保证金，这笔钱就足够让他们在纽约证券交易所操控股价，把我们全部洗出场。**那个年代，**每当空桶店发现做多某只股票的人太多时，他们往往会找几个场内经纪人打压这只股票，把所有做多的客户全部都洗出场，而这种手法早已是空桶店的惯用伎俩了。**通常，空桶店这种操作伎俩的成本非常低，但收益却数以千计美元。

这就是大都会对我、亨利·威廉斯及其他放空糖业公司股票的客户所使出的伎俩，他们在纽约的经纪人把价格拉升到 108 美元。当然，价格立刻又跌了回来，但亨利和其他放空者都已经被清洗出场了。每当价格莫名其妙地瞬间大跌，随后又立即回升时，那几天的报纸就会说，这是空桶店的炒作伎俩。

最好笑的是，就在大都会算计我的企图失败之后，还不到 10 天，一个纽约的作手就令大都会损失超过 7 万美元。这个人是纽约证券交易所会员，他在市场上具有相当大的影响力，他曾在 1896 年的"布莱恩恐慌"中做空，一战成名。他常常抨击证券交易所的规则，因为这些规则阻碍了他的一些计划。有一天，他突然想到，如果从那些骗人的空桶店里谋取他们的不义之财，交易所或警方应该不会控告他，于是他找了 35 个人乔装成客户，安排他们到大都会的总部和较大的分行去，然后在某一天某一个约定好的时刻，买进证券公司规定的股数上限，并按指示不经意地套现获利，而他的工作，当然就是在他的密友间散播该股票的利多消息。然后他走进证券交易所大厅，在场内经纪人的推波助澜下，炒高价格。要是能慎选适当的股票来做这件事，想把价格炒高3、4点都毫无问题。他找来乔装客户的代理人就按事前计划在空桶店里套现。

有个知道内情的朋友告诉我，扣除那些代理人们的酬劳，他还净赚了7万美元。他在全美各地多次重施故技，痛击了那些在纽约、波士顿、费城、芝加哥、辛辛那提和圣路易等地区较大型的空桶店。**他最喜欢操作的股票之一，就是西联电讯公司，因为要这种有些活泼且交投又不太活跃的股票，涨跌几个点，实在是太容易了。**他的代理人们会在事先约定的某个价位买进股票，价格上涨2点就获利卖出，然后反手放空，再赚个3点或更多。

顺道一提，前几天我在报上看到这个人去世的消息，然而他走的时候穷困潦倒且默默无闻。要是他死于1896年，他的死讯会占据纽约各大报的头版，而现在他的讣闻刊登在第五版，而且只有寥寥两行字而已。

齐克用注解：

这笔交易，利弗莫尔揭露了主力坑杀散户的惯用伎俩。

1. 不同市场或不同地区，就有价格传递的滞后性问题，只要有滞后性的问题，就有套利空间。

2. 能够算出对手的筹码、市场的流通股数时，就能算出动用多少资金，就可推动股价。

3. 主力坑杀散户，国际秃鹰攻击主力，犹如螳螂捕蝉，黄雀在后。

4. 1个点代表1美元。

第二章　从散户转变成机构操盘手的雏形

"我必须判断准确，一出手就赚钱才行，所以我耐心地等待。"

杰西·劳伦斯顿·利弗莫尔

(1877 年 7 月 26 日—1940 年 11 月 28 日)

导　读

主题

- 建立操盘思维
- 操盘逻辑与操盘技巧
- 短线操作技巧
- 超短线操作技巧
- 小规模操作走向大规模操作
- 量价问题与滑价问题
- 空桶店与合法券商的差异点
- 时间因素
  - 缩手不动
  - 资金面与筹码面分析
  - 赔光再赚回
  - 研判股价波动技巧
  - 下单技巧

图 2-1　先研究图中的主题，再阅读内文

本章 4 个案例

案例 1：利弗莫尔在合法券商的交易。因为报价延迟，第一次赔光。

案例 2：他向老富乐顿先生借钱，再回空桶店，赚到本金，重返纽约。

案例 3：杜兰公司与泰勒公司的空桶店。

案例 4：哈波肯泰勒公司新店开张。

在本章中，利弗莫尔重返空桶店交易。此时他还是短线交易者，频繁进出，满足于赚取几个点的差价。

图 2-2　空桶店

操盘逻辑

　　上一章的前半部分描述利弗莫尔的入市，后半部分描述空桶店交易的情况，故事背后的意义是在陈述操作生涯初期，建立操盘的思维、逻辑与技巧。空桶店交易的情况，也就是我们现在的地下期货，或是空中交易。按目前的现行法规，这是违法的行为，但在20世纪初期时，并不违法，而是灰色地带，随后法令逐渐严谨，由灰色慢慢转变为非法。利弗莫尔生涯初期之后，空桶店已经是非法交易。

本章开始处，利弗莫尔已经开始尝试由空桶店转战到合法券商交易。然而，同样的技巧，应用到合法券商后，却让他吃足苦头，赔光之后，再回空桶店赚取交易本金，然后再次回到纽约合法券商，寻求改善之道，以便能长期稳定获利。

从上一章到这一章的描述，是从散户蜕变成机构雏形的建立。这两章中的空桶店交易形态，就是典型的散户交易行为，本金小的情况下，要靠倍数赚的技巧翻本，赔光时因为本金小，很快就可以靠工作赚回本金，再次回到市场继续翻本。要靠短进短出及频繁进出，小资金才能翻倍。因而此一时期的利弗莫尔操盘术中讲的是，短线操作与超短线技巧。

以利弗莫尔的聪明度，居然百思不得其解，为何空桶店的交易技巧应用在合法券商，却是无法正常运作？寻求改善之道，仍然无解。当小资金仓位变成大资金仓位时，操盘下单技巧就变得格外重要。因为这里面涉及量价与滑价的问题。

散户的思维逻辑是，我不是大资金仓位，也不是机构，所以不需要学会机构的操盘下单技巧。这是笔者长期训练机构与散户的操盘过程中，散户最大的错误。因为机构主导了市场的方向，所以散户必须了解机构的思维逻辑与操盘技巧，才会看懂市场的脉动。进而跟随市场，顺势而为。

下面是笔者针对利弗莫尔百思不解的问题提出解答：

在空桶店与富乐顿合法券商交易，对股票作手的差异。

差异点	空桶店	合法券商
盈亏如何计算?	依买空卖空的方式进行。 1.只要股价波动有到达该价位,就算是已成交在该价位。即使见价之后,若赔钱出场之后,马上反向朝您有利的方向发展,那也已经跟您无关。 2.不论您的数量多寡,都是成交在该价位。	依实际买卖股票的方式进行。 1.依据实际的成交价格与数量计算盈亏。 2.没有成交之前,即便价格有到达,都有可能因为成交量太小,而没有成交。换言之,有委托单无法成交的问题。 3.市价单会有成交量与滑价问题。
应具备哪些技巧?	1.只要具备研判报价带的判读数字技巧即可。不需要有下单技巧。 2.慎防空桶店使用诈术。	1.除了具备研判能力之外,还需具备下单技巧能力。持有仓位越大,下单技巧越重要。下单技巧的范畴包括:您必须知道股价位在哪个阶段(整理、趋势、突破),市场处于哪一种状况下,才能够完全吸纳您的仓位,让买卖不容易产生滑价,或者您应该用哪些方法,才能顺利买到您要的数量与价位。 2.下单技巧是集结智慧、经验与能力表现的地方,是操盘实战的能力,也是将获利顺利收进口袋的操盘能力之一。
手续费计算	手续费相对低	有固定的手续费
交易规则	依据老板的规则	依据法规改变

表2-1 空桶店与合法券商

重点摘要

本章的 9 个操盘重点：

1. 投资者若是经常赚钱时，本金变大，则必然走向大规模操作，是空桶店转战合法券商的必经之路。乍看之下，是被逼迫至合法券商，实际上是散户走向机构之路。

2. 从看到报价系统的价格到下单，再到成交报告。这中间的时间差，对于短线交易来说，是影响操盘非常重要的因素。

3. 开始描述，即使看对，也经常赚不到钱。导入人性问题，经常造成交易失败。谈论解决之道，以及如何从执行操盘的技巧上，来克服人性问题。

4. 初见谈论交易时机的重要性。缩手不动的困难点，来自频繁交易。说明为何无法克制自己，造成太早出手，以及频繁交易。初次谈缩手不动。

5. 空桶店是只要靠报价带的技巧就能赚钱，但是在合法券商交易，除了报价带技巧之外，还需要其他大量的技巧，这包括了下单技巧。

6. 通过讲故事，详细描述空桶店老板的思维逻辑与实际做法，其实就在讲，现在股本小成交量小的股票背后，经常有特定人士在坑杀散户。因而这类型股票，不是不能操作，而是买卖时要格外小心。

7. 银行报表照例会显示盈余储备急剧减少。这里开始透露资金面与筹码面的影响，在操盘上筹码分析显得格外重要。

8. 利弗莫尔在合法券商做交易却赔光后，借了 500 元，再回空桶店，结果是操盘赚钱能力从 500 元变成 10700 美元。这些钱，都是空桶店老板赔的，于是空桶店老板逼他到合法券商。要持续赚大钱，就必须学会机构的思维逻辑与操盘技巧。

9. "研判股价波动"神准技巧之外，还要再学习"下单技巧"。在这个时候，利弗莫尔已经开始领悟，股票投机游戏能赚到的钱，远远不止在空桶店所玩的几点的波动。富可敌国的穷小子蜕变成机构的萌芽期开始出现。

下面，我们进入内文。

我发现，**大都会证券经纪公司已准备好应变计划。如果用 3 点保证金和 1.5 点溢价的苛刻限制，都不能让我离开大都会，他们就会使用更卑劣的手段来对付我。**他们同时暗示我，不愿意再接受我的交易，于是我很快地决定转战纽约，在那里我可以到纽约证券交易所的某些会员公司交易。

齐克用注解：

　　大都会证券经纪公司是空桶店，当时是灰色地带的公司，也就是非合法公司，但也不是非法公司，交易的对手是公司老板。纽约证券交易所会员公司是合法交易的公司，交易的对手是市场参与者。在空桶店交易时，客户若经常会赚钱，老板的风险变大时，空桶店就会改变交易规则，逼迫交易者离开。当交易者规模越做越大时，老板就会开始意识到倒闭风险。因而利弗莫尔自知已经到了必须由空桶店转战到合法券商的时候。

我不想去波士顿，因为波士顿的**报价必须透过电报机传送**，而我希望离报价源头近一点。21 岁那年，我带着我的全部资金 2500 美元来到纽约。

齐克用注解：

　　传递股价变化讯息的速度，也是考量选择券商的重点。因为讯息太慢代表成交价格是滞后的价格，不是当下实时价格。这跟现在高频交易的公司都设在交易所隔壁，是相同的道理。

我曾说过，20 岁时我就拥有 1 万美元，而且我在那次糖业公司股票交易的保证金就超过了 1 万美元。但我并非总是赚钱，我的交易计划十分完美，而且赚多赔少，要是我坚持按着计划进行交易，大概 10 次会有 7 次赚钱。事实上，如果我在交易前坚信自己的判断是正确的，我总是能赚到钱；而令我亏损的原因大多是我不够冷静，没有坚持自己的原则，也就是说，**只在走势有前例可循而且与我的预期一致时，才能进场交易。**做任何事都要考虑时机，但是当时我并不懂这个重点，而这也正是华尔街那些精英们失败的原因。有一种傻瓜，是永远都在做傻事的傻瓜，他们在任何地方任何时候，都会做错事；而股市里也有一种傻瓜，他们终日不停地交易。然而，没有人能够找到充分的理由，每天非得买卖股票不可，也没有人有足够的知识，每次都能明智地操作。

齐克用注解：

即使看对，也经常赚不到钱，是因为影响交易赚赔的因素，除了行情判断的对错之外，还有很多困难来自执行面。没有仓位，较能客观看清楚涨跌变化，拟订出来的交易计划，就经常能创造出赚多赔少的局面。一旦把钱放入市场，人性的弱点也就跟着出现了。这里提到一个重点，当形态走势依据惯例进行，且与自己的预期一致时，是最佳"交易时机"。不停地短进短出，不重视交易时机，是注定要失败的。没有人能不停地判断市场的变化而不出错，反应再快，也快不过市场的快速变化。

我可以证明这一点。每当我凭经验阅读并分析报价带时，我总是能赚钱；但当我愚昧地操作时，我一定会亏钱。我也不能例外，不是吗？我**为什么没有等待好时机才操作**，那是因为我眼前有个巨大的报价板，电报机不断地咯咯作响，这使得交易者看着自己的单子变成废纸或是钞票变少了。当然，我也会因乐观情境而蒙蔽了自己的判断。在空桶店里，您的保证金只是一点点小钱，不能做长期交易，很快地您就会被强制平仓并清洗出场。事实上，不理会基本情势，满脑子只想不断地操作，是造成华尔街专业投资者赔钱的主因。专业投资者总觉得每天都应该赚些钱回家，就好像做一份固定收入的工作。别忘了，我只是一个孩子。当时我不懂，15 年后才学会**缩手不动**的道理——可以耐心等待漫长的两个星期，看着我十分看好的一只股票上涨 30 点后，才认为可以安全买进。我曾破产，并试图东山再起，但我知道自己不能再鲁莽轻率地操作。我必须判断准确，一出手就赚钱才行，所以我耐心地等待。

齐克用注解：

投资者都知道不停地交易注定要赔钱，那为什么还是无法耐心等待交易时机出现时才操作？从投资逻辑与人性弱点来检视，问题如下：

1. 紧盯盘面价格的跳动，没有跟市场保持一定距离。结果是：观盘是一回事，操作又是另一回事。

2. 紧盯账户的赚赔数字跳动。结果是：操作过程持续受贪婪与恐惧干扰。

3. 短线的波动，容易人为操控。在空桶店的交易状况是，只要波动幅度大于保证金，见价即算成交，不用考虑成交量或滑价等状况，更没有再等一下看看股价是否还会再弹回来的机会，因而只能被迫做短，不能做长，很容易赔钱出场。出场之后，若认为股价会再弹回到自己预期的方向，就得重新再进场，结果是频繁地交易。

4. 不考虑大势与基本情势，只想不停地通过买卖从市场赚钱，这是错误的操作方法。"赚钱不是靠不停地找到机会来买卖，而是靠正确的判断、适当的交易时机以及耐心等待。"

5. 想在股市赚大钱，靠的是耐心的等待，而不是盘算着每日从市场赚取固定的报酬。想要靠每日不停地进出赚取固定的报酬，显然违背了市场的循环周期。股市有向上向下以及横着走的时候，若是无法遵循市场循环周期的方向操作，而是根据自己的想法做交易，赔钱就一点也不足为奇了。

6. "缩手不动"与"一出手总是满载而归"，是赔光破产之后才悟出来的技巧。赔钱是学会操盘的原动力。

那是 1915 年的事情了，说来话长，以后在适当的时候我再详述。现在，我们先回到我在空桶店的操作，**我在空桶店做了几年的交易，赚了不少钱，但最后空桶店又拿走了我大部分的获利，这都是在我眼前发生的**，且这不是我一生中唯一的一次。一个股票作手必须对抗许多敌人，包括他自己。

齐克用注解：

空桶店的规则是可以一直改变的，当某个客户经常赚钱时，他们会针对个别客户提高赚钱的困难度，或禁止该客户下单。当市况让空桶店赚少赔多时，他们会对所有的客户设下止盈机制，也就是赚到固定多少金额时强制平仓出场，借以控制住经营的赔钱风险。当市场一面倒时，他们甚至于会停止接单，客户一律停止进场交易。

总之，我带着 2500 美元来到纽约，但这里我找不到一家可以信赖的空桶店，因为纽约证券交易所和警方合作，已经成功地清理了许多空桶店。除此之外，我想找个地方操作，让我在交易时不受任何限制。资金有限是我对自己的唯一的限制，虽然买卖的金额不多，但我相信不会永远这样，最重要的事就是找到一个值得信任并且公平交易的场所来做交易。于是我到了一家纽约证券交易所的会员公司。那公司在我家乡设有分行，我认识里面几名职员，但他们已不在那儿工作。我没停留多久，因为我不喜欢其中一位合伙人。后来我到了富乐顿公司去。我猜想一定有人告诉他们我早期的经历，因为没多久他们全都开始叫我 **"投机小子"**。我看起来比实际年龄年轻，但年轻的外貌有时会带来一些不便，很多人想占我的便宜，我得学会保护自己。空桶店那些家伙看我是个小孩，总认为我是靠运气的傻小子，这就是我经常击败他们的唯一原因。

齐克用注解：

投机小子、棒槌小子，是利弗莫尔早期在空桶店的绰号。每回他一放空之后，股价就急速大跌，貌似挥舞着大棒击垮股价，因而获得此名。

但是，不到 6 个月的时间我就输光了钱。我是一个非常活跃的交易者，也拥有"常胜将军"的封号。我猜我付出去的佣金一定不少。我的账户累积了不少钱，但最后还是赔光了。我很小心地操作，但我却仍然赔钱，原因就是这种方法只有在空桶店操作，才能有卓越的成绩！

我只能在空桶店用自己的方法操作，才能赢得这种游戏，因为我在空桶店赌的是股价的波动，而这一点只跟我研读报价带上的数字能力有关。我买进时，价格就是报价板上的数字，甚至在买进之前，就知道即将成交的价格。我的仓位可以随时脱手，成功地 **抢帽子**，因为我的动作快如闪电，可以在瞬间获利了结或止损出场。举例来说，有时我确定某只股票会上涨至少1点，但我不用贪心，只要用1点的保证金，就立刻能让本钱翻一倍，或者只赚半点。每天交易一两百股，到月底结算下来，收获也还不错，不是吗？

齐克用注解：

抢帽子，是在股市中进行短期买卖的投机技巧。是指在同一天之内，甚至于更短的时间内，低买高卖，或是放空高卖低买的技巧。

当然，这种做法实际上是有困难的，因为即使空桶店的财力雄厚，能够承受经常性的庞大损失，他们也不会让您持续那样做。他们不喜欢场子里有顾客老是赢钱。

总之，**在空桶店操作稳赚的交易技巧，到了富乐顿公司就行不通了**。在富乐顿公司，我是实际买卖股票。报价纸带上糖业公司股价105美元时，我研判它会下跌3点，但事实上，当报价机把105美元打印在纸带上的那一刻，交易所营业大厅的实际价格可能是104或103美元。此时我下了一张1000股的卖单，传递给富乐顿公司的场内人员去执行时，价格可能更低了。在我看到成交报告之前，我不知道1000股卖出的价格会是多少。做同样的交易，我在空桶店里能稳赚3000美元，但在证券交易所会员公司里可能一分钱也赚不到。当然，这是极端的例子，但事实就是如此。换言之，在富乐顿公司报价纸带上的价格往往是历史价格，而我却没有意识到这一点。

齐克用注解：

在空桶店与富乐顿合法券商交易，对股票作手的差异，请参考本章导读。

另外还有一点，如果我的委托单相当大，我自己卖出的数量往往进一步压低价格，但在空桶店里操作时，我不需要考虑自己的交易造成的影响。我在纽约亏损累累，是因为游戏规则根本就完全不同。亏钱并不是因为我在合法的公司操作而造成，而是源于我对新操作的无知。有人说我分析报价纸带的技巧很高明，但在这种状况下，即使功力如专家一样也无济于事。如果我是交易所场内的交易员，可以亲自执行交易，情况可能会好很多。因为在这些特殊的场内交易员中，或许我会根据眼前的状况，调整自己的方法；但事实却不是，而我仍沿用既有的方法操作，这样会令我失败，因为我的交易本身就会影响价格。

简单地说，当时我并不懂股票投机，只懂其中一部分，对我来说，那部分一直相当管用。尽管如此，我仍然亏钱，那么对于那些毫无经验的门外汉来说，又有多少胜算呢？或者应该说，怎么可能会赚钱呢？

不久之后，我就发现自己的操作有问题，但我不能确定问题究竟出在哪里。有时候，我的方法很奏效，然后突然间遭受接二连三的打击。别忘了，当时我才22岁，不是我顽固，不愿意正视自己失败的原因，而是那样的年纪，任谁都懂不了多少。

富乐顿公司里的人都对我很好，但受限于他们对于保证金的限制，我无法随心所欲地想做多少就做多少。虽然受限，但老富乐顿先生和公司其他人都对我很好，经过6个月的频繁交易后，我不仅把带来的钱及所赚的利润全都输光了，甚至还欠下公司几百美元。

在这之前，我只不过是个没有离过家的孩子，但现在却弄得身无分文。我知道这不是自己的错，只是我的操作方式有问题。我不知道我说得够不够清楚，但我从来不对股票市场发脾气，也不会质疑报价带上的数字，因为对股市生气也于事无补。

我急着想重返市场进场交易，一分钟也不愿耽搁，于是我去找老富乐顿先生，跟他说："喂，老富，借我500美元。"

他说："要干什么？"

"我急需用钱。"

他再问了一次："要干什么用？"

我说："当然是当保证金啦！"

他皱着眉头说："500美元？"

"您知道他们要您10%的保证金做交易，也就是交易100股要1000美元，我看还是给您一笔信用额度好了，这样比借500美元好多了。"

"不，"我说："我不想要您这里的信用额度，我已经欠你们公司一些钱了。我只希望您私下借我500美元，好让我出去外面赚一些钱回来。"

老富问道："你打算怎么做？"

我告诉他："我会到空桶店交易。"

他说："就在这里交易吧！"

"不，"我说："我不确定能够在这里赚到钱，但我可以肯定的是，我能在空桶店里赚到钱。我懂那里的玩法。我隐隐约约地感觉到，知道自己在哪儿出错。"

他借给我500美元后，我离开了那令我输得精光的地方。我不能回老家，因为那里的空桶店不接受我的交易。纽约也不用考虑，因为那时候纽约根本没有人做这种生意。有人告诉我，19世纪90年代，百老街和新街到处都是空桶店，但现在我需要它们的时候，却连一家也找不到了。于是在考虑之后，我决定去圣路易。我听说那里有两家空桶店，在整个中西部生意做得很大，分行遍及数十个城镇，获利也必定丰厚。事实上，还有人告诉我，东部地区根本没有别的空桶店能够跟他们竞争。他们公开营业，高手们毫无顾忌地在那里交易。有人甚至告诉我，其中一家空桶店的老板是商会的副会长，但可能不是圣路易商会。总之，我带着借来的500美元去了那里，打算赚回一笔资金，再回到纽约证券交易所会员公司富乐顿，用赚来的钱作为交易的保证金。

到了圣路易，我先到酒店梳洗一番之后，就出去找空桶店。其中一家叫做杜兰公司，另一家叫做泰勒公司，这两家公司都是看似合法的经纪商，却是货真价实的空桶店。我知道我能打败他们，但必须小心翼翼。我担心有人可能认得我，告发我，因为全国的空桶店都听说过"投机小子"的事迹。他们就像赌场一样，能打听到行内各种消息。

相对泰勒公司，杜兰公司较近，于是我先到杜兰公司，希望在他们认出我并对我下逐客令前，争取几天的时间交易。我走进宽敞的交易厅，那里至少有几百个人盯着报价。我很高兴，因为藏身于这一大群人中，应该不会有人注意到我。我伫立着，看着报价板，仔细观察情势，然后选定了我第一只要操作的股票。

我看了看四周，看到坐在窗口边的接单员，那是客户交保证金和领取成交单据的地方。他凝视着我，于是我走向前，并问道："棉花和小麦是在这里交易吗？"

他说："是的，小兄弟。"

"我也可以买股票吗？"

他说："您要是有钱，就可以。"

我就像一个爱夸耀的男孩说着："喔，我有的是钱，没问题。"

他微笑着说："您有？真的？"

我装出不高兴的样子问道："100 美元能买多少股？"

"100 股，如果您有 100 美元的话。"

我告诉他："我当然有 100 美元，200 美元也没问题。"

他说："哇，真想不到！"

我很干脆地说："您帮我买 200 股。"

"200 股什么股票？"他认真地问道，这可是生意上门了。

我再看看行情报价板，装出一副精明的样子，然后告诉他："200 股奥马哈。"

他说："好的！"然后他收下了我的钱，数了数，开始填写委托单。

他问我："您叫什么名字？"我回答说："贺利斯·肯特。"

他把单据递给我后，我就离开窗口，在客户群中坐了下来，等待着股价上涨。我速战速决，当天做了好几笔交易。隔天也是如此。两天内我就赚了 2800 美元，心里希望他们能让我在这里交易一个星期，而以我这样赚钱的速度，获利应该很可观。然后我会转到另一家空桶店去交易，要是同样幸运，我就能带着一大笔资金，回到纽约再显身手。

第三天早上，我装出腼腆的样子走到下单窗口，想买 500 股 BRT 公司股票。那个职员对我说："噢，肯特先生，我们老板想见您。"

我心知事情败露，游戏结束了，但我还是问他："老板找我有什么事？"

"我不知道。"

"他在哪里？"

他指着一扇门："在他个人的办公室，请往那边走。"

我走了进去，杜兰先生正坐在办公桌旁，他转过身来对我说："请坐，李文斯顿。"

他指着一张椅子。我最后的一线希望破灭了。我不知道他怎么发现我的真实身份，也许是从酒店的登记簿里查到的。

我问他："您找我有什么事吗？"

"听着，小伙子，我不会让您再继续下去，懂吗？一次也不行，明白吗？"

我说："不，我不明白。"

他从旋转椅上站了起来，块头好大。他对我说："跟我过来，李文斯顿。"他走到门边，打开门，指着营业大厅里的客户问道："看到了吗？"

"看到什么？"

"那些家伙。看看那些人，小伙子，那里有 300 个人！300 个傻瓜！他们供养我全家，懂吗？300 个傻瓜！您来了后，两天内所赢的钱，比我两个星期从他们身上赚取的还要多。生意不是这样做的，小伙子，我不做这种赔本生意！您已经赚到的，尽管拿走。想要更多，门儿都没有，别想再从这里赚钱了！"

"为什么，我——"

"不用说了，就是这样。前天我看到您进来，就不喜欢您的样子。老实说，我并不喜欢您。我一眼就看出您是个老手。我问了那个笨蛋。"他指着那个犯错的职员。"我问他您是做什么的，他如实告诉我后，我对他说：'我不喜欢那家伙的模样，他是个老手。'那个笨蛋说：'老手？不会吧！老板，他的名字叫作贺利斯·肯特，只是一个毛头小伙子，想玩大人的游戏。他没问题啦！'我信了那个笨蛋，结果害我白白损失了 2800 美元。小子，我不怪你，但是我的金库已对你上锁了。"

"听我说——"我想辩解。

"听好，李文斯顿，"他说："您的事情我都听说过了。我是靠那些傻瓜下的赌注赚钱的，这里不是您的地方。我认赌服输，您在我们这里赚到的钱，尽管带走，但若再让您赚钱，那我岂不是成了冤大头？既然我已经知道您是谁，那就快走吧！"

我带着赚来的 2800 美元离开了杜兰公司。泰勒公司位于同一条街口，我知道泰勒非常富有，经营了好几家赌场。我决定到他的空桶店。我心里盘算着，究竟应该小量出手，再逐渐加大至 1000 股好呢？还是一开始就大举投入？因为我可能只有一天的机会。他们一发现亏钱，就会变得聪明且机警，但我确实想买 1000 股 BRT，而且我确信可以赚个 4、5 点。不过，如果他们起了疑心，或太多客户都买进这只股票，他们就可能不让我交易。我想，也许我应该分散交易，由小额买卖开始。

泰勒公司的规模没有杜兰公司那么大，但是设备较佳，而且明显可以看出客户较为富有。对我来说，这再适合不过了，于是我决定买进 1000 股 BRT。我走到下单的窗口对职员说："我想买一些 BRT，限额多少？"

"没有限制，"那职员说："只要您有钱，想买多少都可以。"

"买进 1500 股，"我边说边从口袋里掏出一大叠钞票，而那职员开始写委托单了。

就在此时，我看到一个红头发的人推开那个职员，靠在柜台窗口对我说："噢，李文斯顿，回杜兰那边去吧！我们不做您的生意。"

"等等，我拿到成交单再说吧，"我说："我刚刚买进了一些 BRT 股票。"

"您不用拿了。"他说。这时候，其他职员都站在他身后看着我。"不要来这里买卖股票，我们不做您的生意，懂吗？"

生气或争执都无济于事，于是我返回酒店，结账后搭乘第一班火车回纽约。实在太难了！我本想多赚一点本钱再回纽约，但泰勒居然连一次交易都不让我做。

我回到纽约，把 500 美元还给了富乐顿，然后拿圣路易赚来的钱，再次开始交易。我的操作绩效时好时坏，但总算比打平还好一些。从结果来看，我并没有学习到任何一点新的技巧。我只是了解到一个事实，那就是股票投机这种游戏，比我到富乐顿交易之前所考虑的要多。当然，我想找到解决问题的方法，而我现在的状况就像那些拼字游戏迷一样，除非能完全拼出来，否则不死心。我原本以为从此再也不会到空桶店去交易，但是我错了。

我回到纽约之后大约两个月，富乐顿公司来了一位老家伙，他和富乐顿先生是旧识。有人说他们过去共同经营了好几家赛马场，现在显然是今不如昔。经介绍，我认识了老麦德威先生。他正向一群人谈起西部有一帮赛马场的骗子，刚在圣路易诈骗成功的故事。他说这桩诈骗案，带头的是赌场老板，叫做泰勒。

我问他："哪个泰勒？"

"大块头泰勒。"

我说："我认识那个家伙。"

麦德威说："他不是好人。"

"他坏透了，"我说："我还要跟他算账。"

"怎么说？"

"我要修理没有道义的人，唯一的办法就是修理他们的钱包。现在他在圣路易，我动不了他，但是总有一天会碰得到。"我把一肚子牢骚告诉了麦德威。

"嗯，"老麦说："他想在纽约开一家店，但没有成功，所以另外在**哈波肯**开了一家。听说那里的交易没有限制，而且他们的资金非常雄厚，买卖数额大到如直布罗陀的巨岩或小到如跳蚤般的都会接受。"

齐克用注解：

哈波肯位于新泽西州，是一个繁荣的港口城市。

"是什么样的店？"我以为他指的是赌场。

老麦说："空桶店。"

"您确定他开张了吗？"

"没错，有好几个朋友曾告诉我。"

"那只是道听途说，"我说："您能不能查出是否真的在那里开张了？还要问清楚他们究竟让人赌多大？"

"好的，小老弟，"麦德威说："我明天一早就去，回来再告诉您。"

他真的去了。带回来的讯息是，泰勒的生意做得很大，而且对于上门的客人来者不拒。那天是星期五，市场整整涨了一个星期——别忘了，这是 20 年前——到了星期六，**银行报表照例会显示盈余储备急剧减少**。这将使大型的经纪商借此机会在市场操作，将一些财力薄弱的投机者淘汰出局。通常临收盘前半个小时，股市波动最激烈，特别是那些热门股，而那些股票当然也是泰勒客户大量做多的股票，所以他们很高兴有人放空这些股票。再也没有比来回两头赚这些冤大头的钱更令人愉快的事了：也没有什么事比这种赚钱的方式更容易了，因为只要 1 点的保证金。

齐克用注解：

利弗莫尔所指的报表，是纽约票据交换所在每个星期六中午发布的周报。该报表提供了所有银行的信用状况，列出了贷款、黄金储备、债券和存款每周的平均余额，并在每个项目中列出跟前一周比较的收益和损失。

那个星期六早上，我赶到哈波肯，来到**泰勒的空桶店**。他们布置了一间很大的交易厅，墙上挂着很漂亮的报价板，还有一大群交易员和一个穿着灰色制服的特别警卫。里面大约有 25 名顾客。

我进去找经理，他表示愿意为我效劳，而我没有要求什么，只是告诉他，我在赛马场上赚的钱都比这里多很多，且能毫无限制地下注。在赛马场几分钟之内就能赚到几千美元，而股票市场却只能赚点小钱，更何况还可能要等上几天才能看得到钱。他开始劝我说，股票市场安全得多了，而且他们的顾客赚了不少钱——您一定会以为他是一个正规的经纪人，真的在交易所替您实际买卖股票——他还说，只要交易数量够大，也有可能赚到令人满意的大钱。他一定认为我要到某家赌场去，因此极力游说我，想在那些赛马场赚走我的钱之前，先狠狠敲我一笔。为此他还说，我动作必须快点，因为星期六 12 点就收市了，下午还可以去做别的事。要是我选对了股票，说不定我还会有更多钱可以带去赛马场。

我装出不相信他的样子，他不断地怂恿我。我瞄了一眼时钟，到了 11 点 15 分，我说："好吧！"开始写给他几只股票的卖单。我掏出 2000 元现金，他很高兴地收下，并告诉我说，我一定会赚大钱，还希望我以后常来。

这一切进展，都在我的预料之中。许多交易员抛售股票，打压股价，因而触发了止损，价格果然开始滑落。我就在最后 5 分钟价格反弹之前，把做空的股票回补了。

总共赚了 5100 美元，我拿单据去兑换现金。

"我很高兴来到这里。"我对经理说，并把单据交给他。

"呃，"他对我说："我没办法把全部的钱都给您。我没料到有人要提领这么多。星期一早上我一定把钱准备好给您，保证没问题。"

我说："好吧，但是你们公司有多少现金都先给我。"

"您得让我先给那些小户，"他说："我会先退还您的保证金，其余的等我结清其他人的单子后再给您。"于是我等在一旁，等他把钱分给其他赢家。噢，我知道我的钱很安全，不会有问题。泰勒这个营业处生意做得那么好，不会赖账不给，而且就算他要赖账，我除了拿走他现有剩余的钱之外，又能怎么办呢？我拿回了自己的 2000 美元，以及另外的 800 美元，这 800 美元是公司付清所有账目后，剩下来的钱。我告诉他，星期一早上我会再来，而他保证会准备好等我来拿。

星期一快到 12 点时，我到了哈波肯。我看到一个人正在跟经理交谈，那天泰勒叫我回杜兰时，我在他们圣路易的办公室见过这个人。我立刻意识到经理已经发过电报给总部，他们派了一个人过来调查此事，因为从事诈骗勾当的人，是不会相信任何人的。

我对经理说："我来拿剩下的钱。"

圣路易来的那个家伙问道："就是这个人吗？"

"是的。"经理说，然后从口袋里掏出一叠**黄票子**。

齐克用注解：

黄票子是当时以黄金为基准，发行的债券或黄金凭证，是一种可以兑换成金币的纸钞，20 世纪 30 年代初就停止发行了。所谓的"黄票子"，它们与绿票子，即美元，或美国债券都是法定货币，不得用来兑换贵金属。

"等等！"圣路易那位老兄叫住经理，然后转头对我说："喂，李文斯顿，我们不是告诉过您，我们不接您的生意吗？"

"先把钱给我。"我跟经理说，他交给了我 2 张千元钞，4 张 500 元钞和 3 张百元钞。

我对圣路易那个家伙说："您刚刚说什么？"

"我们告诉过您，不希望您在我们的地方操作。"

"是的，"我说："所以我才到这里来。"

"好了，别再来了，走远一点！"他对我咆哮。身穿灰色休闲服的私人警卫走了过来。圣路易那家伙对经理挥着拳头，大声叫嚷："您早就应该调查清楚，您这个笨蛋，竟然让这个家伙给骗了。他就是李文斯顿，您应该早就接到通知了。"

"您听着，"我对圣路易那个家伙说："这里可不是圣路易，您不能像您的老板对付贝尔法斯特男孩那样耍花招。"

他吼着说："您出去！您不能在这里交易！"

"如果我不能在这里交易，别人也不会来了，"我警告他说："在这里，由不得您这样张狂，否则您会自食恶果。"

圣路易那家伙听到这话，口气立刻软了下来。

"您听我说，老兄，"他不安地说："帮帮忙，讲讲道理吧！您知道我们没办法忍受这种事情经常发生。要是老板知道是谁做，一定会暴跳如雷。行行好吧，李文斯顿！"

"我会少做一些。"我向他保证。

"讲讲道理，好吗？看在老天爷的份上走远一点！我们刚开业，请给我们一个好兆头好吗？"

"下次再来的时候，我不希望再看到你们这副盛气凌人的嘴脸。"我说完后，转身就走，只听到他连珠炮地大骂那个经理。我已从他们手中赚回一些钱，而且用他们在圣路易对付我的方式，回敬了他们。因此，我没有必要把事情闹大，或者将他们逼到关门。我回到富乐顿，把经过告诉了麦德威。接着我对他说，如果他愿意，要麻烦他到泰勒的营业处，一开始只交易20股或30股，让他们慢慢习惯您。然后等我看到有赚大钱的机会时，再打电话通知他。

我拿了1000美元给麦德威，他去了哈波肯，并依我的计划行事，成为那里的常客。不久之后，我预见价格即将大跌，于是悄悄地通知老麦，在他可交易的最大限额内大举放空。那天，**扣掉给老麦的分红和付清费用后，我净赚了2800美元**。我怀疑老麦自己私下也赌了一点小钱。这件事之后不到一个月，泰勒关掉了哈波肯分行，而警方也忙于调查此事。不管怎么说，我没有损失，我在那里只交易过两次。由于当时市场进入一个狂热的多头时期，股价回调的幅度不够大，连1点的保证金也没有办法吃掉，而且所有的客户都是多头，不但赚钱，而且还持续加码，因此全国各地的空桶店纷纷倒闭。

齐克用注解：

利弗莫尔在空桶店从来没赔光过，但在富乐顿是人生第一次赔光，并负债几百美元。利弗莫尔在富乐顿赔光后，找老富乐顿先生借了500元，再返回空桶店交易，第一家在两天内赚到2800元。第二家是当下被拒绝交易。在两个月后，利弗莫尔等到了泰勒新开店的机会，狠赚了5100美元。最后利用代理人，再赚2800美元。富乐顿赔光后，再回到空桶店操作的结果是：500美元开始操作，赚到 10700 美元。

现在他们的游戏规则改变了。相对于在大型的证券经纪商交易，老式的空桶更具优势。例如，当保证金即将耗尽时，他们会自动替您平仓，这可说是最好的止损单。您的损失绝对不会超过您交的保证金，也不会有委托单无法执行的危险。空桶店对顾客的限制，在纽约时不像我在西部听到的那么宽松，**他们经常把一些波动大的股票获利，限制在 2 点以内**，如美国糖业和田纳西煤铁公司，就是这类的股票。就算这些股票在 10 分钟内上涨了 10 点，每张单子您也只能赚 2 点。他们认为，不这么做，客户的胜算太大了；他们可能赔 1 美元，却能赚 10 美元。因此，曾经有好几次，所有的空桶店，包括规模最大的一家，都拒绝接某些股票的单子。

齐克用注解：

空桶店对客户实施的止盈制度，现在经常被散户投资者拿来用在操盘上，尤其是在基金投资上。但事实上，这种做法对投资者是不利的。因为当市场大涨大赚时，您却已经早就出场了，再大的获利空间，也跟您一点关系都没有。但当市场大跌时，您却还在场内。投资者经常会将获利目标价，先下单到市场，但止损单却不会先下到场内，这是错误的下单技巧。

1900 年，总统大选的前一天，人们看好麦金利胜选已成定局，没有一家空桶店允许客户做多股票。这次选举，一般认为麦金利的胜算是 3：1，如果您在星期一买进股票，您势必赚到 3 至 6 点，或者更多。当然您也可以押注布莱恩会赢而买进股票来赚钱。然而在那天，**空桶店一整天都拒绝接单**。

齐克用注解：

为何空桶店一整天都拒绝接单？空桶店在波动剧烈，但趋势不明的市况下，才能赚到钱。只有买方或卖方一面倒的单向市场中，才会赔钱。所以当赔率对他们不利时，他们就停止接单。当时的情形是，麦金利当选将使企业大好，股票大涨。在状况一面

倒的情形之下，空桶店就会拒绝接单。

要不是空桶店一直拒绝接我的单子，<u>我绝对不会停止在他们那里交易，也绝对不会知道股票投机的游戏博大精深，远不止在空桶店那里只能赚几点的波动。</u>

齐克用注解：

若要在股票市场赚钱，除了要学习利弗莫尔的"研判股价波动"神准技巧之外，还要再学习"下单技巧"。而下单技巧，应该包括看懂机构的试单，以及进场出场的下单策略及其思维逻辑。我将通过实战课程展开详述。

附图　作者齐克用讲解空桶店，左上角为空桶店的历史相片

第三章　从空桶店转战合法券商赔光两次

"不应该专注于几点的小波动，而是应该抓住即将发生的大波段行情。"

杰西·劳伦斯顿·利弗莫尔

(1877 年 7 月 26 日—1940 年 11 月 28 日)

导　读

主题

- 基本原则
- 缩手不动
- 小道消息交易
- 投机是一份艰辛的工作
- 手续费与滑价是短线交易的致命伤
- 宏观经济大环境
- 成交量

- 市场参与者
- 操纵者的行为与课税
- 主力运用筹码在控盘
- 市场派与公司派的股权争夺战
- 预测正确却输光全部的钱
- 赔光再赚回
- 多数操盘技巧是从赔钱中学来的

图 3-1　先研究图中的主题，再阅读内文

案例 1：虚拟和实战交易，由于人性和小道消息等干扰，投机是艰辛的。

案例 2：太平洋铁路公司的主力股控盘。

案例 3：滑价与费用问题，导致利弗莫尔第二次赔光。

操盘逻辑

利弗莫尔在 14 岁做了第一笔交易，与同事合资 5 美元，买进百灵顿铁路，赚了 3.12 美元。15 岁那年，赚到了人生第一个 1000 美元。20 岁那年，就赚到了人生的第一笔 1 万美元。随后，赚赚赔赔，21 岁那年，带着全部家当 2500 美元到了纽约。以上是他早期在空桶店交易这段时间的资产净值变化。这里显示出，他在空桶店交易期间，从来都没有赔光过的记录，展现了赚钱就是对的基本原则。

从空桶店转战合法券商，带着 2500 美元，初抵纽约的那天，就到纽约证券交易所会员哈丁兄弟公司，找到第一份工作时的同事，他在哈丁兄弟公司上班。当天下午 1 点，就在哈丁兄弟公司开立了账户，准备交易。第一天中仅仅两小时，抢进杀出交易了 1100 股，那天操作结果损失了 1100 美元。在纽约第一次出手，赔了将近一半的本金。在哈丁兄弟公司没停留多久，就因为不喜欢其中一位合伙人而离开。

后来到了富乐顿公司。不到 6 个月的时间就输光了钱，并欠公司一些钱。这是他人生第一次赔光钱，并负债数百美元。此时资产净值转为负数。于是他去找老富乐顿先生，借了 500 美元。然后再回空桶店，用 500 美元赚了 10700 美元。这是他人生第一次赔光再赚回。还了 500 美元给老富乐顿先生，此时资产净值是 10700 美元。

1901 年，股市极度繁荣，他赚了很多钱。5 月 9 日上午，他手上有将近 5 万美元现金。随后股市开始大幅波动。他自己说，最后结局是："这一切就如我所料发生了。预测完全正确，但却输光了所有的钱！""曾赚到 5 万美元，两天后又输得身无分文。我没有其他的事业，也不懂其他的游戏。""我不仅输光了所有的钱，而且厌倦了这种老是被打败的游戏，于是我决定离开纽约，到别的地方换个行业做。"至此，人生资产规模大幅起落，赔光两次，这是他人生第一次萌生退意，打算离开他所喜爱的操盘职业生涯。

重点摘要

本章的 15 个操盘重点：

1. 内文以"基本原则"开始，以违反"基本原则"而赔光两次收尾。"基本原则"指的是只有赚钱的交易才是对的。

2. 缩手不动原则再次出现。这章中谈到，若是赔钱出场，且找不出原因，就应该在场外缩手不动，等厘清问题后，再重新开始交易。上一章的缩手不动原则，是谈在场外缩手不动，等到正确的交易时机再进场。

3. 第一次开始谈自信与信心的重要性。不能靠小道消息交易，因为这种形态的交易，缺乏自信与信心，最终注定要失败。

4. 首次谈投机是一份艰辛的工作，投机者必须时刻全神贯注，否则很快就会失业。坊间很多业者讲，赚钱是很容易的。利弗莫尔说，这种讲法是错误的。

5. 空桶店交易需要"报价纸带分析技巧"与"记忆力的训练"。到了合法券商，除了"报价纸带"与"记忆力"技巧之外，还要再加上"灵活的头脑"与"知识"。

6. 合法券商的手续费与滑价的成本，是短线交易的致命伤。

7. 无知，是天性，每个人都有的人性弱点。散户投资者认为，就算一时赔钱，只要原有的方法与策略正确，最后终究还是会赚钱的。

这是"无知"。

8.开始考虑到委托单在交易所营业厅执行的实际情况，注意量价关系。空桶店下单时，没有成交量的问题。

9.开始谈到宏观经济大环境、成交量、市场参与者、操纵者的行为，股票挂牌上市状况、课税等议题。这些都是在空桶店下单时，不需要注意的信息。

10.有一只股票他没有放空，那就是北太平洋铁路公司。这里已经在谈主力运用筹码在控盘了。

11.利弗莫尔在这里看到市场派与公司派的股权争夺战，开始研究市场主力与背后的参与者，这些事情在空桶店时他都不曾注意过。

12.利弗莫尔说："我预测完全正确，但却输光了所有的钱！我被一些异常状况打败了。"市场操盘历练是很重要的，经验不足，则经常会遇到异常状况，就需要懂得如何因应异常状况。

13.试图从市价单与限价单的下单方式找到答案，结果不是下单方式的问题，而是大资金要从短线操作改为波段操作。

14.利弗莫尔说："如果我不曾偶尔在市场上赚到钱，那么我可能会更快学到股票的投机技巧。"首次谈，多数操盘技巧是从赔钱中学来的。

15.空桶店从来都没赔光过，合法券商到这里已赔光两次。就像一般投资者一样，几次惨败，心灰意冷，决定绝对不再碰投资。

下图是第一章至第三章，利弗莫尔在15岁至24岁间，资产净值的起伏变化。

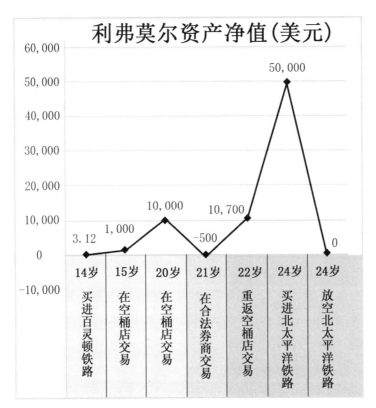

图 3-2　利弗莫尔青少年时期的资产净值变化曲线

本金（美元）	操作标的	年龄	资产净值（美元）
5（与同事合伙）	买入百灵顿铁路	14岁	3.12
	在空桶店交易	15岁	1,000
	在空桶店交易	20岁	10,000
2500	在合法券商交易	21岁	（-500）
500（向老富借钱）	重返空桶店操作	22岁	10,700
	买进北太平洋铁路	24岁	50,000
	放空北太平洋铁路	24岁	0

表 3-1　利弗莫尔青少年时期的资产净值变化

下面，我们进入第三章的正文。

人们要从自己的错误中吸取教训，需要经历一段很长的时间。有人说，凡事都有正反两面的看法做法，但对股市而言，既不是做多，也不是做空，只有做对才能赚到钱。我花了很长的时间才把这项**基本原则**深深烙印在脑海里，它的重要性远远超过股票投机中的任何技巧。

齐克用注解：

这里谈的"基本原则"是什么意思呢？后面的内容会一一陈述说明。基本原则："只有单子下到市场，赚到钱，才是对的。"至于看法怎么样，或未来价格会如何变化，或预测怎样，全部都不是重点，重点是一定要把单子下到市场并赚到钱，这才叫作对的，这就是基本原则。

我们大部分的人下单到市场上，总是抱怨说因为波动太快了被止损，不然也是赚钱的，或者，我太快出场了，不然也是大赚的。讲了很多的理由，这些全部都不正确，只要是赔钱，就是错的。这就是基本原则。

我们在市场上会不停地交易，主要是自己在认知上，都认为原本那些交易是可以赚钱的。接着在下面的故事里，我们会看到"基本原则"的4个重点说明：

①钱要押注到市场上，否则一点意义也没有。

②赚钱才是对的。做错亏损，就要执行止损，停止交易。注重交易时机，并须搭配缩手不动。

③要靠自己的方法独立判断来操作，自信心是重要的。

④市场状况不停地改变，要持续补充知识及保持灵活的头脑。

利弗莫尔在下面的故事里，告诉您他是如何地违反了基本原则，赔光所有的钱，把他打回原点，以致想放弃操作。

我听说过有人在股市里以模拟交易来操作，用想象中的钱，证明自己的看法有多正确，博取自己的高兴。这些赌鬼有时会赚进虚拟的几百万美元，但他们很容易成为一个冒险的投机客，就像老故事中所说的，有人隔天要进行一场决斗。

他的副手问他："您的射击技术好吗？"

"嗯，"他略显谦虚地说："我可以在20步外击中酒杯的脚跟。"

"那很好，"无动于衷的副手继续问："如果酒杯上有一把上了膛的手枪正对着您的心脏，您还能击中酒杯脚跟吗？"

齐克用注解：

在虚拟交易时，是以不考虑人性的贪婪与恐惧来论断投资赚赔之事，就有如经济学中的假设说。把市场看成是静态，不将人性纳入考量，来推估自己的赚钱能力，这些都一点意义也没有。理论与实务最大的差别在于，实战操盘时对人性弱点的控管及动态调整的技巧。

就基本原则来评论这里的例子，没有将钱押注在市场中的模拟交易，根本没有意义。没有将钱放进市场，代表对于自己的判断不需要信心，虚拟投入再多钱，也没有任何意义。这里的案例，是说明利弗莫尔所谈的基本原则："钱要押注到市场上，否则一点意义也没有。"没有将人性考量进去的交易，是没有意义的。

对我来说，**我必须用钱来证明自己的看法**。我的亏损告诉我，不能继续再操作，除非我能保证我不会再犯同样的错。如果我不能继续操作，我就会按兵不动。我的意思并不是出错时不应该止损，而是应该止损，但不能犹豫不决。我一生中经常犯错，然而在错误中我得到了经验，累积了许多颇有价值的**缩手不动原则**。我有几次输得很惨，但还好没有亏到身无分文，否则，此刻我就不会在这里了。我知道我会有另一个机会，而且不会再犯同样的错误。我相信自己。

齐克用注解：

"缩手不动原则"，包括了"场内的缩手不动"与"场外的缩手不动"两种。场内的缩手不动，是指做对赚钱时，缩手不动，静待利润自己扩大；做错时，应止损出场，在场外缩手不动。散户经常做错赔钱时，在场内的缩手不动，是错误的行为。

场外的缩手不动，是指静待关键点到来再出手。不管是场内或场外的缩手不动原则，其实就是在谈"交易时机"，必须再搭配"操作准则"。这里谈到是违反基本原则②，犯了不重视"交易时机"，以及不遵守"操作准则"的连环错误。

要是有人想靠这个游戏谋生，<u>他必须相信自己，且相信自己的判断，而这就是我不相信小道消息的原因。</u>

齐克用注解：

小道消息，是指非经正式途径传播的消息。往往传闻失实，并不可靠。

如果我根据某个史密斯的小道消息买进股票，那么我就必须根据史密斯的指令卖出这些股票，我全都依靠他的消息。假如卖出的时机来了，而史密斯刚好去度假了，那么该怎么办呢？所以，没有人能靠别人的指示操作而赚大钱的。我的经验告诉我，别人给我的明牌都不可能比我自己的判断能让我赚更多。<u>我花了5年的时间，才学会在看对的时候，抓住机会赚大钱。</u>

齐克用注解：

听信小道消息来投资，就是违反了利弗莫尔的基本原则③，"要靠自己的方法独立判断才操作，且自信心是重要的。"交易成功的道理，就是赚钱才是对的，赚钱就会有信心。因而小道消息没有办法给您信心。交易的过程中，独立思考与独立判断是重要的。

"我花了5年的时间，才学会在看对的时候抓住机会赚大钱"，这是利弗莫尔非常重要的转折点。基本原则④，"市场状况不停地改变，要持续补充知识及保持灵活的头脑。"从空桶店到合法券商，交易市场状况改变，进而学会长期波段操作。这是实践基本原则④。

空桶店只能短线操作，只有到合法券商交易，才有赚大钱的机会。空桶店的交易对手，是空桶店的老板，而跟老板拼斗，只能累积本金而无法发大财。若赚得多时，老板就可能会倒闭。到合法券商交易，赚来的钱，若从投机的角度来看，是从市场参与者身上赚来的，若从整个股市资产增长来看，赚到的钱是来自社会财富成长。因而在合法券商交易，才能赚到大钱。

我的有趣经验可能没有您想象的那么多。我的意思是说，学习如何投机的过程似乎没有什么特别的地方。我破产过好几次，这绝对是不愉快的经验，但是我亏钱的原因和华尔街那些人是一样的。<u>投机是一份艰辛的工作，投机者必须时刻全神贯注，否则很快就会失业。</u>

齐克用注解：

投机是件艰辛的事，这是他第一次描述操盘谋生是困难的。为什么到了合法券商，以前的稳赚技巧不灵验了呢？他发现原本的技巧之外，还必须再加入一些新的东西，于是他在下面一段中说到：要从另一个角度看投机。利弗莫尔靠赔钱的实战经验，持续领悟出新的操盘智慧。

在富乐顿惨遭滑铁卢后，我明白自己的工作其实非常简单：<u>就是要从另一个角度看投机</u>。但是，当时的我还不明白，除了在空桶店学到的技巧之外，原来还有很多技巧需要学习。我以为自己能在交易中持续赚到钱，实际上我只是打败空桶店而已。这个时候，<u>在空桶店学到的报价纸带分析技巧，以及记忆力的训练</u>，仍都非常有用，而这两种技巧对我来说早已驾轻就熟。作为一个交易员，我早期的成功应归功于这两种技巧，而不是<u>灵活的头脑或知识</u>，因为当时我的思维还未经过训练，而且相当无知。我从交易中学会操作，而在挫败中得到教训。

齐克用注解：

到了合法券商，到底应该具备哪些能力，才能顺利操作呢？

从另一个角度看投机。说明如下：从第一章至第二章，谈论的是空桶店交易时期，所需技巧："报价纸带分析技巧"与"记忆力的训练"，有了这两种技巧，就能在空桶店稳赚不赔。到了合法券商，光靠空桶店的技巧，已经赔光了两次全部的钱。要在合法券商赚钱，除了"报价纸带"与"记忆力"两种技巧之外，还要再加上"灵活的头脑"与"知识"。

1898 年，21 岁的利弗莫尔带着全部家当 2500 美元，来到纽约。

图 3–3　20 世纪之初的纽约

至今我还记得，空桶店拒绝了我的生意，初抵纽约的那一天，我迫不及待去找了一家声誉良好的证券经纪商。我第一份工作的一位同事，在纽约证券交易所会员哈丁兄弟公司上班。早上抵达纽约后，还没到下午 1 点，我就已经在哈丁兄弟公司开立了账户，准备做交易。

很自然地，我就像过去在空桶店交易一样，在这家公司开始交易，也就是赌股价的涨跌，从股价微幅波动中赚取差价。基本上这两个地方是有所不同的，但是没有人告诉我，也没人纠正我。然而若是有人告诉我，我的方法行不通，我还是会尝试，因为只有一件事能证明我错了，那就是赔钱。只有赚钱的时候才能证明我的方法是正确的。这就是投机。

那些日子股市相当活跃，令人振奋。我顿时有回到家的感觉，陈旧而熟悉的报价板就在眼前，人们交谈的术语是我 15 岁时就学会的。一个小伙子正做着跟我第一份差事完全一样的工作，客户同样目不转睛地盯着报价板，或站在收报机旁，高喊着价格，谈论着股市行情。设备也是我熟悉的，甚至那里的气氛，与我在百灵顿公司股票上赚到我生平的第一笔钱 3.12 美元时一样。同样的报价机与同样的交易者，玩着同样的游戏。别忘了，当时我只有 22 岁。我认为自己已精通此游戏了，难道不是吗？

我紧盯着报价板，看上了一只股票，它的表现正如我预期。我以 84 美元买进 100 股，不到半小时又以 85 美元抛出。之后，我看上另一只股票，于是如法炮制；在很短的时间内净赚了 3/4 点。我一开始就旗开得胜，不是吗？

请注意：我是在一家声誉良好的证券交易所会员公司交易，第一天，仅仅两个小时，我就抢进杀出交易了 1100 股，而那天操作的结果让我损失了 1100 美元。也就是说，**我在这里第一次出手，就损失了将近一半的本金**。事实上，部分交易是获利的，但全日累计我还是亏了 1100 美元。

齐克用注解：

利弗莫尔带了 2500 美元到纽约，来到第一家合法券商哈丁兄弟公司，只待了 2 天，就转到"富乐顿"。在第一家哈丁兄弟公司两小时就交易了 1100 股，这是描述下单量大。包括赚钱的单子算在内，全日累计损失了 1100 美元，接近一半的本金。这是描述交易的手续费用高。这里是在讲合法券商的手续费与滑价的成本，远比空桶店高，但是利弗莫尔当时并没察觉到这两个问题。

这件事并没有令我不安，因为我看不出自己哪里犯错，而我的策略也很正确。要是我在大都会交易，肯定不会亏钱，甚至还会赚钱。我亏掉的 1100 美元明白地告诉我，错误产生自机器没正常运作，只要操作机器的人没问题就没必要担心。对一个 22 岁的年轻人来说，**无知并不是什么天大的缺陷**。

齐克用注解：

这里的重点是指他已经违反基本原则④，"市场状况不停地改变，要持续补充知识及保持灵活的头脑。"赔钱就是错的，他竟还认为自己是对的，认为不用担心，只要原有的方法与策略正确，最后终究还是会赚钱的。他自己事后检视，认为这根本就是无知。然而，无知，是天性，每个人都有的人性弱点。

几天后，我对自己说："我不能继续用这种方法交易，这里的报价纸带跟过去空桶店的似乎有点不同！"但我并没有追根究底找出问题，而是继续交易。情况时好时坏，<u>直到我输光为止</u>。我去找老富乐顿先生，求他资助我 500 美元。我之前说过，我从圣路易带着从空桶店赚来的钱回到纽约，在那儿我总是赢钱。

我更加谨慎地操作，有一阵子绩效还不错。只要情况好转，我的日子就过得相当优渥。我结交了新朋友，过得很惬意。别忘了，当时我还不到 23 岁，我独自在纽约闯荡，口袋里是轻松赚来的钱，而且相信自己已开始掌握新的买卖方法了。

<u>考虑到自己的委托单在交易所与营业厅执行时的时间落差时</u>，我开始更加谨慎小心地操作。不过，我仍然照着原来的方式操作，也就是说，我<u>依然无视基本原则</u>；只要我依照原来的方式操作，就看不到自己的真正问题在哪里。

齐克用注解：

　　原本是以纸带机的研判技巧加上记忆力训练操盘，现在已经注意到委托单执行的状况，已经注意到下单技巧的重要性。原本的基本能力，再稍微注意一下市场的容量问题，就能改善交易赚多赔少，生活暂时过得不错。然而他并没有发现真正的问题根本，只注意到表面的问题，依然无视基本原则，所以后来又赔光了。

1901 年，<u>股市极度繁荣</u>，我赚了很多钱，对一个孩子来说，这可是一笔很大数目的钱。您还记得那些日子吗？美国经济的繁荣前所未见，<u>企业</u>的并购浪潮势不可挡，人们也疯狂地涌入股市。我听说，过去股市大多头的日子里，华尔街总是吹嘘每天的<u>交易量</u> 25 万股，相当于面值 2500 万美元的股票转手。但 1901 年，人们创下了日成交量 300 万股的新纪录，每个人都赚钱。<u>时势造就了一群巨富</u>，一群钢铁巨头来到纽约，他们是一群挥金如土的百万富翁，唯一能够满足他们的游戏就是买卖股票。我们看到华尔街有史以来最大的炒手：有

"打赌100万"盛名的约翰·盖兹及他的朋友，如约翰·德瑞克、罗友·史密斯；雷德、李兹、穆尔等一群人卖掉部分美国钢铁公司股份，随后在公开市场买进洛克岛集团过半数的股权；还有史华柏、傅力克、菲力浦及"匹兹堡帮"；更别说许多被淡忘但曾被称之为大冒险家的人。他们一个人就能**操纵**所有上市公司的股票。詹姆斯·吉恩就曾操纵美国钢铁公司的股票，帮美国钢铁公司在股票**初次公开销售期间**，制造了活跃的气氛，使得投资大众疯狂抢进。一个股票经纪人在几分钟内就可以卖出10万股，这是个多么美好的时代！许多人都成为赢家，而且**卖出股票无须纳税**！眼前看不到任何致命的潜在危机。

齐克用注解：

　　本章开始谈到宏观经济大环境、成交量、市场参与者、操纵者的行为，股票挂牌上市状况，以及课税等议题，这些都是作手应该要注意到的知识，市场在受到这些因素的影响下不停地波动。

　　下图显示，从1892年利弗莫尔开始交易到1901年，正好是一波多头上涨波段：

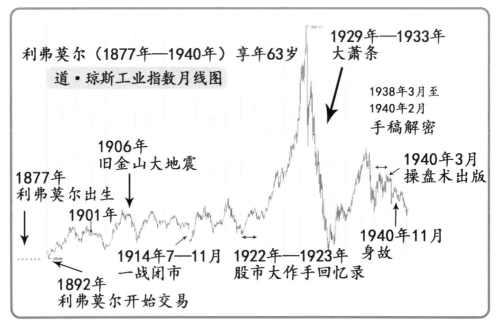

图3-4　利弗莫尔的交易生涯

当然，不久之后，我听到很多股市即将暴跌的传言，那些经验丰富的老手说，除了他们之外，人们都疯了。但是，事实上除了他们，每个人都赚了钱。我当然知道涨势总会有尽头，什么股票都疯狂抢进的浪潮也会停止的，于是**我有做空的念头**。然而，每当我放空就亏钱，要不是我手脚快，肯定会损失更多。虽然我期望股市暴跌，但我非常谨慎，因为我买进就赚钱，放空就亏钱。所以，尽管你们认为我是年纪轻又大手笔买卖，在这大多头行情中肯定赚了不少钱，**但事实上并没有您想象的那么多**。

齐克用注解：

　　行情当时是以震荡方式上涨时，他就进场放空，结果是做多的获利，被放空的亏损，吃掉了原本获利的一部分。

有一只股票我没有放空，那就是北太平洋铁路公司。经过分析之后，我认为大多数股票的买盘都已推不动股价，但北太平洋铁路的普通股似乎还会继续上涨。我们都知道，库恩、罗布、哈里曼等一帮人持续在收购北太平洋铁路的普通股和特别股，于是我不顾其他人的好意相劝，买进1000股北太平洋铁路的普通股。当价格涨到110美元时，我已赚了30点。**我抓住这个机会，赚了将近5万美元的利润**，那是我当时最大的一笔收入。这对几个月前在同一地方把钱输得精光的小伙子来说，成绩算是很好了。

齐克用注解：

　　在强势多头格局的末端，还是会有股票上涨，而这一类的股票多数是有主力在控盘的股票。这里开始谈到利弗莫尔已经开始运用一些知识，在合法券商赚到大钱了。这跟过去在空桶店时完全不同，空桶店只要懂数字跳动，这里已经谈到主力运用筹码控盘了。

不知道您还记不记得，当时哈里曼这帮人告知摩根和席尔，他们有意介入百灵顿—大北方—北太平洋联营公司，于是摩根这帮人先指示吉恩买进5万股北太平洋铁路的股票，以确保他们在该公司的控制权。我听说吉恩告诉银行经理罗伯·贝肯买进 15 万股，罗伯也执行了。吉恩还指派他的经纪人艾迪·诺顿混入北太平洋这帮人当中，而且买了 10 万股北太平洋铁路的股票。后来还有 5 万股，我认为是吉恩自己另外买的。随后，<u>一场著名的股权争夺战开始了</u>。1901 年 5 月 8 日股市收盘后，全世界都知道两个金融巨头开战了。在这个国家，从来没有如此大的财团对峙过。哈里曼对上摩根，他们就像一股无法阻挡的力量碰上一个稳如冰山的物体。

齐克用注解：

利弗莫尔在这里看到市场主力与背后的参与者，这些事情他在空桶店时都不曾注意过。所谓的股权争夺战，就是市场派与公司派决战，双方企图拥有更多的股票，为了取得公司经营权的掌控。未来若有机会，再来帮大家做深入的筹码战讲解。

5 月 9 日上午，<u>我手上有将近 5 万美元的现金，但完全没有股票</u>。我曾告诉过您，<u>我一直看空股市，现在机会终于来了</u>。我知道将会发生什么事——先是暴跌，然后遍地都是廉价的股票。接着股市会快速回升，捡到便宜货的人可以赚进庞大的利润。这用不着福尔摩斯的推理也能知道机会来了，我们将抓住稍纵即逝的机会，它不仅可以赚大钱，而且十拿九稳。

这一切就如我所料发生了。<u>我的预测完全正确，但我却输光了所有的钱！我被一些想不到的状况打败了</u>。如果异常状况都不曾发生，那么人与人之间就没有什么不同，生活也变得没有什么乐趣可言了。股票操作会变成一个只是赚钱和赔钱的游戏，它会让我们变成思维僵化的簿记员。不断推测才能激发人们的思维能力，您只要有思考能力，就能正确预测。

齐克用注解：

日常生活与投资市场经常出现异常状况。操作的过程，如果不学习应付异常状况，您就不可能赚到钱。经常模拟异常状况发生时，自己的应对方式，则即便是异常状况，还是有办法预测得到。赚钱就是对的，赔钱就是错的，只要违反基本原则时，就是应该学习与注意的异常状况。

正如我预期，**市场变得相当狂热，成交量大得惊人，股价空前地剧烈波动**。我使用了很多的市价卖单。当时我看到开盘价时吓了一跳，因为市场崩跌的情形极为恐怖。我的经纪人忙碌地工作着，他们和其他经纪人一样能干尽职，但当他们执行我的卖单时，股价已跌了 20 多点。报价带上的价格远远滞后于市场价格，成交报告传回来的速度非常慢，因为交易极为繁忙。当我按报价带上的价格放空，譬如 100 美元，而他们实际的成交价是 80 美元时，我发现这个价格比前一天的收盘价整整下跌了三四十美元，它们已来到我想买进的价位。股市不会一直下跌，于是我立刻决定回补空单并反手做多。

我的经纪人替我买到的价格，并不是我反手做多时的价位，而是他们在证券交易所场内人员接到委托单时的价位。它们比我预计的价格大约高出 15 点。一天之内损失 35 点，是任何人都无法接受的。

齐克用注解：

利弗莫尔的这一战，动用了 5 万美元交易，买到可贵的经验："看对但却赔光了"。从交易中，他看到的异常状况有哪些？

①成交量大到惊人。

②价格剧烈震荡。

③想赚价差的交易，却变成空在自己想回补的价位，回补时又买到比自己预期还高出 15 点。

④一卖一买的滑价造成了 35 点的亏损。

由于报价机传来的信息无法及时反映股市的变化，我被打败了。我习惯根据报价带上的信息操作股票，但是这次**我被报价带愚弄了**。报价带上的价格和实际价格的差异把我给毁了。过去曾导致我失败的原因再次击败了我。明显地，不管经纪人如何执行，光靠阅读报价带是不够的，我惊讶自己当时为什么没有看出问题，并找到解决的办法。

齐克用注解：

如果您的仓位够大，依据报价带的价格去下单，不管是使用

"市价单"还是"限价单"，都会有问题。市价单会有滑价问题，限价单则会有无法成交的问题。故利弗莫尔的问题，不是应该使用哪一种单子，而是该研究进场与出场的策略。进场出场点，再也不是某一个价位，而是一个"区间"。用现代的说法：头部或底部，是大咖出货与进货的区间。

由于看不出买卖单执行上的问题，我做的交易比预期的还糟糕。我继续交易，进进出出，不去理会交易过程中执行的问题。您知道我从不使用限价单交易，我必须采用市价单把握机会，我要打败的是股市，而不是某个价位。**如果我认为该卖出，我就卖出；如果我认为股市会上涨，我就买进，坚持这个基本的投机原则，过去曾经不断地救了我。**限价单的交易方式，是我在空桶店使用的方法，它不适用于合法的大型经纪商。要不是我栽了个跟头，我可能永远学不到真正的股票投机技巧，只能凭着有限的经验继续冒险。

齐克用注解：

基本的投机原则没错，错在不同等级的人，不同的市况下，在执行下单指令时，都要有所调整。小额投资者执行市价单，该卖就卖，该买就买，一点也不难。但持有大仓位的人，就要考量仓位在抛售时，自己的单子会影响到自己的成交价格，因此对于大仓位的人，进出场的技巧就非常重要了。以机构的卖出技巧来看，随着市况的不同，就有逢高卖、杀低卖等操作手法。投资者要从股价的变化，学习解读大户现在是漫不经心地在卖，还是急迫地想要出场，从大户的卖出行为，去估算即将发生的股价变化。

为了解决报价带与市场价格落差的问题，我试着采用限价单交易，但我发现限价单经常无法成交，于是我不再采用限价单。我无法告诉您为什么自己有这样的改变。我经过这么多年的学习，**才知道不应该专注于几点的小波动，而是应该抓住即将发生的大波段行情。**

齐克用注解:

　　研究过市价单与限价单的问题之后,利弗莫尔最后终于知道:

　　①如果自己操作的是大波段,就不会有大量单子卖在同一价位的严重问题。大波段操作,有各式各样的下单技巧与策略。

　　②大资金仓位的人,不适合做短线,适合做大波段操作。

　　经过 5 月 9 日的惨痛打击后,我开始改进我的操作方法,但仍旧有缺点。**如果我不曾偶尔在市场上赚到钱,那么我可能会更快学到股票的投机技巧。**我赚的钱足够应付自己的生活,我喜欢结交朋友,并享受欢乐时光。那年夏天,尽管我所赚的钱不够同时应付我的亏损和生活开销,但我就像许多富有的华尔街人士一样,到泽西海滨去度假。

齐克用注解:

　　赔钱能让利弗莫尔知道有错误,赚钱会让利弗莫尔忽略错误。他认为赚钱就是对的,但赔钱才是学会赚钱的源头。

　　我不再固执地坚持以往的交易方法。我根本无法指出自己的问题症结,当然更谈不上如何去解决问题。我唠唠叨叨地谈了这么多,目的就是要告诉您,在我真正赚大钱之前曾经历过许多挫折。**要在股票市场赚大钱,我的老方法是行不通的。**

齐克用注解:

　　空桶店能累积资本,但却无法赚大钱。因为极短线的投机,只能赚取小额价差。

　　那年秋天,我不仅输光了全部的钱,而且厌倦了这种老是**被打败的游戏,**于是**我决定离开纽约,到别的地方换个行业做**。我从 14 岁起就开始买卖股票,15 岁时赚到生平的第一笔 1000 美元,20 岁那年我赚到人生的第一笔 1 万美元。我曾不止一次赚到上万美元,也曾在纽约赚到数千美元,但不久之后又全输光了。我曾赚到 5 万美元,两天后又输得身无分文。我没有其他的事业,也不懂其他的游戏。几年后，<u>我**又回到了原点**</u>。更糟糕的是，我养成了花大钱的习惯，然而它不像赔钱那样令我心烦。

齐克用注解：

持续地违反基本原则——"赚钱才是对的"，让他第一次想放弃操作。一般的投资者，也就是在这个一再被打回原点，一再赔光的阶段就放弃了。

附图　作者齐克用谈风险管理

从利弗莫尔操盘术中提炼的风险管理思想，在当代市场依然发挥着强大效力。

第四章　赔光后再从地下券商赚回本金

"掌握恰当的交易时机获胜。"

杰西·劳伦斯顿·利弗莫尔

(1877 年 7 月 26 日—1940 年 11 月 28 日)

导　读

主题

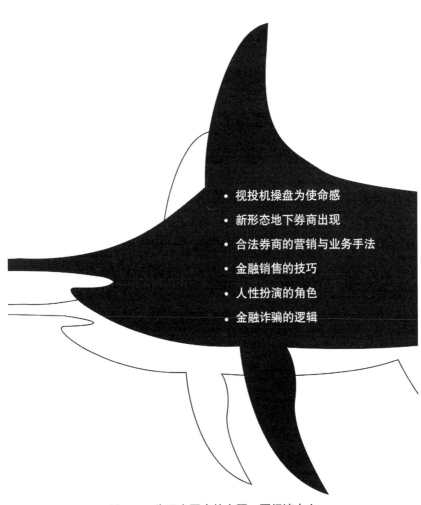

- 视投机操盘为使命感
- 新形态地下券商出现
- 合法券商的营销与业务手法
- 金融销售的技巧
- 人性扮演的角色
- 金融诈骗的逻辑

图 4-1　先研究图中的主题，再阅读内文

本章 3 个案例

案例 1：利弗莫尔第二次赔光后，回到买空卖空的经纪商那里，再度赚回本金。

案例 2：他洞察了空桶店的伎俩，从买空卖空经纪商那里，加速赚回了本金。

案例 3：他重返纽约再战，途中经过空桶店，又从中赚到了钱。

这些案例展示了利弗莫尔的韧性。精明的交易者有快速反击的能力，即使赔光了钱，也会积极地解决问题。通过齐克用频道的视频，我们可重温利弗莫尔的反击路线。

在本章中，利弗莫尔购买了自己的第一辆跑车。当时汽车还是新鲜事物。

图 4-2　第一辆奔驰汽车诞生于 1900 年 12 月 22 日

操盘逻辑

当利弗莫尔把全部的钱都赔光时，心情跌到了谷底。第二次赔光时，心理上已经彻底被毁灭。自然而然，跟随而来的是决定离开市场，寻找人生的另一个职业了。然而，当希望被粉碎，信心被摧毁之后，利弗莫尔是什么原因，什么动力之下，促使他再次回到市场操盘？

重回市场操盘的原因有三：1.除了投机，其他的都不会。他说，我没有其他的事业，也不懂其他的游戏。2.使命感。他说，我一回到家，立刻意识到自己一生的使命。3.热诚。他在操作初期曾经说到，包括他的母亲劝退，见好就收，他都不肯，仍然热爱交易。真正回到市场操盘的原动力是"热诚"。

笔者在美国读研究生、工作和居住10年，学投资与技术分析，都是从英文开始学起。其间研究的英文投资书籍数以百计，在面对市场的过程中，经历的心力挑战难以尽数。之所以不畏艰险，全力以赴，原因就是"热诚"。

当一个人喜欢自己所钟爱的工作且具有热诚时，再苦的工作也不苦，再难的工作也难不倒。这就是利弗莫尔在本章中，计划筹资后第三次再到纽约的原动力。人生的历练，对投资操盘具有关键的影响力。

重点摘要

本章的7个操盘重点：

1.利弗莫尔视投机操盘为使命感，要为后人立标杆做榜样，操盘是可以谋生并赚大钱的工作。

2.曾经尝试再回空桶店，只能靠打暗号给同伙下单赚小钱，随后被禁止交易。

3.买空卖空的经纪商，类似空桶店新形态的地下券商出现，让利弗莫尔又有机会赚回本钱。这类型的地下经纪商，比空桶店更精进，经营风险小，业务种类变多，业务量变大，经营规模做得更大。

4.从这些冒牌经纪商骗子的手中赚钱时，感觉赚得心安理得。

5.这段买空卖空的经纪商操作的过程，清楚写下金融销售的技巧、人性在其中所扮演的角色，以及金融诈骗的逻辑。

6.利弗莫尔洞察了空桶店诈骗客户的伎俩，以其人之道，还治其人之身，从买空卖空的经纪商手中很快就累积了本金再回纽约。

7.在回纽约的路上，经过空桶店，再去玩一下，还是一样如鱼得水，顺便又赚了 2000 美元。

下面说明了利弗莫尔为重返华尔街，花 1 年多时间来筹钱的经过。

他是如何办到的？来看他的思维过程。

双方开始谈判。来看冒牌经纪商的心理活动。

去空桶店交易吗？

1. 重返空桶店已不现实，空桶店正在绝迹。

2. 有些空桶店的老板认识我，不让我下单。

3. 新的空桶店不可靠，它限制能赚钱的客户，只让买进20股。

4. 与朋友合作，到空桶店打暗号，只能小额买卖。只能赚到数百美元。

1.它披着合法生意外衣，是地下经纪商的始祖。

2.设有电报，既收取1/8点的佣金，又收取1/32点的额外手续费。

3.除此之外，不会收取额外费用。

4.它散布小道消息，让一些客户买进股票，同时，引诱其他客户卖出同一只股票。先在内部平衡，再通过证券交易所会员公司买卖，用正式的交易纪录反驳质疑。

5.它先取得客户的书面授权，再以客户的名义代客操盘。输光了客户的资金之后，让最凶的客户也无法维权。

冒牌经纪商值得信任吗？

注释：
它不是一般的空桶店，而是买空卖空证券商，私下把买单和卖单对冲，通过精心包装，让人相信它是正规券商。

6.拉抬某只股票，引诱客户跟进，再把小额保证金一扫而光。

7.任何人都是猎物。妇女、老师和老人是首选目标。

8.它靠圈套与欺骗来赚钱，不会满足庄家抽成，不讲商业道德，让急欲发财的傻瓜输得底朝天。它把道德放于一边，继续欺骗客户。

去冒牌经纪商开户？

1. 冒牌经纪商有数以百计的客户，名声虽不好，客户赚钱了就能及时拿到钱。

2. 市场对它有利时，就算是某笔交易亏了钱，还不至于赖账。

3. 经常动手脚，行为不诚实，没有其他令人担忧的。它的猎物是急功近利的傻瓜。通过代客操盘，把客户的钱赔光。

4. 我并不关心这家公司的商业道德。

5. 可能是骗子，并不像传闻中的那么黑。

6. 我不让冒牌经纪商为我操盘，也不听他们的小道消息，不相信他们的谎言。我只想尽快筹钱重返纽约，起码这类冒牌经纪商运作规范，允许大额资金操作，不必担心警察搜查，不必担心主管机关冻结资金，不会在一年半之后，才能领回八成的现金。

7. 冒牌经纪商的一些条件优于合法经纪公司。

8. 冒牌经纪商提供杠杆，几百美元就能撬动大的资金。

利弗莫尔对冒牌经纪商进行取舍。

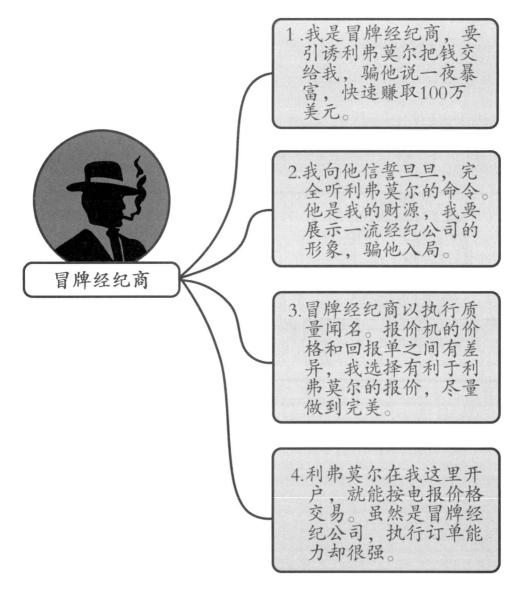

冒牌经纪商

1.我是冒牌经纪商，要引诱利弗莫尔把钱交给我，骗他说一夜暴富，快速赚取100万美元。

2.我向他信誓旦旦，完全听利弗莫尔的命令。他是我的财源，我要展示一流经纪公司的形象，骗他入局。

3.冒牌经纪商以执行质量闻名。报价机的价格和回报单之间有差异，我选择有利于利弗莫尔的报价，尽量做到完美。

4.利弗莫尔在我这里开户，就能按电报价格交易。虽然是冒牌经纪公司，执行订单能力却很强。

主意打定，利弗莫尔此时决定开户。

利弗莫尔开始交易。

利弗莫尔最想要的？

1.我想要的是合理的执行价格，因为我经常使用市场交易，不希望成交回报的价格和报价机上显示的价格有半点和一点的差价。

2.这样一来我就可以像空桶店那样交易了，也就是说，他们允许我依下一个报价买卖股票。

其实已经确定会交易了，但利弗莫尔表现出来的是，还不急，但对方却很急！

1.我不希望让他看出我急于进场操作，于是故意摇摇头并告诉他，当天不会开户，但开户时，我会让他知道。他强烈地催促我，不要错过赚钱的好机会，应该立即进场操作。对他们而言，这的确是赚钱的良机，因为当天市场交投清淡，股价上下微幅波动，此时正好放出小道消息，怂恿客户进场，然后掼压股价使其重挫，致使客户断头出场。他缠着我，似乎脱身有点难。

2.我留下了姓名和地址，而**当天**我就收到已经交了预付款的电报和信件，催促我买进某只股票，他们声称有内线消息，要炒这只股票上涨50点。

利弗莫尔的执行力

1. 我开始四处打听，寻找几家**类似空桶店的经纪公司**。在我看来，如果我真的想赚钱，就必须从这些近似空桶店的公司赚到钱，而唯一的办法，就是找到几家同时做交易。

2. 等我弄清楚所有该知道的事情后，就在三家公司开了账户。我租了一间小办公室，并装设了电报机直通这三家经纪商。

3. 我谨慎地少量操作，以免一开始就吓到他们。当我赚了一点钱之后，他们就急着告诉我，使用直通电报机的客户应做真正的大生意，他们不欢迎胆小鬼。他们认为我的交易越大，输得越多，很快就会倾家荡产，而他们就会赚得更多。

4. 我也和当地的一家公司建立联络，这家公司可以直通纽约的特派员。它也是纽约证交所的会员。我装设了一台报价机，而且开始小心翼翼地交易。我说过，我的操作如同在空桶店交易，只是速度慢了一点。

1. 我确实可以打赢这场游戏。虽然我从未有做10次赚10次的完美记录，但总的来说我都是赢家，而且接连几个星期都是如此。我又再次过着富裕的生活，不过为了累积重返华尔街操作的资金，我总会存下一些钱。

利弗莫尔牛刀小试。交易的结果是已经可以过上富裕的生活，并慢慢存钱返回华尔街。

2. 我装设几条专线接至另两家同类型的经纪公司，总共5家，而且当然都是我的好公司。真是奇怪的巧合！不过，我会尽力争取自己的权益，最后通常是我获胜。它们总是想办法要从我身上取回我拿走的东西，它们大概把我赚到的钱视为给我的临时贷款吧！

3. 他们有好几次想设下圈套引我入局，而我也有数次因稍不留神而上当。当我的交易额较平常少时，他们往往设下陷阱。我指责他们输不起，但他们一概否认，最后我还一如往常那样继续交易。与骗子打交道的好处就是，只要你继续和他们往来，一切都好商量，他们总是会原谅你揭穿他们的谎言。对他们来说，这没什么大不了的，他们愿意迁就你，也会让步，真是宽宏大量！

有一天，我的妙计不仅行得通，而且没料到竟然引起10点的波动。事实上，会发生这种情况，是因为我在一家经纪商买卖的数量不是平常的100股，而是200股，但另4家经纪商还是各100股。这事对他们来说实在受不了了，气急败坏地透过专线抱怨，于是我去找经理，他就是那个急着要我开户，每次都使计愚弄我，但被我逮到后又故作宽宏大量的经理。以他的职位来说，他说的话真的大言不惭。

利弗莫尔的赚大钱计划
结束于一次10点
大幅度的波动

我从所有的经纪公司拿到了我赚到的钱，但那10点的波动，使我从骗子身上剥皮的快乐消遣也结束了。他们提高警觉，留意我是不是暗地里学他们的伎俩，以骗取数以百计可怜客户的钱财。**我回到了往常的交易**，但市场并不适合我的方法，也就是说，我受限于他们愿意接受委托单的限制，**无法赚到大钱**。

我在那里待了一年多，这期间我用尽了各种办法，想在这些买空卖空经纪公司操作赚钱。我日子过得十分宽裕，买了一辆汽车代步，也不限制自己平常的花费。我必须积攒本钱，如果我做对了，我不能花掉所有赚来的钱，这样才能存下一些钱：如果做错了，当然也没钱可花了。正如我说的，**我已经存下一笔相当大的资金**，而这5家买空卖空经纪公司也没有什么大钱可赚了，**所以我决定回纽约**。

我下定决心，不能让这些骗子的把戏妨碍我积累资金的速度，于是决定教训他们。首先，我挑选了一只曾是热门的投机股，现已变成交投清淡的冷门股。要是我挑选的股票从不活跃，他们可能会怀疑我的动机。然而，我向这5家买空卖空的经纪商同时委托买进股票。当他们接下委托单，等待报价带传来下一个报价时，我透过证券交易所会员公司依市价卖出100股该股票，并催促他们立即执行。你可以想象得到，那卖出委托单抵达证券交易所大厅时，会发生什么事。

利弗莫尔的赚大钱计划
谋定而后动，
每次都能净赚
600美元或800美元。
做了一年多，
积累了相当大的资金。

一家外地的经纪公司居然急着卖出一只冷门股。这种情况下，一定有人以低廉的价格买进这只股票。这时打印在报价带上的这笔交易，价格就是我那5张买单成交的价格，买卖相抵后，等于我在低价做多那只股票400股。他们问我是不是听到什么消息，我只说有人给我小道消息。然后，就在市场收盘前，我给了那家声誉良好的证券公司一张100股的市价买单，并告诉他，不管价格多高，立刻回补那100股的空头部分。于是他们打电报到纽约，立刻以市价买进100股，而这100股的买单导致股价急剧上涨，当然我同时也向买空卖空经纪商派出了500股的卖出委托单。整个过程进行得相当顺利。

然而，它们依然没有找到补救的方法，因此我数次重施故技，对他们只是小惩大诫，100股股票赚得很少超过1、2点，但却让我积下一点小钱，准备下一次到华尔街大显身手。我有时会改变策略放空某只股票，但数量绝不会过头，**每次能净赚600或800美元**，我已经很满足了。

重返华尔街
途中再小赚2000美元

我们在纽海文过了一夜，隔天上午9点55分，我们又到那家好客的**空桶店**报到。经理看到我们很高兴，心里肯定在想，今天他会把钱赢回去，但当我卖掉股票之后，**大约又净赚了1500美元**。又隔一天上午，我们又拜访那位了不起

不起的演说家，同时派给他一张委托单，卖出500股美国糖业公司股票，他犹豫了一下，但还是默默地收下了！这只股票突然下跌超过1点，我赶紧回补空头部位，正好**净赚了500美元，再加上500美元的保证金，一共是1000美元。**

他从保管柜中取出20张20美元的钞票，慢慢地数了三遍，然后在我面前又数了一遍，就好像手指冒出的汗水把钞票紧紧粘住一样，但最后还是把钱给我了。他交叉着双臂，紧紧咬着下唇，一直盯着我后方的窗户顶端发呆。

我告诉空桶店的经理说，我还想要卖200股美国钢铁公司的股票，但他毫无反应，好像根本没有听到我讲话。我把话再讲一遍，只是这次换成300股，他才转过头来。我等着他开口，但是他只是看着我，然后咂咂嘴，啐下一口口水——这个画面就好像反对党要开始抨击50年来贪污腐败的政治乱象。

最后，他挥挥手，指着我手上的黄色纸钞说："把那些玩意儿带走！"

下面，我们进入正文。

我回到了家乡。但是我一回到家，立刻意识到自己一生的使命，就是找一些资金重返华尔街。华尔街是这个国家唯一我能大手笔操作的地方。总有一天，我会掌握正确的方法，需要华尔街这个地方让我大显身手。当一个人的交易是正确的时候，他有强烈的欲望想要赢得全部的钱。只要他能持续正确，全部的钱都会到他手中。

对于重返空桶店交易，我没有太大的期望，毕竟家乡已没有太多空桶店了。有些空桶店的老板我并不认识，而那些记得我的老板，不肯给我机会再试身手，也不想知道我回来后是否还继续交易。我如实告诉他们，在故乡赚到的钱全在纽约赔光了，而自己并非如想象的那样对股市了如指掌，然后又说让我交易对他们有利，他们没有理由拒绝，但他们还是拒绝了。新开业的空桶店又不可靠，这些老板认为，**要是客户有把握猜对，也应像个绅士般只买进 20 股**。

齐克用注解：

空桶店是客户与空桶店的老板对杀，客户损失的钱就是老板的利润。所以老板发现有赔钱风险时，就会限制客户的下单数量。空桶店的交易规则是由老板定的，也可以针对不同个人定制不同的规则。

我急需要钱，而规模较大的空桶店较能从常客身上吸收走大量资金。我找了一个朋友到空桶店交易。我走进空桶店四处闲逛，再次游说接单员接受我的小额买卖，即使只有 50 股也行。他拒绝后，我和那位朋友编了一个暗号，让他依照我的指示买卖。这办法虽然可行，但所赚的钱微不足道。不久，这家空桶店接我朋友单时也开始有意见。有一天，当他试图卖出 100 股圣保罗公司股票时，他们拒绝收下单子。

后来我们才知道，原来有个客户看到我们在外面交谈，跑去向空桶店告密。当我的朋友到柜台要卖出 100 股圣保罗时，那职员说：

"我们不接受任何圣保罗公司的卖单，也不接受您的。"

我的朋友问道："为什么？到底怎么回事，乔？"

乔回答："不接单子，就是这样。"

"钱不够吗？看看，全都在这里。"我朋友装出生气的样子，把我的 10 张 10 美元钞票，总共 100 美元，一张张地递了过去，而我则是一副事不关己的样子在一旁看着。其他客户渐渐围了过去。每当有人大声谈话，或店家与客户发生口角时，客户总是喜欢凑热闹，因为他们都想从中获得一些蛛丝马迹，以了解店家的偿付能力。

乔是公司副经理，他走出柜台，到我朋友身边，看看他，又看看我。

"真奇怪，"他慢慢地说："实在奇怪！您的朋友李文斯顿不在的时候，您什么事也不做，只是呆坐在那里看着行情板，甚至几个小时目不转睛。但他一出现，您就突然忙碌起来。或许您的确是自己在做交易，但我们不欢迎您。李文斯顿暗中报信给您，我们不会上他的当。"

哎！**这不就等于断了我的生计吗，好在扣除开销后还余数百美元**，我盘算着该如何用这些钱，因为我急需赚足了钱回纽约。我相信自己下一次会做得更好。我静下心来思考以往的愚蠢与失误，当您站得远些，就更能看清事物的全貌，而我的当务之急就是找到新的资金回纽约。

齐克用注解：

> 除了必须借用代理人账户，而且还只能下小额的单子，故赚不到大钱。

有一天，我在一家酒店大厅和几位认识的同行聊天，他们都是相当稳健的交易者。每个人都在谈论股市。我说，在市场交易时，因为经纪商的执行能力不够，所以没人能赢得这种游戏，而我也一样。

其中一位大声地问我："您指的是哪一个经纪商？"

"全国最优秀的。"我回答。他继续追问到底是哪一家。我看得出，他不相信我曾经在一流的经纪公司做过交易。

于是我说："我指的是纽约证券交易所的会员公司。我不是说他们不老实或粗心大意，而是当您用市价买进时，在收到经纪商的成交报告之前，您无法知道实际的成交价格。股价波动 1 或 2 点的次数，总是比波动 10 或 15 点的情况来得多，但场外交易商因执行的限制，无法抓到这些小涨小跌的微幅波动。如果空桶店允许有人大手笔买卖，我宁愿天天在那里交易。"

跟我说话的那人，我不曾见过，他叫做**罗伯兹**，看起来很友善。他把我拉到一边，问我是否曾在其他交易所做过交易，我说没有。他说他知道一些棉花和农产品交易所，以及一些规模较小的证券交易所会员公司。**这些公司都认真工作，尤其注重买卖委托单的执行。**他们与纽约证券交易所中规模最大且最好的证券公司，保持着紧密的关系。凭借着他们的影响力，及确保每月数十万股的业务量，从这些公司得到的服务，远比个人户好得多。

齐克用注解：

　　罗伯兹，是在为冒牌经纪商招揽生意。他描述的，就是"买空卖空的经纪商"。下面会开始谈到"买空卖空的经纪商"，他们是如何招揽客户的，以及营业收入来自何处。

"他们真的很照顾小客户，"他说："他们专做外地的业务，对 10 股或 10000 股的买卖都一样地尽心尽力。非常能干，且又诚实。"

"是的。但如果他们要支付证券交易所 1/8 点的固定佣金，那他们何来收入？"

"喔，他们理论上应支付 1/8 点的佣金，但您也知道，实际上并不是那么一回事！"他对我使了个眼色。

"是的，"我说："但证券交易所有一件事不肯做，就是拆分佣金。证券交易所的主管宁愿会员公司杀人、放火、重婚，也不会以低于 1/8 点的佣金替外人执行交易。证券交易所能否存活，取决于他们是否遵守这条规定。"

他必定看出我曾与证券交易所的人谈过，因为他说："听我说！您偶尔会听到某一家守法的经纪商，因违反这条规定而被勒令停止交易一年，对吧？退佣的方法层出不穷，不会有人告密的。"他大概看到我一脸疑惑，于是继续说："此外，对于那些设有电报的证券公司，他们除了收取 1/8 点的佣金之外，还会加收 1/32 点的额外费用。他们很公道，除非特殊情况，或客户的账户闲置，否则不会收取额外费用。您知道的，不这样做就没有利润了，而他们做这门生意可不能白干。"

这时候我终于明白了，他为一些**冒牌经纪商**在招揽生意。

齐克用注解：

冒牌经纪商就是"买空卖空的经纪商"。这种经纪商是客户与客户之间对赌，并未将客户做多与做空的单子下到交易所，故1/8点的固定佣金自然就变成"买空卖空的经纪商"的收入。他们是私下把买单和卖单对冲的地下经纪商。当买单与卖单产生不平衡时，"买空卖空的经纪商"的处理方式可能是：将差额转单到合法的经纪商，除了可以降低风险之外，还可以让客户万一怀疑他们不是合法券商时，拿来当成佐证合法的经纪商。但也有以代客操作的方法，转移客户下单差额风险的做法。

美国证券交易委员会依据《1934年证券交易法》成立，负责证券监管，让交易者的本金安全多了一层保障。

图4-3 美国证券交易委员会

我问他："您能介绍一家可靠的吗？"

"我认识一家全美国最大的经纪公司。"他回答说："我自己也在那里交易。他们在美国和加拿大的78个城市都设有分行，业务量庞大。如果他们不可靠，那么他们就不可能年复一年经营得那么好，对吧？"

我附和着说："那当然，他们与纽约证券交易所买卖的股票一样吗？"

"是的，<u>场外证券交易所</u>，以及美国或欧洲其他证券交易所也是。他们买卖的东西包罗万象，包括小麦、棉花、谷物等农产品，任何您想要的商品期货他们都有。他们在世界各地都有代理，而且在所有证券交易所中都有很多会员，这些会员不是以自己的名义，就是以秘密会员的方式进行。”

齐克用注解：

场外证券交易所，on the curb，早期有很多交易是在交易所场外交易的，现在美国的OTC柜台买卖，仍然是场外交易的形态。现在的上市股票在场外交易则是非法交易。

此刻，我已一清二楚了，但我还想套他更多。

“是的，”我说：“但这改变不了委托单必须由别人执行的事实，而且没人能保证市场会如何变化，也无法保证报价带上的价格与交易所营业大厅的实际价格有多接近。当您在这里看到报价，递出委托单，再打电报到纽约，已经丧失了宝贵的时间。我还是回纽约，找声誉良好的公司赔钱吧！”

他说：“我根本不懂赔钱，我们的客户没有赔钱的习惯。他们赚钱，我们就处理。”

“你们的客户？”

“喔！我在这家公司有一些股份，要是能帮他们招揽生意，我一定会尽力，因为他们待我不错，我也透过他们赚了不少钱。要是您愿意，我可以帮您介绍给经理认识。”

“那家公司叫什么？”我问。

他把名字告诉我。这家公司我以前也曾听过。他们在各大报刊登广告，宣称客户听从他们的内线消息后都发大财。这是该公司最大的特色。他们不是一般的空桶店，而是**买空卖空的证券商**，是私底下把买单和卖单对冲的不良经纪商。他们透过精心包装后，让人相信他们是从事合法生意的正规证券商。他们是**地下经纪商**的始祖。

齐克用注解：

买空卖空的证券商，这个名词跟“买空卖空的经纪商”是一样的。地下经纪商，泛指不合法的经纪商，空桶店与买空卖空证券商，都是地下经纪商的一种。

买空卖空证券商是地下经纪商的一种，而美国在那个年代出现过十几家买空卖空证券商倒闭的情况。他们和地下经纪商运用的原理和方法都一样，但诈取投资大众钱财的手法则略有不同。**当老把戏为人熟知之后，一些细节就会翻新。**

齐克用注解：

买空卖空的证券商，是从空桶店演化而来。买空卖空证券商与空桶店比较的差异如下：

1. 客户多空对杀，再将风险转嫁出去，老板基本没有交易引发的经营风险。

2. 代客操作的新业务开始出现。

3. 伪装成合法。非法经营规模无法做大，而合法才能将规模做大。

这些人经常提供一些买进或卖出某只股票的小道消息，他们仿效赛马情报贩子的老招术，拍出几百通电报，**建议某些客户立即买进某只股票，同时拍出几百通电报，建议其他客户卖出同一只股票。**接下来买单和卖单就会涌入市场，而公司则会透过一家信用可靠的证券交易所会员公司来买进卖出，例如买进和卖出那只股票 1000 股，并且取得正式的交易纪录。如果万一有的人说他们欺骗客户下单，他们就会拿出那张正式的成交报告，来反驳那些提出质疑的人。

齐克用注解：

为何买空卖空证券商建议同时买进与卖出同一股票？

1. 增加新开户数。

2. 增加下单业务量。

3. 从中找寻代客操作客户。

4. 买卖不平衡的单子，转至合法交易所，证明自己是在经营合法业务。

他们还会发起**全权委托的代客操作**服务，让参与的客户书面授权，允许他们在最适当的时机，以客户的名义进场代客操作。在这种情况下，当客户的资金赔光时，即便是脾气最坏或经常吵闹的客户，也没有办法循法律途径把钱给要回来。他们会拉抬某只股票，诱使客户跟进，然后使出空桶店的老招数，把数以百计的小额保证金一扫而光。他们不会放过任何人，妇女、学校老师和老人，是他们最喜欢下手的目标。

齐克用注解：

代操业务是指公司与客户间明订契约，授权公司代客户交易的业务。这种业务收取费用高，且能增加公司的下单量。

"我讨厌所有的经纪商，"我对这位推销员说："我必须再考虑。"讲完转身就走，我不让他有说话的机会，以免继续纠缠。

我到处打听这家公司的情况，知道他们有数以百计的客户，尽管他们有一些不好的传闻，但不曾发生过客户赚了钱却拿不到钱的情况。在他们的公司里，要找到赚钱的人十分困难，但我确实是赚到了钱。当时的股市行情对他们有利，因此，如果某一笔交易让他们亏损，他们还不至于赖账。当然，大多数这类的公司最后都倒闭了，就像某一家银行出了问题，其他的银行都跟着出问题一样。买空卖空证券商的客户担心受损，在受到惊吓后，急于抽回全数资金，因而大批买空卖空的证券商，曾一度像传染病似的，接二连三地倒闭。即便如此，美国仍有许多歇业的空桶店在等待时机，伺机而动。

至于那个推销员推荐的公司，除了听说经常有手脚不干净和欺骗的行为之外，并没有听到什么令人担忧的事情。他们的专长就是修理那些急于想要致富的傻瓜，要求客户签下书面文件，"授权"他们可以赔光客户的钞票而不得诉诸法律。

一个小伙子告诉我一个故事，他说，他曾目睹一家买空卖空证券商发出600通电报，建议客户买进某一只股票，同时又发出600通电报，强力推荐另一批客户卖出同一只股票。

我对他说："是的，我知道这套花招。"

"事情不止于此，"他说："隔天他们又发电报给同样的客户，建议他们出清所有的仓位，并买进或卖出另一只股票。我问了办公室里的资深合伙人：'为什么你们要这么做？前面那种做法我懂。你们这样做，**理论上有一半的客户在一段短暂的时间内会赚钱，但他们最终还是会亏钱。但是，后面你们又发出这样的电报，你们不就是会害死所有的人吗？这到底是怎么一回事呢**？''喔！'那位资深合伙人说：'这些客户无论是买什么、如何买、买在什么价位或何时买，他们都注定要赔钱。当他们赔钱的时候，也就是我们失去这些客户的时候。因此，与其早晚都会失去客户，倒不如尽可能从他们身上多捞点钱，然后再找下一批新的客户。'"

齐克用注解：

当通知一半的客户做多，另一半客户做空，理论上会有一半客户是赚钱的。但为何在隔天，马上又通知这些赚钱的客户要出清，然后再换股操作呢？买空卖空的经纪商主要是靠拉高客户的周转率多赚。他们认为，客户迟早会赔光，而这么做就是让客户会赔光的这件事，进行得快一点而已。

坦白说，我并不关心这家公司的商业道德。我曾说过，泰勒那家公司是如何惹恼我的，以及如何激起我对他们使用计谋报复，但现在我对这家公司并没有那样的感觉。他们可能是骗子，也可能不像传闻中的那样坏。我不打算让他们代操，或依照他们的小道消息操作，也不会相信他们的谎言。我一心一意只想尽快筹到一笔资金重返纽约，在一家正派经营的证券公司做大额资金操作，不必担心警察突然闯入，有如过去空桶店被搜查，或主管机关强行冻结资金，让您在一年半之后，才能领回八成的现金。

总之，我拿定主意要看看这家公司，能提供哪些条件优于合法经纪公司。我手上没有太多的资金当保证金，而买空卖空的券商在这方面当然就宽松得多了，能让资金更有效地灵活运用，几百美元可以大规模地操作。

我到了这家公司，直接找到经理本人谈。他承诺，如果我让他们用我的钱投资，保证能在很短的时间内，帮我赚进100万美元。他一定认为我是那种只知道追高杀低，总是输钱的冤大头。不管是买空卖空的券商，还是只求赚取手续费的经纪商，这种冤大头是他们指望收入源源不断的衣食父母。当他知道我是个老手，曾经在纽约证券交易所会员公司开过户，而且输光身上所有的钱之后，便不再谈代客操作了。

我告诉经理，我要的是合理的执行价格，因为我经常使用市价交易，不希望成交报告的价格和报价机上显示的**价格有半点或一点的差价**。

齐克用注解：

当委托单没有真正下到交易所时，就没有成交量与滑价的问题。这意味着利弗莫尔又可以在这里发挥空桶店的操盘技巧了。

他向我保证，将完全依照我的意愿行事。他们希望我来交易，因为想要让我知道，他们拥有最优秀的人才，是一流的经纪公司。事实上，他们是以执行质量闻名的。如果报价机的价格和成交报告之间有任何差异，他们总是尽可能地选择有利于客户的报价，不过他们不能保证一定会做到。如果我在他们那里开户，就可以依据电报传过来的价格进行交易。他们对自己的经纪人充满信心。

这样一来，我就可以像在空桶店那样交易了，也就是说，他们允许我依据下一个报价来买卖股票。我不希望让他看出我急于进场操作，于是故意摇摇头并告诉他，当天不会开户，但要开户时，我会让他知道。他强烈地催促我，不要错过赚钱的好机会，应该立即进场操作。对他们而言，现在的确是赚钱的好时机，因为**当天市场交投清淡，股价上下微幅波动，正是放出小道消息，怂恿客户进场，然后打压股价重挫，致使客户强制平仓出场的好时机。**他缠着我，似乎脱身有点困难了。

齐克用注解：

小盘股或总股本小的股票容易操控，这类股票中经常会出现主力坑杀散户的状况。虽然欧奈尔与巴菲特早期都是靠操作这类股票发迹，但应谨慎面对这类股票。

留下了姓名和地址，当天我就收到了交付预付款的电报和信件，并催促我买进某只股票，他们声称有内线消息，要炒作这只股票上涨 50 点。

我开始四处打听，寻找几家类似这种空桶店的经纪公司。在我看来，如果真想赚钱，就必须从类似空桶店的这种公司赚到钱，而唯一的办法，就是找到几家同时交易。

等我弄清楚所有该知道的事后，<u>就在 3 家公司开了账户</u>。我租了一间小办公室，并装设了电报机直通这 3 家经纪商。

齐克用注解：

　　3 家公司开户交易的用意是，可以用 3 倍的速度赚钱。

我谨慎地少量操作，以免一开始就吓到他们。当我赚了一点钱之后，他们就急着告诉我，使用直通电报机的客户理应做大额交易，他们不喜欢胆小鬼。他们认为我的单子越大，就会输得越多，很快就会倾家荡产，而他们就会赚得更多。想想看就懂，这种推测相当合理，这些人是看平均数字的，一般客户在市场中永远不可能长胜。一败涂地的客户固然最后必然无法交易，但焦头烂额的客户就会满腹牢骚，暗中破坏，以及制造破坏生意的事情。

我也和当地一家合法公司建立联系，这家公司可以直通纽约的特派员，他是纽约证交所的会员。我装设了一台报价机，而且开始小心翼翼地交易。我说过，我的操作如同在空桶店交易一样，只是放缓了速度交易。

我确实可以打赢这场游戏。虽然我从未有做十次赚十次的完美纪录，但整体来说我一直是赢家，接连几个星期都是如此。我又再次过着优裕的生活，不过为了累积重返华尔街操作的资金，我总会存下一些钱。<u>我又接了另外两家公司，总共装了 5 家同类型经纪公司的专线</u>，这些都是我的好公司。

齐克用注解：

　　小额操作顺畅后，增加规模至 5 家交易。

我的预测也会有出错的时候，我选择的股票没有如预期的方向进行，而是朝反向进行，但并未对我构成伤害，因为使用的保证金少，故不可能造成伤害。我的经纪商和我的关系很好，但他们的账目和记录经常和我的不符，而不同的地方则全都对我不利。看起来是很巧合，但绝对不是巧合！遇到这种情形，我会尽力争取自己的权益，最后都是依照我的进行。他们总是想尽办法要从我身上拿回赚来的钱，可能是把我赚的钱视为给我的临时贷款吧！

他们从事这一行，靠的是设下圈套诈骗来赚钱，不会只满足于庄家抽成赚取的比率，所以行事作风根本没有商业道德，这使得老是想发财的冤大头总是赔钱。您会认为这些人经营的虽是非法生意，他们一定会依照自己设定的规矩做生意，但事实并非如此。"照顾好您的客户才能致富"是一句经得起考验的古语，但他们似乎从未听说过，而且是继续买空卖空。

他们经常设下圈套引诱我，有好几次，因不留神而上当。当我的交易量较平常多时，他们就会设下陷阱。我指责他们输不起，但他们一概否认，最后我还是一如往常地继续交易。与骗子打交道的好处就是，只要您继续和他们往来，一切都好商量，他们总是会原谅您揭穿他们的谎言。对他们来说，这没什么大不了的。他们愿意迁就您，也会让步，真是宽宏大量！

我下定决心，不能让这些骗子妨碍了我累积资金的速度，于是决定教训他们。首先，**我挑选了一只过去热门，现已成冷门的投机股**。要是我挑选的是自始至终都冷门的股票，他们会怀疑我的动机。然后，我向这5家经纪商同时委托买进股票。他们接下委托单后，在报价带传来下一个报价之前，我立即透过证券交易所会员公司依市价卖出100股该股票，并催促他们即刻执行。您可以想象得到，卖出委托单抵达证券交易所大厅时，会发生什么事。一家外地的经纪公司居然急着卖出一只冷门股。在这种情况下，一定会有人以低廉的价格买到这只股票。这时打印在报价带上的这笔交易，价格就是我那5张买单的成交价格，买卖相抵后，等于我在低价做多那只股票400股。他们问我是不是听到什么消息，我只说有人给我小道消息。然后，就在市场收盘前，我给了那家声誉良好的证券公司一张100股的市价买单，并告诉他，不管价格多高，立刻回补那100股的空头仓位。于是他们打电报到纽约，立刻以市价买进100股，而这100股的买单导致股价急剧上涨，当然我也同时向买空卖空经纪商递出了500股的卖出委托单。整个操作的过程进行得相当顺利。

我重施故技数次，而他们依然没有找到补救的方法，这对他们来说只是小赔而已，100股赚得很少超过1或2点，但却让我累积了一点小钱，准备回到华尔街大显身手。有时我会改变策略放空某只股票，但数量绝不会过多，每次能净赚600或800美元，就已经很满足。

齐克用注解：

利弗莫尔在合法券商交易冷门股，动用少许的买卖单，就可以让股价产生大幅波动。他利用在合法市场造成的波动，同时在买空卖空的经纪商，从事低买高卖的交易。合法券商交易赔小钱，来换取买空卖空经纪商赚取较多的钱。

有一天，我的妙计做得过度了，没想到竟然引起 10 点的波动。事实上，会发生这种情况，是因为我在一家经纪商买卖的数量不是平常的 100 股，而是 200 股，但另 4 家经纪商还是各 100 股。这件事对他们来说实在受不了，气急败坏地透过专线来抱怨，于是我去找经理，他就是那个急着要我开户，每次都利用伎俩愚弄我，但被逮到后又宽宏大量的经理。以他的职位来说，他的话真是大言不惭。

"有人在市场操纵这只股票，我们绝不会付您一分钱！"他怒气冲冲地说。

"你们接受我的买单时，市场可没被操纵。当时你们让我买进，现在也应让我卖出。为了公平起见，你们不能耍赖，不是吗？"

"是的，我就是耍赖！"他吼道："我可以证明有人在捣乱。"

"谁在捣乱？"我问。

"某人！"

"到底是谁？"我问。

他说："您的朋友肯定有参与。"

但我告诉他："您知道，打从一开始从事股票交易，全镇的人都知道我是独自交易。现在我很客气地告诉您，赶紧把钱给我，我不想发脾气，赶快照我的话去做吧！"

他吼道："我不会付钱的，这交易有人操纵。"

我对他的话感到厌烦，于是对他说："您必须马上付钱给我。"

他更怒气冲冲，骂我是骗子，但最后还是把钱给了我。其他经纪商可没有那么野蛮。**其中一家公司经理一直研究我利用冷门股操作的手法，当他接到我的委托单时，除了帮我买股票之外，同时也在美国证券交易所为自己买了些股票，他也赚了些钱。**这些家伙并不怕被客户告上法庭指控诈欺，因为他们都有充分的法律辩护。不过，他们害怕银行的存款被查封，因为这些钱是他们的生财工具，所以要处处小心才行。对他们来说，若别人说他们是骗子，是无伤大雅的指控，但赖账的污名却是致命的打击。对客户来说，操作赔钱是稀松平常的事，但赚了钱却拿不到，是最严重的罪行。

齐克用注解：

这种状况现在俗称"跟单"。若能得知大户或主力在券商进出时的现况，就有办法跟单。未来若有机会，笔者再跟读者仔细说明主力进出筹码分析。

从所有的经纪公司拿到了我赚的钱后，从骗子身上赚取那 10 点波动的快乐日子也随之结束了。他们提高警觉，留意我是不是暗地里学会了他们骗取数以百计可怜客户钱财的伎俩。我回到了过去的交易方式，但市场并不适合我的方法，也就是说，我受限于他们愿意接受委托单量的限制，无法赚到大钱。

我在那里待了一年多，这期间我用尽了各种方法，想在这些买空卖空经纪公司操作赚钱。我过得十分宽裕，买了一辆汽车代步，也不限制自己平常的花费。我必须累积本金，所以若是做对了，我不能花掉全部赚来的钱，这样才能存下钱来；如果做错了，当然也就没钱可花了。正如我说的，我已存下一笔相当大的资金，而这 5 家买空卖空经纪公司也没有什么大钱可赚了，所以我决定回纽约。

齐克用注解：

24 岁时在纽约第二次赔光了本金。过了一年多，在买空卖空经纪公司又赚到了本金，25 岁时准备第三次到纽约再战。

开着自己的车，和一位交易员朋友一起去纽约，途中在纽海文吃晚餐。在酒店遇见了一位在交易圈的老友，闲聊之际，他告诉我，城里有一家生意相当好的空桶店。

我们离开旅馆继续前往纽约，但我刻意绕到那家空桶店的街道，看看它的外观。我们找到了这家空桶店，忍不住停下车并走进里面看看。内部的装潢并不气派豪华，有张旧的大广告牌，里面客户正在进行交易。

经理是个年轻小伙子，看起来像是当过演员或竞选演说家，给人留下深刻的印象。他向我们问好，好像找了10年才找到我们，表示愿意提供最好的服务。当他发现我们开着一部时髦的跑车，两个人看起来都很年轻，举止轻松大方，自然地就把我们当成是耶鲁大学的学生。

我们没有告诉他来历，因为他没给我们机会做说明，一开始就对我们滔滔不绝地说话。他说，很高兴见到我们，问我们愿不愿意找个舒适的椅子坐下来？还说，那天上午的行情是有利于我们的；事实上，市场正等着要发零用金给我们这些大学生。自古以来，聪明的大学生零用钱总是不够花，但此时此刻是最好的时机，只要小小的投资，就能让您赚进几千美元，只有从股市才能赚到更多的零用钱。

我想，既然空桶店的好心经理急着要我们进场，不进场交易实在可惜，因此我告诉他，会听他的话去做，因为听说很多人在股市里赚了不少钱。于是开始进场交易，我非常保守地操作，然后随着赢钱慢慢地加大操作规模。我的朋友也跟着我操作。

在纽海文过了一夜，隔天上午9点55分，我们又到那家好客的空桶店报到。经理看到我们很高兴，心里肯定在想，今天他们会把钱赢回去，但当我卖掉股票后，又净赚了约1500美元。隔一天后的上午，我们又去拜访那位了不起的演说家，同时递给他一张委托单卖出500股美国糖业公司股票，他犹豫了一下，但还是默默地收下了！这只股票突然下跌超过1点，我赶紧回补空头仓位，正好净赚了500美元，再加上500美元的保证金一共是1000美元。他交叉着双臂且紧咬着下唇，一直盯着我后方的窗户顶端发呆。

我告诉空桶店的经理说，我还想要卖200股美国钢铁公司的股票，但是他毫无反应，好像根本没有听到我讲话。我把话再讲一遍，只是这次换成300股，他才转过头来。我等着他开口，但他只是看着我，然后咂咂嘴，咽下一口口水——这个画面就好像反对党要开始抨击50年来贪污腐败的政治乱象。

最后，挥挥手，他指着我手上的黄色纸钞说："把那些玩意儿带走！"

"带走什么？"我不明白他指的是什么。

"同学，你们要去哪里？"他很感性地说。

"纽约。"我对他说。

"那就对了，"他不停地点头说，"一点儿都没错，你们赶快离开这里，因为我已认出你们两个家伙！你们不是学生，我知道你们是谁，没错！没错！没错！"

"就这样吗？"我很客气地说。

他突然停顿了一下，然后怒骂起来："你们两个是美国最大的两条鲨鱼！学生？哼！你们是新生！胡扯！"

我们留下他一个人在那边喃喃自语，也许他不是那么在意那些钱。任何职业赌徒都不会在意钱，反正一切输赢的钱都是从赌局里来的。风水会轮流转，运气总是会回来的。然而这次被我们愚弄，是他看走了眼，伤了自尊心。

这是我第三次到华尔街去一试身手。当然，我一直在研究，想要找出我的方法到底哪里出了问题，才会导致在富乐顿惨遭挫败。20 岁那年，我赚到了人生的第一个 1 万美元，后来赔光了，但我知道自己失败的原因以及为何赔钱——因为我的操作时机一直不对；因为我没有依照自己的方法操作，而是赌股价涨跌。我的方法是根据研究和经验建立起来的。我希望赢钱，但却不知道应该**掌握恰当的交易时机获胜**。22 岁那年，我操作的本钱已经累积到 5 万美元，但 5 月 9日那天又赔光了。我十分清楚那次赔光及失败的原因，是因为报价带上的数字**延迟滞后，加上股价异常剧烈波动所导致**，而那天的震荡是前所未见的可怕激烈。但是，从圣路易回来，5 月 9 日的大恐慌之后，我仍然不知道自己为什么会赔钱。我从赔钱的过程中总结出一些心得——也就是说，我认为自己已发现在操作上的一些错误及补救办法，但是我需要进场实地演练。

齐克用注解：

掌握恰当的时机获胜，是指"交易时机"是影响赚赔的重要因子。

没有什么事可以比得上赔光一切，更能教会您什么不该做。等您知道不该做什么才能不赔钱时，就表示您已经开始学习该做什么才能赚钱了。您懂我的意思了吗？听懂我的意思，就表示您已经开始学习了！

齐克用注解：

赔钱，是学会操盘赚钱的原动力。赔光，如果仍没被市场打败，那就是学会操盘赚钱的最大力量。

齐克用注解：

利弗莫尔以 1 年多的时间，筹到资金重返华尔街，他是如何办到的？请参阅本章开头的导读部分。

第五章　成功地将短线转换成波段操作

"唯有大波段行情，才能赚到大钱。"

杰西·劳伦斯顿·利弗莫尔
(1877 年 7 月 26 日—1940 年 11 月 28 日)

导 读

主题

- 犯错的根本在于追求固定的赚钱方法
- 赔钱的操作逻辑
- 技术分析
- 平均法则
- 操盘时应保持身心在最佳状态
- 股票赌博与投机的区别
- 要投机成功就必须预测
- 大钱都是靠精准预测而来
- 从价格变化与时间因素来预测未来
- 从大环境来预测未来
- 即便是赚钱，里面经常隐藏着错误
- 验证的方法是用自己的钱去证明
- 三级等级的笨蛋
- 大盘走势的重要性
- 学习赚钱的方法，来改善自己的技巧
- 买在最低点，卖在最高点，是短线操作赔钱的逻辑

- 转换到波段操作才能成功
- 场内缩手不动
- 时间因素
- 交易记录

图 5-1　先研究图中的主题，再阅读内文

本章 6 个案例

案例 1：技术分析的有效性和局限。

案例 2：利弗莫尔第三次回到纽约。

案例 3：三种等级的笨蛋。

案例 4：市场赢家"老火鸡"对小道消息的态度。

案例 5：老火鸡缩手不动，顺势操作。

案例 6：阿默·哈伍德的小道消息。

本章中讲到证券交易所的会员公司，这类公司有着合法的地位和较好的声誉。利弗莫尔去纽约选择与此类公司交易，不必担心资金安全，这是做大交易的基础。

图 5-2　证券交易所的会员代表

操盘逻辑

本章一开始就谈赔钱的操作逻辑。**若无法厘清赔钱的原因，赔光是迟早会发生的事情。**先谈一般投资大众的错误逻辑有哪些？自己为什么没有这些错误逻辑？然后谈自己的错误逻辑，以及如何更正。

从说明一般投资大众的错误逻辑中，看到懂科学的我们，总想找到一套固定的方式买卖，这是错误的源头。谈到什么是技术分析，技术分析的有效性与僵固性，自己如何看待技术分析，及怎么运用才是对的方法。

利弗莫尔说：**我也很清楚自己最大的毛病，就是始终分不清股票赌博与投机的区别**。25 岁时准备第三次到纽约再战，在历经 11 年后，才厘清赌博与投机这个问题。赌博是只要赌向上或向下，投机是要大波段操作，因而必须预测。利弗莫尔说："我的大钱，都是靠精准预测而来。"这句话是说，投机建立于预测之上。

什么是时间因素？时间因素为什么重要？ 他在本章中说：**他在操作上的第一个转变是考虑"时间因素"**。他在操作后期时谈到："当我初次做交易记录后，发现它对我的助益并不大。之后我有一些新想法，开始跃跃欲试地忙着作记录，但我发现结果虽比第一次所作的记录进步，但仍旧不能满足我心中的期望。一连串的新想法让自己做出一连串不同的记录，渐渐地，我从这一大堆记录中发现我以前所未曾有过的想法。接下来，我所作的每一个记录开始显现出愈来愈完善的结构脉络，**一直等到我将时间因素并入价格变动之时，我的记录才开始对我说话**。"这是在讲交易记录、时间因素、手稿中的六行记录，以及关键点技巧。**笔者将通过视频课程等方式，来帮大家做更深入的解读。**

要投机成功就必须预测，**预测的方式有两种**：1. 从价格变化与时间因素来预测未来。这跟技术分析与关键点技巧有关。2. 从大环境来预测未来。这包括宏观经济、财报等基本面与政策面。谈大环境，先厘清大盘的走势。他说："我知道只有一种验证的方法，就是用自己的钱去证明。"这是指预测之后，就要执行与验证。

从老火鸡的对话中，利弗莫尔学会了波段操作。再一次重申缩手不动的重要性。波段操作就是"场内缩手不动"。同时说明研究大盘的重要性。

利弗莫尔在第三章中谈到基本原则，"只有单子下到市场，赚到钱，才是对的。"没想到这条原则中有漏洞，赚钱的交易仍可能是错误的。本来应该赚大钱，结果却只赚到小钱，这也是错的。从这里的错误，引申出三种等级的赔钱人。利弗莫尔将投资市场中的人区分为三种等级的笨蛋，在当时自认是第二级笨蛋。如果长期经年累月永远都是赚钱的人，就不是笨蛋。来看看读者自己是哪一等级的笨蛋？

第一级笨蛋：是指一无所知的"新手"。找寻小道消息，利用别人报的明牌操作，利用报纸消息或专家建议来买卖。认为低买高卖就能赚钱，低买后发现一直有新低，卖掉赔钱后一直涨。涨到看懂还会涨时，买进后却一直跌，再一次跌到赔到受不了时再卖掉。存活时间3至30周。在大多头市场中，第一级笨蛋完全不知道规则和先例，只是根据一厢情愿盲目地买进股票。

第二级笨蛋：这级笨蛋总认为自己知识广博，也让别人信以为真。知道如何不重复新手犯的错，以避免输钱。买的时候都是依据拉回多少来做买进，或者是靠研究市场专家的意见。他是资深的笨蛋，不研究市场本身，而是依据第三级笨蛋对市场的评论来做交易。第二级笨蛋常常引用著名的操作格言及各种投机规则，也知道老前辈们告诫的所有禁忌，唯独漏掉了"不要当笨蛋"！这种笨蛋喜欢在下跌时买进股票，根据价格从最高点回落多少，来衡量自己可以捡到多少便宜货。第二级笨蛋，是经纪商真正的长年衣食父母，通常在华尔街能存活3年半左右。

第三级笨蛋：利弗莫尔出道后，在空桶店时期就一直赚钱，所以他一开始就是介于第二和第三级笨蛋之间。他说，自己花了很长的时间才把基本原则学会，学会这条就能跳脱笨蛋等级。所有的都会，只有基本原则不会，就是第三级笨蛋，什么都会，但结局是赔钱的。

重点摘要

本章的16个操盘重点：

1.研读报价数据的专家之所以出现赔钱交易，犯错的根本原因在于想要找出固定的赚钱方法。

2.无法判断，就无法预测。无法预测，就赚不到钱。首次谈到预测在操盘中扮演的角色。

3.谈论技术分析与走势图的缺点及有效性，以及如何正确运用技术分析操盘。

4. 谈到"平均法则"，本书中第一次讲到如何运用投资策略来改善操盘。

5. 利弗莫尔说："我也很清楚自己最大的毛病，就是始终分不清股票赌博与投机的区别。"这里清楚讲明赌博与投机的不同，以及如何改进投机的技巧。

6. 操盘时，应保持身心在最佳状态。他说："我从未因追求享乐而影响交易。"首次谈论自己的日常生活。

7. 这章中第一次谈时间因素，是短期操作转换到长期操作的重大突破点。他说："我在操作上的第一个转变是，考虑时间因素。"

8. 获得部分成功与一败涂地收场，都同样值得学习。本来应该赚大钱，结果却只赚到小钱。他首次体认到即便是赚钱，里面经常隐藏着错误。

9. 利弗莫尔把赔钱人分成了三级笨蛋。长期下来只要操作结果是赔钱的，都归在这三类中。

10. 很多人赔了钱却无法把赔掉的钱拿回来的主因在于，多头市场明明该大赚却变成小赚。老火鸡的案例启发了他的波段操作转变。

11. 再一次谈缩手不动，从波段操作理解到"场内缩手不动"，悟出预测的重要性。

12. 老火鸡的波段操作故事，是第一次出现，利弗莫尔通过学习赚钱人的方法，来改善自己的操盘技巧。

13. 赚大钱不能靠个别股票波动，而是靠股市的大多头趋势。第一次谈大盘走势的重要性。

14. 无视大波段行情，试图短线进出，必然失败。第一次谈转换到波段操作才能成功。

15. 买在最低点，卖在最高点，这是短线操作赔钱人的逻辑。若懂波段操作，就不会犯这条错误。

16. 重申交易记录的重要性。他说："每当我发觉赔钱的原因，就会在自己的操作法则中增添一笔全新的'不该做'事项。"

我认为，**研读报价数据的专家**——大家称他们为"报价纸带虫"——会出错的原因，主要是过度钻牛角尖。这意味着他们的**思维模式缺乏弹性**，因此将付出昂贵的代价。毕竟，不管主要法则如何僵化，**投机不完全是数学运算或有一定的规则**。即便是我在**研读报价带时，也有不属于算术或是重复的形态进入脑海**。它们就是我所说的，一只股票的行为。这行为有助于您研判股票涨跌时，是不是依照过去观察到的状况发展。如果**一只股票的行为不对劲**，千万别碰它。因为您无法指出到底错在哪里，也无法研判它会往哪个方向走。无法判断，就无法预测。**无法预测，就赚不到钱**。

齐克用注解：

　　本章一开始就谈赔钱的操作逻辑。多数人在投资市场中都会犯的错误——想找到一套固定的方法或操作模式，依照找到的固定方法判断与买卖就会赚钱。为何会有这样错误的想法与做法？因为现代人的脑袋都有科学的逻辑，想用科学的方式来处理投资。利弗莫尔在此告诉您，这样的想法是错误的，您必须要调整。他告诉您调整的方法是——除了那些一般的方法之外，更应知道当市场有异常发生时，该如何去研判与调整。

　　"思维模式缺乏弹性"：投资市场的判断逻辑与方法，绝不是固定的，很多时候都是异常的，所以当您的思维陷入缺乏弹性或僵固化，就容易赔钱。很多人犯这种错误。

　　"投机不完全是数学运算或有一定的规则"：很多时候是照固定规则，也有很多时候不照固定规则进行。

　　"研读报价带时，也有不会属于算术或是重复的形态进入脑海。"即便是报价带这种只看股价跳档，都还有除了算术与重复形态以外的异常状况。例如，当股价持续在区间整理时，我就认为它会持续在区间整理；当它有一天突破时，它告诉我，持续在区间整理的异常状况已经发生了，但是这个突破，会不会再回到压力之下？这时候光靠前面运用的规则，没有办法知道答案，于是需要知道突破有真突破与假突破，该用哪些方法去判断是真突破还是假突破，这就是利弗莫尔讲的研读报价带，不完全有一定的规则。换言之，趋势进行时有趋势进行的规则，整理的时候有整理的规则，突破的时候，有真假突破的可能性，但这个可能性就比较麻烦，没有办法用规则来说明，因为真假突破有太多的可能性。

"一只股票的行为不对劲"：什么是不对劲？例如，只突破一点点就停止的时候。原本股价在一个区间整理，突然向上突破一点点，接着又向下跌破区间一点点。放大一点来看，股票的行为从整理区间变成扩张三角形的形态。就您来看，原本是在整理区间的，现在变成不在整理区间里，既不是上涨，也不是下跌，它到底要如何发展？这时候您已经发现它不对劲了，您千万不要去碰它。因为扩张型三角形是所有形态里面最难操作的。

"无法判断，就无法预测。无法预测，就赚不到钱。"利弗莫尔第一次告诉您——赚大钱需要靠预测，不预测是赚不到大钱的。预测准确不一定能赚到大钱，但赚大钱一定要靠预测准确。报价带上面的技巧是看到价格、变化，立即下单，只要知道股价瞬间往哪里跑，这样就可以赚钱，但未来长时间它会怎么走，无法知道。预测为何重要？这里的预测指的是，不但会知道它会往哪里跑，而且还能预测它应该要跑多远。本章的后段文章里提到，利弗莫尔说买进股票上涨之后，预估股价将要开始修正，大概会侵蚀利润100万元，这时他采用缩手不动，最后赚到大钱。这个案例说明预测与赚大钱是紧密相关的。靠预测赚钱，就是波段操作，就是长期操作，需要考虑时间因素的操盘术。

观察一只股票的波动和研究它过去的表现，自古以来就是该注意的事。它就相当于预测赛马场上的比赛成绩。我刚到纽约时，就听到一个法国人经常在一家经纪公司大谈他的走势图表。一开始我还以为他是经纪公司特地找来服务客户的，因为公司对客户很好。后来，我发现他非常健谈，并具有说服力。他说，数学是唯一不会说谎的东西，因为它根本没办法说谎，而根据数据所绘制出来的曲线，可以预测股市行情，也能借着那些曲线加以分析说明。例如，为什么吉恩能在爱奇森特别股的操纵中，巧妙地拉抬股票上涨，以及后来南太平洋铁路公司股票，为什么操纵失败。一些专业人士，在不同的时间点采用法国人的方法试了几次，然后回头使用原本那些老方法操作。他们认为，见机行事的方法风险较小。我听法国人说，吉恩承认该走势图表对行情判断确实有用，<u>但吉恩认为，用这种方法在交投活跃的市场速度太慢了</u>。

齐克用注解：

利用过去的数字以及统计数字，能预测出未来数字或方向发生的几率，但如果我们依据这一条来操作，其实赌博与投机两个是分不清楚的。所以这一段开始，利弗莫尔要来谈"技术分析的有效性"。三个重点如下：

1. 技术分析就是依据过去的数字，还有过去的统计数字，来预测未来可能发生的变化，这就是技术分析，也是这章告诉您的第一个重点。

2. 当初他在空桶店交易的时候，就是依据这一条操作的——空桶店就是依据过去的数字，还有过去的统计数字的变化，来预估即将发生的状况。利弗莫尔在空桶店的时期，脑袋一直分不清楚，赌博跟投机到底有什么地方不一样。实际上，他之所以混淆与弄不清楚的原因，是因为在空桶店的操作，是跟老板在对赌，那当然就是赌博。因为您不是根据股票公司的经营状况，不是依据知识及灵活的头脑来投资。如果只是拿数据来预估即将会出现的数字，就能赢钱，这就叫赌博。如果去看一下经营层面状况、财报的盈余盈收、成长率等等来买卖，这就叫投机。

3. 走势图本身是具有说服力的，因为道理与逻辑是对的，但光用技术分析是不够的。尤其是交投活跃时，反应的速度太慢了——这代表了我们经常使用一个滞后性的工具，去操作一个快速波动变动的市场，这时候的滞后性问题，就会被放大。换言之，用技术分析的周线来操作时，有效性就会比较高，如果拿KD、RSI做超短线时，可能就不灵验了，这时候您就只能用纸带机的技巧，而不能用技术分析了。

当时，**一家经纪公司每天贴出价格波动的走势图**，乍看之下，图上只是每一只股票几个月来的波动情形。但是，比较个股与大盘的曲线并且记住一些规则，客户就可以知道，他们听到小道消息而买进的股票会不会上涨。他们把走势图作为辅助判断的工具。现在，您可以在很多经纪公司看到这种交易走势图，它们是统计专家绘制出来的，不仅有股票走势图，还有各种商品期货的走势图。

齐克用注解：

> 若想从事经纪业务，走势图是一种很好的赚钱工具，因为它非常吸引客户。走势图到底是不是很好的赚钱工具？对客户来说，还不一定，但对经纪业来说，它的确是很好的赚钱工具，因为它让客户快速看到买点卖点，立刻下单。

或许我应该说，走势图表能帮助那些看得懂的人，更精确地说，对于那些能够理解图表意思，并应用于操作的人来说，受益将更大。它能帮助那些懂得走势图表的人，**但我个人还是喜欢研读报价带**。然而，一般研究走势图表的人，过分沉迷于走势图的涨跌，以为弄清那些急跌和高低点，就是玩这种游戏所需要的一切。如果把那样的信心与逻辑推到极限，当波动超出过去历史极值时，最后势必赔个精光。曾经有位能力超强的人，曾经是一家知名证券交易所会员公司的合伙人，毕业于一所著名的技术学校，受过严谨的数学训练。他设计出一些走势图表，不只合乎理性，而且表达得非常详尽。他精心研究许多市场行为与价格表现，例如：股票、债券、谷物、棉花和货币等的价格变化，并绘制成图。他会追踪股价过去几年的表现，研究其相关性和季节性变化。喔！应该说每一件事都不放过。他使用走势图表买卖股票多年，利用**平均法则**来操作，而这套方法确实比一般人更高明。有人告诉我，他经常获胜，直至世界大战爆发后，所有的先例顿时成泡影。我听说，他和他的追随者损失了数百万美元，自此不再涉足股市。然而，当市况乐观，牛市便是牛市；当市况悲观，熊市便是熊市，即便是世界大战也不能改变市场方向，也没有任何外力能够扭转自然趋势的方向。因此，想赚钱就必须在上涨市场中做多，并在下跌市场中做空，**顺势操作才能赚到钱**。

齐克用注解:

这里谈到法国人讲走势图,显然在那个时间点,已经有技术分析了。目前谈的重点围绕在:"技术分析的有效性""技术分析为何有效""为什么技术分析可以让券商赚到钱"。这一段谈了四个重点:

一、利弗莫尔对技术分析的看法是?重点如下:

1. 不否认技术分析是有用的。

2. 不认为纯粹用技术分析就能赚到钱。

3. 个人还是喜欢研读报价带。在空桶店是靠报价带,不是用技术分析操作。

4. 当出现异常状况时,违反统计数字原则时,就赔光了。

二、本书首次出现"投资策略"这个语词,平均法则是投资策略。受过严谨数学训练的人,可以不停地赚钱,是因为他除了运用技术分析之外,还懂得运用策略。他在操作过程,还加了一个平均法则的投资策略。这里的投资策略,不是交易时机,也不是要怎样找买点与卖点。平均法则是分批买进与分批卖出,把投资的时间点及投资的价格打散,这种策略会让技术分析的有效性提高。技术分析会有滞后性,研究怎样才能解决这个滞后性问题,在处理滞后性时,最简单的方法就是用策略,所以用平均成本法来处理。

三、加入投资策略之后,能不能保持永远赚钱呢?这里告诉您,碰到异常时——世界大战,违反过去的统计数字时,如果不懂得处理异常,即使精通技术分析也照样赔光。

四、赚大钱要靠顺势操作。这是指,现在明明是上涨格局,您就不要讲,有很多利空啊,怎么可能不跌。利多利空都不是重点,趋势才是最重要的。所以说,牛市就是牛市,熊市就是熊市。

我不是故意岔开话题谈这些事,而是想到我在华尔街前几年的经历,就不得不告诉您这些。**现在我明白当时犯的是什么错**,而我因无知所犯的错,也正是一般股票投机者经常犯的错。

齐克用注解：

前面一章最后讲到，赚到第 3 次回纽约的本钱，本章要开始讲第三次回纽约，但在这里插入的话语总结是："现在我明白了当时我犯的是什么错。"这是指，犯错来自分不清赌博与投机。哪些东西是可以帮助投机的？他谈起运用技术分析的重要观念：

1. 投资市场的研判，是没有固定公式的。

2. 从空桶店到合法券商，最大的转变是发现必须要预测，只有预测才能知道当下及未来会怎么变。

3. 技术分析的有效性。技术分析是有帮助的，但没有办法靠技术分析稳操胜券。技术分析的滞后性。技术分析的走势图到底对谁有帮助。技术分析加上投资策略虽然可以提高胜率，但只有这两样，对操盘人来说，还是不够完善。

4. 投资策略。

5. 顺势操作才能赚到钱。

接下来的文章，将以实战结果来印证这些道理。

第三次回到纽约，为了战胜股市，我在证券交易所会员公司非常积极地操作。我并不奢望自己的表现如在空桶店那般出色，但我想经过一段时间操作后，我会做得更好，因为我的操盘能力持续进步与日俱增。不过，**我也很清楚自己最大的毛病，就是始终分不清股票赌博与投机的区别**。尽管如此，凭着我 7 年来分析报价带上讯息的经验和天赋，我的资金不但为我创造了巨大的财富，而且获得很高的报酬率。我还是跟过去一样，**有输有赢**，但整体而言是赚钱的。**我赚得越多，就花得越多，多数人都是如此，未必局限于轻松赚到钱的人，只要不是守财奴，人人都会这样**。有些人像老罗素·沙吉，既会赚钱又善于守财，当然他们过世时都非常富有。

齐克用注解：

严格地来说，空桶店的操作算不上是预测。因为利用价格波动来操作，例如，看价格突破压力，就马上买进，赚几点就出场。看到价格跌破支撑就放空，赚几点就出场，这是依据价格波动来赚钱。而预测则是进行波段来操作，依据未来的趋势变化来买卖。只看价格波动，不需要预测，但若将价格波动加上总体经济、财报、时事、大环境与大盘，来研判"未来的发展"，这叫预测。

有预测的是投机，没有预测的是赌博。故在空桶店交易，基本上是赌博，不是投机。这里所谈的预测，并不是单纯的预测价格涨跌，甚至于是谈预测大盘大环境的发展情势。为什么利弗莫尔这么聪明，却搞不清楚投机与赌博有何不同？因为他在空桶店里的操作，根本不需要研究大环境。当价格突破压力时，就顺势买进，赚个几点就出场，不需要管它最后会涨到哪里去，这就是空桶店的技巧。所以多数散户投资者其实都是在赌博，而不是投机。

下面几个重要议题，用来引导您在后续文章中的思考逻辑：

1. 赌博与投机到底是哪里不同？来到华尔街已经赔光了两次，如果再搞不懂，那就注定会再赔光的。在空桶店时，不懂基本原则与投机，弄不清赌博与投机的差异。如果能从赌博走到投机，就有办法彻底地了解基本原则。

2. 下面文章将谈到：①以"三种等级的笨蛋"来说明赔钱的人。是否能懂基本原则，将决定您到底是赢家还是输家。②以"赚钱的人来分两种等级"。是否能缩手不动将决定您到底是赚大钱，还是赚小钱。

3. 一般正常的人，在投资市场分不清投机与赌博，是因为这两样都是有赚有赔的，所以如果您是根据输赢来做研判，就根本分不清楚是投机还是赌博了。

4. 利弗莫尔第一次谈到金钱观的认知。我赚得越多，就花得越多，多数人都是如此，未必局限于轻松赚到钱的人，只要不是守财奴，人人都会这样。

每天上午 10 点到下午 3 点，我全心全意地投入股市，下午 3 点过后，尽情享受生活。请不要误解我的意思，**我从未因追求享乐而影响交易**。如果我赔钱，那是因为我做错了，并不是生活放任，过度享乐。我也从来没有精神不振，或因酗酒导致手足颤抖而妨碍我的投机操作，也不会让任何事影响我的身心健康。即使是现在，我还是在 10 点前就寝。年轻时我从不熬夜，因为睡眠不足会影响我的交易。我的状况一直是比输赢参半的操作绩效更好，所以我认为没有必要错过生活中的美好事物，而股市可以让生活变得美好。我对自己的赚钱方法有信心，而这种信心来自专业的执着和冷静的态度。

齐克用注解：

操盘时应让身心处于最佳状态。谈一个赚钱的人的日常生活与金钱观，以及情绪管理。只有在身心俱佳状态下，才有办法应付异常状况。要赚钱就要有信心，而信心的养成来自对知识的信任度与情绪管理。换言之，操盘人在做交易时要做好所有的管理工作，包括：管理生活、管理情绪、管理资金、管理风险以及管理操盘知识。

我在操作上的**第一个转变**是**考虑时间因素**。我不能像在空桶店那样，等到行情确定后才出手，然后赚个 1 或 2 点的利润。如果我想在富乐顿公司赚到钱，就必须及早行动。换句话说，我必须研究股市未来的走向，预测股票走势。这话听起来好像陈腔滥调，但您应该明白我的意思。对我来说，改变自己对投机的态度极为重要，我渐渐地明白，去赌价格波动与预测股价涨跌的区别，以及赌博与投机之间根本上的不同。

齐克用注解：

这里说的"第一个转变"，是指从空桶店到合法券商交易后的第一个转变。利弗莫尔到华尔街赔光两次，都是跟时间因素有关。第一次的赔光是因时间延迟的落差所造成。从下单到市场到回单的中间有时间落差，以及成交量不足导致滑价，结果是赔光。再从时间因素上考量，悟出预测与波段操作，于是利弗莫尔手稿里6行记录的雏形出现了。多头的短中长期，及空头的多中长期，共6栏来记录不同的趋势，这是考虑了时间因素之后，才知道趋势可分为短中长期趋势。故投机要赚钱，就必须靠精准预测未来短中长期的趋势发展。手稿6栏记录图如下：

利弗莫尔关键点技巧规则

次级反弹(短多)	自然反弹(中多)	上升趋势(长多)	下降趋势(长空)	自然回档(中空)	次级回档(短空)	次级反弹(短多)	自然反弹(中多)	上升趋势(长多)	下降趋势(长空)	自然回档(中空)	次级回档(短空)	次级反弹(短多)	自然反弹(中多)	上升趋势(长多)	下降趋势(长空)	自然回档(中空)	次级回档(短空)
			$43\frac{1}{4}$						$50\frac{1}{4}$						$93\frac{7}{8}$		
	$55\frac{1}{2}$ ←						$65\frac{3}{4}$						$120\frac{7}{8}$				

美国钢铁　　伯利恒钢铁　　关键价格

日期
1939年
8月26号
周六

次级反弹(短多)	自然反弹(中多)	上升趋势(长多)	下降趋势(长空)	自然回档(中空)	次级回档(短空)	次级反弹(短多)	自然反弹(中多)	上升趋势(长多)	下降趋势(长空)	自然回档(中空)	次级回档(短空)	次级反弹(短多)	自然反弹(中多)	上升趋势(长多)	下降趋势(长空)	自然回档(中空)	次级回档(短空)
			$41\frac{5}{8}$						$51\frac{7}{8}$						$93\frac{1}{2}$		

图5-3　利弗莫尔关键点技巧规则

　　如果不考虑时间因素，只看价格波动就进场操作，就会发生一件事，本来能够赚到200点的交易，结果只赚了5点就出场，因为不懂时间因素，不懂预测，所以只能赚到5点。

　　"如果我想在富乐顿公司赚到钱，就必须及早行动。"意思是不仅要提早下单，还需要提早看很多资料，提早预测，来研判短中长期的趋势，以及规划如何进出。

　　"我渐渐地明白，去赌价格波动与预测股价涨跌的区别，以及赌博与投机之间根本上的不同。"这是指赌博是依股价波动去赌价格的上下变动，利用短期的波动来操作。投机则是指未来价

格还没出现前，利用了解大环境与事件导向等基本情势，去预测未来价格的发展。

我必须在数小时前研究清楚市场状况——即便是在世界上最大的空桶店，我恐怕也学不会这样做。我对产业报告、铁路公司盈余、财务和商业统计数据很感兴趣。当然我也喜欢大手笔投机，难怪大家都叫我"投机小子"，同时我也喜欢研究股市动向，凡是有助于明智投机的事，我从不会厌倦。在解决问题之前，我必须好好分析，一旦认为自己找到解决的办法时，我一定要验证。我知道只有一种验证的方法，**就是用自己的钱去证明**。

齐克用注解：

"我必须在数小时前研究清楚市场状况——即便在世界上最大的空桶店，我恐怕也学不会这样做。"这是指空桶店是研究赌博的地方，不是研究投机的地方。要投机就要懂趋势。要研究趋势就必须做预测，要做预测就必须提前研究。

那到底要研究什么，才能研究清楚市场状况呢？利弗莫尔说：他对产业报告、铁路公司盈余、财务和商业统计数据很感兴趣。

验证自己的想法与方法：先要研究，然后去下注，然后要赚到钱，来证明这一套方法是正确的。

他为什么会在这里提出这些讲法？因为他说，犯了错误才能快速学会。越没有赔钱，越看不见自己的错误，越不知道要学习改善。

到目前为止，进度似乎很慢，但总体而言，我是赚钱的，因此我认为自己的学习进度已经很快了。如果我常常赔钱，也许会激励我更加努力地去学习。我肯定还有很多错误尚未发现，因为我又赔了不少钱，但我不能肯定确实赔了多少。如果我赔很多，我就没有足够的资金来验证自己的操作有没有进步。

齐克用注解：

利弗莫尔"从错中学习"的论点，是指常赔钱就会激励自己更努力地学习，因为判断自己的对错，是从赚赔的结果论而来。操作过程中，有时赚钱有时赔钱，但整体而言还是赚钱，故利弗莫尔主观认定"自己学习进度已经很快了"，但实际状况是"到目前为止，进度似乎很慢"。

如果用赚赔来判断对错，这样的检视流程到底对不对？如果整体而言是赚钱的，是否还有什么缺失可以检讨的？利弗莫尔发现，赚钱之下，还有大赚与小赚之分，"缩手不动"的论点由此产生。赚钱的交易一样是有错误隐藏在里面，利用缩手不动的策略，才能掌握波段的利润。

研究自己在富乐顿公司赚钱的交易后发现，虽然我经常百分之百准确判断市场状况及大势，但我却未因此赚到应该赚的钱。为什么呢？

齐克用注解：

从这段开始，要来谈赚钱之下的对与错。

获得部分成功与一败涂地收场，都同样值得学习。举例来说，多头市场开始时，我已看好后市发展，于是买进股票以证明自己的看法。接着，正如我所料，股市上涨。到目前为止，一切都很顺利，但接下来我做了什么呢？我听了老前辈的话，抑制了我年少轻狂的冲动，决定要明智并小心谨慎地操作。谁都知道，获利应先落袋为安，等股价回调时再买回股票。这正是我做的事，或者应该说，这是我应该努力做的事。但往往在获利了结之后，再也等不到股价回调，眼睁睁地看着股票继续上涨10点以上，而落入保守口袋里的却只有4点利润。人们说，落袋为安绝对不会害您变穷。没错，在上涨的市场里赚4点就走，是不会变穷的，但也不会致富。

齐克用注解：

这里指本来应该赚大钱，结果却只赚到小钱，虽然赚钱是对的，但也要好好检讨，这种赚钱下的检讨跟赔光是一样地具有急迫性。

我本来**应该赚 2 万美元，却只赚了 2000 美元**，这就是小心谨慎带来的结果。当发现自己所赚的钱比应该赚到的钱少很多时，我开始明白一个道理，那就是**笨蛋有等级之分**，完全依据其经验而定。

新手一无所知，大家都知道这一点。但次级或者说第二级笨蛋，总认为自己知识广博，也让别人信以为真。他是资深的笨蛋，但他研究的不是市场本身，而是研究更高一级笨蛋对市场的评论。次级笨蛋知道如何不重复新手犯的错以避免输钱，而这些半吊子笨蛋，就是经纪商真正的长年衣食父母。一般来说，**次级笨蛋**通常在华尔街能存活 3 年半左右，而新手只能存活 3 至 30 周。半吊子的次级笨蛋常常引用著名的操作格言及各种投机规则，也知道老前辈们告诫的所有禁忌，唯独漏掉了"不要当笨蛋"！

这种半吊子笨蛋喜欢在下跌时买进股票。等待股价下跌时，是根据价格从最高点回落多少，来衡量自己可以捡到多少便宜货。在大多头市场中，第一级笨蛋完全不知道规则和先例，只是根据一厢情愿盲目地买进股票。他们多数会在涨势中赚到钱，但一次正常的股价回调发生时，一下子就把所赚的钱都输掉了。小心谨慎且偷懒的第二级笨蛋正如我一样，自以为是根据别人的智慧明智地投机。我知道自己必须改变用在空桶店的方法，尤其是采用老手推荐的方法，我的问题就能解决。

齐克用注解：

"我本来应该赚 2 万美元，却只赚了 2000 美元。"当时的利弗莫尔也是笨蛋等级里的一员，自认是第二级笨蛋。无论是笨蛋、傻瓜或冤大头，都是同样意思，指的是最后终究是赔钱的人。应该赚大钱，却只赚到小钱，这是全部笨蛋等级都会做的事情。利弗莫尔说，赔钱人分为三级笨蛋。是哪三级笨蛋呢？本章导读中有仔细说明。

股市中多数人都是这样的，**您很难找到几个人会诚实地说，华尔街没欠他们钱**。富乐顿的客户也一样，各种级别的笨蛋都有！但其中有个老家伙与众不同。不同点在于：首先，他很老。其次，他从不主动提供建议，也从不吹嘘自己赚了多少钱，而他总是聚精会神地倾听别人的意见。

齐克用注解：

"您很难找到几个人会诚实地说，华尔街没欠他们钱。"这是指很多人都在投资市场赔了钱，因此都想把赔掉的钱拿回来。为什么在这里讲这句话？"老火鸡"常讲，这里是多头市场，来说明"赚钱是对的"这条错误的例外规则。若无法更正这条错误，则赔掉的钱是拿不回来的，笨蛋终将永远是笨蛋。

多头市场，明明该大赚却变成小赚，这是一至三级全部笨蛋都会做的错事，但他们不知道应该如何去更正。原因是他们不懂得预测，也不知道短中长期趋势如何区分，所以他们根本没有赚大钱的条件。第一级笨蛋认为落袋为安是对的，认为符合利弗莫尔讲的那句话，只要赚钱就是对的，根本不知道这是错的做法。对于利弗莫尔来说，曾经认为的"只要赚钱就是对的"这原则，竟然有一条"赚钱是错的"的例外规则，那就是明明是该大赚，结果是小赚，就变成是：赚钱是错的。利弗莫尔为什么没有发现这条例外呢？因为在本章之前，他在空桶店交易，没有赔过钱，到了合法券商赔光了，才发现自己根本不懂得预测。不懂得预测，就没办法发现这条"赚钱是错的"的例外规则。

老家伙似乎并不热衷于打听小道消息，但**若有人告诉他小道消息，他会很客气地表示感谢。要是小道消息正确，也会再次道谢；要是小道消息不灵，从不抱怨**，因此没人知道他是否依照小道消息交易。公司里传闻这老家伙非常富有，可以做相当大量的交易，但贡献给经纪商的佣金并不多，至少没听过他缴了很多费用。他名叫**派翠奇**，但人们背地里叫他**"老火鸡"**，因为他胸肌厚实，习惯把下巴贴在胸口，并昂首阔步地穿梭于不同房间。

齐克用注解：

当您听到小道消息时，不要忽略它，因为它可能让您赚钱。那应该怎么做呢？小道消息，再加上一条检视小道消息的方法。

稍微调整方法，小道消息就可以用了。文中提到有很多人找到小道消息，都会去问"老火鸡"小道消息是否能用。事实上，"老火鸡"也在利用别人给他的这条消息，稍加检视决定能不能用，然后自己来操作。

那些喜欢受人摆布和被迫去做某些事情的客户，总是把操作亏钱的事怪罪于别人。他们常去找老派翠奇，告诉他熟悉内幕人士朋友的朋友，建议他们买卖某只股票，希望在行动前老派翠奇可以指点迷津。但是，不管那小道消息要他们买进还是卖出，老家伙的回答总是一样的。

那客户听了他的回答后，总是困惑地再问："您认为我应该怎么做？"

"老火鸡"会昂起头，侧向一边，凝视着这位客户，脸上带着慈祥的笑容，说出一句非常令人难忘的话："您知道，现在是多头市场！"

我经常听他说："大家都知道，现在是多头市场！"**他说这话，就好像给了您一个100万美元意外险保单的保证**，不过当时我确实不懂他的意思。

齐克用注解：

意指如果我没有卖掉，万一市场掉下来了，他就会赔我100万元。这就如意外保险的保证。换句话说，这里是多头市场，要买的可以买，因为大盘持续上涨，买了后早晚都会涨上去。要卖的不要卖，因为这里会大赚，不需要把它卖掉。

有一天，一个名叫阿默·哈伍德的人急急忙忙地冲进办公室，写了一张委托单交给办事员，然后匆忙地走向派翠奇。当时派翠奇正很有礼貌地聆听约翰·费宁诉苦，说他无意间听到吉恩递给经纪人一张委托单，他跟着买进100股，但这100股只赚了3点。然而，在约翰卖出后3天，那只股票又上涨了24点。这个令人扼腕的故事，约翰至少跟派翠奇讲了4遍，但"老火鸡"只是同情地笑着，好像是第一次听到一样。

阿默挤到"老火鸡"身边，没跟约翰·费宁说声抱歉，就直接上前对"老火鸡"说："派翠奇先生，我刚刚卖出了克莱美汽车公司股票。给我消息的朋友告诉我，市场就要回调修正了，到时我可以更低的价格把它买回来。如果您还持有这只股票，最好跟着卖出，等回调再买回。"

阿默用怀疑的目光看着派翠奇，因为他之前给派翠奇第一手消息叫他买进。业余或免费提供小道消息的人，即使未证实小道消息是否准确，他们总是认为对方应该完全信赖自己。

"老火鸡"感激地说："是的，哈伍德先生，我当然还持有那只股票！""老火鸡"很感谢阿默还记得他。

阿默说："喔！现在正是获利了结的时候，您可以在股价回调时再买回。"他说得好像是在为老火鸡取出存款单一样，但阿默看不到老火鸡脸上的感激之情，于是接着说："我刚刚卖出所有的股票。"

从他的言行来看，保守估计至少卖掉了 1 万股。

然而，派翠奇先生却猛摇头，抱歉地说："不！不！我不能这样做！"

阿默大声叫道："什么？"

派翠奇面有难色地说："我就是不能这样做！"

"我不是给了您小道消息叫您买吗？"

"是啊，哈伍德先生，我非常感谢您，确实非常感谢，但是——"

"等等！请听我说！那只股票不是在 10 天内涨了 7 点吗？是不是？"

"的确是，很感谢您，但我不想卖掉它。"

阿默大惑不解地问道："为什么？"他开始怀疑自己听错了。这就是提供小道消息的人对对方的谈话习惯。

"是的，我不能卖。"

阿默凑近他问道："为什么不能？"

"不为什么，因为这是多头市场！"老家伙说这话时，像是已详细解释一样。

"没错，"阿默受挫，看似生气地说："我也知道这是多头市场，但您最好把股票卖掉，等股价回调时再买回来，这样您还可以降低自己的成本。"

老派翠奇很苦恼地说："小老弟，如果我现在卖了股票，我就没有仓位了，接下来，若继续涨，那我该怎么办？"

阿默·哈伍德突然举起双手，摇摇头，走了过来，想要博取同情，说道："您能相信这种事情吗？"他犹如在戏台上小声地问我："我问您，您能相信吗？"

我什么也没说，于是他继续说："我给他克莱美汽车公司的小道消息，他买了500股，赚了7点，我建议他卖出，然后在股价回调时再买回，即使现在卖掉恐怕都嫌晚了。您知道他怎么说吗？他说，如果卖掉就会失去工作，您能理解吗？"

"对不起，哈伍德先生，我并没说我会失去工作。""老火鸡"插嘴说："我说的是，我会失去我的仓位。等您到了我这般年纪，经历许多股市兴衰与经济恐慌后就会明白，失去了仓位这件事是任何人都无法承担的，甚至约翰·洛克菲勒也不例外。我希望股价回调，好让您能以较低的价格买回您的股票，但我只能凭着自己多年的经验投机。我曾为此付出很高的代价，我不想再次缴学费，不过我还是非常感谢您的消息，让我赚到钱。""老火鸡"最后又重复说了一遍：**"大家都知道，现在是多头市场！"** 然后，他就昂首阔步地走了，留下了一脸茫然的阿默。

齐克用注解：

利弗莫尔的操盘生涯中，如何通过自我学习达到永远持续赚钱的目的？两种途径学习操盘：

1.通过第一种途径学习：通过操作过程的赚赔经验学习而来。透过操作不断地练习，从赔钱变赚钱，从小赚变大赚。空桶店转到合法券商，从下单时间落差与滑价，找到事先预测方法。

2.通过第二种途径学习：向其他赚到大钱的作手学习。这里谈"老火鸡"的故事，是第一次出现通过学习赚钱人的方法，来改善自己的操盘技巧。

请教"老火鸡"之后，"老火鸡"总是说："现在是多头市场！"这句话为何重要呢？利弗莫尔听了好几次才听懂他讲的重点，现在是多头市场，只要缩手不动即可，否则很容易从大赚变小赚。换言之，利弗莫尔发现了基本原则里面"赚钱就是对的"这句话居然有漏洞。

当时，我并没有意会老派翠奇的话，直到自己经历了多次，看对市场却没有赚到该赚的钱时，才意识到老派翠奇话中的智慧。我钻研得越深入，越发觉他讲这句话的智慧，显然，他在年轻时必定也有这样的缺点，吃了不少亏，因此领悟出自己的人性弱点。痛苦的经验让他明白，那些难以抵抗的诱惑，往往让自己付出惨痛的代价，而我也是如此。

老派翠奇不断地告诉其他客户："大家都知道，现在是多头市场！"我终于明白他话里的玄机：**赚大钱不能靠个别股票波动，而是靠股市的大多头趋势**。换句话说，**就是不能光靠分析报价带上的信息，来评估整体市场及走势**。明白这点后，我在投机方面又迈进了一大步。

齐克用注解：

"赚大钱不能靠个别股票波动，而是靠股市的大多头趋势。"这里是第一次出现，操盘时要看大盘，不能只看个股。要对大趋势做预测，就一定要先看大盘，如果没有精准预测大势，个股就不用谈了。

"不能光靠分析报价带上的信息，来评估整体市场及走势。"这是指他在操作纸带机的时期，完全不用看大盘走势。在多头市场时，股票会持续上涨，在领涨股的带动下，个股会持续轮动上涨，能够带动所有的股票向上走。一般的散户在操作的时候，都认为只要把自己操作的个股看好就好，用不着去注意大盘。结论是如果您不看大盘就不懂得预测，不懂得预测就不是投机。在这里开始出现利弗莫尔的"由上而下"投资策略，先看大盘。

这里有件事情我必须说明：在华尔街打拼多年，赚赔数百万美元之后，我想告诉您：**我之所以能赚大钱，关键重点不在于我看对了股市行情，而是缩手不动**，明白吗？就是缩手不动！看对市场没什么了不起。

齐克用注解：

本书至此，多次谈"缩手不动"：

1.第一次谈缩手不动（第二章），是谈交易频繁与交易时机。如果看不懂交易时机，就根本无法缩手不动，根本无法解决交易频繁的问题。所以要先懂交易时机，看懂进场讯号，才能在非交易时机，执行"场外的缩手不动"。

2. 第二次谈缩手不动（第三章），是谈赔钱出场之后，找不出原因为何赔钱，这时候应该执行"场外的缩手不动"。

3. 第三次的缩手不动（第五章），是谈"场内缩手不动"。波段起涨的时候，买了之后，就是在场内缩手不动，让利润扩大。赚钱的时候，在场内缩手的困难原因是：上涨过程中会有卖压出现，会有大幅压回的情形，这会造成抱不住股票。所以看对行情，不见得可以赚到大钱。要"看对"行情，加上"做对"缩手不动，才能赚到大钱。

在多头市场您可以找到很多人一开始就做多，在空头市场您也会找到很多人一开始就放空。我认识许多看准时机并判断正确的高手，他们开始买卖股票，价格就落在能赚最大利润的位置上，但他们的经验总是跟我的差不多，没赚过什么大钱。看对市场又能缩手不动的人犹如凤毛麟角，这技巧是世上最难学的。不过，要是股票操盘手能掌握这本领，他就能赚到大钱。投机者懂得如何操作之后，要赚取数百万美元，确实比那些一无所知的人要赚数百美元更加容易。这是千真万确的事。

齐克用注解：

"在多头市场您可以找到很多人一开始就做多，在空头市场您也会找到很多人一开始就放空。"多数人能看对市场短暂方向，但能看对市场长期方向又能缩手不动的是少数人。

无法"缩手不动"的原因是，当一个人看到显而易见的回调状况发生时，此时市场不如预期般发展，他开始不耐烦或感到犹豫。正是这样，许多根本不是笨蛋，甚至于不属于第三级笨蛋的华尔街人，却在一笔交易上赔了钱。市场并没有击败他们，而是他们自己打败了自己，因为他们虽聪明但无法坚持缩手不动，因此被自己打败了。老火鸡则是坚持自己的信念来做对的事，他不仅有胆识与聪明，而且还能耐心等候并缩手不动。

无视大波段行情，试图短线进出，是我在华尔街失败的主因。没有人能抓住所有的波动转折，在多头市场里，您必须买进并持有，直到您认为多头市场快结束时，才卖出股票。要做到这点，**您必须研究整体市场的状况，而不是研究内线消息或影响个别股票的特殊因素**。然后，卖出您所有的持股，全部卖出！接下来，您必须等待市场出现反转迹象，整体市况开始逆转。

齐克用注解：

利弗莫尔把在空桶店的操作方式运用到合法券商，短线进出是失败主因。因为他始终认为应该要短进短出。但若短进短出，就会让本来能赚很多的交易，变成只赚一点点就出场。也就是说，他必须看懂大盘，才不会短进短出。

您必须用您的头脑和观察力去判断，否则我的建议就像叫您低买高卖一样无聊。每个人都应知道这个原则，就是别老想买在起涨的 1/8 点处，或卖在起跌的 1/8 点处，也就是**别老想买在最低点，卖在最高点**。这是世上代价最昂贵的百分点，而交易者为了追逐这 1/8 点，已付出数百万美元的代价，庞大的金额足以兴建一条横跨美洲大陆的混凝土公路。

齐克用注解：

波段操作的人，不须买在最低并卖在最高。只有想短进短出的人，才会想要买在最低并卖在最高。用心于买到最低并卖到最高，而无视于波段行情的人，容易让您买在最低时，也只会赚到一点点。赚大钱的重点，不是买在最低点，而是要在上涨行情里，买进后并缩手不动。

后来，我开始较明智地买卖股票，我研究在富乐顿公司交易的过程中，察觉到一件事，就是我初期的交易都甚少亏损，这使我对自己的判断更具信心，于是决定开始大手笔买卖。后来，受到他人的意见影响，或自己急功近利，因而功亏一篑。如果对自己的判断没有信心，那么在股票投机中也不会有太大的收获。至此我学会了研究整体市况，建立仓位并坚持紧抱。我耐心等待，没焦躁不安，也没因股价下跌而动摇，因为我知道这只是暂时的现象。**我曾放空 10万股股票，眼看着股价即将反弹，但我早已预料到这反弹是不可避免的，甚至**

对后市的发展有正面的帮助。**我估计，价格反弹会使我的账面利润减少 100 万美元。然而，我按兵不动，眼睁睁地看着一半的账面利润消失**，丝毫没考虑过平仓，然后在反弹时再放空。我知道，如果我这样做，我可能失去仓位，失去赚大钱的机会。唯有大波段行情，才能赚到大钱。

齐克用注解：

眼看着利润消失一半，因缩手不动，最后赚到大钱。本书后续会深入探讨另一种情境：场内缩手不动，如果发生回调的幅度超过自己的预期时，这时的缩手不动，就可能是赔光的主因。所以不如预期时，应如何操作，后面会有更精彩的说明。

如果说我这么久才学会这个道理，那是因为我是从自己的错误中学习，**从犯错到知错往往需要一段时间，而从知错到确定失败原因，则需要更长的时间。**但与此同时，我的进展也相当顺利，而且我还很年轻，还有其他方法可以补救。

齐克用注解：

从错中学习，需要花很长的时间才能学会。

我大部分的获利中，仍有一部分是靠分析报价带上的信息而获得，因为当时的市场非常适合采用这种方法。我不像初到纽约时那般经常赔钱，也不像当时因赔钱而恼火。想想在不到两年的时间 3 次倾家荡产，就明白我没有什么值得自豪的。正如我所说的，倾家荡产、赔光一切是最有效的教训。

齐克用注解：

报价带操盘的方法，对于短期波动非常激烈的行情，是很好用的。对于长期趋势不适用，但如果日线的波动有如周线波动，或周线波动如月线波动，这种情形下，短时间震荡的幅度加大且速度加快，当这种激烈震荡的异常状况发生时，报价带的技巧就会变得很实用。

我的资金成长速度并不快，因为我总是尽情地享受生活。事实上，像我这个年龄层和品位的人，想要的东西很多，而我也不会刻薄自己。我有自己的汽车，因为有能力从市场赚到钱，就根本不需要节衣缩食。股市只有在星期天和假日休市，所以生活开销的金钱是源源不断地来。**每当我发觉赔钱的原因，或者为何犯错，如何犯错，我就会在自己的操作法则中增添一笔全新的"不该做"事项**。当然，我的经历有快乐也有不如意的时候，如果要我一一详细说明，那将没完没了。事实上，唯一能让我永远记得的，就是那些投机操作中最有价值的教训，它增长了我的知识宝库，让我更了解股市投机的技巧，以及对自我的认知。

齐克用注解：

这里谈交易记录。记录从错误中学习。赔钱是进步的原动力，借此学习更多的新知识。

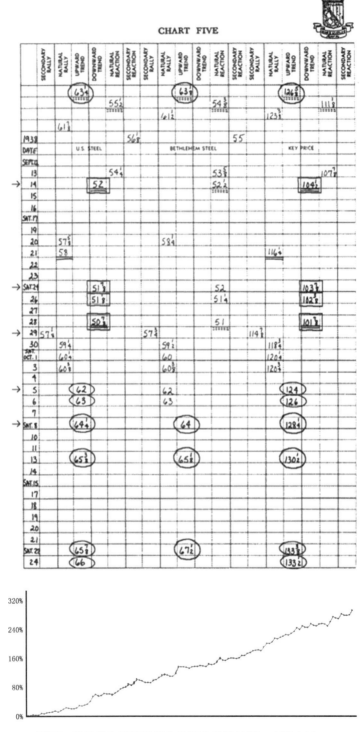

附图　利弗莫尔手稿及衍生的资金曲线特征：大涨小回

第六章　直觉操盘与资金管理加码法则

"我开始考虑整体市场状况，而不是个股的波动。"

杰西·劳伦斯顿·利弗莫尔

(1877 年 7 月 26 日—1940 年 11 月 28 日)

导 读

主题

- 直觉
- 资金管理
- 加码操作与案例
- 操盘手需要度假
- 倒金字塔型加码法则
- 操盘中的保证金影响交易结果
- 事件导向交易法则
- 筹码分析
- 小道消息
- 快速调整到正确方向的法则
- 自信心
- 独立思考,独立判断

图 6-1 先研究图中的主题,再阅读内文

本章 2 个案例

本章有两个直觉操盘的案例。

案例 1：大西洋城度假时放空股票

1906 年春天，利弗莫尔靠直觉放空联合太平洋铁路 20000 股，结果 1906 年 4 月 18 日旧金山发生大地震，他获利 25 万美元。

案例 2：萨拉托加温泉度假时的双向交易

1906 年夏天，他靠直觉快速调整了操盘方向。他在 160 美元分批买进联合太平洋铁路（做多），听信小道消息，全部出清，并在 162 美元放空 4000 股。股息利多出来，空单回补 4000 股，并马上买进 4000 股，共买进 8000 股的量。结果是不但赚回前面亏损的 4 万，还多赚了 1.5 万美元。

两个直觉操盘的案例对应的走势如图 6-2：

提醒读者，书中涉及操盘案例时，要对照走势图来解读，才能感受到利弗莫尔的操盘精髓。笔者精心研究了 1896 年道琼斯指数成立以来的多年数据，期间仿佛穿越到利弗莫尔的时代，有很多感悟。后面有机会将与读者分享历史图表册，指明利弗莫尔的进场点与出场点。

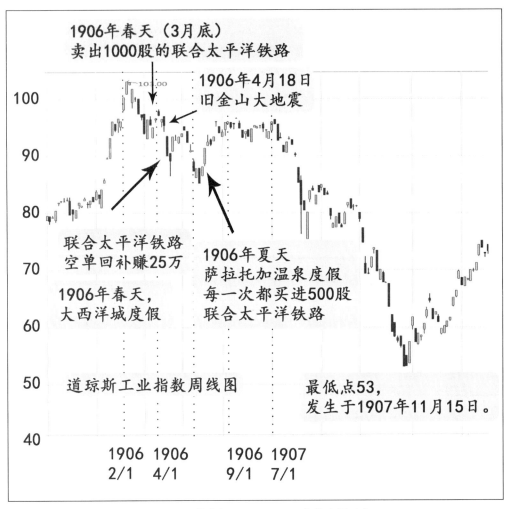

1906年春天（3月底）
卖出1000股的联合太平洋铁路

1906年4月18日
旧金山大地震

—103.00

联合太平洋铁路
空单回补赚25万

1906年春天，
大西洋城度假

1906年夏天
萨拉托加温泉度假
每一次都买进500股
联合太平洋铁路

道琼斯工业指数周线图

最低点53，
发生于1907年11月15日。

1906   1906   1906   1907
2/1   4/1   9/1   7/1

图 6-2 利弗莫尔 1906—1907 年的交易动作

操盘逻辑

核心议题的"直觉"，分三个重点来说明直觉对操盘的影响：

一、什么是直觉？

利弗莫尔认为："我经常有这种不寻常的感觉。最初我把这种感觉归因于抽太多雪茄、睡眠不足或过于疲劳所导致。认为直觉反应与心理状态有关，而不是生理状态。我曾把这经历告诉一些朋友，他们告诉我这并不是直觉，而是下意识的思维，也就是创造性的思维。正是这种思维启发了艺术家的创作灵感。对我来说，那可能是许多小事日积月累所产生的效果。这些小事分开来看微不足道，但累积下却能激发出很大的力量。"

专家认为：直觉是您早已知道事物的组合，但是您对自己的组合方法难以描述，这是一种本能。每日吸收大量的资料，都会储存在您的潜意识里面。运用直觉时，应该以谨慎和怀疑的态度去处理它。故当直觉突然来临时，您要先行自问，是否在脑中已存在大量的这类资料或数据。

二、哪一种人的直觉比较正确？

直觉对一个市场老手来说，经常是正确的。但对于这种位阶比较高的操盘手来讲，他们的投机行为都是严谨、保守且理智，因而正常的行为习性经常跟不经思索而来的直觉相互抵触。故市场老手在经常多想一下的情形下，就会把直觉给忽略掉了。本章第一个论直觉所谈论的重点就是，自己干扰自己。

针对直觉或异常的感觉，要不要处理？要视状况而定，如果是一个新手或经常赔钱的冤大头，最好不要依直觉行事，因为您的直觉可能来自情绪与冲动，或是偏见的影响。如果是专业操盘人员，那就可以依直觉操作了。自己属于哪一种人？把异常感觉记录下来，事后验证感觉是经常对还是错，就知该不该依直觉执行了。如果要信任直觉，一定要先试着解释它。不管直觉有多强烈，不要让它带领您进入过度信任的状态。

三、"根据直觉操作"与"根据研判预测操作"，有何不同？

前面谈到大钱是靠预测赚来的，预测的前面就要先靠研判。要收集资料来做预测，您才有办法赚到钱。研判、预测或直觉，三者又要如何区分？一个经常在市场赚得到钱的资深操盘手，他是保守、谨慎、再三考虑才来研判。经过这样的研判流程，就是从研判与预测而来的操盘。但如果依据直觉来操作，就是把这个过程全给省略了。直觉没有这种明确的过程，它是下意识的行为。

本章所举的例子：利弗莫尔放空联合太平洋铁路2万股，赚25万美元。交易中，所运用的是直觉判断与场内缩手不动策略，是可以解释并值得信赖的直觉。当时放空的位置，大盘是在头部区，在头部区经常看到的现象是个股轮动，强势股转弱。对于初学者来看这样的文章，会以为他在强调他的直觉神准到连旧金山大地震都能预知。虽然他没有描述直觉是如何而来的，但如果您仔细看过他的描述，就能体会到他讲的直觉其实是有根据的。

旧金山大地震谈直觉操盘，他谈到股价在初期明明要跌，可是却不跌，这是为什么？市场暴跌之前必须等待一个利空来引爆。那为何要有利空来引爆呢？有了利空消息，再经过发酵期，就有人会杀低卖，有了杀低卖的力量，就会让股价测支撑，能跌破支撑点，就能产生共识，有了共识，就能有大行情。内行人看到利多利空消息出来后，再看看价格如何波动，就知道未来会怎么变了。所以利弗莫尔知道市场要掉下来了，但他不知道会由哪一个事件来引爆。

重点摘要

本章的13个操盘重点：

1. 书中第一次谈操盘手的度假。无论大赚或大赔后，或是操盘一段时间之后，都需要度假。度假是让操盘手归零重新开始。操盘手度假的地方多是远离城市宁静的地方。

2. 专章谈论直觉，有关直觉操盘说明以及案例，已陈述于上。

3. 1906年春天，描述着多头末端的景象，对照走势图能看出度假原因。

4. 在旧金山发生大地震前放空，依据直觉操作，而不是根据预测。

5. 第一次说明"倒金字塔型加码法"。越涨或越跌下，依序加重加码比例。

6.联合太平洋铁路，放空了 3 次，每次 1000 股，加空了 2000 股，地震发生后又加码放空了 5000 股，最后再加码放空了 1 万股。共 6 次，计 2 万股。第一次仔细说明了加码法。这种"倒金字塔型加码法"的图示在内文中有注解。

7.旧金山大地震的利空之下，第一次说明事件导向交易法则。

8.操盘生涯靠旧金山大地震，第一次一笔赚了 25 万美元，创单笔最大金额。短短几天之内就落袋，放空赚得快。

9.1906 年春天，看到有人在收集联合太平洋铁路的筹码。筹码分析主题出现。

10.直觉做多联合太平洋铁路，受到小道消息干扰反手做空，第一次受害于小道消息而做颠倒后赔钱。

11.每次加码买进 500 股联合太平洋铁路，听小道消息出清多单并放空 4000 股，股息消息出来后，回补 4000 股，并做多 4000 股。结果赚了 1.5 万美元。第一次仔细说明加减码法则。

12.靠分析股息消息与价格变动正确，回归原本做多，为反败为胜立榜样。第一次说明，如何将操作快速调整到正确的方向。

13.不要听信小道消息，要根据自己的判断操作。独立思考，独立判断，从赚钱中找到自信，有了自信之后，才能摆脱过去的操作模式。

下面我们进入内文。

1906年春天，我在大西洋城度过了一个短暂的假期。**出清了手上的股票**，只想换个环境好好休息一下。顺便一提的是，回到初次交易的经纪商哈丁兄弟公司，我的账户可以操作股票的额度有三四千股，这个数量比我20岁在大都会公司交易时的数量并没有多出多少，因为地下经纪商只要1点的保证金，而在纽约证券交易所买卖股票需要**较多的保证金**，它们毕竟有些不同。

齐克用注解：

利弗莫尔生于1877年7月26日，1906年他已29岁，操作经验14年。他出清持股到大西洋城度假是在股市于1903年起涨之后，1906年春天是波段高峰并开始盘头的位置，参考导读中的走势图。提醒读者，每次说明当时操盘案例时，必须对照走势图来解读，才能感受到利弗莫尔的操盘精髓。

许多交易员在操作一段波段之后，经常会安排短期假期。休假的目的，除了犒赏自己之外，也因为需要安静、心态归零、放松减压等身心调适。操盘是辛苦的工作，真正的操盘高手在长期透支大量的脑力与体力之后，经常需要度假休息。

买卖交易的保证金多或少，会影响操作的规模。他现在的本

图6-3　交易之余，利弗莫尔与家人休假

金比以前多，操作的数量有三四千股，但并没有比以前地下经纪商的操作规模大，是因为现在的保证金要求较多。地下经纪商赌得是波动，要求的保证金是波动的幅度，现在合法券商所缴的保证金，是参与买卖标的物的杠杆风险。

您可能还记得我曾说过的事情，当时我在大都会放空 3500 股糖业公司股票，突然觉得有些不太对劲，最好赶紧结束交易。**我经常有这种不寻常的感觉**。通常我会根据那种感觉行事，但有时我会忽视心里的某种想法，并且告诉自己，根据突然产生的冲动而反转仓位，实在愚不可及。我把这种感觉归因于抽太多雪茄、睡眠不足或过于疲劳所导致。每当我克制自己不要冲动，但最后我总是会后悔。曾经有好几次，我没有依照自己的直觉放空股票，隔天到市中心，发现市场并没有下跌，甚至还上涨，我就很庆幸地告诉自己，不要盲目冲动卖出股票是对的。但再隔一天，市场却跌得相当惨重。要是我没有自作聪明，肯定能赚到钱，因为直觉反应与心理状态有关，而不是生理状态。

齐克用注解：

　　利弗莫尔开始谈"直觉"议题，他引用了 5 个例子来描述不寻常感觉出现时，心理状态与理智操盘之间的抗衡及其决定。不同的抉择，赚赔结果是天壤之别。

　　1. 直觉会准吗？能依照直觉操作吗？即便直觉神准时，也经常受到"自己理智的干扰"。（本章谈到：曾经有好几次，没有依照自己的直觉放空股票，隔天到市中心，发现市场并没有下跌，甚至还上涨，就很庆幸地告诉自己，不盲目冲动卖出股票是对的。但再隔一天，市场却跌得相当惨重）

　　2. 直觉感应到大都会可能要在价格上动手脚，立刻出场。（第一章谈到：在大都会以 $105\frac{1}{4}$ 放空 3500 股糖业，感觉现场的工作人员动作诡异与报价带的跳档声音不对劲，立刻在 103 回补，赚钱退场）

　　3. 坚持相信直觉，对直觉有信心。朋友看到自己靠直觉操作，以为是听到小道消息，后来发现不是小道消息，就一直在劝退他。但在自己的信心坚持下，操作结果是赚到大钱。(本章谈到：1906 年春天，大西洋城度假，放空联合太平洋铁路 20000 股，获利 25 万美元)

4. 受到哈丁公司老板的好意提示小道消息干扰，以至于放弃直觉，信心动摇。大赚却搞成赔钱。(本章谈到：1906 年夏天，萨拉托加温泉度假，原本在 160 美元分批买进联合太平洋铁路做多，后来全部出清，并在 162 美元左右放空 4000 股。事后股息利多出来，发现不对劲了，以市价 165 美元回补空单，每股大约亏损 3 点。有些成交价格高达 172 美元与 174 美元。损失 4 万美元)

5. 操作过程中受小道消息影响而放弃直觉，改变操作方向，产生重大错误，但利多消息出来，股价的波动状况，让他立刻认错，反向操作，回归依自己的直觉判断，赚回更多。(本章谈到：放空联合太平洋 4000 股亏损，靠看懂不寻常走势，反手做多，不但赚回前项亏损 4 万之外，还多赚了 1.5 万)

我想告诉您一件有关直觉的事，因为它让我赚进一笔大财富。这件事发生在 **1906 年春天，当时我正在大西洋城度假**。一位朋友与我同行，他也是哈丁兄弟公司的客户。那时我对股票市场一点兴趣也没有，只想好好休息。我随时可以停止交易跑去玩乐，**除非市场交投非常活跃，而我的仓位又相当庞大**，那就另当别论。我记得当时正是多头市场，经济情势一片看好，虽然**股市已有放缓的迹象**，但是人气和所有的指标都显示着还有高点。

齐克用注解：

操盘人会有兴趣进场的时机点在哪里？会休息一下在旁轻松观察市况，是在什么样情形下？在这里想到的重点是操盘高手在"交投活跃"及"行情处于头部震荡时"的状况下，要如何应对？休息也是场外缩手不动的另一种表现。

"股市已有放缓的迹象，但是人气和所有的指标都显示着还有高点。"这是指大盘在盘涨过程中，虽持续有高点，但高点与高点之间距离不远。参考导读中的走势图。多头虽然持续延续，但已经放缓了，还没看到下跌的信号出现。在这种情况下，还是可以找到强而有力的股票做多。

一天早上，我们用过早餐后，看完纽约所有的早报，对观赏海鸥叼蚌飞到20英尺的高空，再把它扔在坚硬的湿沙地来饱餐一顿的过程，已感到厌烦，于是我们前往木板大道逛逛，这是我们白天最常做的事。

那时还不到中午，我们慢慢地走着消磨时间，并享受着海边的空气。哈丁兄弟公司在木板大道有家分行，我们**每天早上都会顺路去看看开盘情况**。这纯粹是个人习惯而已，因为我实在没事可做。

齐克用注解：

为何要安排出去玩？安静、放轻松，以利于独立思考，但每日还是会关注开盘状况。专业操盘人的心境，随时随地都不会离开市场，因为这是对市场保持盘感的方式。至于关心行情的程度，差别只在于紧盯市场或瞄一眼就可以。关注开盘状况，是因为那是反映前日收盘到今日开盘前，利多利空最明显的地方，开盘状况隐藏着市场参与者的投资心理及当日盘势强弱变化的讯号。

我们发现股市强劲而且交投活跃。我的朋友对市场非常乐观，他持有一些低价买进的股票。**他告诉我，持股需抱静等待更高的价格，显然是明智的做法**。我不太专心听他说话，也懒得附和他。我看了一下报价板，留意着股价的变化，开盘后**大部分的股票都上涨了**。我看到了联合太平洋铁路公司股票，霎时有种预感，觉得我应该放空这只股票。我也说不出什么原因，只是有这种感觉。我问自己为什么有这种感觉，但始终找不到任何放空联合太平洋铁路的理由。

齐克用注解：

利弗莫尔出清持股之后，场外缩手。在休假期间，注意到异常的股票，便短线放空一下。一同前去的朋友，还持有一些低价的股票，因为还想持续抱着，所以持续执行场内缩手不动。两个人不同的做法，可看出他们对于当时的行情，看法是不一致的。

前面一章讲老火鸡在多头市场里缩手不动，但利弗莫尔认为这里是多头市场的末端，出清持股度假，虽然还有股票在上涨，但不足以让他产生交易动机。促使他交易的是直觉，他看到了联合太平洋铁路的异常状况，故根据直觉，放空交易。

我盯着报价板上最新的价格，直到眼前一片模糊，因为我满脑子只想放空联合太平洋铁路的股票，但没有原因。

我看来一定有些不对劲，因为站在旁边的朋友突然用肘碰了我一下说："嘿，怎么了？"

"不知道。"我回答。

"想睡觉？"他说。

"不，"我说："不是想睡觉，只是想放空那只股票。"凭着自己的**直觉操作，我总是赚钱**。

我走向放着空白委托单的桌子，我的朋友紧跟着我。我填写了一张委托单，以市价卖出 1000 股的联合太平洋铁路，然后交给经理。从我填写到接到我的委托单，他都一直保持微笑，但当他看到委托单内容时，立即收回了笑容，并盯着我。

"卖出 1000 股，对吗？"他问我，但我只是看着他一语不发。接着，他匆匆走向操作员。

"您在做什么？"我朋友问。

"我要放空这只股票。"我回答说。

"放空什么股票？"他拉高了嗓门问我。如果他看多，我怎能放空呢？一定有什么地方弄错了。

"1000 股联合太平洋铁路。"我说。

"为什么？"他非常激动。

我摇摇头，表示没有任何原因，但他认为我肯定有小道消息，因为他抓着我的胳膊，拉我到大厅外面的走廊，那里没人会注意到我们，也听不到我们说些什么。

"**您听到了什么？**"他十分激动地问我，因为联合太平洋铁路是他最爱的股票，对这家公司的获利和前景十分看好，但他想听听看空的小道消息。

"什么也没有！"我说。

"真的？"他一脸怀疑。

"我什么也没听说。"

"那您为什么要放空？"

"我不知道。"我实话实说。

"噢，拉利，少来了，"他说。

他知道我不会无故交易，而我放空了1000股联合太平洋铁路，在如此强劲的市场里放空那么多股票，肯定有非常充分的理由。

"我不知道，"我重复说："我只是觉得有什么事情即将发生。"

"什么事？"

"我不知道，我没办法跟您解释，我只知道想放空那只股票，而且还打算再放空1000股。"

我回到营业大厅，再放空1000股。如果第一次放空的1000股是正确的话，我就应该再放空一些。

"究竟会发生什么事？"我的朋友不断地追问，还拿不定主意是否跟我一起放空。**如果我告诉他，我听说联合太平洋铁路会下跌，他一定不会问我是谁说的，或是为什么，他会立即放空**。他再次问道："究竟会发生什么事？"

"什么事都可能发生，但我无法跟您讲明白到底会发生什么。无法给您的原因，是我无法未卜先知。"我对他说。

"那您就是疯了，"他说："完全疯了。简直是莫名其妙，您真的不知道为什么要放空吗？"

"不知道原因，我只想放空。"我说。那种感觉非常强烈，于是我又放空了1000股。

我的朋友这下子可真受不了了，他抓住我的胳膊说："够了，我们快走吧，免得您把那家公司的股票全部卖光了。"

我感觉已经卖得够多了，还没等到最后2000股的成交报告就跟着他走了。对我来说，再好的理由也无法改变我放空这么多股票的决定。没有任何理由，尤其是整个市场这么强劲，也没有任何熊市征兆，放空似乎太过莽撞。但当我记起，每次有这股冲动而我都没有放空，结果经常后悔不已。

齐克用注解：

什么情况下，投资者会进场交易？有的是根据自己的判断，有的是根据直觉，或根据小道消息。利弗莫尔的这位朋友，他会根据小道消息操作。前几章，利弗莫尔谈到交易之前，必须仔细研究大环境与大盘，预测未来的情势发展，然后在正确的交易时机进场操作。这里他谈到依据直觉操作，而不是根据预测。

看似不同的两种方法，一种是从研判到预测有固定流程，另一种是随兴而起，不用研究就可以操作。事实上，这种依据直觉反应来操作的方式，源于平常对行情的专注与体验，并非没有根据。对一个市场老手来说，直觉操作会经常正确。这次他操作标的是北联合太平洋铁路，这只股票在过去的文章中时常出现，是利弗莫尔经常操作的标的，所以他非常了解这只股票的股性与发展，因而就容易产生直觉了。（有关直觉注解请参考导读）

我曾把这段经历告诉一些朋友，他们告诉我这并不是直觉，而是下意识的思维，也就是创造性的思维。正是这种思维启发了艺术家的创作灵感，而他们自己也不明白是怎么来的。对我来说，这可能是许多小事情经过日积月累产生的效果。这些小事分开来看微不足道，但累积下来却能激发出很大的力量。也许是我的朋友不理智地看涨的态度，激起了我的叛逆心理，而会选择联合太平洋铁路来放空，是因为太多人看好，它已涨过头了。我无法告诉您那种直觉是怎么来的，只知道当我走出哈丁兄弟大西洋城分行时，我在**涨势中放空**了3000股联合太平洋铁路，而且一点也不担心。

齐克用注解：

利弗莫尔谈到交易时机时，强调一个重点，要顺势操作。但为何在这里谈到"在涨势中放空"，这是逆势操作或反向操作？

逆势操作是涨势中放空，反向操作是高位布空单待下跌。为何他没把握"一出手就要满载而归"的原则呢？如果是正常的研判与预测流程，交易时机与下单原则当然就要遵循顺势操作，一出手就要是对的。这里谈的是依直觉操作，当然就没有这些谨慎的行为。依直觉操作，没有依循正规的严谨度。一般操盘高手的进场操作方法有很多种，例如：形态完成时的操作模式、依预测的操作模式、依据筹码分析操作模式（图解如下）。未来再找机会，帮读者找案例来说明实战操盘如何运用这些操作模式。

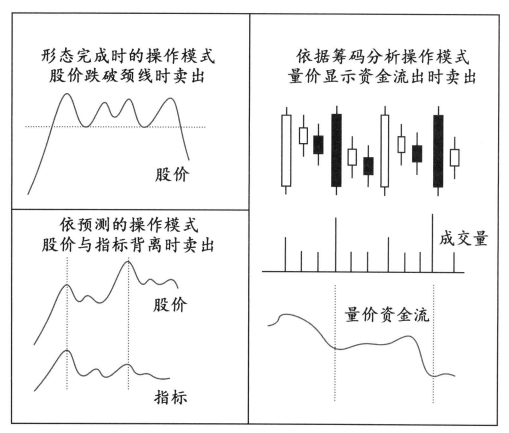

图6-4　不同的操作模式

我想知道最后的 2000 股放空在什么价位，于是吃过午饭后又去了那家分行。很高兴看到大盘很强势，联合太平洋铁路涨得更高了。

"我看您完蛋了，"我的朋友说。您可以看得出他很高兴自己没有跟着放空。

隔天整个股市还继续上涨，除了我朋友兴奋的言词之外，我什么也没听到，但我确定自己放空联合太平洋铁路是正确的，而且**只要我认为自己的看法是对的，总是能耐心地等待**。这是什么道理呢？那天下午联合太平洋铁路就不再上涨，临收盘前开始下跌，**没多久就跌到我放空的 3000 股平均成本之下 1 点**。我比先前更加相信自己站在对的一边，既然有了这种感觉，当然我必须多放空一些，**因此临收盘前我又加空了 2000 股**。

齐克用注解：

"只要我认为自己的看法是对的，我总是能耐心地等待。"市场老手到底会赚到大钱？还是会赔光呢？经常就在这一点上出了差错。若市场没有适时地反映自己的看法，或走势不如预期，甚至还走了一大段，超过能够承受的风险，这种看法就只是偏见而已。场内缩手不动与耐心等待，换来的是灾难。

"没多久就跌到我放空的 3000 股平均成本之下 1 点，我比先前更加相信自己站在对的一边，既然有了这种感觉，当然我必须多放空一些，因此临收盘前我又加空了 2000 股。"操作过程中，哪些情况能加码呢？底部时的分批进场，不是这里谈的加码原则。这里是趋势中并且在赚钱中的加码原则。散户的加码行为，通常是在摊平成本，亏损中的加码不能说是加码，而应说是摊平。

就这样，**我凭着直觉放空了 5000 股联合太平洋铁路**，这是我在哈丁兄弟公司所能放空的限度。由于在**度假中我无法照顾这么多仓位，因此我放弃了休假，当天晚上就回到纽约**。谁也无法料到会发生什么事，所以我认为最好还是回到纽约。如果需要的话，在纽约我可以立即出手。

齐克用注解：

"我凭着直觉放空了5000股联合太平洋铁路，这是我在哈丁兄弟公司所能放空的限度。"本文第一段提到他的账户只能操作三四千股，为何这里变成5000股呢？因为这笔交易已经有3000股是赚钱的，账户的金额已变多了，所以能操作的股数也增加了。5000股的放空限度，是指账户的保证金用到极限。

"度假中我无法照顾这么多仓位，因此我放弃了休假，当天晚上就回到了纽约。"有仓位时，又回归到紧盯盘势变化的生活。

回到纽约的第二天，**传来旧金山发生大地震的消息，虽然是一场很严重的灾难，但股市开盘只是小跌而已，多头没有败退，投资大众也不为所动**。您经常可以看到这种情形，例如一个强势多头市场进行中，当利空消息传出来的时候，无论是否有如报纸说的"多头控盘行为"，市场总是没有如预期的下跌表现，而当时的状况就是那样。这一次华尔街并没有评估那场灾难的严重程度，因为他们不希望看到股市下跌，因此在那天收盘前股市又上涨了。

齐克用注解：

1906年旧金山大地震，发生于1906年4月18日。"传来旧金山发生大地震的消息，虽然是一场很严重的灾难，但股市开盘只是小跌而已，多头没有败退，投资大众也不为所动。"这是在谈利空消息后的下跌，需要经过发酵期。如果以市场走势来解读，那就是股价在支撑点附近，没有正式跌破支撑，因而还没启动持续有新低点的下跌行情。

这里有一个很重要的逻辑。一般投资者遇到利空消息出来，股市没有马上反应，就解读为利空不跌，表示未来还会再涨。事实上，是因消息还需要有发酵期，市场会延后表态。等您操作赔了钱，事后就会发现报纸总是这样写的：市场终究还是要回归基本面，因为经济会不好，本来就应该要跌。

我放空了5000股股票。灾难发生了，我的股票却没有下跌。我的直觉确实是一流的，但我的财富并没有增加，连账面利润都没见到。与我同行在大西洋城度假的那个朋友，对于我放空联合太平洋铁路这件事，起先是**因利空消息而替我感到高兴，后来见到利空不跌，又有点为我担心**。

他对我说："老兄，有些直觉确实是会实现的。但是当人气和金钱全都在多头那边时，对抗他们是没用的，他们终将占上风。"

"给它们一点时间，"我指的是股价。我不想回补，因为我知道灾难非常严重，而且联合太平洋铁路的损失将最惨重，但看到华尔街还是如此盲目，实在令人气愤。

"给它们时间？那您的皮和其他的熊皮一样，将被摊在阳光下晒干，"他断然地告诉我。

"那么该怎么办？"我问他："难道就因南太平洋和其他铁路公司损失了几百万美元，就去买联合太平洋铁路的股票吗？他们扣掉所有的损失后，哪来的盈余可发放股息？您只能说事态可能没有描述的那么严重，但凭这个理由就去买那些受到严重打击的铁路股票吗？回答我这个问题啊！"

但我的朋友说："是的，听起来似乎很有道理。但是我告诉您，**市场并不认同您的看法，纸带上的报价不会说谎**，不是吗？"

"市场经常不会立即反映真相"。我说。

讲个故事给您听。黑色星期五之前不久，有个人去找吉姆·费斯克，说了十个为什么黄金应该会下跌的理由。这个人自己被这些理由打动了，所以告诉费斯克，他要放空数百万美元的黄金。吉姆·费斯克看着他说："去啊！去放空啊！别忘了邀请我参加您的葬礼。"

我说："是的，如果那家伙真的放空黄金，看看他已经赚了多少大钱了！您最好也放空一些联合太平洋铁路吧！"

"我才不呢！我是那种顺势操作赚钱的人。"

齐克用注解：

利空消息到底需要多久的发酵期才会被引爆？这除了要评估利空本身之外，还有很多要考量的，故无法精准预估。对于这类的利空事件，利弗莫尔知道需要时间发酵，故说："需要在场内耐心等待"。他的朋友看到股价明显地不反映利空，故认为利弗莫尔存有偏见。

再下一天，地震的消息有了更详尽的报道，**市场开始下跌**，但跌势并没有如预期般那么激烈。我知道没有任何东西能阻挡股价暴跌，于是**我又加码放空了 5000 股**。哦，这时大部分人对于眼前的情势，都看得十分清楚了，而我的经纪人也很乐于帮忙。这不是他们的错，也不是我自己鲁莽行事，而是我没料到会发生地震。再隔一天，市场开始暴跌。这下子好运站在我这边了，当然我要全力抓住这次机会，**我再度加码放空了 1 万股**。这是我唯一能做的事。

齐克用注解：

　　"地震的消息有了更详尽的报道，市场开始下跌，但跌势并没有如预期般那么激烈。我知道没有任何东西能阻挡股价暴跌，于是我又加码放空了 5000 股。"这里谈到市场开始下跌了，那表示已经放空的 5000 股赚钱了，账户的资金又变多了，于是他又再加码 5000 股，累积放空量达到 1 万股。

　　刚开始时，他说："我凭着直觉放空了 5000 股联合太平洋铁路，这是我在哈丁兄弟公司所能放空的限度。"这里的加码，是账户获利下可用保证金变更多，动用高倍数杠杆明显增加获利的速度，反之，赔钱时，也很快就会赔光。

　　"再隔一天，市场开始暴跌。我再度加码放空了 1 万股。"这里谈到市场开始暴跌了，那表示放空的 1 万股已在大赚中了，这时他又再度加码 1 万股。（累积放空量达 2 万股）有关于加码法则说明：进场次数、仓位与价格变化，显示在下图中。

　　利弗莫尔在这里提到一个非常重要的概念"倒金字塔型的加码法"，如下图所示，这种方法的优点在于趋势进行越久，波幅越大，趋势就越成熟。缺点在于，若是短线操作，一旦趋势反转时，最后一笔加码的仓位最大，成本最高，很容易就变成赔钱了。故短线交易较不适合用这种方法。

利弗莫尔在价格下跌时多次做空

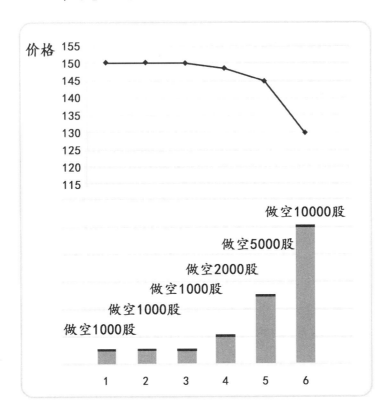

此处为虚拟价格，注意利弗莫尔的加码幅度与行情走势成正比

图6-5　顺势加码是利弗莫尔的典型操盘手法

在笔者的课程中，通过特别的动态训练工具，能够让学习者快速体会，懂得不同的加码方法对账户盈亏的影响。

我没想到自己的直觉完全正确，这是上天赐给我的机会，我必须好好地利用，所以我继续放空，而这么多的空头仓位，难道我没想到万一股市来个小反弹，我的利润会被吞噬，甚至老本都可能全部消失吗？

我不知道自己是否想过这个问题，但就算我想过也不会有影响，因为我不是鲁莽轻率地一头栽进去，其实我很谨慎地操作。没有人能挽回地震所造成的损失，不是吗？任何人都不可能不花半毛钱在一夜之间将倒塌的建筑物修复，不是吗？就算全世界的钱在接下来的几个小时，都会汇进来援助大地震的灾难，也不可能有太大的帮助，一切都将无能为力，不是吗？

我不是盲目地下注，也不是死空头，我没有被成功冲昏头，也不认为旧金山会从地图上完全消失，或整个国家会变成一堆废墟。不，我真的不想看到灾难！于是，**隔天我将空单全部回补，赚了 25 万美元，这是我有史以来，最大的一笔获利，而且是短短几天之内就落袋**。地震发生后的那两天，华尔街没有反应，有人说这是因为第一时间所发出的消息，并不是那么令人惊慌，但我倒认为是因为要扭转大众对股市的看法，需要较长的时间，即便是专业交易者也大多是反应迟钝且目光短视而无远见。

齐克用注解：

　　最后一次加码的隔天就全数回补，故当时是暴跌走势，显示的是放空赚得快。赚了 25 万美元，人生第一次赚到单笔最大金额。

无论是用科学或是简单的说明，我都无法解释直觉是怎么回事。只能告诉您我做了什么，为什么做，又得到了什么。对直觉关心的程度，远不如关心自己因此赚到 25 万美元的事实。这意味着，如果有必要或者时机来临时，我能够动用的资金及操作的仓位，远较过去多了许多。

那年夏天我去萨拉托加温泉度假，随时仍关注着市场动向。起初，有件事我并没有太在意市场的状况，但后来在那里认识的人中，曾有市场经验或常常谈到市况，我们就自然而然地聊了起来。我注意到，**谈论和做交易是完全不同的两码事**。有些家伙和您谈论市场的时候，会让您想起那些大胆员工的大声说话，像一只小狗对着脾气暴躁的老板狂吠似的，尤其是他对您说话的时候，您会有这种感觉。

齐克用注解：

　　"那年夏天我去萨拉托加温泉度假"，1906 年春天，在大西洋城度假，1906 年夏天，又到萨拉托加温泉度假。度假期间看到有人在收集联合太平洋铁路的筹码，于是进场做多，但却被哈丁公司老板以小道消息劝说卖出，并反向放空操作，造成本应大赚的交易却搞成赔钱。

"谈论和做交易是完全不同的两码子事"：研判与预测，跟实际买卖下单，是完全不同的技巧。看对，却可能会经常做错。

哈丁兄弟公司在萨拉托加有家分行，许多客户都在那里交易。但我认为，他们设立这家分行的真正意图是打广告，而**在度假村设立分行确实是广告宣传的高招。我经常顺路进去逛逛，并在人群中坐下来**。分行经理是从纽约派来的，人很好且无论是朋友或是陌生人，他都会热情地招呼，而且一有机会就会招揽他们做交易。这个地方是小道消息云集之处，什么消息都有，包括赛马、股市和侍者的马路消息。他们都知道我对小道消息不感兴趣，所以经理从来不会神秘兮兮地过来贴在我耳边，向我透露他刚从纽约打听到的消息，他只是把电报递给我说："这是他们刚发过来的东西"，或是诸如此类的话。

齐克用注解：

这是指很多操盘人都会选择来这里度假。

当然我仍只注意市场走势。对我来说，看看报价和研判各种信号是每天必要的流程。我注意到，我的"好朋友"联合太平洋铁路好像要上涨了，尽管价格很高，但其**走势看似有人在收集筹码**。我已经观察了几天但一直都没有操作。观察越久，我就更加确信一定有人在吃货，而且这人绝非等闲之辈。他不但资金雄厚，还懂得如何操作，我认为他累积筹码的手法相当高明。

齐克用注解：

这里没有看到利弗莫尔是如何从走势中，研判出有人在收集筹码。但若是从走势图上面来推断，可能是大盘在跌，但该股票不但没跌，反倒是稳稳地守住支撑，或者是一跌破支撑，马上又被拉上来。总之，筹码分析非常有趣，且非常有效。未来再找时间来帮读者仔细解说。

一旦我确定了这件事，就开始买进，当时买进的价格约在 160 美元左右。这只股票持续上涨，所以我也继续买进，**每一次买进 500 股。我买越多，它的走势就越强劲，我买得很放心，因为还没看到它有喷出失控的状况**。从纸带上的报价来判断，我看不出它有什么理由不会大幅上涨。

齐克用注解：

这里谈的是利弗莫尔看懂量价结构的逻辑。他分散买进，每次下单量数降至 500 股，明显比以前的下单量少了一些，为的是买进后，不要让触及股价产生喷出与失控的状态发生。这是内行人看懂有人收集筹码时，自己要搭顺风车必须小心谨慎的地方。

突然间，分行经理走到我面前，说他们接到一通从纽约打来的电报，问我是不是在分行，当他们得到肯定的回答后，另一通电报说："留住他，告诉他哈丁先生想跟他说话。"

我说我会等他，然后又买进 500 股联合太平洋铁路。我想不出哈丁先生要跟我说什么，我认为可能不是交易上的事，因为我的保证金非常充足，远远超过我买进所需要的金额。没多久经理又过来告诉我，哈丁先生长途电话在线等我。

"您好，艾德。"我说。

但是他劈头就说："您到底在搞什么？您疯了吗？"

"怎么一回事？"我说。

"您在干什么？"他问道。

"您什么意思？"

"买那么多那只股票。"

"怎么了，我的保证金有问题吗？"

"不关保证金的事，是您上当了。"

"我不明白您的意思。"

"您为什么买那么多联合太平洋铁路？"

"它在涨啊，"我说。

"会涨才有鬼！难道您不知道是局内人正在倒货给您吗？您是那最容易受骗

上当的人，**您要输钱倒不如去赌马还比较好玩，别让他们耍了您。**"

"没有人耍我，"我告诉他："我没有跟任何人谈过这只股票。"

但他反驳我说："**您不能指望每次操作联合太平洋铁路都会有奇迹来救您，趁着还有机会，赶快抛售吧！**"他说："当这些大户都拼命地倒货时，您还一直做多这只股票，真是愚蠢！"

"行情纸带上的报价说他们正在买进。"我坚持着自己的看法：

"拉利，**您的委托单进来时，我差点心脏病发。别当傻瓜了，赶快退出！这只股票随时可能会崩溃，我已尽到我的责任了，再见！**"他挂了电话。

哈丁是个聪明人，消息十分灵通，无私且善良，算得上是个真正的朋友。更重要的是，**他的职位能让他听到不少事情。**我之所以买进联合太平洋铁路，凭的是我多年来对股票走势的研究，**经验告诉我，出现某些迹象后经常伴随而来的是大幅上涨。**我不知道自己怎么了，但我认为自己的判断可能错了。或许是我被艾德·哈丁的话所打动，他想阻止我犯一个天大的错误，而他的想法和动机都毋庸置疑，因此我决定听他的建议，把股票给卖了，虽然我也不知道为什么会听从他的建议，但我确实照做了。

齐克用注解：

从这些话语可以看出，老板哈丁先生因职务关系，会有许多的内幕、小道消息，也能清楚地看见客户下单的情形。当老板说看到利弗莫尔单子进来时，局内人正在倒货给他的事，他当然就认为是真的了。这是利弗莫尔为什么会放弃自己直觉操盘的主因。利弗莫尔当初研判有人收集筹码，但当哈丁老板说看到内部人正在倒货时，没有想到局内人只是先卖出换现金，准备再拉一波的筹码而已。

我卖掉了所有联合太平洋铁路股票。当然，**如果不适合做多，那就应该做空，否则就太笨了。**于是我**卖出所有的持股后，反手放空了4000股，价位在162美元左右。**

齐克用注解：

不适合做多，就一定能放空吗？当然不是，股市除了多头与空头之外，还有整理格局。那哪些地方可以做多平仓后，马上反手做空呢？本段提到他是根据小道消息平仓本来是对的仓位，会马上反手放空，也是受了小道消息干扰而操作的交易。在下面文章里提到，他根据小道消息放空赔钱了，马上平仓，然后依据自己的研判，立刻反手做多，顺势交易。这意思是当发现错误时，快速调整到对的那一边，就能把赔掉的赚回来。

为何利弗莫尔这次下单方式，卖出所有的持股后，一次就进场反手放空了 4000 股，而不采用以前慢慢加码的方式？下一段文章有说明，隔日有股东会要宣布配息的消息。如果预期配股会不如预期，那今天就是最后的放空机会。

隔天，联合太平洋铁路公司董事会宣布配发 10% 的股息。在第一时间华尔街没人相信，这简直就是为了轧死空头，惩罚赌徒所作的安排，而所有的报纸都对董事会议论纷纷。但当华尔街的天才们还在犹豫是否行动时，**联合太平洋铁路的股价夹带巨量并创新高，一些场内交易商在一个小时内就赚进了一大笔钱**，后来我还听说，有个反应迟钝的场内经纪人下错单买了股票，居然还赚了 35 万美元。隔周他把自己的会员资格给卖了，接下来的那个月他就变成了绅士。

齐克用注解：

这是指利弗莫尔观察到收集筹码的事情，现在已经开始发酵，价涨量增，时间短且涨幅大。

我听到联合太平洋铁路宣布配发前所未有的 10% 股息的那一刻，我就意识到自己罪有应得，不应该听信小道消息，而忽视经验告诉我的原则。不应该为了某个朋友产生疑虑，而相信他的正直不会害我，就把自己的信念丢在一旁。

一看到联合太平洋铁路股价屡创新高，我就告诉自己："我不该放空的。"

我所有的身家都放在哈丁兄弟公司当保证金。对于这件事我没有不高兴，也没有感到挫折，很明显地我看对了行情，但却像个傻子似的让艾德·哈丁动摇了自己的决定。由于事实已成定局，自责也没意义，而且我不能再浪费时间，因此我<u>下单回补了空头仓位。用市价买进 4000 股联合太平洋铁路，当时的股价大约是 165 美元，按这个价格来计算，我会有 3 点的损失。但是我的经纪商执行委托单的成交价有些高达 172 美元和 174 美元</u>。当我拿到成交报告时发现艾德·哈丁的一片好意，反而让我损失了 4 万美元。这是一个便宜的教训，对于没有勇气坚持自己信念的人来说，这个代价并不高！是相当便宜的一课。

我并不烦恼高价买进，因为报价带上的数字告诉我，还会有更高价。这是<u>不寻常</u>的走势，而且董事会的行动也是史无前例，但这次我要依照自己的想法行事，决定按照行情报价带上的提示赚一笔，<u>于是在回补 4000 股空头仓位之后同时买进 4000 股</u>，然后在第二天早上卖出。<u>我不仅弥补了原先的损失 4 万美元，还赚了大约 1.5 万美元</u>。要不是哈丁试图挽救我，我早就大赚一笔了，不过他还是帮了我一个大忙，因为我认为<u>正是这个教训，让我成为一个真正的操盘手</u>。

齐克用注解：

对于滑价问题，造成买到的价格过高，现在看起来不但不是问题，反倒是强势趋势的确认信号。

"空单回补 4000 股，并马上市价买进 4000 股"，买进 8000 股的量，造成滑价 7 至 9 美元。成交报告的滑价现象，让利弗莫尔确认股价将创新高。结果他靠快速调整，赚回了亏损的 4 万元，还多赚了 1.5 万元。

"正是这个教训让我成为一个真正的操盘手"，这是指有实力的操盘手能快速地调整到对的方向。即便受到小道消息的负面影响，也能快速调整而赚到钱。能快速止损出场，能做多也能做空。能看懂大势，顺势而为，并持续加码。

除了<u>不要听信小道消息</u>之外，我还需要<u>学习根据自己的判断操作。我找到了自信，终于摆脱了过去的操作模式</u>。那次萨拉托加的经历是我<u>最后一次随兴</u>或凭运气的操作。从那时起，<u>我开始考虑整体市场状况，而不是个股的波动</u>。我的投机技巧在不断的学习过程中精进了不少，这是花了很长的一段时间，<u>好不容易才踏出的一步</u>。

齐克用注解：

在萨拉托加的经历，让利弗莫尔脱离了"不听信小道消息""要根据自己的判断操作""从赚钱中找到自信"，有了自信之后，才能摆脱过去的操作模式。

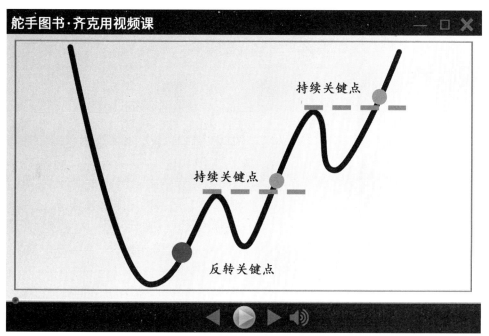

附图 利弗莫尔的关键点加仓手法

扫描封面二维码，加入社群学习

第七章　股票交易的基本原理与加码法

"我从不低价买进便宜股。我总是逢高加码买进，以帮助我所买的股票上涨。"

杰西·劳伦斯顿·利弗莫尔

(1877 年 7 月 26 日—1940 年 11 月 28 日)

导 读

主题

- 股票交易的基本原理
- 由上而下的投资策略
- 加码法则
- 资金管理
- 风险管理
- 交易时机
- 测试交易
- 公司派与主力控盘

图7-1 先研究图中的主题，再阅读内文

本章 2 个案例

案例 1：这是虚拟案例："假设我要买进某只股票，我会在 110 美元的地方先买进 2000 股。"

有关案例图示如下，股价持续上涨，建立基本仓位之后持续加码。

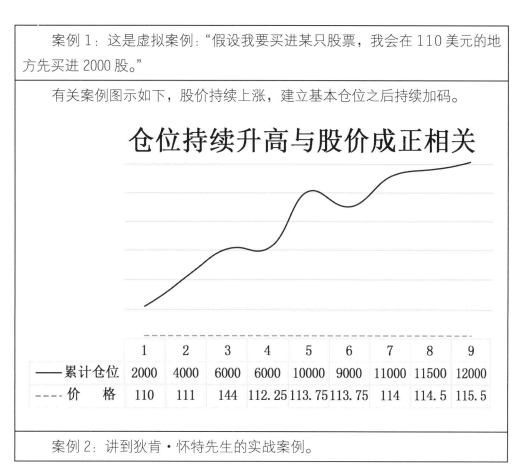

仓位持续升高与股价成正相关

	1	2	3	4	5	6	7	8	9
—— 累计仓位	2000	4000	6000	6000	10000	9000	11000	11500	12000
---- 价　格	110	111	144	112.25	113.75	113.75	114	114.5	115.5

案例 2：讲到狄肯·怀特先生的实战案例。

图 7-2　股价上涨，基本仓位产生浮盈后，持续加码

操盘逻辑

股票交易的基本原理是在上涨趋势中买进股票，重点不在于能否买到股票的最低点，或放空在最高点，而是能否在适当的时机买进或卖出。

由上而下的投资策略，是指先看大环境与大盘，依大盘方向决定做多做空之后，再来选股或选定操作的标的。与一般投资者只看重个股，不仔细研究大盘的操作方式迥然不同。

加码法则、资金管理与风险管理，是指先建立小的基本仓位，随着市况发展，若赔钱止损，只亏小钱，这是资金管理与风险管理。赚钱的情况下，顺势加码，每次加码前，都必须确认前一次加码的仓位已赚钱，才可以加码。

重点摘要

本章的5个操盘重点：

1. 投资买卖个股，要先研究大盘，依大盘判定多空后再来操作个股。判断大盘的方向比个股难。

2. 交易的基本原理是顺势操作，同时顺势加码。一般投资者是逢低买进，顺势操作是买高不买低，买越高越安全，买越低越危险。

3. 顺势加码，是指股价上涨时，先建立基本仓位，股价再往上涨时，开始加码。

4. 作手、主力与公司派在市场操作，有合作的操作，也有搭顺风车的操作，或者是对杀的可能。通常面对小道消息时，都会先行测试。

5. 加码法则，是先建立基本仓位，在赚钱的情况下，顺势加码。每次加码前，必须确认前一次加码的仓位已赚钱，才可以加码。

我是看好还是看坏后市，从不吝啬告诉别人，但我不会建议买进或卖出某只股票。**在空头市场所有的股票都下跌；多头市场则所有的股票都上涨。**当然我不是指在战争造成的空头市场，军火股不会上涨，我说的是正常情况下，一般投资者并不想知道那是多头还是空头市场，他们只希望能明确知道该买进或卖出某只特定股票。他们不想动脑筋，只想不劳而获，甚至从地上把钱捡起来，也嫌太麻烦。

齐克用注解：

　　一般投资者只看个股，不研究大盘，他们认为只要专注在自己想买的标的即可。而利弗莫尔说，他乐于跟别人分享对后市的看法，但不会针对个股去做买进或卖出的建议。个股是根据大盘的方向同步变动，如果看对了大环境的方向，赚钱就容易了。这是常态下的原则，但也会有例外的时候。例如，战争造成的空头市场，军火股是受益的，这时该板块就跟大盘不同调。这里的重点是在讲"由上而下的投资策略"。

我并不是懒得分析大盘，但我认为研判个别股票确实远比整体市况容易得多，也就是研判大盘的波动比较困难。**我必须改变过去的做法**，而现在也确实做到了。

齐克用注解：

　　个股的股价波动，受到大盘变化、企业本身的经营与财报的影响，因而个股的投资风险分为系统风险与非系统风险。就大盘走势而言，整体市况受到国际股市、宏观经济、汇率与政策等影响，这远比个股研判难得多。利弗莫尔早期在空桶店操作，都是交易哪一只股票，就研究哪一只，没有在看大盘。但他到合法券商交易后，就必须靠预测大盘，才能赚得到大钱，这时他才懂研判大盘的重要性与困难度。最后他确实做到了依"由上而下的投资策略"来操盘。

投资者似乎不太理解股票**交易的基本原理**。我经常说，在上涨趋势中买进股票最安全，其重点不在于能否买到股票的最低点，或放空在最高点，而是能否在适当的时机买进或卖出。当我放空股票时，每次加码放空的价格，一定要比前一次低，反之亦然。我一定在上涨时买进股票，绝对不在下跌时买进。

齐克用注解：

这一段是在谈交易的基本原理，先看懂大盘是涨还是跌，掌握正确的交易时机，重点不是买在低点，卖在高点，而是上涨趋势要做多，下跌的趋势要做空。上涨趋势时就低买高卖，下跌趋势时就空在相对高位，回补在低档，这才是重点。每次的加码，一定要在赚钱的情况下，才能进行加码。无论是一开始的买进，或者过程中的加码，都要顺着主要趋势进行交易。

例如**假设我要买进某只股票**，我会在110美元的地方先买进2000股。如果买进后股价上涨至111美元，那么至少证明我的操作是正确的，因为价格上涨1点，表示我在获利。因为买对了，所以我再买进2000股。如果价格继续上扬，我还会第三次再买进2000股。假设价格来到114美元，我认为已经够了。现在我有了一些**基本的操作仓位**，买进的6000股平均价位111 $\frac{3}{4}$ 美元。这时我不会再买了，我会停下来观察。因为我认为股价涨到某个阶段后就会回调修正，而我想看看股价在回调修正后的表现，它很有可能回到我第三次买进价位的位置。假设价格回落至112 $\frac{1}{4}$ 美元后就反弹，那么在它回升至113 $\frac{3}{4}$ 美元时，我会立即按市价买进4000股。如果这4000股成交在113 $\frac{3}{4}$ 美元，我就知道其中有问题了，于是我会下一张卖单测试市场，先卖出1000股看看市场的变化。但是假设股价在113 $\frac{3}{4}$ 美元时，我按市价买进4000股，结果114美元成交了2000股，114 $\frac{1}{2}$ 美元成交了500股，其余成交的价格越来越高，最后500股成交在115 $\frac{1}{2}$ 美元，这时我就知道我做对了。我买进这4000股的过程告诉了我，我在某个时间点买进那只股票是正确的，**而前提是我必须了解整体状况，知道它们是在上涨格局中。我不想买到太便宜的股票，或是太容易买到股票。**

齐克用注解：

先建立基本仓位，然后注意股价回调修正时的表现，当修正完毕之后，符合他的预期时，股价再往上涨时，开始加码，并注意加码时的成交价是否如预期。下测试单，并注意成交价，如果不理想，就会减码。加码案例，图示在本章导读中。

本书中有许多类似这种的精彩案例，这些案例若能以实际正在交易的个股，综合其他更广泛的研判方法解读，例如量价、筹码或财报基本面分析，将有助于提升整体实际操盘能力。笔者将通过视频课程与线下研讨会的方式，帮助有志学习利弗莫尔操盘术的读者。

我记得一个关于**狄肯·怀特**的故事，当时他是**华尔街的操盘高手**。他是一个非常杰出的老手，精明且有胆识，我听说他在当红时期，曾做过一些高明的操作。

在那个年代，美国糖业公司是市场上瞩目的焦点股，而**公司总裁哈维梅尔**当时的势力如日中天。我从老前辈的谈话中得知，哈维梅尔和他的追随者拥有非常多的资金和聪明才智，足以让他们成功地操纵自家的股票。有人告诉我，哈维梅尔利用自家的股票，修理了一些小额专业投资者，操纵的手法比任何其他公司内部人的手段更为厉害，然而场内交易员通常会阻挠这些内幕人士的操纵，而不是帮助他们。

齐克用注解：

狄肯·怀特，他是当时较为正派的华尔街股票作手级人物。他最有名的操作是拉卡湾纳铁路的垄断事件，当时让他获利200万美元。哈维梅尔在继承小制糖厂后，成立了美国糖业公司。透过一系列的合并，成为该产业中最具影响力的公司。在投资市场里，他是属于公司派的操作。作手、主力与公司派在市场操作，有合作的操作，也有搭顺风车的操作，或者对杀的可能，这里谈的是作手要搭顺风车的操作。因为不知道小道消息可不可靠，所以作手通常都会先做测试交易，确认公司派的意图，才不会掉入被公司派坑杀的对象。这里的另外一个重点是，这本书循序渐进引导我们看见各种等级的股票作手及其操作手法，这也是操盘手必须注意的股市内幕。

"场内交易员通常会阻挠这些内幕人士的操纵，而不是帮助他们"：场内交易员，类似于造市者的概念，撮合成交。场内交易员会是这些内幕人士的交易对手。

有一天，一位认识狄肯·怀特的先生兴奋地冲进他的办公室说："狄肯先生，您说过，如果我有什么好消息，要立刻告诉您，要是您真的用上了，您会分给我几百股。"他停顿了一下，喘了口气，等待狄肯的答复。

狄肯冷静地看着他说："我不记得是不是真的这么跟您说过，但如果您的信息真的对我有用，我不会亏待您的。"

"好极了，我的确有好消息。"

"喔，那好，"狄肯非常客气，因此那个人继续说："是的，狄肯先生。"然后他又凑近些以防别人听到，他说："哈维梅尔在买自家的糖业公司股票。"

"他是在买吗？"狄肯相当平静。

这下可惹恼了提供信息的人，他强调说："是的，狄肯先生，他尽全力在买进。"

"我的朋友，您确定吗？"老狄肯·怀特问道。

"狄肯先生，消息是可靠的，他们那帮人正在尽全力买进。这件事跟关税有关，糖业公司的普通股将会大涨，而且会超过特别股的价位，起码会有 30 点的利润。"

"您真的这么认为吗？"狄肯从旧式的银边老花眼镜上方看着他。又戴上它，原来是为了要看行情纸带上的报价。

"我这么认为？不，我不是认为，而是我的确知道这件事，我很肯定！怎么了，狄肯先生，哈维梅尔和他的朋友都在买糖业公司的股票，利润若少于 40 点，他们是不会满意的。市场因为他们的买进而上涨，就算他们买满之前就已经涨个不停，我也不会惊讶，而且在经纪公司流通的筹码，已没有一个月前那么多了。"

"他在买糖业公司的股票，是吗？"狄肯心不在焉地问。

"正在买进吗？他用压住价格进货的方式，正在快速大量买进。"

"是吗？"狄肯只说了这么一句。

但这已足以激怒这个提供信息的人，他说："是的，先生！我认为这是很好的信息，它绝对是第一手资料。"

"是吗？"

"对啊！价值连城。您打算利用这个消息吗？"

"喔，是的，我会用它。"

"什么时候？"提供情报的那个人有点怀疑地问道。

"现在，"然后狄肯大声呼叫："法兰克！"法兰克是他的经纪人，很精明，当时他就在隔壁房间。

"是的，先生。"法兰克说。

"您帮我放空 1 万股糖业公司股票。"

"放空？"那位提供信息的人叫了起来，他的声音是那么地痛苦，以至于已跑开的法兰克都停下了脚步。

"怎么了，有什么不对吗？"狄肯温和地说。

"我告诉您的是，哈维梅尔在买进糖业公司的股票！"

"我知道，"狄肯平静地说，然后转头对法兰克说："快一点！"

法兰克冲出去下单，而那位提供消息的人满面通红。

他愤怒地说："我带来的是第一手情报，我之所以告诉您，是把您当朋友，而且我认为您将受惠，会根据这个信息采取行动。"

"我正在行动啊！"狄肯以平静的语气打断他的话。

"但是我告诉您的是，哈维梅尔那帮人在买股票！"

"没错，我听到了。"

"买！买！我说的是买！"提供情报的那个人尖叫起来。

"是买进！我听懂您说什么了。"狄肯肯定地说，他正站在报价机旁看着报价纸带。

"但您却在放空。"

"没错，放空 1 万股，"狄肯点点头说："当然是放空。"

然后他一语不发，专注地看着报价纸带，而那位提供信息的人走了过来，想看看狄肯在看些什么，因为这老头是个老狐狸。当他从狄肯背后探头想看看究竟的时候，一个职员拿着一张单子走了进来，显然是法兰克的成交报告。狄肯根本没看一眼，他已经从报价带上看到他的委托单的执行情况。

他对那职员说："告诉他，再放空 1 万股糖业公司股票。"

"狄肯先生，我跟您发誓，他们真的在买这只股票！"

"是哈维梅尔先生告诉您的吗？"狄肯平静地说。

"当然不是！他从不对任何人说实情，他连帮他最好的朋友赚一毛钱也不肯，但我知道这消息是真的。"

"我的朋友，别太激动。"狄肯举起手安抚他说，眼睛还盯着报价纸带。提供信息的人生气地说："要是我知道您的反应跟我期望的相反，我就不会浪费我们的时间了，但如果您平仓后损失惨重，我也不会幸灾乐祸。狄肯先生，我真替您难过，真的！如果您不介意，我要去别的地方利用这消息买进股票。"

"我正在利用这消息操作啊！我知道自己对股市了解不多，也许没有您和您的朋友哈维梅尔了解的那么多，但仍略懂一二。我现在做的，只不过是凭经验加上您所提供的消息去操作罢了。要是有人像我这样在华尔街打滚多年，他会很感激替他难过的人。朋友，冷静点。"

那个人只是凝视着狄肯，对他的判断力和沉着佩服得五体投地。

过没多久，那个职员回来了，递给狄肯一份成交报告，狄肯看过后说："现在叫他买进 3 万股糖业公司股票，3 万股！"

那职员匆匆地走了，而提供信息的人嘀咕着，看着那头发灰白的老狐狸。

"朋友，"狄肯和蔼地解释说："我不是怀疑您是否如实告诉我，但即便我听到哈维梅尔亲口告诉您，我也会照我刚才的做法去做，因为只有一种方法可以知道，是否真的有人正在买进股票，而我就是这样测试的。第一笔 1 万股很容易就做到了，但还不能确定他们真的有买进。第二笔 1 万股被市场吸纳了，但价格仍继续上扬。从这 2 万股被吸纳的方式，就证明有人的确想收走市场上所有的流通筹码。从这一点来看，到底是谁在买，就不是那么重要了，因此我回补了空头仓位，并反手做多买进 1 万股。就目前的情况来看，您的情报很不错。"

"那我可以得到多少？"提供信息的人问。

狄肯说："您在这公司会有 500 股，价格是这 1 万股的平均价。朋友，再见。下次镇定点。"

"对了，狄肯先生，"提供信息的人说："您要卖出股票时，可否把我的一起卖出？其实我对股市懂得不多。"

就是这个原理，因而**我从不用低价买进便宜股。当然，我总是逢高加码买进，以帮助我所买的股票上涨**。至于卖出股票时，很明显地，除非有人想买这些股票，否则没人能卖得掉。

齐克用注解：

看到股票的确处于上涨格局中时，他才买进。这种情况下，买到的股票都是比较贵的。我们一般人都是要买低价，要买便宜的。

如果您操作的规模很大，就必须时刻地牢记，应该先研究市况，仔细规划操作步骤，然后再采取行动。如果您手上有相当大的仓位，且账面上已有巨额的利润，那么您就不能随意卖出，因为您不能指望市场吸纳 5 万股如 100 股那样容易，您必须等到市场能承接您卖出股票的时候才能卖。当机会出现时，您必须牢牢抓住，通常您必须耐心等待，要在能够卖掉的时候卖出股票，而不是想卖就卖。**要知道时机何时出现，就必须观察及测试**。要知道市场何时能承接您想卖出的股票，没有什么秘诀，但除非您能确定您的判断完全正确，否则一开始行动就全部卖出实属不智。请记住，**不要认为股价太高而不能买进，也不要认为股价太低而不能卖出**。但是第一笔交易后除非有获利，否则别再做第二笔交易。您必须等待和观察，而观察报价带上的数据可以让您确定适当的交易时机。操作是否能成功，主要取决于进场交易的时机。我花了多年的时间，也曾付出数十万美元的代价，才明白交易时机的重要性。

齐克用注解：

如果您操作的规模不够大，不易下单测试，那您就必须看得懂大规模操作的人在哪里做测试。懂得观察，一样可以搭顺风车。

我的意思并不是建议您不要持续加码。加码可以让您赚大钱，当然不加码是赚不到大钱的，但我想说的是：假如一个人的限额是 500 股，如果要投机，就**不应该一次买足 500 股**。但如果他只是想赌一把，那么我只能给他一个建议，别赌了！

假设他第一次买进 100 股，账面上立即出现亏损，那他就**不应该再继续买**进更多的股票。他应该马上知道自己出错了，至少暂时错了。

齐克用注解：

这里谈"建立基本仓位"与"赚钱的加码法则"。建立基本仓位的用意是，万一错了，只买一点点而已，不会有太大的亏损。接着必须静待基本仓位赚钱了，才可以再进行加码的动作。这里是谈资金管理与风险管理。

附图　齐克用在讲解利弗莫尔资金管理的方法

第八章　利用基本情势研判大盘操盘术

"捕捉大幅度波动才能赚大钱。"

杰西·劳伦斯顿·利弗莫尔
(1877 年 7 月 26 日—1940 年 11 月 28 日)

导 读

主题

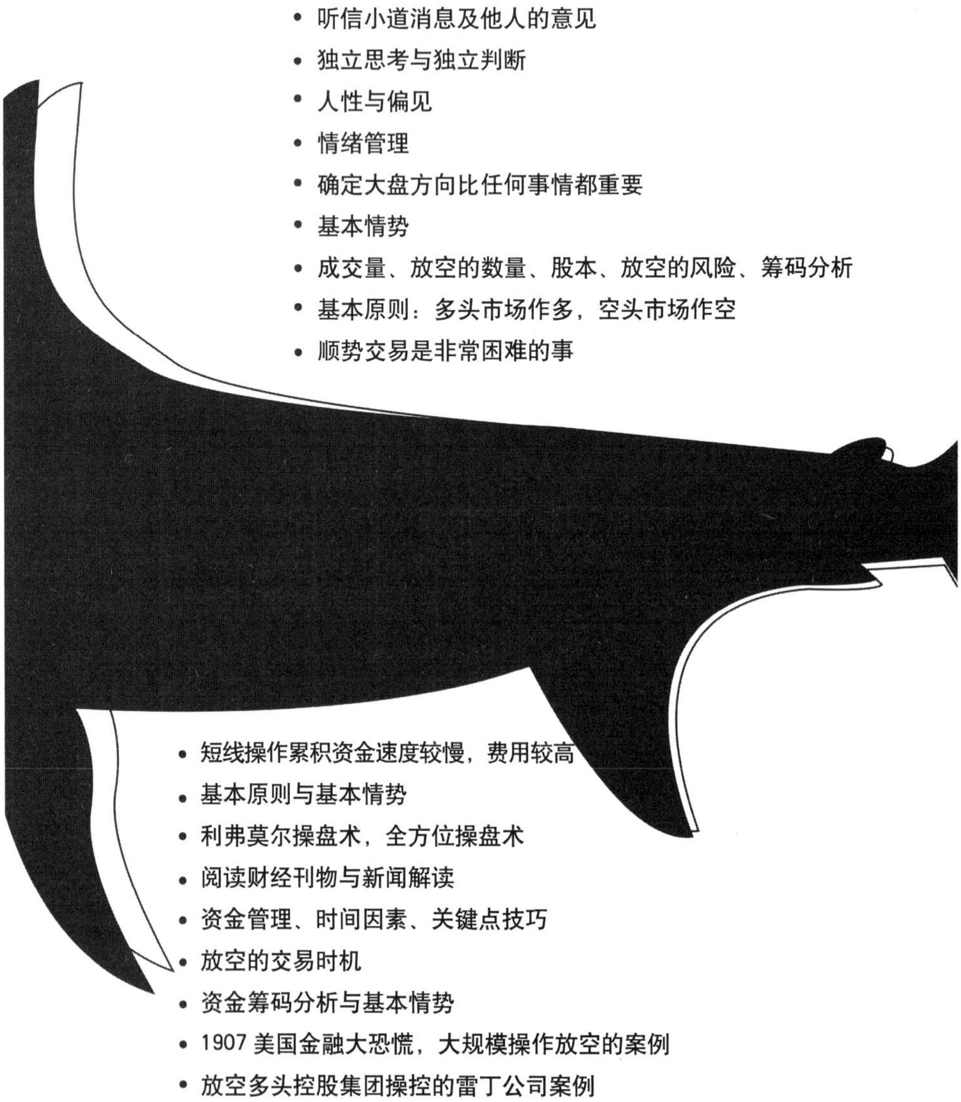

- 听信小道消息及他人的意见
- 独立思考与独立判断
- 人性与偏见
- 情绪管理
- 确定大盘方向比任何事情都重要
- 基本情势
- 成交量、放空的数量、股本、放空的风险、筹码分析
- 基本原则：多头市场作多，空头市场作空
- 顺势交易是非常困难的事

- 短线操作累积资金速度较慢，费用较高
- 基本原则与基本情势
- 利弗莫尔操盘术，全方位操盘术
- 阅读财经刊物与新闻解读
- 资金管理、时间因素、关键点技巧
- 放空的交易时机
- 资金筹码分析与基本情势
- 1907 美国金融大恐慌，大规模操作放空的案例
- 放空多头控股集团操控的雷丁公司案例

图 8-1 先研究图中的主题，再阅读内文

本章 6 个案例

案例 1：研究报价纸带到基本原则，从价格波动到基本情势案例。

案例 2：阅读财经刊物的案例。

案例 3："过早进场"的危害。

1906 年的市场持续反弹，利弗莫尔预测正确，却进场过早，导致第三次赔光。这是交易者容易一犯再犯的错误，需要高度警惕。

案例 4：认购股款可采用分期付款，确认了市场资金紧俏。

案例 5：1907 美国金融大恐慌时期，大规模操作放空。

案例 6：利弗莫尔放空雷丁公司，当时这只股票被多头控股集团操控。

操盘逻辑

核心重点在谈基本情势，就是指投资大环境，指大盘。谈基本情势的意思是，以前都是操作个股，故没想到要如何来研判大盘。这一章要来谈大盘到底要怎么研判？

第二个重点谈到筹码分析。在筹码分析范畴，有所谓的资金面与主力控盘的筹码分析，还有量价的筹码分析等。筹码分析中有很多分析的面向，包括货币供给、现金流量、主力控盘时计算市场到底有少筹码。放空一档股票，如果超过流通股数某一百分比时，放空就有危险，容易被主力或公司派猎杀，只要他们硬拉，放空者很容易被轧空。各种面向的筹码分析，在本书中都有案例作说明，例如资金面的筹码分析，他提到公司都在筹措资金，市场已经没有资金可以再进股市了，这意味着已经上涨到极限了。又如主力控盘失败的筹码分析，案例中谈到他依基本情势放空雷丁股票。

第三个重点谈到投资组合。放空一只股票的筹码，如果把它分散到 10 只股票上，每一只股票只占 1/10，就没有所谓的轧空风险。这就是投资组合的概念。走到投资组合的领域，就一定要先看懂大盘。所以这章开始谈投资组合与投资策略了。

从第一章开始至本章，利弗莫尔赔光几次？他在空桶店从没赔光过。到合法券商第一次赔光，赔光后再回空桶店赚到本金再去纽约。第二次赔光后，到地下经纪商赚回本金再去纽约。第三次赔光，他已29 岁，从事操作有十几年了，还是赔光，这次赔光的原因是在高位区放空，认为所有迹象都显示大环境不理想，放空是理所当然。非常小心操作，但还是赔光。

本章在时序上，是从 1906 年秋天，进行在旧金山大地震之后的反弹波，到 1907 年 2 月，回补了所有的空头仓位。包括了利弗莫尔从赚到 25 万美元之后，到看准却赔光的股市位置图。

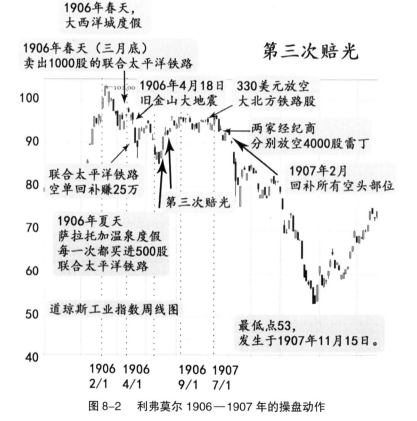

图 8-2　利弗莫尔 1906—1907 年的操盘动作

提醒读者，书中涉及操盘案例时，您可对照走势图来解读，便能感受到利弗莫尔的操盘精髓。

重点摘要

本章的 15 个操盘重点：

1. 听信小道消息及他人的意见无法赚钱，强调独立思考与独立判断的重要性。

2. 持有该股票，容易产生偏见，这是人性弱点。市场走势不符合预期赔钱时，是自己的错，不要怪其他的原因。

3. 依基本情势确定市场是多头还是空头，比任何事情都重要。

4. 外表看起来像是联合资金集团的操纵或金融家的人为炒作结果，实际上这些操纵者都是依基本情势而操作。

5. 整个股市随着基本情势而行，研究个别股票的动向，没有比研究大盘来得重要。

6. 在多头市场做多，在空头市场做空，是依大盘趋势，顺势交易。

7. 研究报价纸带到基本原则；从价格波动到基本情势，全都一一检视。利弗莫尔操盘术，就是全方位操盘术。

8. 每天都会阅读财经刊物，对一般投资者来说，列举事实得出结论，并不是重要的事，但对利弗莫尔来说，却至关重要。

9. 时间之锁，是指时间因素。在研判行情变化时，把时间因素考虑进去，就有了短中长期趋势的区分。进出场点，把时间因素考虑进去，就有了交易时机的论述与关键点技巧。

10. 空头市场下放空得太早又赔光，赔光的原因是在初跌段之后的反弹波进行放空，也就是在主跌段之前的反弹波。

11. 加码系统下初期仓位小，做错了，也只会赔一点而已，这是资金管理。

12. 要一开始就是对的，除了需要了解基本情势之外，还需要报价带技巧。

13.确认了市场资金紧俏，市场中流通现金短缺时，是从筹码面分析研判出市场将下跌。

14.在空头市场，确定已在下跌过程中，还是会不停地出现反弹波，只要反弹幅度不够，就是还没跌完。

15.长空架构下，即便是庄家控盘的股票，最后也会跟着大盘下跌。

在1906年的夏天，发生了萨拉托加的联合太平洋铁路事件，**让我不再轻易听信小道消息及他人的意见**，也就是说，无论别人多友善，多么为我着想，我也不会再听从他们的观点、推测或怀疑。不是我自夸，而是许多事情都证明，我比身边大多数人更能准确洞悉报价纸带上透露的信息。我已摆脱投机先入为主之见，相信自己的能力比哈丁兄弟公司一般客户要强得多。我对多空没有特别的偏好，而我唯一坚持的就是不能犯错。

齐克用注解：

本书第六章案例：1906年夏天，萨拉托加温泉度假，原本在160美元分批买进联合太平洋铁路（做多），受经纪商老板的好意提示小道消息，以致放弃直觉，信心动摇，出清股票，反手放空，大赚却搞成赔钱。此经验让利弗莫尔不再轻易听信小道消息与他人意见。换句话说，他开始了解"独立思考"与"独立判断"的重要性。

即使小时候，我也总是从自己观察到的事实中，寻求背后隐含的意义，而这也是独立思考的唯一途径。我无法从别人告诉我的事中得到我要的东西。如果我相信某些事，您肯定知道这是因为我对此深信不疑。我买进股票，是因为自己独立分析市况后看涨，但您会发现，**许多看似聪明的人看涨，是因为他们持有该股票**。我不容许自己在持有股票的状况下，或是**先入为主的观念**影响我独立的思考。这就是为什么我一再重复地告诉您，我绝不与报价纸带争辩的原因。如果市场走势**不符合您预期**，或甚至于不合乎逻辑，您就**对市场发脾气**，那就好比您得了肺炎就怪罪您的肺一样。

齐克用注解：

　　除了谈独立思考，又加入偏见对投资者影响的议题。空桶店操作，是独立思考的形态，因为只看报价带上的数字跳动做研判，不会产生偏见。会产生偏见的状况有两种：一、投资者经常会有先入为主的观念，影响独立思考；二、因为持有股票，而一味地看好后市。当持有股票时，很容易产生偏见。利弗莫尔认为，投资要靠自己独立思考的能力，但有些人是因为持有仓位，才一直认为会涨。那怎样判断才能去除偏见，不会有先入为主的观念，影响独立思考呢？利弗莫尔说：报价纸带上的数字！不要与之争辩！

　　"如果市场走势不符合您预期……您就对市场发脾气……"意指，当市场状况跟预期不一样的时候，投资者会产生情绪。这里谈"情绪管理"就像抽烟抽多了，搞出了肺病，怎么能怪肺害您生病呢？您应该怪自己抽烟才对。所以，买了股票若赔钱，就该怪自己，而不是怪市场走势不合逻辑。利弗莫尔无论在任何情况下赔了钱，都一定是检讨自己，不会怪罪市场，也不会怪报明牌给他的人。独立思考后投机，有对有错，如果错了，不要怪其他的原因造成，要怪自己独立判断错了。

我逐渐明白，在股市投机的世界里，除了分析报价纸带之外，还有很多技巧要学。老派翠奇坚持在多头市场持续看多，这点非常重要，他的坚持让我思索到，**确定市场是多头还是空头比任何事情都重要**。我开始了解到，捕捉大幅度波动才能赚大钱。不管激发股市剧烈波动的因素是什么，**它持续剧烈波动并不是由于联合资金集团的操纵或金融家人为炒作的结果，而是取决于基本情势**。而且，不论是谁与之对抗，股市波动的程度、速度及时间必然视其背后的推动力而定。

齐克用注解：

除了分析报价纸带外，投机还有很多技巧要学，哪一项最重要？大盘的走势比任何其他都来得重要。本章的第一个重点，告诉您独立思考的重要性。第二个重点告诉您大盘比什么都重要。这章最后引用雷丁股票的案例——所有股票都在跌，只有雷丁在涨，但只要大盘持续跌，那雷丁迟早都会跌的。这意思是说公司派再厉害，当全市场的人都站在您对面时，最后还是会跌的。大盘才是最重要的。掌握到大幅波动才能赚大钱，所以只有看懂大盘后，才赚得到大钱。大幅波动是指，只有大盘处于多头架构或空头架构时，才会有比较大幅的涨势或跌势。所以老火鸡讲在多头市场时，要坚持看多，要缩手不动，不要卖股票。因为股票持续往上发展，做多并续抱才会赚到大钱。

当大盘持续大涨或大跌时，它是受到基本情势的影响，而不是因为全部人都在买，或全部人都在卖。大盘涨跌是基于基本情势，而不是因人为干预。一个真正的多头市场，所有的公司或集团都会想办法让股票涨起来，这些机构想要操纵市场，但都会在基本情势有利时才入市。所以这里讲市场上涨，不是由于联合资金集团的操纵或金融家人为炒作，而是取决于基本情势。一般人投资者容易把这些因果关系看颠倒，以为就是这些人在炒作，所以市场才会上涨或下跌，事实上，这些人是看懂了基本情势的发展，而顺着进场操作。股市波动的程度与速度及时间，是受背后基本情势的影响，而不是受人为操控。

萨拉托加事件后，我对股市开始看得更清楚，想法也更成熟了。**既然整个股市随着大势而行，因而研究个人交易形态或行为，或是某只股票的动向，就没有像以前想得那么重要了。**同时，考虑到股市会剧烈波动，因而投资者不应在交易上限制自己买卖的标的，他应该能够买进或卖出全部盘面上的个股。对于某些股票，如果**卖出量超过股本若干百分比，放空就会有风险**。股本的百分比多少，要看持有该股的方式、地点和股东而定。不过，如果他可以卖出 100 万股多种组合而成的一篮子股票时，那就一点危险也没有了，他不必担心被轧空的风险。过去历史经验告诉我们，内幕人士不时地制造市场恐慌，借着垄断与轧空市场而赚进很多钱。

齐克用注解：

投机要先研究大盘，如果大盘研究不清楚，就不用研究个股了。若是针对一只股票来放空的话，当您放空的量太多时，就容易被轧空，因为筹码容易被算出来，但若是用一篮子股票去空，而不是单独只空一只股票，那就不容易被轧空了。

显然，**在多头市场做多，在空头市场做空**，这些老生常谈的事听起来像说废话，不是吗？不过，我必须坚守这项基本原则，因为这样自己才能预测可能出现的事，然后才能把这项基本原则付诸实行。**我花了很长的时间才学会如何依照这些原则交易**，但为了公正，我必须提醒您，那时候我还没有足够的资金可以如此投机。如果您有很多资金，股市出现大波动时，意味着您能赚大钱。要大手笔投机，您的买卖户头需要有足够的资金。

齐克用注解：

多头市场做多，空头市场做空，这句不是废话！许多时候，明明在上涨，但投资者却偏偏想研究哪里是转折点，可以来做一个短空交易。他说，这个原则要花很长的时间才学得会。弄懂多头（或空头）做该做的事，是件重要的事。这里谈顺势交易是件非常困难的事。

为何他在这里谈大盘？因为利弗莫尔早期时在空桶店操作，没有谈大盘，或多头空头趋势。在空桶店交易都是赚钱，后来转到合法券商，就像从小池塘到了大海，发现大海不是随便能游到岸边。发现若搞不清大海的东西南北方向，怎么能游到岸边呢？

多头看多，空头看空，为何难？因为从短线来看，不停地有多头与空头的小趋势交互快速改变。有一些基本原则值得您去学习，例如短期趋势上涨时，拉回幅度不够，就是还没涨完。

在股市里讨生活，**我总是不得不从事短线操作，但这对我努力累积资金，以便赚取更多钱的计划，产生了干扰**，而且在短线操作时，累积资金的速度较慢，费用也较高。然而，我的自信心不但增强了，经纪商也不再认为我只是偶尔走运的投机小子。他们从我身上赚了不少佣金，而现在我已成为他们的明星客户，这个身份头衔的交易需求，远超过我实际的交易量。对所有的经纪商来说，每一个能赚钱的客户都是资产。

齐克用注解：

为什么短线操作会产生干扰？从理论上来谈很简单，短线长线一起操作，短线赚，长线也赚。但事实上，多头做多，空头做空，很难啦！因为长多操作之下，不一会儿，就想要短空一下，因为不短线交易一下，就无法累积本金，但为了赚小钱，经常会干扰到自己的大波段操作，这是投资者在实战过程中经常遇到的难题。

自从我不再满足于只研究报价纸带，就不再关注某些特定个股的每日波动。然而，若特定个股发生了剧烈波动，我必定会从不同的角度去研究。这时我会重回**研究报价纸带到基本原则，全都一一检视；从价格波动到基本情势**。

齐克用注解：

从报价带总结出："基本原则——赔钱就是错的，赚钱才是对的。"从价格波动总结出："基本情势就是大环境——看懂基本情势才能赚大钱。"投资就是全部都要看都要懂，不是只看需要操作的部分就好。利弗莫尔操盘术，就是全方位操盘术，所有的东西都要看，所有的东西都要学。

当然，我每天都会阅读财经刊物，这习惯已维持了好一段日子。所有的交易者都会这么做，不过他们看到的内容大部分**都是垃圾**，其中还有一些是故意散布的假消息，有些则纯粹是**股评家的个人观点**。至于有些声名卓著的每周评论，也不能令我满意，而财经编辑的观点通常与我的看法大不相同。**对他们来**

说，**列举事实得出结论，并不是重要的事，但对我来说，却是至关重要**。我们对时间因素的看法也大相径庭，对我来说，**分析过去一周的走势，远不如预测未来几周价格变化来得重要**。

齐克用注解：

　　"财经刊物……都是垃圾"，意指投资者所研究的财经刊物，大多是金融业者的置入性行销软文。"有些纯粹是股评家的个人观点"意指研究的资料，只是第二级笨蛋研究的对象。"列举事实得出结论……对我来说，却是至关重要……分析过去一周远不如预测未来几周来得重要。"意指看完所有资料之后，要做出总结才有意义。论述过去已知的事情没意义，重点在于未来的变化。所以利弗莫尔说，我要针对看到的事实，来做未来的预测，并做出结论，这才是重要的事情。

　　多年来，我一直受困于经验不足、年纪太轻和**资本不足**的三重打击，但现在我有豁然开朗的感觉，因为我找到了为什么我在纽约想赚大钱却屡次失败的原因。现在我有了足够的资金、经验和信心，迫不及待地想试试这把新的财富之钥，以至于忽略了财富大门上还挂着另外一把**时间之锁**！疏忽这一点是再自然不过了，但我却不得不支付学费，换句话说，就是不经一事，不长一智！

齐克用注解：

　　"资金不足"意指利弗莫尔认为自己有资金管理不当的问题。"时间之锁"意指时间因素。在研判行情变化时，把时间因素考虑进去，就有了短中长期趋势的区分。进出场点，把时间因素考虑进去，就有了交易时机的论述与关键点技巧。

　　我研究了 **1906 年的基本情势，认为金融市场的前景十分严峻，全世界许多财富大都被摧毁了**，人们迟早会感到资金紧迫的压力，因此没人有能力帮助别人。我们面临了非常艰难的局面，那就像是变卖 1 万美元的房子来换取载满一车价值 8000 美元的数只赛马。然后房子完全被烧成灰烬，赛马则在火车事故中死亡。人们辛苦赚来的钱在**波尔战争**的炮火中化为乌有，他们耗资数百万美元供养远在南非不事生产的士兵，而英国投资者再也不会像过去那样支持这种事情了。在同一年中，旧金山的地震和火灾，以及其他灾难都影响了每一个人，无论是制造商、农民、商人、劳工和百万富翁都受到波及，铁路遭受重创。我认为这一场灾难已无可避免，既然如此，我只有一件事可做，那就是卖出股票！

齐克用注解：

在那个年代，许多国家实行金本位制，纸币的兑换必须视其黄金的存量而定，也就是货币供给受到黄金存量的限制。如果黄金突然大量流出，将导致货币供给紧缩、利率上扬、资产价格下跌、经济放缓等问题，或者开采进度受到延宕，也会影响黄金存量，影响货币供给。波尔战争引起的问题是没有人力投入开采黄金，以及将钱全部拿去购买战备用品。而1906年旧金山地震与火灾，透露的问题是保险公司如何筹措理赔资金，及旧金山原本是黄金开采与出口的地方，而现在却因为灾后重建，需要大量的黄金。

波尔战争：发生在1899年至1902年，当时是英国人与波尔人为争夺南非殖民地而展开的战争。

我曾说过，当我决定采用什么方法交易之后，我的第一笔交易往往是获利的。现在，当我决定做空后，我就一头栽了进去。毫无疑问地，我们正进入一个真正的空头市场，因此我自信满满地认为，我一定会赚到操作生涯中最大的一笔财富。

市场下跌后又涨了上来，价格在微幅震荡后，又稳步上升，账面上原本的利润消失殆尽，接着亏损持续地上升。直到有一天，市场开始回调，那显然**没有形成真正的空头格局**，于是我回补了我的空头仓位。幸好我这样做，要是我没有回补，那么我就连买一张明信片的钱都没有，虽然我赔掉了大部分的资金，但好歹保住了小命，可以日后东山再起。

齐克用注解：

利弗莫尔从赚到 25 万美元之后，到看准却赔光的股市位置图，请参考导读中的图。

我犯了一个错，但是错在哪里呢？我在空头市场看空是明智的，放空股票是正确的，但是**我放空得太早了**，以至于付出惨痛的代价。我的空头仓位是正确的，但是我进场的时机错了。不过，由于市场逐渐接近不可避免的崩盘时刻，于是我耐心等待着，当上涨开始显得无力并停顿时，我把那仅存的微薄保证金，全部押上全力放空。结果我又被狠狠地咬了一口。于是，我再仔细研读报价带，回补空头仓位，然后继续等待。当时机成熟时，我再次放空，但市场再一次先下跌，然后又突然反弹。

齐克用注解：

空头市场尚未确认前，即进行放空，就产生了这里描述的困难度。

第一次进场：研究基本情势，看对了市场发展的方向却惨赔，在于"交易时机没拿捏正确"。止损出场，改以报价带技巧进场，而非基本情势。

第二次进场：研究基本情势，认为崩盘时刻就要起动了，看见上涨的动能没有了，"以为买盘竭尽"，再度进场放空。将仅存的保证金全数押上，结果再次遇到反弹，研读报价带之后，止损赔钱出场。

第三次进场：研判时机成熟了，再次进场。市场起先如预期的下跌，但又反弹了。意指下跌震荡的幅度扩大了，但空头趋势还是未被起动，多头的反制力量再次出现时，破产了。

看来市场似乎要逼我回到空桶店所使用的简单老方法，这是我第一次用完整的前瞻性计划操作一篮子股票，而不是一两只个股，我认为只要我继续坚持就一定会成功。当然，当时我还没有发展出自己的**加码系统**，否则我就不会在看似下跌的市场中持续放空，而我也不会损失那么多的保证金了。**我或许会犯**

错，但不会受重创。您也看到了，我已观察到某些事实，但没有学会如何据此操作。事实上，**这种片面的观察，不但没有起什么作用，反而阻碍了我**。

齐克用注解：

利弗莫尔的加码系统，为何能使得他的保证金不会受到重创？研判错误在所难免，所以在实战的操作端就要加入针对研判错误时的处理方法。利弗莫尔的加码系统是倒金字塔型的加码法，一开始是小量仓位，等待市场如预期时，才会再加码。在加码法则的初期小仓位时，就能看出自己研判错误。

这里的另一个重点"片面的观察，不但没有什么作用，反而阻碍了我"，片面的观察，是指非全面性地看到完整的全貌。要精准预测大盘，才能赚到钱，而精准预测大盘，除了看对市场方向之外，还有太多因子需要盘算，例如，时间因素的考量及反弹波如何面对。利弗莫尔还未能精准预测这个时间点上的大盘变化。

研究自己犯的错，总能让我获益，因此我最终发现，**在空头市场中最好不要放弃您的空头仓位，而且应随时研读报价带**，以掌握最佳的操作时机。**如果您一开始就是对的**，那您获利的仓位就不会遭受严重威胁。当然，在这种情形下，**要缩手不动就一点儿也不难了**。

齐克用注解：

"在空头市场中最好不要放弃您的空头仓位，而且应随时研读报价带"，意指在空头市场操作时，还是要回到短线交易的模式去看报价带，因为短线里才看得清楚反弹波，必须要等到方向再度向下时，才能放空。

"如果您一开始就是对的，那您获利的仓位就不会遭受严重威胁。当然，在这种情形下，要缩手不动就一点儿也不难了。"意指空头市场放空，如果进场时，也是用空桶店的报价带方式进场，就容易一开始进场就赚钱了。利弗莫尔对于获利仓位，是否会像一般投资者急于落袋为安？未来的章节会谈到，他认为利润是来自于市场，如果没有警讯，那应该要放宽松一点，让股价自己表现。即便是要吐回部分获利，也只是吐回那些来自市场的钱，并没有损失。

当然，**时至今日**，我对自己观察的准确性更具信心，**期望**和**习惯**也已经被我完全摒除了。我有**更多资源**，可以应用于辨识和确认观察到的事实，也能**用不同的角度来检验**自己的看法是否正确。**但在 1906 年，股市一再地反弹上涨，使得我的保证金严重受损**。

齐克用注解：

　　自述操盘手在实战中的心路历程及养成的惯性与进步。例如人性问题的改善及判断技巧的提升，等等。1906 年的下半年持续反弹，导致第三次赔光，参考导读中的走势图。

在 27 岁时，从事投机事业 12 年，开始利用基本情势判断来操盘。我第一次拿着望远镜看远方，看到了股市即将进入空头，而在即将发生危机的前夕就进场交易。从我发现风暴端倪，到市场最终大跌，这两者之间的时间落差，**显然比我原先所估算的差距更大**，以至于让我开始怀疑，自己观察到的是否真的与看到和想到的一样清晰。我们看到了**很多警示信号**，拆借利率也大幅攀升，但一些大金融家的言论依然十分乐观，至少他们对新闻记者的说法是这样的，而股市不断地反弹似乎也证明，那些大喊灾难就在眼前的人睁眼说瞎话。难道我看空基本上是错误的？还是我操之过急太早放空，只是暂时错了？

齐克用注解：

　　利弗莫尔在 27 岁就开始研究基本情势了，但在 29 岁时根据基本情势进场交易。参考导读中的走势图。利弗莫尔研究基本情势的位置在 1904 年，1905 年底股市进入末升段。当他发现股市进入空头到真正发生空头，到底时间差距有多大呢？1905 年底就发现行情将走到末端，在 1906 年春天出清持股去度假，在度假中放空，随后碰到旧金山大地震，赚到 25 万元，在 1906 年的下半年放空，结果碰到反弹波赔到破产。真正放空赚到钱是在1907 美国金融大恐慌。

"很多警讯"：到底要有多少警讯出现，股市才会启动趋势？很多初学者，经常看到一个警讯时，就误以为股市就要崩盘了，赶紧卖出股票并反手放空，事后才发现那只是个短期的小幅拉回。市场要反转，经常需要很长的时间来酝酿。警讯只是提醒您该注意，思考震荡幅度大小的问题，至于是否真正已经到了该行动的时候，那就要回到观察报价带的技巧。只有市场参与者达成共识时，趋势才会启动。

我知道自己太早放空了，但我实在是忍不住。接着市场真的开始下跌，我的机会来了，于是我竭尽所能地放空，可是股市又再度反弹，而且创了新高。

我被洗出局了。

就是这样，我完全正确，但却破产了！

我要告诉您，**这次的操作过程为我留下了非常重要的经验**。事情的经过是这样的：我看到前方有一大堆钞票，旁边竖着一块牌子，用斗大的字体写着："任君取用。"钞票堆旁有一辆马车。侧面漆着"劳伦斯·李文斯顿运输公司"。我手里拿着一把全新的铲子，周遭连一个人影也没有，所以没有人与我争夺这堆钞票，满地钞票的美景就横在眼前，而我远比其他人先看到这景象。如果那些人不去看棒球赛，而是停下来看看的话，他们也能看到这些钞票，就可以用这些钱去买汽车或洋房了。这是我第一次看到眼前有一大堆的钞票，很自然地朝它飞奔过去，但还没等我跑到那里之前，突然起了一阵大风，把我吹倒在地。那一堆钞票还在那里，但我的铲子却不见了，马车也不知去向。这就是操之过急的代价！我急于证明自己看到的是真正的钞票，而不是海市蜃楼。我看到了，也知道自己看到了。对自己的超凡视力沾沾自喜，**但却忘了考虑自己和这堆钞票之间的距离**。我应该走，而不是飞奔过去。

齐克用注解：

"这次的操作过程为我留下了非常重要的经验"，意指利用基本情势研判，看对了，但却赔光了。赔光是进步最快的动力。

"浑然忘了考虑自己和这堆钞票之间的距离"，意指赔光的原因是完全没有考虑清楚反弹波的幅度与时间，以至于赔光了。为何会有反弹波？趋势多翻空的过渡时期，经常伴随着震荡上涨。空头的初期，政府经常会有护盘政策，或者股价快速下跌后，总有人会进场抢反弹。

就是这样，我等不及判断时机是否恰当，就一头栽进了空头阵营。我**本应先研读报价带**，但却没有这样做。这就是我得到的教训：即使您在空头市场开展之初就看空了，也不要一开始就全力放空，一定要等到确定行情没有逆转反扑再涨的危险时，才开始放空股票。

齐克用注解：

即便是操作长线，也需要具备短线的研判技巧。基本情势可以提供您判断中长期趋势，但短线下单时，还是要用空桶店的技巧。在空头市场开始的最初跌段，虽然看懂空头已确立，但进场建立空头仓位时，仍要注意初跌段之后的反弹波。必须等到反弹波结束后再来放空，才是正确的。

这些年来，我已在哈丁公司交易了数以万计的股数，这时的哈丁公司对我很有信心，而且我们的关系十分融洽。他们认为我肯定会在很短时间内重振雄风，他们知道我有顺势加码的习惯，因此只要给我一笔周转资金，我就能弥补亏损并且获利。他们从我的交易中赚了不少钱，而且将来还会赚更多，所以只要我的信用还不错，我就可以在这里东山再起。

在遭受接二连三的打击之后，我不再那么有自信，更准确地说，就是少了几分粗心草率。又一次破产的我，所能做的只有仔细观察、耐心等待，其实我在大举放空之前就应该这么做。我并非是在亡羊补牢，而是我必须确保下一次操作万无一失。一个人如果不犯错，那他可以在一个月之内赢得全世界，但如果他不能从错误中汲取教训，那么他就绝对不会有好下场。

一个晴朗的早晨，我再一次满怀着自信来到市中心。这一次绝不会有任何疑问了。我发现所有报纸的财经版都刊登了一则启事，它就是我所要等的信号，当初我大举放空时就是吃了没有等待这个信号的亏。那则启事是北太平洋铁路和大北方铁路发行新股的公告，公司为了方便股东，**认购的股款可以分期支付。**这种缴款方式在华尔街还是第一次见到，但我觉得这绝不是好预兆。

齐克用注解：

"认购股款可采分期付款"，对利弗莫尔来说，就是确认了市场资金紧俏。

多年来，大北方铁路特别股一直是利多不断，现在又宣布了一项好消息，其中股东有权按面额认购大北方铁路发行的新股。由于该股股价总是高于面值，因此以折价认购新股是值得的。但现在市场的资金紧俏，连当地最大银行都没有把握持股人会来认购，而大北方铁路特别股的价格高达330美元！

我来到营业厅，一进门就告诉艾德·哈丁："放空的时机到了，我应该开始放空了，看看那则公告吧。"

他看过了，我以自己的观点指出这些银行家的恐慌，但他似乎不认同股价即将崩盘。他认为在大举放空之前，最好先观望，因为市场在大跌之前总会出现剧烈反弹。如果我再等一下，价格可能会更低，但操作会更安全。

"艾德，"我对他说："时间拖得越久，崩盘就会越激烈。那则公告已经说得很明白了，银行家所担心的正是我所希望的。这是给我们的信号，股价将要下跌了，而这正是我们的机会。要是我有1000万美元，我现在就会全部拿来放空。"

我不得不费一番口舌，做了更多的解释，因为对一个正常人来说，他不会认同我对那则公告的推论。这个推论的结果，对我来说，已经足够构成放空的要件了，但对营业厅里的大多数人来说，却是不够明确的。我放空了一些，但数量实在太少了。

几天之后，圣保罗铁路公司也宣布发行新的有价证券，我忘了是股票还是债券，但这并不重要，重要的是，我注意到圣保罗铁路公司缴款的日期，正好安排在早先宣布发行新股的大北方铁路和北太平洋铁路之前。很明显，老圣保罗试图提早几天募集资金，以击败其他两家铁路公司，**公开宣示要争夺华尔街仅存的一点流通现金**。圣保罗的银行家们显然相当忧心，因为市场上没有足够的资金来应付三家公司的股票认购款，而他们绝不会说：**"您请先，亲爱的阿尔方斯！"** 如果资金真的那么紧俏，而银行家们又确实知道，那接下来会发生什么事呢？铁路公司急需资金却募不到，结果会是如何呢？

齐克用注解：

　　"公开宣示要争夺华尔街仅存的一点流通现金"，是指除了让利弗莫尔确认了市场资金紧俏之外，也让他看到大家启动了抢钱行动。

　　"您请先，亲爱的阿尔方斯！"这句话源于一个颇受欢迎的连环漫画，阿尔方斯与佳斯通。该漫画描绘的是一对过度谦让的法国人，两人总是请对方优先而误事。后来这句话成了流行语，用来形容你推我让的情况。

放空！当然是放空！但公众的目光都停留在股市，鲜有人注意到这一点。他们看的是一周，而明智的股票作手看的是一年，因此能看得到公众所未见的景象。这就是两者的区别。

我不再疑虑和犹豫不决，当下我就下定决心开始放空。就在那天早上，我展开了第一次行动，而且此后我就一直采取类似的方法操作。我告诉哈丁我的想法和决定后，他不再反对我，于是我在**330美元左右开始放空大北方铁路特别股**，以及在高位卖出其他的股票。我从过去严重的错误中记取教训，因而放空操作更精明了。

齐克用注解：

　　1906年2月初，大北方铁路特别股股价的高点在348美元，12月底的股价低点在178美元，震幅170美元。1907年1月初，小幅反弹至189.75美元，尔后又一路跌至10月的107.5美元。利弗莫尔此次交易是从基本情势分析资金筹码的角度去研判。

很快地，我又重新建立了名声和信誉。下对单赚钱了，不管是运气还是技巧，对经纪公司来说就是一桩好事。然而，这一次完全正确的操作，主要不是因为直觉或是运用研读报价带的能力，而是我对影响整体股票市场大势的分析。我可不是在猜测，而是必然发生之事被我预测到了。这种情况下，放空股票不需要勇气。除了价格下跌之外，我想不出还会发生什么事情，我必须据此行动，不是吗？除了放空，我还能做什么呢？

整个股市萎靡不振，**不久之后出现了一次反弹**，投资大众向我发出警告，告诉我下跌趋势已结束。市场大鳄知道放空者甚众，决定要轧空来修理这些空头，而我们这些空头也被逼得吐出数百万美元的利润。毫无疑问，市场大鳄绝不会手下留情。我总是对那些直言相劝者充满感激之情，甚至不会与其争辩，因为这样一来他们会认为我这个人不知好歹，把他们的好心当成了驴肝肺。

齐克用注解：

这里的反弹离利弗莫尔原始的放空位置已有一段距离了，故反弹力道只会侵蚀他的部分获利，而不会损害到本金。

那位和我一起去大西洋城的朋友，正在饱受痛苦的煎熬。他能够理解地震之后发生的事情，但他不得不佩服我凭着直觉放空联合太平洋铁路，居然可以赚进 25 万美元。他甚至觉得是上帝在冥冥之中助了我一臂之力，让我在他自己看多的市场中放空。他也理解我在萨拉托加第二次对联合太平洋铁路的操作，因为他熟悉操纵股票的所有伎俩，不管是涨还是跌，小道消息已注定了股票发展的方向。但是预言所有股票都会下跌这件事，还是让他非常恼怒，这样做对所有人有什么好处？您能告诉我该怎么做吗？

我想起老派翠奇最常说的一句话："大家都知道，现在是多头市场！"这句话对聪明的人来说是非常受用的，而事实也正是如此。**但很奇怪的是，许多人经历了 15 点甚至 20 点的大跌后，居然仍坚持紧抱着仓位，他们看到区区 3 点的反弹，就认为股价已经触底，而且即将开始上涨。**

有一天，我朋友来找我，他问我："您的空单回补了吗？"

"为什么要回补？"我说。

"因为您有全世界最好的理由。"

"什么理由？"

"赚钱啊！**股价已经触底，而且下跌后肯定会再上涨**，难道不是吗？"

"没错，"我回答说："股价触底后就会回升，但不是现在，它们还会上下震荡好几天。况且，现在还不是回补的时候，因为下跌的趋势尚未结束。"

一位老前辈听到我这么说，顿时回想起过去曾经发生过的故事。他说，当时看空的威廉·特拉沃斯遇到一位看多的朋友，他们交换了彼此对股市的看法之后，朋友说："特拉沃斯先生，市场在这里僵硬不动，显然已跌不下去了，您怎么还看空呢？"特拉沃斯反讽地说："没错，像僵尸一样硬！"特拉沃斯会这样说，是因为他去了这家公司，要求查阅账簿。员工问他："您持有敝公司股票吗？"特拉沃斯回答说："应该说——是的！我放空了2万股！"

整个市场反弹的力道越来越薄弱，我竭尽所能地全力放空。每次只要我一卖出几千股大北方铁路特别股，股价就会崩跌几个点。我也放空了几只走势比较疲弱的股票。我四面出击，战无不胜，只有一个例外——雷丁公司。

齐克用注解：

即便是在空头市场，确定已在下跌过程中，还是会不停地出现反弹波，因为股价不是走直线的。

所有股票都急剧下跌，**雷丁**却像直布罗陀的巨岩一样屹立不动。人们都说这只股票的筹码被人垄断锁住了，从它的走势来看也确实如此。大家都在说，放空雷丁无异于自杀。交易厅里还有许多人和我一样看空，但每当有人建议他们放空雷丁时，他们就会高喊别害我。我自己放空了一些，而且立场坚定。就在这个时候，我很自然地避开那些受到强力保护的特定股票，寻找一些走势疲弱的股票来放空。我从研读报价带中找到几只股票，让我轻松容易地赚到钱。

雷丁公司背后有个多头控股集团在操控，有关的说法我早有耳闻，据说那是一个实力雄厚的财团。根据一些朋友的说法，他们拥有大量且低成本的筹码，因此平均成本远低于现在的价位。除此之外，这伙人的主要成员与银行关系极为密切，他们正是利用这些银行资金而持有大量的雷丁公司股票。只要价格维持在目前的价位，他们与银行之间的关系就不会生变。据说，其中一位成员的账面利润已经超过300万美元，这意味着即使是价格下跌，他们也不会遭到银行的强制平仓。故这只股票无视于空头市场，股价居高不下也就不足为奇了。交易大厅里的交易者总是时刻盯着价格，不时地用一两千股来做试探，但任何跟单都没有出现，于是他们回补了空头仓位，再寻找更容易得手的标的。每次我看到雷丁的价格，我都会多少放空一些，这样的做法并不是我偏爱放空这只股票，而是遵循自己新的交易原则操作。

在过去，要是雷丁的股价这么强势，或许我已经落入他们的圈套了。报价带一直对我说："别碰这只股票！"但我的理智告诉我，不是这样的。我预料股市将全面大跌，而且无论背后是否有财团支持，都无法幸免。

齐克用注解：

雷丁是铁路股，它在 1893 年破产后由 J.P. 摩根收购。它流通在外的股票相对较少，股票大部分掌控在内幕人士手中。1906 年 12 月，它在两个星期内从 152 美元跌至 129 美元。

我喜欢单枪匹马独自操作，从空桶店开始到现在就一直如此。这是我的操作模式，不管是观察还是思考，我都必须亲力亲为。但我要告诉您，当股市开始按我预期的那样发展时，<u>生平第一次感觉到，有了全世界最强、最可靠的盟友，那就是基本情势</u>。**基本情势总是尽其所能地助我一臂之力**，虽然有时反应会有点滞后，但只要我有耐心，它们最终总是值得信赖的。这一次我不是利用研读报价带或直觉来抓住机会，而是根据事实来操作。事件必然发展的逻辑，就是我的赚钱之道。

正确的操作模式应该是，了解基本情势并据此行动，但这次我的真心伙伴基本情势说："下跌！"而雷丁却稳如泰山地一动也不动，这是在侮辱我们。我开始感到有点困惑，雷丁的股价如此坚挺，好像什么事都没发生过。**它应该是整个股市中最好的放空标的，因为它从未下跌过**，而且该集团持有大量股票，如果市场资金变得更加紧俏，他们将无力持有。总有一天，这些银行家的朋友也不会比普罗大众来的好过，而且这只股票肯定会和其他股票一样下跌。如果雷丁不跌，那么我的理论就错了；如果我错了，那就说明推演的事实错了，当然推演的逻辑也同时错了。

我发觉，雷丁的价格之所以坚挺，<u>是因为华尔街不敢空它</u>。因此，有一天我同时在两家经纪商分别放空了 4000 股。

您应该亲自到现场看看，这只被控股集团垄断，放空无异于自杀的股票，在我的<u>强力空单的袭击下</u>开始暴跌，接着我又加码放空了几千股。一开始放空的价位是 111 美元，几分钟之后，我以 92 美元回补了我的空头仓位。

齐克用注解：

> 作手要做空，也要看基本情势。公司派要拉抬股票，也要看基本情势。利弗莫尔的放空雷丁交易案例告诉我们，先看基本情势有利于做空时，才去做空。公司派要不要护盘，也是先看基本情势，容不容许他们护盘。利弗莫尔要空雷丁，除了看基本情势之外，还有一个重点，就是要了解筹码状况。

此后，我的操作非常顺利。1907 年 2 月，我回补了所有的空头仓位。大北方铁路特别股下跌了六七十点，其他股票的跌幅也差不多。我完成了漂亮的一击，当时我把全部仓位回补的理由是，我认为股价已经充分反映了近期市况。我预期会出现一个相当规模的反弹，但我不打算立刻再进场，因为这样的市场不适合我操作。我曾在空桶店赚到第一笔 1 万美元，但我又把它输光了，因为我每天都在进进出出频繁交易，从来不管市场情况是否适合。我不会再犯同样的错，而且别忘了，不久之前我才因为时机未成熟，过早进场放空而破产。现在，我已有一大笔利润，只想落袋为安，以便能真实地感受到自己正确操作的成果。过去，反弹使我破产，我可不想再一次被反弹修理，所以这次我不再进场操作，而是去佛罗里达州度假。我喜欢钓鱼，而且我需要休息，在那儿我能钓鱼又能休息。顺便一提，此时华尔街和棕榈滩之间已有了<u>直通连线</u>。

齐克用注解：

> 第三次度假，在 1907 年 2 月，去佛罗里达州度假。这里可以钓鱼、休息，重点是还可以看盘。

附图　继承利弗莫尔思想，齐克用发展了全方位操盘术，广受欢迎

第九章　以基本情势操盘晋升作手等级

"赚钱的方法就是抓住机会，而赚大钱的方法则是在正确的时间做正确的事。"

杰西·劳伦斯顿·利弗莫尔

(1877 年 7 月 26 日—1940 年 11 月 28 日)

导　读

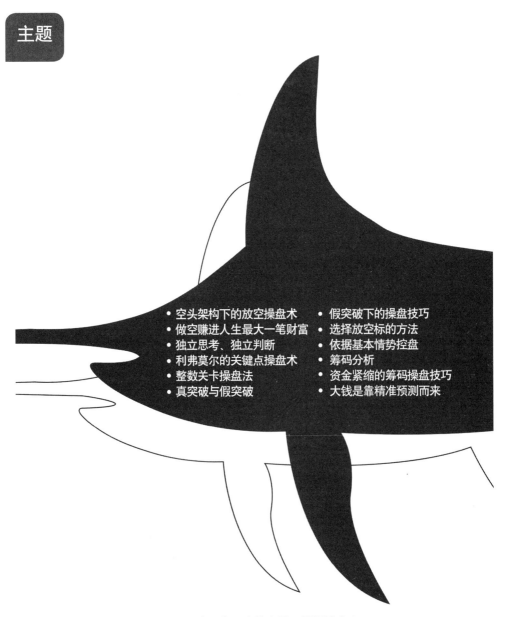

主题

- 空头架构下的放空操盘术
- 做空赚进人生最大一笔财富
- 独立思考、独立判断
- 利弗莫尔的关键点操盘术
- 整数关卡操盘法
- 真突破与假突破

- 假突破下的操盘技巧
- 选择放空标的方法
- 依据基本情势控盘
- 筹码分析
- 资金紧缩的筹码操盘技巧
- 大钱是靠精准预测而来

图 9-1　先研究图中的主题，再阅读内文

本章 5 个案例

案例 1：利用金融危机，放空赚到大钱。

案例 2：安纳康达假突破做多止损操盘案例。

解释了真突破与假突破的判别方法。详细说明在内文中，同时以"关键点操作失败与退场位置"图例加强说明。

案例 3：他判断安纳康达出现了假突破后，顺势反手放空。

在这个案例中，有关判断出安纳康达假突破后的放空操作案例，是在解释主题中，利弗莫尔的关键点操盘术、整数关卡操盘法、真突破与假突破、选择放空标的方法。详细说明在内文中，同时以"安纳康达股价走势图与利弗莫尔进场位置图"图例加强说明。

案例 4：他谈到空头市场下，史莱特斯公司主力拉抬股价的操纵注定失败。

案例 5：谈到金融市场的资金紧缩。

操盘逻辑

本章描述了两个非常棒的经典案例。走势图与说明如下：

第一个案例是利弗莫尔在 1907 年 2 月到佛罗里达外海出游度假，谈到操作安纳康达（铜业）股票的经验。空头反弹架构下，看似要真突破 300 元位置，他进场做多，结果小赔出场，并反手做空大赚 75 万美元。本章前半段的重点是谈真假突破到底怎么辨识，这一章又回到讲技术分析，第八章讲基本情势，本章讲技术分析里的真假突破，并把第八章与第九章结合，谈赚大钱的技巧。这里把 300 元关键点的表现仔细做说明，关键点应该如何表现，如果发展失败，则应该退场的位置在什么地方。这就回到他曾讲过的——来到关键点，一出手总是满载而归，如果发现来到关键点不如预期的时候，我二话不说，立即反手放空。如果读者能够把本书中讲的案例做成走势图，并分析其中的技巧，就能看到令您惊叹不已的操盘术。那么这本书对于改善操盘能力就如宝典般可贵。笔者把书中的案例与技巧整理成书与课程，将来再用不同的方式来与大家分享案例中所谈的"真假突破判断与操盘技巧""关键点操作失败的退场技巧""空头架构的股票样态""最佳的放空标的"。

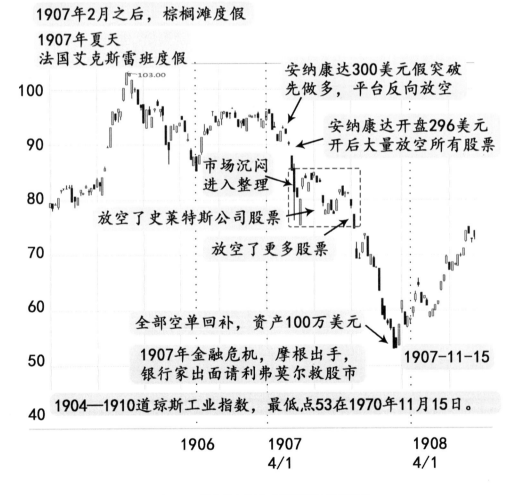

图9-2　利弗莫尔两次度假期间的操盘动作

第二个案例是在 1907 年夏天（大约在 6 月）到法国艾克斯雷度假，谈史莱特斯公司（石油业）宣布发放额外的股息，他解读为公司派主力打算要拉高出货。他认为这也是放空标的。因为连公司派都想卖的股票，这当然是放空的安全标的。在空头架构之下，应该要放空更多的股票才是对的。当下有 50 万美元的保证金可以进场操作，于是结束度假，提早回到纽约。本次案例未提到仓位何时出场，仅在本章最后谈到金融危机引发的资金紧俏、股价崩跌、国家动荡，他在 1907 年 10 月 24 日，平仓所有放空仓位获利超过 100 万美元，并反手买进股票。案例中大谈"利用消息与事件导向寻找操作标的""看懂总体经济与市场状态、货币供给情况能做出长远的预测""报价带是进出场点的依据、看懂要赚大钱得靠预测""何时应该回补空头仓位"。

本章结语提到"我已经掌握了如何赚大钱的法门，彻底摆脱了赌博心态，至少我已经学会了如何聪明地做大资金仓位操作。这一天是我一生中最重要的日子。"在此阶段，他已经是作手等级的操盘手法。我们通过利弗莫尔细致的描述及笔者将其操作技巧加上注解说明，希望能帮助所有想参与投资市场的朋友。利弗莫尔的操作本质与其技巧，都在这本书里。这是一本好书，值得阅读千遍。

重点摘要

本章的 9 个操盘重点：

1. 从佛罗里达的棕榈滩与法国艾克斯雷班的度假，我们看到操盘手需要宁静调适，以及无论任何时间都不能脱离市场信息。

2. 1907 年金融危机的投资市场景象，以基本情势确定市场方向放空操作。

3. 安纳康达的股价突破 300 美元，假突破的判断，以及少赔退场的操作技巧。

4. 安纳康达的假突破确定之后，立即放空的操作技巧。

5. 赚钱的方法就是抓住机会，而赚大钱的方法则是在正确的时间做正确的事。

6. 文中注解中以 8 个重点推论出 "整数关卡操盘法与背后的研判逻辑"，说明利弗莫尔如何抓住机会，及如何做对事。

7. 史莱特斯公司宣布发放额外的股息。在空头市场中所有的拉抬操纵行为，都注定会失败的。

8. 随着金融市场的资金紧缩，拆借利率节节攀升，股票价格就越走越低。以筹码面的资金状态研判大盘走势。

9. 1907 年 10 月 24 日回补全部的空单，当时他身价确实超过了 100 万美元。

我开着游艇在佛罗里达外海出游，在那儿钓鱼还挺不错。我手中没有股票，心情很轻松，过得挺开心。有一天，一些朋友从棕榈滩乘着汽艇来船上看我，其中一位朋友带来了一份报纸。我已好多天没看报纸了，也不想看，对报纸刊载的任何新闻都不感兴趣，但我瞄了一眼他带上游艇的报纸，发现股市已开始大幅反弹，有 10 多点。

齐克用注解：

1893 年发生严重金融危机之后，经过了 14 年，1907 年货币回到金本位，平息了通货膨胀问题，企业对未来更有信心。公司开始合并，有助于减少竞争并提升获利能力。政府、企业与主力联手积极拉抬股市，借以拉高出货，资金从债券市场流向股票市场，但后来这种情况无法持续下去。这次棕榈滩度假是在 1907 年 2 月之后，察看导读中的走势图，就会发现从 1907 年初到年底，是暴跌的一年。1907 年初开始的金融危机，在 1907 年 11 月 15 日见到了低点，就是摩根出手，并通过银行家出面，请利弗莫尔救股市的地方。

我对朋友们说，将和他们一起上岸。**股市大跌后，出现适度的反弹是合乎常理的，但空头市场尚未结束**。然而，华尔街与愚蠢的大众或绝望的多头，他们无视货币市场环境，唆使他人或亲自上阵哄抬价格，这就足以引起我的注意，我一定得去看看股市的情况。我不知道自己会不会有动作，但知道自己迫切需要看一下报价。

齐克用注解：

股价从来都不是走直线的。顺势操作的困难点在跟主趋势反向的细微波里。

我的经纪商**哈丁兄弟公司**在**棕榈滩**有个办事处，当我进去时，看到了不少熟悉面孔，他们大多数都在谈论这次的反弹。他们都是根据报价带交易，且习惯抢进杀出的交易者，像他们这样的交易方式，并不需要看得太远。我曾跟您说过，我是如何在纽约得到"投机小子"的封号。当然，人们总是夸大某个人的获利和交易规模。棕榈滩办事处的人已经听说我在纽约做空大赚了一票，希望我再放空来打击市场。他们认为反弹将会持续很久，但对抗反弹则是我的责任。

齐克用注解：

棕榈滩位于佛罗里达州。有许多企业在该地区建造大饭店，经营东海岸铁路、庄园、俱乐部等。经常有企业大亨、金融家或王室成员来此度假。

我到佛罗里达钓鱼，是因为前一阵子承受不少压力需要休息，但此时我发现市场价格反弹显然已过头了，于是我结束休假投入工作。当我返回岸上时，我并没有想到要怎么做，但此刻我知道必须放空股票。我的判断是正确的，而我必须用我唯一的方法——用钞票来证明我是对的。放空整体大盘的个股将是适当的、谨慎的、获利丰盛的，甚至是尽责的行动。

从报价板上第一眼就看到，**安纳康达的股价正要突破 300 美元，呈现跳跃**

图 9-3　棕榈滩是便利的社交场所，利弗莫尔曾在此结识好友

式的上涨，显然背后有集团在积极介入做多。根据过去的交易经验，当股票第一次突破 100、200 或 300 美元的整数关卡时，价格上涨是不会停止的，而且它还会继续再上涨。因此，您只要在它突破整数关卡时立刻买进，几乎肯定会有所斩获。胆小的人不喜欢在股价创新高时买进，但经验告诉我，这是赚钱的机会。

齐克用注解：

安纳康达于 1881 年成立，是一家铜矿开采公司，在 1887 年时是世界规模最大与产量最多的铜矿公司。在 1907 年的金融危机中，铜业是领跌板块。局内人企图垄断打压联合铜业股票，导致银行倒闭及股市暴跌。

安纳康达是一只 25 美元**面额的股票**，也就是说，**400 股的安纳康达相当于 100 股正常面值的股票**。我认为安纳康达在突破 300 美元之后，还会继续上涨，可能很快就会看到 340 美元。

别忘了，我看空股市，但我还是会依据报价带来研判行情做交易。我知道，如果我的判断正确，安纳康达突破整数关卡后会很快地上涨。对我来说，任何快速波动的股票都具有吸引力。我已经学会了耐心等待和缩手不动，但仍然偏爱行情发展迅速的股票，而安纳康达显然就是这种类型的股票。**买进安纳康达是因为它突破了 300 美元，让我强烈地渴望想证明自己的观察是正确的。**

齐克用注解：

　　这是利弗莫尔的关键点操盘术，也是整数关卡操盘法。

报价带就在这个时候显示出买盘比卖盘强劲，因此整体市场的反弹可能会持续更久，最好谨慎一点，耐心等待之后再放空。当时我的想法是，在等待过程中也许还能发点小财，因为安纳康达只要突破 300 美元，应该很快地就能让我赚进 30 点。我看空整体股市，却做多这只股票！**我买进了 32000 股的安纳康达，相当于买进了 8000 股完整股。**我擅长快速进出，对自己的预测很有信心，而且还盘算着利用这笔获利来扩大保证金规模，作为随后放空之用。

齐克用注解：

　　面额、面值或票面价值等三个名词都是一样的意思。面额是股票首次公开发行时，设定印制在股票上面的价格。股票交易不是按面额交易的。因为安纳康达股票的面额是一般正常的 1/4，故买进安纳康达股票的 32000 股，等于是一般股票的 8000 股。降低面额的做法类似于股票分割，这将使股票购买金额变小，对散户更具有吸引力。

第二天，由于北方的一场暴风雨或某些原因，电报线中断了，我在哈丁办公室里等待消息，大家都无法交易，只能闲聊或猜测各种可能性。后来我们收到了一份报价，那是当天唯一的报价：安纳康达，292 美元。

那时有个家伙站在我旁边，他是我在纽约认识的经纪人。他知道我手上有8000 股的多头仓位，我认为他自己也持有一些，因为他看到当天报价时脸色一变，他不知道此时安纳康达是不是又下跌了 10 点。从安纳康达上涨的情况来看，回调 20 点也算是正常，于是我告诉他："别担心，约翰，明天就会涨上来。"我的确是这样想的，但他看着我，摇摇头，他知道我讲这些话是为了要让他好过一点。于是我笑了，继续在办公室等待更新的报价，但是当天再也没有任何报价了。我们唯一得到的报价是：安纳康达，292 美元。这意味着，我出现了将近10 万美元的账面亏损。当初我想快速进出，这就是我的下场。

隔天，电报线恢复正常，我们和往常一样接到报价。安纳康达开在 298 美元，随后涨到 302 $^3/_4$ 美元，但没多久就又开始回调。除此之外，市场上其他股票也没有出现进一步反弹的迹象，于是我打定主意，**只要安纳康达回到 301 美元，我就认定这次的上涨是假突破。如果它是真的突破，它的价格应该很快地涨到 310 美元**。如果不是这样，而是出现了回调，这就表示过去的经验不灵了，我是错误的。**当您犯错的时候，唯一正确的做法就是停止继续犯错**。我买进 8000 股完整股，期待它会上涨 30 点甚至 40 点，这不是我第一个错误，也不会是最后一个。

齐克用注解：

这个案例说明整数关卡操盘法，若是在 300 美元处真突破，价格应该快速脱离开 300 美元。若是突破不远，又再回测 300 美元，就可能是假突破了。

果不其然，安纳康达回调到 301 美元。我马上悄悄地走到电报员跟前，他们可以直接发电报到纽约，对他说："帮我卖掉所有的安纳康达，8000 股完整股。"我压低了声音，免得别人知道我在做什么。

他抬起头看着我，一脸惊恐。我点点头说："全部卖掉！"

"没问题，李文斯顿先生，您该不会要用市价卖出吧？"他看起来像是经由粗心的营业员因执行不当而造成自己损失了好几百万美元似的。但我只是对他说："卖出！别多问！"

那时布莱克兄弟吉姆和欧利正在交易厅，他们听不到电报员和我之间的对话。他们是从芝加哥来的交易大户，在那儿以交易小麦闻名，现在他们也是纽约证券交易所的交易大户。他们很有钱，而且出手阔绰。

当我离开电报员回到报价板前的座位时，欧利·布莱克面带笑容地对我点头示意。

"您会后悔的，拉利。"他说。

我停下脚步，问他："此话怎讲？"

"明天您会买回来的。"

"买回什么？"我问。除了电报员，我可没有对任何人提起卖股之事。

"安纳康达，"他说："您将用 320 美元把它买回来，这样做是不明智的，拉利。"说完，他又是一笑。

"什么？"我一副不解的样子。

"市价卖出 8000 股安纳康达，还一再坚持这么做。"欧利·布莱克说。

我知道他很聪明，而且总是依据内幕消息做交易，但他怎么知道我刚刚做的交易，我确信公司职员不会出卖我。

"欧利，您是怎么知道的？"我问他。

他笑着对我说："查理·柯拉泽告诉我的。"他指着那个电报员。

"但他并没有离开位子啊！"我说。

"我听不到你们俩在说什么，"他咯咯地笑着说："但我听到了他替您发电报到纽约的每一个字。几年前，有个电报员曾发错了我的口信之后，**我就去学发电报了**。从那时起，每当我像您刚才那样用口述下单时，我就一定要确保电报员发出去的信息和我给他的完全一样。我要知道他以我的名义发出去的内容是什么。所以说您会为您卖掉安纳康达后悔的，它会涨到 500 美元！"

齐克用注解：

在那个年代，远距信息的传递，都是用摩斯电码传送的，这种有节奏的通信系统，是以电报发明人塞缪尔·摩斯之名命名。熟悉摩斯电码的欧利·布莱克译出了利弗莫尔用口述下单的内容。

"这一次不会的，欧利。"我说。

他注视着我说："您太自信了。"

"不是我，是报价带。"我说。那里没有报价机，自然也就没有报价带，但他明白我的意思。

"我知道有些人，"他说："**他们研读报价带，却没看见股票波动变化，就有如拿着火车时刻表，却只注意到进站与离站时间**。然而他们把自己关在四壁都有软垫的房间里，因此不会伤到自己。"

齐克用注解：

意指买卖股票要参考完整的股价变化，而不是只看片面的数字。

我没回他的话，因为此时小弟递给了我一份成交报告，他们已经帮我卖出5000股，价位是 299 $\frac{3}{4}$ 美元。我知道我们获得的报价略滞后于市场。我告知电报员卖出的时候，棕榈滩报价板上的价格是 301 美元。我可以肯定，在那一刻，安纳康达在纽约证券交易所的实际成交价会比 301 美元更低，要是有人愿意以 296 美元买走我手上的股票，我就要谢天谢地了。这一切再次说明，我从不以限价单做交易是正确的。**如果我以 300 美元限价卖出，那我将永远脱不了手。绝对脱不了手的，先生！如果您想脱手，尽管出场就是了，不要去管成交在什么价位。**

前面卖出了5000股，现在我的股票成本价为 300 美元。他们又以 299 $\frac{3}{4}$ 美元卖出了 500 股——当然是完整股。接下来卖出 1000 股，价格 299 $\frac{5}{8}$ 美元；100 股，价格 299 $\frac{1}{2}$ 美元；200 股，价格 299 $\frac{3}{8}$ 美元；200 股，价格 299 $\frac{1}{4}$ 美元。最后的 1000 股，以 298 $\frac{3}{4}$ 美元脱手。为了做到的成交价格不至于太差，哈丁公司最优秀的场内交易员还**花了 15 分钟才将最后的 100 股脱手**。

关键点操作失败与退场情形

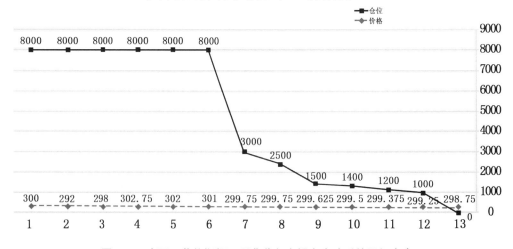

图 9-4　杰西·劳伦斯顿·利弗莫尔在操盘失败后的退场方案

齐克用注解：

意指这里的卖压很沉重，要卖到好价格已经很困难了。当您发现假突破的时候，想要不赔钱退场是很困难的。

我一接到最后一批股票卖出的报告，就开始部署我上岸的真正意图，也就是放空股票。我必须这样做，因为市场发生了强势反弹后，大家又开始全面看多，而从市场的走势来看，却可以清楚地看到反弹已经结束，因此放空很安全，无须多虑。

隔天，安纳康达开盘价在 296 美元以下。满心期待进一步上涨的欧利·布莱克一早就来到交易厅，希望目睹股价突破 320 美元。我不知道他到底有没有做多，或买了多少股票，但当他看到开盘价时脸色凝重，然后一整天都没有笑容。安纳康达开盘后继续下跌，**且棕榈滩得到的回报说，这只股票根本没有买盘。**

这就是我所要的确认信号。账面上的利润不断地增加，每一个小时都在创新高，这证明我是对的。当然，我还放空了更多的股票，包括各种不同的股票！这是个空头市场，所有的股票都在下跌。隔天星期五，**华盛顿诞辰纪念日。**我不能留在佛罗里达钓鱼了，因为我已经建立了相当大的空头仓位。我必须留在纽约，棕榈滩太偏僻且遥远，光是电报往返就浪费掉太多宝贵的时间。

齐克用注解：

这里谈的确认信号有 4 个。第一个信号：前面以为是真突破，结果是假突破。第二个信号：卖出的股价，比看到的 301 美元还差了好几点。全部出清的时间也拖了几十分钟。第一个信号与第二个信号，变成像是要放空前的测试单结果，让利弗莫尔确认了放空操作。第三个信号：第二天开盘价在 296 美元以下，且开盘后持续下跌。第四个信号：回报说，这股票根本没有买盘。

1907 年的华盛顿诞辰纪念日是 2 月 22 日星期五。所以利弗莫尔再度放空到相当大规模的时间，应是在 1907 年的 2 月 21 日之前。是在本次度假之后，没多久就进场操作。他还说有 4 个月都在做空。也就是 6 月底之前都在做空。而这只股票安纳康达一路下跌，直到秋天大崩盘之后才见底。

于是我离开了棕榈滩返回纽约。星期一我得在圣奥古斯丁停留 3 个小时等火车，那里有一家证券经纪公司，我在等火车的这段时间，自然地就过去看看市场动向。安纳康达比上一个交易日又下跌了几点。事实上，<u>安纳康达一路下跌，直到那年秋天大崩盘之后才见底</u>。

齐克用注解：

安纳康达股价高点在 1906 年 2 月 13 日的 300 美元，5 月时下跌至 223.50 美元，年底收在 290 美元。为了让读者更清楚地看懂利弗莫尔的"关键点失败的操盘过程"，走势图如下，反手放空之后，价格在 296 美元后的走势是虚拟的。

安纳康达股价走势图与利弗莫尔进场位置图

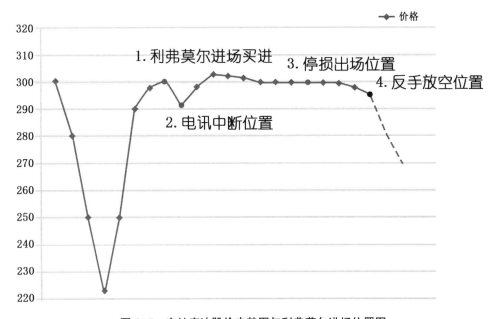

图 9-5　安纳康达股价走势图与利弗莫尔进场位置图

回到纽约之后，大约有 4 个月的时间都在做空。股市像往常一样经常出现反弹，所以我不断地回补后又再放空，严格地说，我并没有缩手不动。别忘了，我曾经在旧金山大地震崩盘中赚到 30 万美元，后来又赔光了。虽然我判断正确，但最后还是破产了。现在，我非常小心地操作，因为一个历经挫折的人，即使他不能完全克制自己，但还是会谨慎保守的。**赚钱的方法就是抓住机会，而赚大钱的方法则是在正确的时间做正确的事**。在投机游戏中，您必须结合理论和实际行动。投机者绝对不能只做研究，他必须研究并付诸实际行动。

齐克用注解：

利弗莫尔如何抓住机会，及如何做对事？从他举的例子中，以下面 8 个重点推论出"整数关卡操盘法与背后的研判逻辑"。

1.1907 年 2 月回补所有空头仓位后，去棕榈滩度假。看见股市有大幅度的反弹，认为这里又可以开始放空了。但他为何去买安纳康达这只股票呢？因为它正要突破 300 美元整数关卡，且呈现跳跃式的上涨，显然背后有集团介入做多。根据经验，100 美元突破、200 美元突破、300 美元突破，价格应该不会停止，很快就会看到 340 美元。胆小的人不敢买创新高的股票，但经验告诉我，这是赚钱的机会。他原先看空整个大势，但认为这只股票有主力在后面操作，如果突破 300 元的话，应该很快就会看到 340 美元，所以在还没选好放空标的时，就先做个短多，应该很快就能赚到 40 点了。结果止损出场。明明是空头市场，却想着要做一个 300 到 340 元的快进快出短多交易。

2. 利弗莫尔看到股价来到 300 美元后，他才买进。他认为这里是真突破。那真突破就不应该看到 292 美元。看到 292 美元就表示不是真突破。那意思就是这里有可能是假突破了。因为走势已不如预期。

第一个判断是，我认为它会突破 300 美元，且很快会到 340 美元，结果它没到 340 美元，却到 292 美元，这显然很可能是假突破。

第二个判断是，这里的 300 美元，不可能只测一次压力就 V

型反转，然后就正好买在最高点的位置。它应该会震荡，所以还会再看到 300 元以上价格。

第三个判断是，当时开盘价是 298 美元，随后涨到 $302\frac{3}{4}$ 美元，但没多久又跌到 301 美元，那他就认定这里是假突破了，他就要出场了。他为何要出场？因为利弗莫尔单子很大，他不能等到大家都看出来假突破了，再来做卖出的动作。若等到看懂假突破再卖出时，价格会离假突破点很远。如果是假突破，那价格很快就会到对面去，就是这个道理。如果有办法判断是假突破，那像他这种等级的人在 300 美元附近全卖光了，接下来的人看懂股价变化后，就会赶快卖，那下跌的速度就会变快了。一般的散户都是看清楚了假突破再来卖，这个时候已经离突破点很远了。

3. 利弗莫尔卖在 301 美元，是因为成本概念吗？这里有两个重点，股价涨到 $302\frac{3}{4}$ 美元，就不应该再跌到 301 美元，跌到就不对了。他知道 301 美元卖掉，回来的报价已经是赔钱了，因为他的量太大，所以只要小赔出场，就算是成功了。

4. 他为何不要等到回到 298 美元以下，才看成是假跌破？因为当价格从 302 美元回到 301 美元时，就告诉您已经不对了。我们一般人都会认为至少要看到 298 美元或 296 美元才能算是假突破，但他不是这样认为。因为他认为如果是真突破，应该要很快看到 305 或 308，但却看到股价回来到 301，只要没有往上冲就不对了。所以就用不着等到它跌到 300 以下了。例如，若是很多会买 8000 张的人，都买在 300 的位置，股价应该很快就跑到 310 元了。为何没有到 310？意思就是他买了 8000 张，但有人卖了 8000 张给他，所以才说这样就不对了。这表示大盘如果是走空头，一直往下的架构，真突破也变成假突破了。真突破的先决条件，就是要跟大盘同向。如果是跟大盘颠倒方向的时候，就算是原本的真突破也会变成假突破。

5. 基本情势要摆在第一位来考量。如果大盘是走空的架构，现在是跌深反弹的架构，真突破就可能变成假突破了。至于细节里的真假突破如何判断，真突破就是突破高点之后，要很快能脱离开那个高点且往上去，现在这个案例讲，突破之后又下来了，且跌到突破点的下面，这里暂时还不会 V 型反转，还是有人认为这里还有可能攻上 300 元，卖的人也不急着卖，那一定会再测一次高点。简单讲，若判断真突破，结果变成假突破时，在它第二次来测高点时，就要走了，不是等到大家发现到这里是假突破时，再跟大家一起来卖，那这样就跑不掉了。

6. 如果大盘的趋势是向下的，就算这里原本可以真突破，那也会变成假突破了。因为主力是依据大盘在操作的。第二个重点，什么是真突破，什么是假突破。第三个议题是，如果这里是假突破的话，那第一批卖的人是谁，第二批卖的人又是谁，第三批或最后一批卖的人又是谁。所以这案例中的卖盘是如何产生的？过了 300，他来买，因为他认为是突破了，结果呢？是在下面买的人，倒货卖给他了，这是第一批人卖出的地方。第二个卖出点是当他买了之后，股价下来之后又上去，这次是轮到他自己来卖了，因为他发现是假突破。所以，第一批卖的人是主力及在低点买的那些人。第二批卖的人，是买进去后发现假突破的人出来止损的，例如利弗莫尔。最后的是散户，回到290 元以下再来卖的人。

7. 如果您听懂上面的过程，那下面这句话您就听懂了，假突破很快到对面。大部分的散户都是到了对面，且跌破了支撑才知道这单子不能再抱了，这种假突破它会发生在扩张三角形，这种形态大部分都在图形的高位区，所以趋势进行到一半的时候，不太容易产生扩张型的三角形，大部分都在做头的时候，容易产生扩张三角形，因为这个地方要靠震荡洗盘才出得了货。简单讲，就是从突破位置把股价打下来的是主力，然后掼破支撑的也是主力，跌破之后再拉上来的也是主力，主力就在上下来回洗盘的过程中，卖了一堆的货。您要晓得，当大咖发现这个是假突破时，他们的动作都很快，卖的量会很大，当它跌破主要支撑的时候，这里已经没有大咖，只有散户了。大咖不会在跌破支撑的下面才卖，所以下跌初期的时候很容易跌破，因为没有人买，只有他在卖。所以主力要弄一个假跌破是容易的。假突破不容易，假跌破很容易。这时候您就会发现开始走扩张三角形了。

8. 从这个假突破案例，延伸出来的重点是：如果要在台面上找放空的标的，哪一只标的是最适合放空？假突破的这一只！因为假突破的这只股票告诉您，放空比较没有那么危险。假突破的意思就表示确认会下跌了。所以在关键点技巧里面，他讲到一个重点，就是来到关键点一出手总是满载而归，下面接着的一句话是，当不如预期时，我二话不说，反手放空。这意思是告诉您，哪一只是最好的放空标的了，是假突破的那一只。所以他是从这只股票开始放空的，接着再陆续放空其他标的。

尽管现在看起来我的操作还是有些地方不够完美，但我的表现算是相当好了。**进入夏天之后，市场变得沉闷**，看来在入秋之前肯定不会有大行情了。我认识的人不是跑去欧洲，就是正打算去欧洲。我觉得去趟欧洲度假也不错，于是出清了所有的仓位。当我搭上前往欧洲的轮船时，我的获利已经超过 75 万美元。这对我来说，可是一笔不小的财富。

齐克用注解：

1907 年夏天市场沉闷，导读中的走势图显示，市场下跌一轮后进入整理，于是利弗莫尔来到法国艾克斯雷班度假。

我在法国艾克斯雷班享受生活，度过了一个非常愉快的假期。能待在一个地方，有很多钱，又有很多朋友和熟识的人，而且每个人都打定主意要尽情玩乐，这实在是件美好快乐的事。换句话说，在艾克斯雷班，您能够心无旁骛地享受生活。艾克斯雷班离华尔街那么远，我从来没考虑过来这里度假。我敢说在美国您绝对找不到这么好的度假地。不必去听大家谈论股市，也不必去做交易，我有足够的钱好好享受一阵子。此外，我还知道回去之后，要如何把在欧洲花掉的钱全部赚回来，甚至还多出一大笔财富。

有一天，我在《巴黎先锋报》看到一则来自纽约的报道说，**史莱特斯公司宣布发放额外的股息**。这则消息提振了史莱特斯公司的股价，整体市场也恢复了强势。当然，它也改变了我在艾克斯雷班的计划与行程。这则消息意味着多头仍拼命地想拉高出货，因为他们知道即将要发生什么，他们想借助这个涨势，在风暴来临之前抛售股票。也许他们真的以为并不严重，也没那么危险，或是情况并不像我估算的那么紧急，但那些华尔街的大佬就像政客或一般散户一样，常常一厢情愿地凭想象行事。我不能认同他们的做法，因为对投机者来说，这将铸成难以挽回的大错。或许只有印制股票的人或新上市企业的发起人，他们才能纵容自己沉醉在不切实际的幻觉中。

齐克用注解：

史莱特斯公司是美国熔炼公司的控股公司，美国熔炼公司是石油产业公司。推估其宣布发放额外股息的时间应是 1907 年 6 月，因公布的年度财报非常亮眼，故增加股息发放。

总之，我知道，**在空头市场中所有的拉抬操纵行为，都注定会失败的**。我看到这则报道后马上意识到，只有一件事可以放手去做，那就是放空史莱特斯。为什么呢？因为那些业内人士居然在资金恐慌的当下提高股息，他们这么做就如同跪在地上求我放空一样。

齐克用注解：

利用消息面或事件导向来研判。连主力都想卖的，当然是可以放空的股票。第一则故事告诉我们，假突破的股票是放空标的。第二则故事则是告诉我们，公司派主力拉高打算要出货的股票，也是放空标的。因为连公司派都想卖的股票，这股票也是放空的安全标的。这两则故事告诉您，如果当下是空头市场，即便是真突破，也会变成假突破，即便是公司派打算想要拉高的股票，到最后也是要掉下来的。这意思是公司派打算拉高，有可能还没拉抬到目标价，就已经掉下来了。因为公司派没想到他们拉上去之后，别人竟然卖得比他们买得更多且更快。

我用电报发出了几张放空史莱特斯公司股票的指令，并且建议纽约的朋友也一起放空。当我从经纪人手中拿到成交报告时，发现成交的价格比我在《巴黎先锋报》上看到的报价低了6点，这就已经表明情势将会如何发展了。

我原本计划月底返回巴黎，然后大约三个星期后再搭船回纽约。但我一拿到成交报告，就立刻赶回巴黎。当天抵达巴黎后，打电话给船务公司，得知第二天就有一班快轮到纽约，我马上订下了船票。

就这样，我回到了纽约，比原计划大约提早了一个月，因为此时是最适合放空的时候。我有50多万美元可以用来做保证金。我之所以回纽约，并不是因为我已放空一些股票，而是我的逻辑判断将有大行情。

我又放空了更多的股票。**随着金融市场的资金紧缩，拆借利率节节攀升，股票价格就越走越低，而我早就预见了这种情况**。曾几何时，我的远见使我破产，但现在我成功了，也赚了不少钱。然而，作为一个交易者，我心中真正的快乐是，我终于走上了正确的轨道。我还有很多东西要学，但我知道该怎么做，我不再急躁，也不会没看清情势就贸然进场。**研读报价带是这场游戏中很重要的一部分**，而在适当的时机进场，以及坚持紧抱仓位也是同等重要。但我最大的发现是，您**必须研究和评估整体大势**，如此才能预测未来的可能性。简单地说，为了赚钱，我必须做好功课。我不再盲目下注，也不再专注于精通投机技巧，而是透过不断努力研究和清楚的独立思考来赢得胜利。我还发现，新手总是无法避开主力设下的陷阱，而每次受骗上当后，仍将没完没了地持续赔钱。

齐克用注解：

这里告诉我们，要懂宏观经济，看懂市场状态，看懂货币市场的资金状态，这些是判断基本情势需要用到的知识。走到操作端时，进场出场要靠报价带。但这一切需要靠预测才能赚到大钱。

这次我在哈丁兄弟公司赚了很多钱。我的操作十分成功，因而成了大家的谈论话题，当然少不了添油加醋，而他们认为许多股票大跌都是我放空所导致。好多不知道姓名的人纷纷前来道贺，**他们都认为我最高兴的事就是赚了钱**，对于我最初警告他们空头市场即将来临之事却只字不提，他们还认为我是个对亏钱耿耿于怀的疯狂死空头。对他们来说，**我所预见的资金危机不算什么，而我能赚到大钱，倒是个了不起的成就**。

齐克用注解：

> 这是很多报纸周刊所运用的销售手法——某人只有多少钱，却赚到 1 亿元的故事。这也告诉您，利弗莫尔说，他的大钱都是靠预测精准而来的，但很多散户认为预测精准没什么了不起的。

一些朋友告诉我，许多经纪公司都在流传，哈丁兄弟公司有个投机小子成功狙击了试图拉抬股价的操纵集团。直到今天，他们还对我的狙击行动津津乐道。

从 9 月下旬之后，全世界的货币市场开始紧缩，资金开始紧俏，但人们仍相信会有奇迹出现，不愿意抛售手中的投机性持股。有个经纪人告诉我，10 月第一周发生的一件事，让我对自己的放空行为感到难过。

您一定还记得，要借钱通常会找交易大厅里的资金融通柜台。那些经纪人接到银行通知，就大致知道还需要再借多少钱。当然，银行也知道他们有多少仓位可以借出多少钱，而那些钱就直接拨到交易所。这种银行贷款是由几家经纪商负责的，他们的主要业务就是放款。他们会在当天的中午公布最新的利率，这个利率通常代表着当时贷款利率的平均值，而一般的交易则以公开喊价的方式进行，这样每个人都可以知道交易进展的情形。从中午到下午两点，通常不会有人来借钱，但过了交割时间，也就是下午两点一刻之后，经纪商就可以知道他们当天确定的现金仓位，他们可以把多余的钱拿到资金融通柜台去借给别人，或借入自己所需的资金，这种业务通常也是公开进行的。

10 月初的某一天，我刚才所提到的那位经纪人来找我，告诉我经纪商的状况如何，即使有多余的钱也不愿意拿去资金融通柜台去放贷，因为有几家知名大券商派人守在那里，时刻准备抢到可供放贷的资金。当然，没有一个公开提供资金融通的单位能够拒绝借钱给这些公司，因为他们有偿还能力，提供的担保品也足够上等，但问题是，一旦这些公司借了钱，何时偿还就变得遥遥无期了。他们只要说一声无法偿还，提供资金的人不管愿不愿意，都得继续展延。因此，有余额贷给会员公司的证券交易所纷纷派人去交易大厅兜生意，而不是把钱转给资金融通柜台。他们会与交情深厚者交头接耳说："**要 100 吗？**"意思是"您想借 **10 万美元吗**？"代理银行放款的经纪商也采用了同样的方法。您可以想象得到，资金融通柜台门可罗雀的景象！

齐克用注解：

10 万美元 =100 张 1000 美元的贷款份额。

他还告诉我，10 月的那几天，证券交易所还定下一条新规定，由借款人自行决定利率。您知道的，年利率高达 100% 至 150%。我想，之所以要借款人自行决定利率，是因为放款的人不想把自己弄得如同放高利贷者一样。但可以肯定的是，他们是一块钱都不会少收的。当然，借款人不希望支付更多的利息，但他急需资金，若能顺利取得资金就谢天谢地了。

齐克用注解：

1907 年引发的恐慌来自"联合铜业公司"的股价操纵行动。公司的所有人是 F. 奥古斯·海因策（F. Augustus Heinze），他是蒙大拿比尤特铜业的巨头，公司为他创造了大量的财富。1906 年奥古斯移居纽约带了数百万美元，他与声誉不佳的华尔街银行家查尔斯·W. 莫尔斯（Charles W. Morse）有密切的往来。莫尔斯是美国冰业公司的创始人，曾成功垄断了纽约的冰市场。他和奥古斯一起控制了许多国家银行、州立银行、信托公司和保险公司等。

奥托是奥古斯的兄弟，也是这场行动的发起人，他认为家族已经控制了铜业公司的大部分股份，且股票都已借出。他坚信借股卖出放空的投机者都预期股价会下跌，并认为能以低价买回所借的股票赚取差价。因此奥托提出了"轧空"计划。他想这一计划要成功，必须先大举购买流通在外的股票，当股价上涨，而放空者又无别处可购买股票，海因策家族便成了他们唯一的选择，这时海因策家族便可以随意开价要求回补。

　　针对这一项计划，他们在开始筹资时，找上了"尼克伯克信托公司"的总裁查尔斯·T.巴尼（Charles T. Barney），但巴尼拒绝提供资金。尽管如此，奥托仍执意要执行该行动。10月14日星期一奥托开始大举购买"联合铜业公司"的股份，当天股票价格就从39美元涨到52美元。隔天奥托要求卖空者归还所借股票，股价上升到将近60美元。然而奥托误判市场形势，卖空者获取股票的管道不止海因策家族。结果"联合铜业公司"的股价崩溃了，直至周三，价格跌到10美元。

　　垄断的失败，奥托无法偿还债务，他的经纪公司只能申请破产。10月17日星期四美国证券交易所暂停了奥托的交易权。"联合铜业"的股票崩溃，使得拥有该股票为抵押品的"比尤特蒙大拿州储蓄银行"（为F.奥古斯·海因策所拥有）宣布破产。该事件连带影响到奥古斯与莫尔斯两人控制的国家银行、州银行、信托公司等，因而引发了他们两个被逼退，相关的银行、信托公司产生严重的挤兑，借贷利率飙高，之后挤兑越演越烈，影响到更多的银行与企业倒闭，甚至有些地方的证交所出现关闭或限制交易的问题。

　　情况越来越糟，算总账的日子终于来临了，那些乐观的多头一厢情愿地持有大量股票，他们没在一开始断尾求生，现在可要遭受倾家荡产的痛苦了。<u>我永远不会忘记这一天，1907年10月24日</u>。

　　前些日子，一些需要资金周转的人表示，不管放款的人要求多高的代价，他们都愿意支付。但市场上没有这么多资金可供周转，而那天需要借钱的人又比平常多更多。当天下午交割时间一到，有上百个经纪人围绕在资金融通柜台，每一个人都想为其东家借到急需的资金。如果资金不足，他们就必须不计任何代价在市场上卖出手中充当保证金的股票，但买家手头也不宽裕，因而一点钱也借不到。

　　我朋友的合伙人和我一样看空，因此他们的公司并不需要借钱，但我朋友，也就是跟您说过的那个经纪人，看到资金融通柜台围绕着许多面容憔悴的人，他跑过来找我，因为他知道我有大量的空头仓位。

他说："天啊，拉利！不知道会发生什么事，我从没见过像这样的情形，我们不能继续放空了，这样会出事的，照现在这样看来，似乎所有的人都要破产了。您不能再放空了，市场上已经没钱了！"

"此话怎讲？"我问。

他回答说："您听说过一个课堂上的实验吗？把老鼠放进玻璃罩里，它们每跳一下就会导致一部分氧气被吸走。您可以看到那些可怜的老鼠呼吸越来越急促，肋部就像是过度鼓动的风箱，试图从越来越稀薄的空气中得到足够的氧气。您看着它窒息，眼球几乎从眼眶中迸出，它拼命喘气，但还是一步步迈向死亡。唉，我看到资金融通柜台周围的情况就想到这一幕！因为到处都没有钱，若是市场停止交易，您将无法平掉空头仓位，多空都一样无法平仓。如果您问我现在的市场情况，我会告诉您，此时此刻整个华尔街都破产了！"

这使我陷入沉思。我确实预见股市大跌，但老实说，我没有料到会出现有史以来最严重的恐慌。要是这种状况持续下去，对任何人都不会有好处。

最后，摆在眼前的事实就是一团糟。在资金融通柜台等钱，根本无济于事，到处都找不到钱，市场一片末日景象。

后来我听说，证券交易所总裁汤玛斯在得知华尔街所有的经纪商都面临困境后，四处奔走求助。他找到美国花旗银行总裁詹姆斯·史蒂曼，那是全美最富有的银行，他曾夸下海口，说其贷款利率从未高过于6%。

史蒂曼听了纽约证券交易所总裁的话后说："汤玛斯先生，我得先问问摩根先生的意见。"

这两个人都希望阻止美国史上最严重的金融恐慌，于是一起来到摩根办公室，去见摩根先生。汤玛斯说明了当时的情况，把问题摊在摩根先生面前，他一说完，摩根就说："您回交易所，告诉他们，不用担心钱。"

"钱在哪里？"

"各家银行！"

在那样危急的时刻，所有的人都对摩根深信不疑，因此汤玛斯根本不问细节，就急忙赶回交易所，对着那些如同被判死刑的会员公司宣布好消息。

接着，在当天下午两点半之前，摩根指派范恩—艾德柏里公司的约翰·艾德柏里前去交易所处理此事。大家都知道他跟摩根的关系非常密切。我朋友说，艾德柏里快步走向资金融通柜台，他举起一只手，就像是布道大会上的布道者。原本听到汤玛斯总裁的宣布已平静下来的群众，又开始担心起来，认为救援计划可能生变，最坏的情况恐怕还在后头。但当他们看到艾德柏里的面孔，看到他举起手时，立刻就安静了下来。

随后，在一片死寂的气氛下，艾德柏里说："我被授权发放 1000 万美元贷款，别急！每个人都能贷到足够的钱！"

接着，他开始记下借款人的名字和需要的金额，他并没有告诉他们放款人是谁，只对他们说："等通知，到指定地方领钱。"他的意思是指，借款人稍后去那家银行领取贷款。

一两天后，我听说摩根又向那些吓坏了的纽约银行家捎了个口信，要他们提供证券交易所需的资金。

"但我们也没钱啊，我们的钱早就被借光了。"银行家抗议说。

"你们不是还有准备金吗？"摩根厉声地说。

"但我们的准备金已经低于法定水平了。"他们哀求着。

"动用它们！此时不用，更待何时！"银行家们遵命行事，动用了大约 2000 万美元的准备，暂时稳住了市场。**摩根真是一位有胆识的人**，没有人比得上他。

齐克用注解：

关于危机的消息越来越多，10 月 19 日星期六深夜，摩根回到华尔街开始进行危机处理。摩根不仅是纽约最富有、最有名的银行家，还有处理相似危机的丰富经验——1893 年危机发生时，他曾救美国财政部于危难。如果没有金融家摩根的干预，恐慌很可能造成更深远的影响。为了支撑银行体系，摩根自掏腰包押上了大量金钱，并说服纽约的其他银行家也照做。当时美国还没有联邦银行之类的机构，可以为市场注入流动性资金。

J. P. 摩根（1837—1913）

在 1907 年恐慌中，J.P.摩根挽救了美国政府。以 J.P.摩根为代表的摩根家族在 19 世纪末和 20 世纪初变得声名显赫，控制了当时的银行业，彻底改变了众多行业，包括电力、铁路、钢铁等。"摩根化"一词形容其收购公司创造垄断、消灭竞争、削减成本的手段。

图 9-6　J.P.摩根

这是股票操作生涯中让我印象最深刻的一天，那一天我的获利超过了 100 万美元，这意味着我第一次精心计划的交易有了成功的结局。我预测的事情发生了，但更重要的是，我那看似不切实际的梦想终于实现了。那一天，我是市场之王！

当然，我会解释清楚的。闯荡纽约多年后，我常常绞尽脑汁思考，我 15 岁就在波士顿空桶店所向无敌，却一直无法在纽约证券交易所会员公司获得胜利，这究竟是为什么？我知道，总有一天我会找出哪里出错，而且不再犯错。到那个时候，我不仅能迎来正确的一刻，而且以知识确保自己能持续正确。这就是实力。

别误会我的意思。这不是海市蜃楼般的春秋大梦，也不是源于虚荣心的白日梦。这只是一种微妙的感觉，在富乐顿公司和哈丁兄弟公司的日子里，让我一再受挫的股市，总有一天我可以完全掌握。我坚信，这一天终将来临。1907

年10月24日，这一天来临了。

我之所以这么说，是因为那天早上，一位跟我合作过且知道我一直做空的经纪人，和华尔街一家最显赫的银行合伙人同搭一辆车。他和那位银行家大谈我如何放空，如何对多头穷追猛打。在您做对的时候，当然要把好运发挥到极致，而且得到最好的结果，否则判断正确又有什么意义呢？

为了让故事显得比较有分量，那位经纪人难免要夸大其词。也许跟着我操作的人比我想象的还要多，也许那位银行家比我更了解当时的情况是多么严峻。总之，我朋友对我说："他饶有兴趣地聆听着。我告诉他，您（利弗莫尔）曾经说过当真正的卖盘杀出后，市场将会大跌。我说完后，他告诉我也许会在当天晚些时候，他会再来找我。"

当经纪商发现，市场上已经到了不惜一切代价都无法筹到一分钱的时候，我就知道那一刻终于到了。我派了几个经纪人到人群中打听情况。天啊！联合太平洋铁路连一笔买单也没有。不管什么价格，都没有人要买！想想看，其他股票的情况也差不多。没有钱能够持有股票，也没有人在买股票。

我账面上已经有了庞大的利润，而且我可以肯定，如果我想进一步打压价格，只要再加码卖出联合太平洋铁路和其他6家股息较佳的公司股票各1万股就行了，然后地狱般的行情就会接着而来。我有一种感觉，即将发生的恐慌将非常猛烈，以至于证券交易所理事会很有可能会考虑休市，就像1914年8月世界大战爆发时那样。

这意味着我的账面利润还将大增，但这可能也意味着我将无法把这些利润转变成现金，而且我还得考虑其他事情，其中之一是，持续下跌将会阻碍刚起步的景气复苏，这样的恐慌将对整个国家造成很大的伤害。

于是我下定决心，既然现在继续大力放空是不明智的，也不道德，那么我再坚持做空也就不合逻辑了，因此我改变方向，开始回补买进。

我的经纪人开始替我买进后不久——顺便一提，我买到了底部最低的价格——那位银行家就来找我朋友了。

"我来找您，"他说："是因为我希望您立刻去见您的朋友李文斯顿，跟他说，我们希望他今天不要再卖出任何股票了。市场无法承受更大的压力了。事实上，要避免一场毁灭性的恐慌，是一件非常不容易的事。唤起您朋友的爱国心吧，在这样的情况下，每个人都应该为所有人的利益尽一份心力。如果他有意见，请立刻告诉我。"

1907 年 和 1929 年，美国股市都发生了雪崩式暴跌。一位交易者损失惨重并且急需现金，只需要 100 美元就能买下他的汽车。

图 9-7　风险控制是重中之重

我朋友立刻过来找我，很委婉地告诉我。我猜想，他大概认为我在计划彻底击溃股市，因此我会拒绝他的要求，放弃赚取 1000 万美元的机会。他知道我对华尔街某些大人物深恶痛绝，因为这些人和我一样，明知市场会出现什么局面，但他们却依然拼命倒货给投资大众。

事实上，那些大人物也是这次崩盘的最大受害者，而我在底部买到最低价格的股票中，有好多来自鼎鼎大名的金融界人士。当时我并不知道，但这并不重要。我回补了所有的空头仓位。这对我来说，我有机会买进便宜的股票，同时又能帮助市场，添上复苏急需的一臂之力，何乐而不为？

于是我对我朋友说："回去告诉布兰克先生，我同意他们的看法，其实在他找到您之前，我就已经完全明白情况的严重性了。我今天不仅不会卖出股票，而且还会尽我所能地买进股票。"我说话算话，那天我就买进 10 万股，而在随后的 9 个月，我也不曾再放空任何股票。

这就是为什么我对朋友说，那天实现了自己的梦想，而且成为市场之王。在那天的某个时刻，市场已经摇摇欲坠，任何人想打压它都易如反掌。我不敢妄想自己很伟大，事实上您知道我的为人，知道我被人指责打压市场时心里是什么滋味，也知道我的操作方式是如何经常被华尔街的说法给过分夸大渲染的。

我在最好的状况下出清了仓位。报纸上说，那个年轻的投机小子拉利·李文斯顿赚了好几百万美元。噢，那天收盘时，我的身价确实超过了 100 万美元。但我最大的收获并不是看得到的钱，而是无形的资产：我是对的，我目光长远，并且依照清楚明确的计划行事。**我已经掌握了如何赚大钱的法门，彻底摆脱了赌博心态，至少我已经学会了如何聪明地做大资金仓位操作**。这一天是我一生中最重要的日子。

齐克用注解：

这意思是他已经是属于作手级的操作。一个作手级的人物，必须经过多少实战的磨炼？回顾第一章至第九章，您将明白这里面的困难。

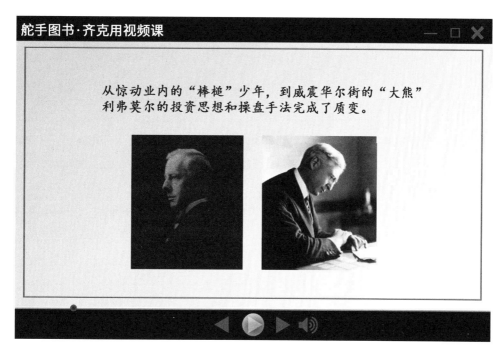

附图 作者齐克用精讲利弗莫尔的操盘手法

第十章 建构交易系统与克服人性错误

"我唯有乘胜追击下大注，才是明智之举，而当您亏钱时，亏掉的只是试探性的小赌注。"

杰西·劳伦斯顿·利弗莫尔
(1877 年 7 月 26 日—1940 年 11 月 28 日)

导　读

主题

- 交易系统
- 技术分析
- 商品交易
- 最小阻力线
- 交易时机
- 人性
- 资金管理
- 情绪管理
- 风险管理
- 利多利空对市场的影响
- 一厢情愿和恐惧
- 人性的冲动
- 加码操作系统
- 经典操作名言

图 10-1　先研究图中的主题，再阅读内文

本章 8 个案例

案例 1：自己与狄克逊·华德犯错。

案例 2：最小阻力线系统操盘系统。

案例 3：无限制潜艇战策略消息面操盘。

案例 4：农场作物的利多消息出现后，价格不涨反跌。

案例 5：棉花关键点没出现的失败操作。

案例 6：小麦真突破的关键点成功操作。

案例 7：小麦买高不买低的顺势操作。

案例 8：老先生说明派特·赫恩的加码系统。

操盘逻辑

利弗莫尔的交易系统里，有最小阻力线操盘系统。那最小阻力线到底是什么？如果我们现在要拿最小阻力线来使用，要如何调整，才能帮助我们判断交易时机？先来看他讲的规则：

1.沿着最小阻力线操作：这意思是他的交易系统是顺势交易系统。既然是顺势交易系统，那就只有两个地方可以做——"上涨格局"与"下跌格局"。所以内文里谈到整理格局时，不讲最小阻力线，因为整理格局里，不适合操作。

2.他如何定义最小阻力线呢？依据报价带的系统！报价带的系统就是全部价格的波动都会在系统里面。这时您不要想弄清楚他到底讲的是分时线还是日线，这里的重点是告诉您所有的价格都包括在内。

3.最小阻力线操作的价格跳动方式有三种：

①高点与低点之间来回震荡。这种是整理格局，没有最小阻力线，只有最大阻力点。

②价格持续出现新高。这时有最小阻力线,而最小阻力线是向上的。

③价格持续出现新低。最小阻力线是向下的。

有了最小阻力线操作的规则，定义就简单了，当它持续在高点与低点之间来回震荡的，这种就是整理格局。当价格持续有新高，这时候的顺势交易系统就会沿着最小阻力线发出买入信号。换言之，在利弗莫尔的手稿六行记录里，价格沿着某一行位持续记录，某一天达到可以跳行记录的时候，从短期跳到中期，或中期跳到长期，那就表示顺势交易的买入信号被启动了。

阅读利弗莫尔的文章时，您的脑袋不要死板，非得厘定清楚最小阻力线是不是我们现代所谈的趋势线或轨道线或均线等。您也不要去想，他说有新高出现就是沿着最小阻力线操作，那如果明天或后天没有新高了，该怎么办？是不是它又进入整理格局了？又或者说，您去研究目前最小阻力线向上，那何时会知道最小阻力线又向下了？会不会直接 V 型反转了，没有发生所谓的高位整理？其实这些真突破还是假突破，或者是趋势进行中的反转，在利弗莫尔的书中，并没有明白地说明。利弗莫尔还告诉您，他还用其他的方法做判断。所以在他讲最小阻力线时，您应体会到他谈的是顺势交易系统。

您可以从这里再想到一些重点：最小阻力线系统，是有报价带系统在里面，也有关键点系统在里面。这里的关键点系统包括了趋势反转时要如何判断。趋势进行中，到底是真突破还是假突破，如何判断。简单讲，他的系统里面，又可以分成好几个子系统，不是只有单纯的一种而已。大资金仓位的人一定是运用顺势交易系统操作，没有人会运用短线超短线来操作的。

重点摘要

本章的 14 个操盘重点：

1. 从自己的错误中学习操盘，但一个错误可能衍生出成千上万种类似的错误，犯这些衍生的错误就在所难免了。

2. 仓位太大而觉得不安全时，交易者应减少仓位，直到睡得着觉为止。

3.价格和其他东西一样，沿着最小阻力的方向进行，也就是它们会往最容易走的方向进行。

4.每当我根据最小阻力线进场交易时，那些突发事件——也就是不曾预料到的事，总是对我的市场仓位有利。

5.做对的人经常有两股力量在帮他——基本情势和其他犯错的人。

6.在窄幅波动的市场，如果市场没有明确的方向，那么要预测下一个大波动是往上或往下，是毫无意义的。

7.如果要买进股票，我会在最高点买进；如果要放空股票，肯定会在最低点卖出，否则就不卖了。

8.在上涨行情中，您应该一路加码。一开始您应该买进1/5的仓位。如果第一笔交易没有产生利润，您就不能加码，因为显然您一开始就错了。

9.唯有乘胜追击下大注，才是明智之举，而当您亏钱时，亏掉的只是试探性的小赌注。

10.投机者最主要的敌人，往往来自自己的天性，而要把一厢情愿和恐惧从人性中去除是不可能的。

11.别人心怀希望时，您必须心生恐惧；别人心怀恐惧时，您必须拥抱希望。

12.您可以一时击败一只股票，甚至是整个板块的股票，但没有人能够击败股市！投机就像赛马一样，您可以在一场赛马中获胜，但您不可能击败每一场赛局。

13.股票绝不会因为价位太高而不适合买进，也不会因为价位太低而不适合卖出。

14.这里列出了本章中的重点提供读者思考：错误，人性，由俭入奢易、由奢入俭难；资金管理与情绪管理；商品期货交易；报价带＋最小阻力线；最小阻力线＋整理格局；最小阻力线＋突发事件＋开盘价＋消息面。人性的弱点；多头市场中，利空因素被忽略；棉花＋偏见＋错失大行情；耐心等待交易时机；小麦＋最小阻力线；棉花＋加码法则＋亏损平仓；系统建立仓位以及加码操作；交易系统＋加码＋平仓＋资金风险管理；没能坚持使用已被证明可行的赚钱系统操作；人性的错、一厢情愿和恐惧、人性的冲动；交易原则；经典操作名言。

下面我们进入内文。

本章内容乍看之下，有几个段落感觉好像不连贯，时而讲 1907 年的事，时而又讲 1915 年，主因是每一段落其实是利弗莫尔在回答记者的提问，读者若不看记者所提的问题，有时很难看懂。为了帮助读者看懂文章，在必要的地方加上记者所提的问题，对内文进行补遗。（下方加了波纹线的文字部分，是在段落之前加入的补遗）

记者提问："谈到在股票市场犯下的错误，根据您的经验，一个人只能从自己的错误中学习，还是能够从别人的错误中受益？"

利弗莫尔回答如下：

"对于认清自己的错误，不见得会比研究清楚成功来得有帮助，但人的天性倾向于逃避惩罚。如果错误让您尝到苦果，您还会想再来一次吗？当然，在股市里所犯下的错可能带给您双重伤害——**您的钱包与自尊**。但我要告诉您一些您想要知道的事情：股市投机者有时会**在明知是错的情况下去犯错**。在犯错之后，他们还会扪心自问为什么会犯错。然而，经过冷静思考，犯错带来的惩罚痛过之后，他们会明白自己是如何、何时以及在交易过程中的哪一个地方犯错，但他们不会明白为什么会犯错。他们会自我安慰，然后下一次照样犯错不误。"

齐克用注解：

这里的自尊，指的是信心。如果您不停地一直做错而赔钱，就会没有信心。另外一个重点——为何股市投机者有时明知是错的，还故意犯错呢？举例来说，逢低买进，连买三次，都是赔钱的，那就应该知道一件事情，现在根本就是在下跌，逢低买根本就是错的。但过没有久稍微反弹一下，又以为这次可能真的要涨了，又跑去逢低买，过没多久又破低点，只好又止损。这告诉您，逢低买已经错了三次，第四次还是又跑去逢低买。事实上，您应该要买高，不要买低。一般的投机者，只知道要逢低买，因为认为正常的逻辑应该是，买在低的地方，卖在高的地方，才能赚钱。但是等买了第一的低点，第二次再买低点，第三次再买低点，连续买了三次，发现全是赔钱，那第四次就不能再买了。这里已经告诉您逢低买是错误的，逢低买已经赔了三次。但这样的人，他还是会跑去买第四次，而他去买的原因是可以再找出一大堆原因告诉自己为何应该要再买。这就是人性的弱点。他们不晓得逢低买是错误的。他们只知道上次的逢低买是赔钱，再下次逢低买还是赔钱，再下次逢低买，还是赔钱。再下一次他要再买时，他的脑袋逻辑恐怕已经转念到是为了要摊平，不然解不了套。他始终不晓得逢低买这一条是错误的。

记者提问：<u>"您的意思是说，您曾经没有任何特殊的理由却犯了错，而且是自己心知肚明的状况下？"</u>

利弗莫尔回答如下：

"当然，如果一个人既聪明又幸运的话，他不会犯两次同样的错。但一个错误可能衍生出成千上万种类似的错误，<u>犯这些衍生的错误就在所难免了</u>。错误的家族实在庞大，只要您在股市中做了愚蠢的操作，就总会有一些错误围绕在您身边。"

齐克用注解：

他说自己是不会犯同样的错误，但为何还一直犯错赔钱？因为这是一个错误再延伸出来的成千上万种错误。所以他没办法停止犯错。他这里的意思是即将要告诉您为何他又赔掉了100万美元。另外说明错误为何会再衍生出其他的错误？举个例子来说，"从一厢情愿衍生出来的贪婪，所产生出来的错误"——我买了某只股票，希望它上涨，结果它真的涨了，结果上涨时，我希望还会涨得更多，就没卖掉。它后来跌一点点时，我没卖，再跌一点，还是没卖，我盼着股票涨到我希望的高价，最后却跌回到原点。这就是一厢情愿衍生出来的贪婪，使得我一毛钱也没赚到。

记者提问："那个害您损失 100 万美元的错误，是怎么回事？我的意思是说，我们主要是从本身的错误中学习，但是如果我们自己没有犯下某些错误，那就必须根据别人的错误来教育自己，我这辈子不曾犯过 100 万元的错误，但我记得您曾说过，您犯过这样的错……"

利弗莫尔回答如下：

"我要告诉您，我是**如何犯错而赔掉 100 万美元**的。不过，我得从 1907 年 10 月的大崩盘让我第一次成为百万富翁说起。就我的操作而言，拥有 100 万美元只不过意味着我拥有更多的保证金准备交易。金钱并不会让交易者感到更开心，因为不管是富还是穷，他都会犯错，而只要犯错，就不会感到开心。如果百万富翁交易者正确，他的钱就只是他的一个仆人而已。金钱损失并不会让我烦恼，赔钱也未曾困扰我。只要睡一觉，我就会把它们全都忘掉。但犯错而不认赔，将严重伤害您的钱包和心灵。"

齐克用注解：

如何赔掉 100 万美元？这里是在谈所犯过的错误，听信波西·托马斯操作棉花，用别人的方法来交易，最后结果是赔掉 100 万美元。他说，我失去了数百万美元，得到了一个教训：对一个交易者来说，他的另一个危险敌人是，被另一个聪明人的花言巧语所迷惑。不过，如果只花 100 万美元就能得到教训，我认为这是值得的。（第十一章有更详细的说明）

您还记得狄克逊·华德所讲的故事吗？这个故事里说，有个人整天紧张分分，他的朋友问他到底怎么了。

"我睡不着觉。"那个人回答说。

"为什么睡不着？"朋友问道。

"我持有很多棉花仓位，我一想到就睡不着。失眠搞得我精疲力尽。怎么办？"

"卖掉一些，直到您睡得着觉为止。"朋友答道。

齐克用注解：

　　这里谈的错误是，仓位过大，交易过量。狄克逊·华德曾任纽约棉花交易所主席，著有《投机艺术与生活智慧》，利弗莫尔曾多次引用他书籍中的许多名言。如：当所持的仓位不符合预期，或是仓位太大而觉得不安全时，交易者应卖出"减少仓位，直到睡得着觉为止。"

　　记者提问："我请教您，当个百万富翁的感觉如何，不是指您是投机客时，而是指普通人的感觉。"

　　利弗莫尔回答如下：

"通常，人们总是忙于适应环境，却失去了洞察能力。他不能体会到其中的差别，也就是说，他无法清楚记得不做百万富翁的感觉。他只记得，**以前很多做不到的事，现在都可以做了**。对一个年轻的普通人来说，**要丢掉贫穷的习惯用不了多长的时间，但要他忘记曾经富有则需要很长的时间**。我认为，这是因为金钱创造了需求，或者说金钱产生了乘数效果。我的意思是说，当一个人在股市赚到钱之后，他很快地就会改变节俭的习惯。但当他亏钱之后，需要很长的时间才能改掉花大钱的习惯。"

　　"1907年10月，我回补了空头仓位并开始做多后，决定要放松一段时间。我买了一艘游艇，**打算到南方海域去航行**。我非常喜爱钓鱼，而且早就计划要去，我期盼着这个假期，恨不得马上动身，但市场不让我这样做。"

齐克用注解：

　　1880年至1905年，为游艇的黄金时代。而购买小游艇的，大都是成功的交易员，他们通常都到棕榈滩等地方。利弗莫尔的一艘游艇长达百米，甚至能与摩根的游艇媲美。

利弗莫尔喜欢驾驶游艇出海，他对市场的很多奇思妙想是在休假时得来的。

各章开头的鱼骨图的构思，就来自这张照片。

图10-2　利弗莫尔（左）和朋友埃德·凯莱在利弗莫尔的游艇上

记者提问："我记得您的股票不是买到那一年的最低价吗？您不可能发生损失啊？"

利弗莫尔回答："它们没害我赔钱，是玉米造成的。"并接着解释：

"除了交易股票，我也交易商品期货，而且在很年轻的时候就开始在空桶店交易商品期货了。多年以来我一直在研究商品期货市场，只不过不像研究股市那样热衷与专心。事实上，比起股票，我更喜欢交易商品期货。毫无疑问，商品期货更具有合理性，而且交易商品期货具有对某种商业冒险的意味，您可以在交易商品期货的过程中体验到所有的商业问题。在商品期货市场中，或许您可以使用虚拟的论证，找到推动或阻碍某特定趋势的理由，但由此获得的成功只是暂时的，因为最终事实会胜出，因而仔细研究和观察的交易者能够让您获利，这一点与做生意是一样的。他可以观察和评估情势，并掌握比其他人更多的信息。他不需要与企业内部人斗争。在棉花、小麦或玉米市场，不会有意外配息或增加股息的情况发生。长期而言，商品期货价格只受供需法则的影响。**在商品期货市场，交易者只要弄清楚现在和未来的供需情况就行了，他不需要像在股市中那样推测或猜测**。因而，交易商品期货总是对我有着超强的吸引力。"

齐克用注解：

商品期货价格较不易被特定人士操纵，主要是由供需法则决定，没有内部人或公司派的关联性。

记者提问："研读行情纸带，有什么基本上的不同吗？"

利弗莫尔回答："您的意思应该是指棉花或谷物和股票之间，有没有什么不同的？"

当然，所有的投机市场都是一样的，报价带所传达的信息也是一样的。这对勤于思考的人来说，那些信息再明确不过了。他会发现，如果他好好地问自己问题并且考虑基本情势，答案就会自动呈现在眼前。但人们从来不愿意去问问题，更不用说寻找答案了。一般人通常不会轻易相信他人，但他一走进经纪公司看到报价带，情况就大不一样了。在所有游戏中，只有投机游戏需要在进场之前先做好研究，但很多人将平时明智未雨绸缪和小心求证的精神抛诸脑后。在股市中，他会不假思索地投入一半的身家，但购买中等价位的汽车时，他倒是要精挑细选半天。

研读报价带并不像看起来那样复杂。当然，您必须有一些经验，但更重要的是，您的脑袋里必须要有一定的基本观念。研读报价带并不是要您未卜先知。报价带可不会告诉您下周四下午1点35分您会有多少钱财。研读报价带的目的是确认如何操作、何时交易，也就是说，买进是否比卖出更合适，而这个道理同样适用于股票、棉花、小麦、玉米或燕麦。

观察市场，就是研判报价带显示的价格走势，目的只有一个，就是要确定市场方向，也就是确定价格走势。我们知道，价格会根据它所遇到的阻力上涨或下跌。为了便于解释，我们可以说，**价格和其他东西一样，沿着最小阻力的方向进行，也就是它们会往最容易走的方向进行**。因此，如果上涨的阻力比下跌的阻力小，那么它们就往上走，反之亦然。

齐克用注解：

利弗莫尔以"价格将沿着最小阻力线进行"来进一步说明交易的基本原理。

当市场开盘后，您不应该困扰于市场是多头还是空头。对一个投机者来说，把看到的事实套在自己的理论上是很不明智的举动。只要您心胸宽广、视野开阔，趋势就会明确地展现在您眼前。这样的人应该会知道市场是多头还是空头，而一旦他知道这一点，他也就知道了应该买进还是卖出。因此，只要行情一启动，他就知道是要买进还是卖出。

举例来说，假设市场像平常那样，在上下10点的范围内波动；上至130，下至120。当价格来到低点120附近时，市场在底部区显得疲弱，而当它上升8点或10点之后，它又显得相当强劲。这时您不能只看到某种征兆，就被引诱而进场交易。您应该等待，**直到报价带告诉您时机成熟了再动手**。事实上，人们因股票看起来很便宜而买进，或者看起来昂贵而卖出的代价不知有多少。投机者绝对不是投资者，他们的目标并不是追求稳定的报酬，而是从价格的涨跌中赚取利润。因此，投机者必须依循最小阻力线的方向来交易，而他**应该等待的，就是最小阻力线自行浮现的那一刻，因为这就是他要开始忙碌的时刻**。

研读报价带只能让他知道，在130美元的价位，卖盘比买盘强劲，价格回调在所难免。此时那些略知皮毛的报价带研读者会推论出，认为价格会头也不回地直冲150美元，于是他们放手买进。但当价格回调后，他们或坚持紧抱持股，或亏小钱出场，或多翻空转做空头。但在120美元的价位，下跌的阻力比上涨的更强，而买盘比卖盘强劲，随后就会出现上涨和空头回补的行情。投资大众经常在价格上下震荡盘整中两面挨耳光，但他们总是不能记取教训，实在令人感到惊讶。

最后，终于发生了某些事情，使得上涨或下跌的力道增强了，**最大阻力点也开始向上或向下移动**——也就是说，在130美元的价位，买盘首次比卖盘强劲，或者在120美元的价位，卖盘首次比买盘强劲。这时价格将突破旧的区间，并继续发展。通常，在120美元处会有许多人放空，因为市场看起来很疲弱；而在130美元处会有许多人做多，因为市场看起来很强劲。但当市场并没有如他们预期的那样发展时，他们在略作坚持后就会被迫改变主意，认赔出场或反向操作。不管他们如何操作，都会让最小阻力线变得更加明显。因此，聪明的交易者会耐心地等待最小阻力线出现，他们不仅得助于基本交易环境，而且得助于碰巧猜错方向而不得不改正错误的那些交易者。**那些交易者的纠正错误行为，总是进一步推动价格沿着最小阻力线前进**。

齐克用注解：

现在的空单，是未来的买盘。反之，现在的买单，是未来的卖盘。

在这里我要说的是，尽管我并没有用数学方法来做定量分析，也没有把它当作是投机定律，但我的经验告诉我，**每当我根据最小阻力线进场交易时，那些突发事件——也就是不曾预料到的事，总是对我的市场仓位有利**。您还记得我在萨拉托加联合太平洋铁路的交易吗？我之所以做多，是因为我发现最小阻力线是向上的。我应该紧抱多头仓位，而不是听信我的经纪人说内部人士都在抛售股票。其实董事们怎么想，根本无关紧要，而且他们怎么想，我是不可能知道的，但我能够也确实知道，就是报价带说"上涨！"，然后就是股息出乎意料地提高了，股价也随之大涨了 30 点。164 美元的股价看起来的确很高，但正如我告诉您的，股票绝不会因为价位太高而不适合买进，也不会因为价位太低而不适合卖出。价格高低与确认我的最小阻力线一点关系都没有。

齐克用注解：

利弗莫尔的交易系统里，有最小阻力线。那最小阻力线到底是什么？如果我们现在要拿最小阻力线来使用，要如何调整，才能帮助我们判断交易时机？有关这里的详细说明，请到本章导读阅读"最小阻力线操盘系统"。

在实际操作中，您会发现，股市收盘后到隔天开盘前这段时间所发生的重要消息，往往与最小阻力线的方向一致。在消息公布之前，趋势就已经确立了，而且在多头市场中，利空会被忽视，利多会被放大，反之亦然。这次世界大战爆发之前，市场就已经非常疲弱了，而德国又接着宣布**无限制潜艇战策略**。当时我放空了 15 万股股票，这并不是因为我知道这则消息，而是我一直沿着最小阻力线操作。就我的操作而言，**这则消息也是突如其来。当然，我充分利用这种情况，当天就回补了所有的空头仓位**。

齐克用注解：

关于"无限制潜艇战策略"。第一次世界大战开始时，德国有29艘潜艇服役，它们是用来攻击英国海军防卫军舰的。最初，德军会避免攻击英国商船，但1915年2月，由于双方的关系更趋紧张，德皇宣布不列颠群岛周围为一级战区，下令他的舰长直接攻击民用的商船。这件事自然而然地重创了全世界的金融市场，而利弗莫尔在疲弱的市场中大量放空，因而赚了不少钱。这里的另一个重点，"这则消息也是突如其来。当然，我充分利用这种情况，当天就回补了所有的空头仓位"：意指回补买进在事实发生时。

您要做的只是研读报价带，找出阻力点，并时刻准备在确定最小阻力线之后据此行动。这听起来似乎很容易，但在实际操作中，您要提防许多阻挠您正确操作的事情发生，其中最大的敌人就是您自己，也就是说，您必须提防人性的弱点。这就是为什么我会说，做对的人经常有两股力量在帮他——基本情势和其他犯错的人。多头市场中，利空因素被忽略，那是因为人性，而人们总是在事后对利空因素所起作用表示惊讶。**大家会告诉您，由于一两个地区气候恶劣，农场作物惨遭摧毁，今年的小麦收成肯定完蛋了。但当所有的小麦收成后，来自各小麦产区的农场主人把小麦送往码头的升降梯时，多头对小麦仅是轻微受损感到惊讶。多头最后才发现自己又帮了空头的忙。**

齐克用注解：

这里是举个例子说明，空头市场中，预期缺货，价格将上涨。结果是只缺一点点货，原本下跌的趋势持续。多头止损卖出时，又帮了空头一次忙。

当您在商品期货市场交易时，绝对不能固执己见，您不能有偏见而且必须灵活有弹性。无论您对谷物的供需状况有什么看法，都不要忽视报价带上所传递的信息。我还记得，我曾经因为试图预测行情发动的信号，而错失了一次大行情。我的感觉是如此地笃定，以至于我认为没有必要等到最小阻力线确立，甚至于认为自己帮它推一把，它就能成立。

我非常看好棉花，棉花价格一直维持在 12 美分左右，在一个窄幅的区间里震荡。我知道，真正应该做的事就是等待，但是**心想，要是我能稍稍推它一把，它应该就能突破上方的阻力点了**。

于是**我买了 5 万包棉花。毫无疑问，价格上涨了，但我一停止买进，它也停止了上涨**。接着，它开始回调，回到我开始买进的价位。**我卖出平仓，价格就不再下跌**。我认为行情即将要启动了，我应该再推它一把，但同样的事又发生了。我一买进，它就上涨，我一停止，它又跌回来。如此反复了四五次，最后我终于放弃了，损失了大约 20 万美元。过没多久，棉花就开始了涨势，一路涨不停。如果我不是那么冲动急于进场，现在的我已经是家财万贯了。

齐克用注解：

　　这里是在说明，明明还在区间整理，却硬要操作。关键点没出现，交易时机未正确掌握。

太多的交易者都有许多类似的经验，因此我总结出一条规律：**在窄幅波动的市场，如果市场没有明确的方向，那么要预测下一个大波动是往上或往下，是毫无意义的。您要做的是观察市场与研读报价带，确定价格震荡区间有多大，并下定决心，除非价格突破这一区间的上限或下限，否则就按兵不动**。投机者必须思考如何从市场中赚钱，而不是固执地要求报价带与他的看法一致。永远不要与报价带争辩，也永远别问原因或解释。在股市里，事后诸葛的行为不会为您带来好处。

齐克用注解：

　　在整理区间，不要去预测一定会突破哪一边。

不久前，我和一些朋友聚会。他们谈起了小麦，其中有些人看多，也有些人看空，最后他们问我有什么看法？哦，我研究小麦市场已经有一段时间了。我知道他们并不想了解任何统计数据或基本情势，所以我说："如果你们想在小麦市场赚钱，我可以告诉你们怎么做。"

他们都表示想赚钱，于是我对他们说："如果你们真的想在小麦上赚钱，你们就要好好地观察它，然后耐心等待！**等到小麦突破 1.2 美元时，就立刻买进，然后你们就能很快地赚大钱了！**"

"**为什么不在目前 1.14 美元的价位买进呢？**"其中一个人问道。

"因为现在我还不知道它究竟会不会上涨。"

"**那为什么要在 1.2 美元买？这个价位看起来很高。**"

"您是想盲目下注放手一搏，来赚大钱呢？还是想聪明地投机，赚取较少，但更有把握地获利呢？"

他们都表示宁可赚取较少，但较确定的利润，于是我说："那就照我说的去做，价格一突破 1.2 美元就买进。"

齐克用注解：

为什么要买高不买低呢？突破压力再来买，远比还没突破之前就先买好，胜算更大。因为买进之后会赚钱的原因是，股价还会上涨！还未突破之前，上涨几率还很低，突破之后，上涨几率变高了。当开始上涨时，您买进的高价也就相对变低了。

我说过，我观察小麦已经有一段时间了。这几个月来，**小麦的价格一直在 1.1 美元和 1.2 美元之间徘徊，从来不曾跳出这个区间。**哦！对了，其中有一天它收在 1.19 美元之上，我严阵以待。第二天，**小麦不出所料地开在 1.20 $\frac{1}{2}$ 美元，于是我进场买进。小麦价格一路上涨，1.21 美元、1.22 美元、1.23 美元再涨到 1.25 美元，而我也一路加码**。

齐克用注解：

窄幅区间震荡的上缘 1.2 美元是压力，下缘 1.1 美元是支撑。关键的支撑与压力点就是"关键点"。利弗莫尔手稿中的六行记录图表中有"关键价格"。这些都是在说明他的关键点技巧。此处在运用关键点技巧，说明最小阻力线的使用技巧。

我一直没有告诉您，当时发生了什么，也不曾解释价格为什么会在窄幅的区间波动。我也不知道价格在窄幅区间波动后，究竟会突破 1.2 美元，还是跌破 1.1 美元。但我认为它会上涨，因为全世界的小麦还没有多到令价格下跌的地步。

事实上，欧洲一直在悄悄地买进小麦，而许多交易者则在 1.19 美元左右放空。由于欧洲的买盘和其他因素的影响，导致小麦缺货，因此大行情终于启动了。**价格突破了 1.2 美元关卡，这就是我要的观察重点**，也是我所要的买点。我知道，只要小麦突破 1.2 美元，就会持续上涨，因为发动涨势的买盘，终于聚集了足够的力量，将小麦推过了震荡区间的上限，这意味着必将有大事发生。换句话说，突破 1.2 美元之后，小麦价格的最小阻力线就确立了。突破之后，就是另一个故事了。

齐克用注解：

当最小阻力线出现之后，开盘也会跟着最小阻力线的方向去开！有利多利空消息出来的时候，也是会依据最小阻力线的方向来反映利多或利空的消息，故我们常看到上涨格局里，利空不反映，下跌格局里，利多不反映。

我记得那一天是假日，所有的市场都不开盘，而那天**温尼伯**的小麦开高，每**蒲式耳**上涨 6 美分。隔天美国市场开盘，每蒲式耳也上涨 6 美分，价格正是沿着最小阻力线上扬。

齐克用注解：

加拿大曼尼托巴省是北美小麦的主要生产中心，成立于 1887 年的温尼伯商品交易所，从 1904 年后，成了决定全世界小麦期货价格的最大市场，目前它是加拿大唯一的农产品交易所。

小麦期货的计价单位为美分 / 蒲式耳。蒲式耳 (bushel) 是一容量单位，也被称为英斗，1 蒲式耳大约等于 60 磅（而 1 磅大约等于 0.45 公斤，因此 1 蒲式耳大约等于 27 公斤）。

这里的说明就是要告诉您，**我的交易系统**是基于研读报价带的结果。报价带只能提供价格最有可能运行的方向，至于自己的交易，还会用其他方法来检验，以确定最适当的时机。当我开始进场交易后，也会观察价格的后续发展，以确定我是否正确。

齐克用注解：

　　意指最小阻力线的系统。至于该系统里面是否还有其他的子系统，他说他还会用其他的方法来检验。后面章节也会陆续提到。

　　许多交易老手听到我说：**如果要买进股票，我会在最高点买进；如果要放空股票，肯定会在最低点卖出，否则就不卖了**。这种做法让他们露出难以置信的表情，而这一点却也令我惊讶不已。如果交易者始终坚持自己的投机原则，那么赚钱绝非难事。我的意思是说，**等待最小阻力线确立，然后在报价带显示出应该买进时才买进**，或报价带显示应该卖出时才卖出。**在上涨行情中，您应该一路加码。一开始您应该买进 1/5 的仓位**。如果第一笔交易没有产生利润，您就不能加码，因为显然您一开始就错了。此时此刻您是错误的，而在任何时候，犯错都不可能给您带来利润。此时报价带可能仍在说"上涨"，但这不能说它是在撒谎，因为它现在说的是"还不到时候"。

齐克用注解：

　　要做多，就要买在新高的位置，要放空，就要空在新低的位置。最小阻力线的交易原则，其实就是新高新低的原则。有新高就持续加码，有新低就持续放空。那要如何加码呢？您就要运用利弗莫尔谈的加码法则——做错了，只会有小小损失；做对了，会赚很多。

　　我在棉花的操作上一直都很成功。我有**自己的一套理论**，而且遵循这套理论操作。假如我决定建立 4 万到 5 万包的棉花仓位，就会像我告诉您的那样研究报价带，观察买进或卖出的机会。假如最小阻力线显示即将出现多头行情，我会买进 1 万包。随后，如果价格从我的最初买进价上涨 10 点，我就会再买 1 万包。同样地，如果我有了 20 点的利润，或每包 1 美元的利润，我会再买进 2

万包，于是基本的4万包仓位就建立起来了。但如果我买进1万包甚至2万包后出现亏损，那我就会平仓走人。这意味着我犯了错，也许我只是暂时错了，但正如我过去说的，任何事一开始就错，绝不会有什么好结果。

坚持按照自己的系统操作，使我不会错过任何一次真正的大行情。在**逐步加码建立整个仓位的过程中，有时我会因行情与所期待的不符而损失5万或6万美元。乍看之下，试探操作的成本很高，但实际并非如此，因为真正的行情启动之后，这些亏损很快地就会赚回来**。只有在正确的时间做正确的事，才一定能获得回报。

记得我还说过，**如何运用我的系统建立仓位以及加码操作**。只要运用点简单的算数就能证明，**唯有乘胜追击下大注，才是明智之举**，而**当您亏钱时，亏掉的只是试探性的小赌注**。如果您用我刚才所描述的方法交易，您就能持续抱持着赚钱的仓位，而且一定能赚到大钱。

齐克用注解：

> 赚钱才能加码，赔钱就要平仓。赔的时候都只是赔小钱，赚的时候会赚大钱。

专业交易者总是以自己的交易系统来投机，当然也有依照自己的经验与态度，或者是企图心来投机的。我记得在棕榈滩遇到一位老先生，他的名字我一时想不起来了。我知道他在华尔街已摸爬滚打多年，早在南北战争时期就投入市场了。有人告诉我，他是个聪明过人的怪老头，经历过无数次的繁荣和恐慌。他经常说，天下本来就没新鲜事，发生在股市的事情，过去都曾经发生过。

这位老先生问了我很多问题。当我告诉他我平常的操作方法后，他点点头说："**很好！很好！您做得很好。您操作的方式，以及思考的方式，使您的系统成了对您最有利的系统**。您的方法很容易做到，因为用来测试市场的钱是您最不需要担心的小钱。这让我想起派特·赫恩这个人。您听说过他吗？他是个出名的赌客，在我们那里有个户头。这个家伙很聪明、很冷静，靠股票赚钱，因而很多人向他讨教，但他从不给意见。要是有人直截了当地问他，他们打算建立的仓位是否合宜，他总是回答自己最喜欢的赛马场名言：'在您下注之前，一切都说不准。'他就在我们这里做交易。他会买进100股热门股，如果这只股票上涨了1%，他就会追加100股。再上涨1%，再追加100股，以此类推。他常说，他买股票不在帮别人赚钱，因此他会在最后一笔买进价格之下1个点设置止盈单。如果价格继续上涨，止盈的价格就会跟着往上移动。价格只要回调1%，他就出清离场。他说，不管是从他的原始保证金还是从他的账面利润来看，只要亏损超过1个点，他都觉得不应该。"

齐克用注解：

这里开始，打上引号的段落，从"很好！很好！"一直到下面："跑来向我借10美元去买婴儿车。他没能坚持使用已被证明可行的赚钱系统操作。这就是绝大多数人所犯的错。"都是利弗莫尔在棕榈滩遇到的那一位老先生的谈话。

"您知道，职业赌徒从不指望长线钓大鱼，他们寻找的是稳赚的机会。当然，如果长线机会送上门，他们也不会拒之门外。在股市中，派特从不追逐小道消息，也不会去做一周就能赚20个点的交易，他只赚确定的利润，足够让他维持优渥的生活即可。我在华尔街遇到成千上万的局外人当中，派特·赫恩是唯一一个看透股票投机，就像玩法罗牌和轮盘一样，都是概率的游戏，不过尽管如此，他还是坚持采用相对稳当的方法下注。"

"赫恩死后，一位过去和他一起做交易的客户，用他的系统在拉卡湾纳铁路公司股票上赚了10多万美元。后来他转战其他股票，由于他已经赚了一大票，因此觉得不必再坚持使用派特的方法了。当价格出现回调时，他没有执行止损，而是任由亏损继续扩大。当然，钱是全输光了，在他最后认赔出场时，还倒欠了数千美元。"

"他到处闲荡了两三年，虽然手上的钱全输光了，但他还是对股票情有独钟。对于此事没人反对，只要他没出事就好了。我记得，他曾公开承认自己实在很愚蠢，竟然没有坚持采用派特·赫恩的方法操作。有一天，他非常兴奋地跑来找我，要求我让他放空一些股票。他是一个好人，当年叱咤风云的时候也算是好客户，于是我对他说，我以个人名义担保，他的账户可以做100股。"

"他放空了100股湖岸公司股票。当时是1875年，正逢比尔·崔佛斯大力打压股市。我的朋友罗伯兹在最佳时机放空了湖岸公司，并随着跌势一路加码，但后来他舍弃了派特·赫恩的系统，听任一厢情愿支配之前的成功之路。"

"噢，罗伯兹以金字塔加码法放空，四天之内他的账户就有了 15000 美元的利润。我发现他并没有设置止盈单，于是提醒他，而他告诉我，崩盘还没正式开始，他可不想被区区 1 个点的反弹震出局。这是 8 月的事。9 月中旬，他为了刚出生的第四个小孩，<u>跑来向我借 10 美元去买婴儿车。他没能坚持使用已被证明可行的赚钱系统操作。这就是绝大多数人所犯的错</u>。"老先生边说，边摇摇头。

他说的没错，有时我会觉得，投机是个非同一般的行业，因为我发现投机者总是站在自己天性的对立面。所有人都免不了的弱点，正是成功投机的致命伤。这些弱点通常使他或同伴看起来没什么差别，而当他们在从事不是交易股票或商品期货那样危险的冒险活动时，他们又总能克服这些弱点。

投机者最主要的敌人，往往来自自己的天性，而要把一厢情愿和恐惧从人性中去除是不可能的。在投机游戏中，当市场不利于您时，总是希望今天就是最后一天。跟不听从一厢情愿来比较，一厢情愿总是让您赔掉更多的钱。而同样是希望，它却是开国君王或开路先锋的最佳盟友，帮助他们一次又一次赢得胜利。当市场如您预期发展时，您又变得恐惧，害怕隔天您的利润飞了，于是赶紧获利了结而太早出场。恐惧让您无法获得本应该获得的利润。成功的交易者必须克服这两大根深蒂固的人性。您可以把它们称之为人性的冲动，而且您必须反其道而行。也就是说，别人心怀希望时，您必须心生恐惧；别人心怀恐惧时，您必须拥抱希望。您必须担心亏损越滚越大，放任利润在希望中巨幅成长。像一般人那样在股市中赌博，是绝对不会有好下场的。

我 14 岁就开始了我的投机生涯，而且这辈子从未做过其他行业。我想我很清楚自己在说什么。我不间断地从事交易已接近 30 年了，我曾穷困潦倒过，也曾不可一世，而我最终得到的结论是：您可以一时击败一只股票，甚至是整个板块，但没有人能够击败股市！您可以在某次的棉花或谷物交易中获利，但没有人能够战胜棉花市场或谷物市场。投机就像赛马一样，您可以在一场赛马中获胜，但您不可能击败每一场赛局。

如果我知道如何让这些说法更强而有力，或者更能强调其中的含义时，我一定会那样做。任何人持反对意见，都不会影响这个结论。这些话是不容置疑的，对此我深信不疑。

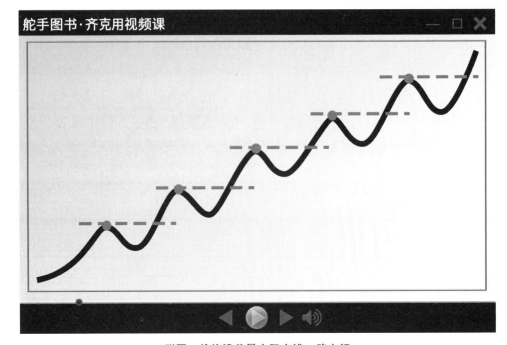

舵手图书·齐克用视频课

附图　价格沿着最小阻力线一路上行

第十一章 操盘手习惯性态度与思考逻辑

"我是沿着最小阻力线做交易。"

杰西·劳伦斯顿·利弗莫尔
(1877 年 7 月 26 日—1940 年 11 月 28 日)

导 读

主题

- 操盘手的思考逻辑
- 商品期货交易
- 操盘的习惯性思维及状态
- 玉米燕麦姐妹股操盘术
- 垄断轧空操作
- 市场参与者的思考逻辑
- 主力对杀的脱困策略
- 主力控盘的逻辑
- 使用筹码赚大钱的作手技巧
- 羊群效应与人性

图 11-1 先研究图中的主题，再阅读内文

本章 4 个案例

案例 1：作手史特拉顿垄断玉米。

案例 2：柯马克买进收集筹码，准备反手做空。

案例 3：棉花最小阻力线操盘案例。

案例 4：《世界报》上说利弗莫尔垄断七月棉花，卖在事实发生时。

操盘逻辑

垄断轧空操作说明

这章一开始就谈到利弗莫尔的玉米和小麦操作，史特拉顿做多和利弗莫尔做空，两个主力在垄断之下对杀的情况。做多的主力发现市场上有另一主力做空被套住了，这时候主力会把价格推得更高，或维持在高位不让价格掉下来，另一个做空主力的情况，就会如利弗莫尔在这里所遇到的状况一样。那主力为何不要将价格再拉得更高一些，好让利弗莫尔补在更高的位置，非得等他有了回补的动作，再发动攻击？理由有二：

1. 主力都很有实力的，即便是做错方向的主力，对手也很难判断他能撑多久。

2. 做对的主力如果再买得更多，也怕引来全市场倒货给他。垄断也有可能会失败，例如，现在正在跌，但主力去买，买到轧空发生让他涨，但如果说全部做多玉米的人，通通进来卖，都卖给主力，若再加上另一个主力进来放空，那就可能产生垄断失败。

所以，当主力发现进来的买盘很强的时候，他就能判断这是空单止损单进来回补了，那主力在这里再来下更多的多单，就容易把价格推得更高。所以除了这笔空单回补在更高的价格之外，其他的空单也一样进入赔更多的状态。

这里有一个值得思考的问题：有办法判断市场当下的买盘，是空单回补而来，还是真的是进场做多的单子吗？有的。因为当下的盘势本应是走空的市场，主力因垄断而把价格拉了起来，所以他当然知道有很多空单套住跑不掉。但他不知道谁被套住，也不知道这些人何时会回补。这意思是说，本来玉米跟小麦都是同向的，应该要跌的，但我就是硬拉把它拉起来，所以有很多的空单因为主力的硬拉而全部套住了。

当价格持续有新高，在最高点时会有那么多买单的量进来，不是因为很勇敢的多头买了那么多，而是因为空单回补。所以我们经常讲，最勇敢的买盘就是来自空头的止损单。

主力之所以为主力，是他有很多方法可以判断这些单子是来自机构还是散户。那到底是什么方法呢？例如，正常的情况下，机构的买盘，通常都是分批买进的，一点一点买的，不会一次买在同一个价位上。那什么情况下，会一次买很多呢？那就是止损单。所以如果价格涨得很凶，您就容易看得清楚很多机构都买在同一个位置上，但如果是空单回补造成的，那就是上涨得非常激烈。

重点摘要

本章的7个操盘重点：

1. 一个多年沉浸于股市的人，对交易的习惯性态度，根本不用思考。也免不了会产生一些有别于新手的习惯性态度。作手史特拉与柯马克两个案例说明。

2. 专业人士和业余玩家的差别。一个人看待事物的方式，决定了他在投机市场中是赚钱还是亏钱。为下一步布局才是王道，要把这一点变成自己的本能。

3. 股市持续上涨的时候，千万不要卖出股票！最大的几次获利都是顺着大趋势操作。

4. 人们之所以做某事，是因为周遭所有人都在做这事，或许这就是所谓的"羊群效应"。许多人都认为，放空七月棉花是明智而且安全的。

5.大规模交易的一大问题是无法悄无声息地平仓走人。只有当您能卖出的时候，找到了能吸收您所有仓位的市场时，您才能出场。

6.如果意外不能让您获利，那它就不是意外，而是您的贪婪或自负带给您的报应。

7.本章主要核心议题是：专业操盘手的习惯性态度与思考逻辑，以4个案例来做说明。

下面我们进入内文。

现在，让我们回到1907年10月。我买了一艘游艇，并做好了所有的准备，打算离开纽约到南方海域去航行。我很喜欢钓鱼，现在我终于可以在自己的游艇上随心所欲地钓鱼了。我刚在股市里赚了一大笔钱，但在最后一刻，却被玉米给绊住了脚。

我必须解释一下，在我赚到人生中第一个100万美元的资金恐慌发生之前，我一直在芝加哥从事谷物交易。我放空了1000万蒲式耳小麦和1000万蒲式耳玉米。我研究谷物市场已经有很长一段时间了，我看空玉米和小麦，正如我看空股票一样。

噢！玉米和小麦都开始下跌了，但在小麦持续下跌时，芝加哥最大的作手史特拉顿突然进场<u>垄断</u>玉米。当我出清了股票，正准备开着游艇去南方度假时，我的小麦已有非常丰厚的利润，但在玉米市场中，史特拉顿在拉抬玉米价格，使得我遭受了很大的亏损。

齐克用注解：

垄断之下，未来不见得一定是涨，也有可能是跌。但这里讲的意思是要它上涨。垄断是指，手上握有很大的仓位，要控制它涨或跌都是容易的。类似像公司派把流通在外的股数全部掌握在手上，要叫它涨就变得很容易，只要持续一直买就可以了，因为市场上没有货可买，那如果要它跌也很容易，只要将股票丢到市场，价格就会像崩盘一样掉下来。

我知道玉米的存量还很多，库存远多于价格所显示的水平。**供需法则永远不会失效**，但需求主要来自史特拉顿，而供给却因交通的问题迟迟不能到位。我还记得，那时我经常祈祷，希望来一场寒流，把泥泞不堪的道路都给冻住，让农民能把玉米运到市场，可惜天不遂人愿。

齐克用注解：

在期货市场，黄豆、小麦、玉米，基本上都有替代关系，所以这些作物的方向多数都是一致的。当小麦会跌时，照道理讲玉米应该也会跌。这里讲，因为有人哄抬价格，所以利弗莫尔被套住了。如果从供需的角度来看，玉米应该会跌。但现在需求端，由于史特拉顿一直买，造成了玉米的价格一直涨。而供给端正好碰到了交通问题，换句话说，生产的玉米没有到市场上。

我正等着实现计划中的快乐垂钓之旅，但却被玉米绊住了脚。**市场状况如此模样，我是断然无法抽身的。**当然，史特拉顿密切关注着空头的动向，他知道我已经掉入了他的圈套。**我对情势的了解和他一样清楚**，但正如我说的，冀望老天爷能帮助我，让运输交通能畅通无阻。但看起来老天爷对我的诉求无动于衷，也不会有奇迹出现来助我一臂之力了。意识到这一点之后，我开始琢磨如何自力更生来渡过当前的难关。

我平掉了小麦仓位，大赚了一笔，但玉米的问题比小麦棘手得多了。**要是我可以当时的价格回补 1000 万蒲式耳的空头仓位，我会很乐意地马上去做，尽管这会让我承受相当大的损失。但是，只要我开始买进玉米，史特拉顿就会对我围剿，而我将受害于自己的买单，把价格越推越高**，这种感觉就像拿自己的刀割自己的脖子一样。

虽然玉米强劲上涨，但我想去钓鱼的欲望更强烈，因此我急切地想办法设法脱手。我得策划一个战略大撤退。我必须回补放空的 1000 万蒲式耳玉米，同时还要尽可能地降低损失。

齐克用注解：

先到导读中看"垄断操作说明"。利弗莫尔讲无法抽身的说法，就像在金融风暴时，机构认为这里应该要卖掉，但是不能卖啊，因为他将自己的仓位倒入市场，很容易将价格打到跌停，那时大家都会跟着卖，若产生这种现象，那他的仓位就没有办法抛售了。这里点出了市场上有两个主力在对杀的情况。这里可以看出，利弗莫尔的意思是说，史特拉顿从价格的变化上，就可以判断出是哪一种等级的人在回补了。

凑巧的是，史特拉顿当时也在燕麦市场玩弄垄断的伎俩，把燕麦价格拉得很高。我一直在追踪所有的谷物市场，关注谷物收成的新闻和交易所场内的流言。我听说史特拉顿在市场上有个强大的死对头阿莫帮。当然，我知道史特拉顿不会轻易让我获得所需要的玉米，除非我依照他的要求出价，但我一听说阿莫帮正与史特拉顿对杀，就马上想到，我可以寻求芝加哥交易者的帮忙。他们只有一个办法能帮我，那就是卖史特拉顿不愿意卖给我的玉米。其余的就好办了。

首先，**我下了一些玉米买单，每下跌 1/8 美分买进 50 万蒲式耳。当这些委托买进的买单下出去之后，我马上同时在 4 家经纪商以市价各卖出 5 万蒲式耳燕麦。我预计这能使燕麦价格快速下跌。**我了解交易者的思维，他们一定马上联想到是阿莫帮对史特拉顿开战了。当他们看到燕麦暴跌时，自然会推断，下一个崩盘将发生在玉米市场，于是他们就开始卖出玉米。如果玉米的轧空行动失败，那就有得好看了。

齐克用注解：

正常逻辑下，玉米与燕麦是正相关系数同向的商品期货，这里的操作类似姊妹股操盘术。

我对芝加哥**交易者的心理揣摩**真的是再正确不过了。当他们看到燕麦崩跌时，立刻转向玉米，铆足了劲开始卖出。在接下来的 10 分钟，我就脱手了 600 万蒲式耳玉米。这时我发现他们的卖单似乎无法使价格进一步下跌，于是我马上以市价买进 400 万蒲式耳。当然，这张单子让玉米价格又涨了回去。但我整个策略操作的结果是，我回补了 1000 万蒲式耳的空头仓位，而且价格只比芝加哥交易者开始蜂拥卖出之前的价格高出不到 0.5 美分。至于我放空 20 万蒲式耳燕麦，用来引诱芝加哥交易者卖出玉米的那笔交易，最后只有损失 3000 美元。就空头大逃亡而言，这样的代价已经相当便宜了。**我在小麦获得的利润抵消了玉米大部分的亏损，结算下来，我在谷物市场只亏损了 25000 美元**。后来，玉米价格又上涨了每蒲式耳 25 美分。毫无疑问地，我落入了史特拉顿的圈套。要是我完全不考虑价格就以市价买进 1000 万蒲式耳玉米，那付出的代价可就大了。

齐克用注解：

　　史特拉不愿意卖玉米，利弗莫尔就利用阿莫是史特拉的死对头，开始了战略大撤退的脱困策略。史特拉垄断玉米与燕麦，这两个相关系数很大。利弗莫尔的玉米空单要回补，会遇到一边回补，一边使价格往上推高的问题，所以利弗莫尔运用了"相关系数很大""市场参与者的思考逻辑"以偷袭燕麦的方式，展开脱困操作。他先到玉米的市场挂单（先挂委买单，每下跌 1/8 美分买进 50 万蒲式耳）。然后在另外 4 家经纪商，各市价卖出 5 万包的燕麦，因为燕麦市场的规模比小麦市场小很多，故他的卖单很快就造成了燕麦下跌，这时大家都会解读成阿莫跟史特拉开战了，因为没有人会在那么小的市场下这么大的单子，所以当他们看到燕麦下跌，马上就会联想到下一个崩盘的可能是玉米。那就会引发卖出玉米或放空玉米的卖盘了。如果能造成玉米的垄断失败，史特拉的玉米多单就会被袭击了。所以利弗莫尔的想法是，如果史特拉不卖玉米给他，他只要能逼出别人卖玉米给他，也一样可以脱困。脱困计划使得他在谷物操作上，小麦、玉米与燕麦的合计亏损幅度降至 25000 美元。

　　一个人多年沉浸于某样东西后，就免不了**会产生一些有别于新手的习惯性态度**。这就是专业人士和业余玩家的差别。一个人看待事物的方式，决定了他在投机市场中是赚钱还是亏钱。一般大众对自己的努力总是半吊子，他们的思考往往掺杂着过多的自我因素，因此不可能深入彻底。专业人士总是关心自己是否正确，而不是是否赚钱。他们知道，只要水到渠成，利润自然会产生。交易者的操作就像职业台球选手那样，也就是说，他必须目光远大，而不是只考虑眼前的这一杆。为下一步布局才是王道，而且要把这一点变成自己的本能。

齐克用注解：

在市场操作这么久的时间，他了解到一些套路跟一般新手是不一样的，这意思是说，他会想到用燕麦去做玉米脱困的事，一般的新手是想不到这个方法的。所以在投资市场操作，也是一样的道理，不能只关心眼前的这一步，而是要考虑整个布局。

我记得我曾听说过一个关于爱迪森·柯马克的故事，这个故事清楚地说明了我想要强调的重点。据我所知，柯马克是华尔街有史以来最有能力操作的股票交易者。他绝不是很多人认为的死空头，但他确实喜欢做空，而且更喜欢利用人性中的一厢情愿与恐惧这两大弱点来操作。他的成功操作主要归功于这句名言："股市持续上涨的时候，千万不要卖出股票！"老前辈们告诉我，他最大的几次获利都是做多赚来的，由此可见他在操作上不带任何偏见，而且顺着大趋势操作。总而言之，他是个至高无上的交易者。有一回，多头市场进入尾声的阶段，柯马克看空股市，而这件事被一个名叫亚瑟·约瑟夫的财经记者知道了。然而，市场不仅很强势，而且还在多头领先股和报纸乐观报道的推动下节节上涨。约瑟夫知道，利用柯马克这样的交易者可以炮制利空消息，因此有一天他带着令人振奋的消息匆匆地来到柯马克的办公室。

齐克用注解：

爱迪森·柯马克是南北战争时期华尔街最大的空头，生于1826年。1875年进入纽约证交所，有"大熊"的称号。1897年出售了交易所的席位并退休，1901年过世。这个案例谈的是，作手利用手中筹码操作大赚技巧，谈到的人物有"作手洛克菲勒——他正在卖出圣保铁路，而执行交易的股票交割员——吉米""吉米把这消息告诉了财经记者——约瑟夫""约瑟夫把消息卖给——

作手柯马克""作手柯马克叫经纪人买进该股收集筹码，以利将来反手做空——经纪人叫惠勒·比利"。

"柯马克先生，我有位非常要好的朋友在圣保罗公司担任股票交割员，他刚才告诉我一些事情，我觉得您应该知道。"

"什么事？"柯马克冷冰冰地问道。

"您改变看法了，对吧？您现在看空了？"约瑟夫想要确认这件事，要是柯马克对此不感兴趣，那他就没有必要浪费宝贵的弹药了。

"是的，是什么大好消息？"

"我今天去了圣保罗公司，为了搜集新闻题材，每周我都会去个两三次。我的朋友跟我说：'老头子在卖股票。'他说的是威廉·洛克菲勒。我问他：'真的吗？吉米。'他回答说：'是的，价格每上涨 3/8 点，他就卖出 1500 股。这两三天我一直在为他交割股票！'我可是马不停蹄地跑来告诉您的。"

柯马克可不是轻易就能被打动的人，而且对发疯似地闯进自己办公室，传递各种消息、流言、传闻、内幕和谎言的各色人等，他也早已司空见惯了，他根本不会相信他们，他只是说："您确定打听到的都是真的吗，约瑟夫？"

"我确定吗？当然确定！您觉得我像个聋子吗？"约瑟夫说。

"您朋友靠得住吗？"

"当然！"约瑟夫大声地说："我们可有多年的交情了。他从来不骗我，他不会！绝对不会！我相信他绝对可靠，我敢拿生命担保，他告诉我的都是真的。我是这世界上最了解他的人，比您了解我的程度深多了。"

"那您很相信他喽？"柯马克又看了看约瑟夫，然后说："噢，您应该知道的。"他叫来他的经纪人惠勒。约瑟夫则心想柯马克至少会放空 5 万股圣保罗公司股票。威廉·洛克菲勒正在利用市场强势抛售他的圣保罗持股，这些抛售的持股到底是投资性的还是投机性的并不重要。重要的事实是，标准石油公司最优秀的股票交易员正在抛售圣保罗公司股票。一般人听到这个可靠消息后会怎么做？不用问也知道答案。

但是，这位无所不能的空头作手柯马克却对他的经纪人说："比利，去交易大厅，圣保罗每上涨 3/8 点，就帮我买进 1500 股。"当时这只股票的价位在 <u>90 美元左右</u>。

"您的意思不是卖出吧？"约瑟夫急忙打断他的话。他并不是华尔街新手，但他是以新闻记者的立场思考，也就是普罗大众的立场来看市场。内幕卖出信息一曝光，价格当然下跌，而最佳的内幕消息莫过于威廉·洛克菲勒在抛售持股了。标准石油公司在出货，而柯马克却在买进，不会吧！

"不，"柯马克说："我说的是买进！"

"您不相信我？"

"相信！"

"您不相信我的消息？"

"相信。"

"您不是看空吗？"

"是的。"

"那这是为什么呢？"

"这就是我买进的原因。听我说，您和那位靠得住的朋友保持联络，大举卖出的行动一结束，马上告诉我，明白吗？"

"好的。"约瑟夫说着起身就走了，但他还是不明白柯马克为什么要买进威廉·洛克菲勒抛售的股票。他知道柯马克看空但却买进股票，实在难以理解。不过，约瑟夫还是去找那位交割员的朋友，告诉他，如果老家伙结束卖出，马上通知他，约瑟夫自己也会每天过去两次打听消息。

有一天，他的朋友告诉他："老头子的股票好像不卖了。"约瑟夫道谢后，马上跑到柯马克办公室告诉他这消息。

柯马克仔细地听了约瑟夫的报告，然后回头问惠勒："比利，我们现在有多少圣保罗股票？"惠勒查了一下说，**大约 6 万股**。

柯马克一直看空股市，在买进圣保罗之前，早已放空了**格兰吉**以及其他许多股票，现在他持有大量的空头仓位。他马上下令惠勒卖掉这 6 万股的圣保罗多头仓位，并反手做空。他要利用手中的圣保罗多头仓位，进一步打压整个股市，而从下跌中大赚一票。

齐克用注解：

　　格兰吉是一家铁路运输公司，其主要业务是将农作物运送到市场。承做运输业务的铁路公司包括密尔沃基—圣保罗铁路、百灵顿—昆西铁路和芝加哥—奥尔顿铁路。

圣保罗股价一路下跌，<u>直到 44 美元才止住</u>，柯马克从中大大地捞了一笔。他巧妙地<u>利用了自己手中掌握的筹码获利</u>。我想强调的是<u>他对交易的习惯性态度，他根本不用思考，一眼就能看到比从某只股票获利还要重要的大势</u>。他看到了天赐良机，并借此启动了大规模的放空操作。他不但抓住了最佳时机，而且一开始就把握得恰到好处。至于圣保罗的消息让他买进而不是卖出，正是因为听到消息后，他马上意识到，<u>他的做空弹药会源源不断地进来</u>。

齐克用注解：

这里值得注意的是，前面几章谈到利弗莫尔接到小道消息，以反向单子先测试消息的真假，然后再搭主力的顺风车。而这里谈柯马克知道洛克菲勒在卖股票，在倒货之下为何他不顺势放空呢？洛克菲勒是股票价格往上涨时才卖出的（价格每上涨 3/8 点，就卖出 1500 股）。做多卖出股票，不代表能马上放空。如果柯马克此时就开始放空该股，除了是逆势操作之外，筹码可能还集中在洛克菲勒的身上，若下空单把价格压低，洛克菲勒可能就不卖股票或衍生其他的操作策略，这样反而更不利于柯马克了。所以，柯马克顺势操作——股票涨，价格每上涨 3/8 点，就买进 1500 股，顺着洛克菲勒的意思！收集进来的筹码没有赔钱下还赚钱，待洛克菲勒不卖了，再来放空该股。后来该股价格在他一开始买进时是 90 美元，每涨 3/8 点，就买 1500 股，他买到了 6 万股，最后该股在他放空后，股价跌到 40 美元。

逻辑一：该股票还在往上涨的时候，财经记者就先来告诉他，洛克菲勒在卖股票。如果您接到消息，马上顺着消息作，那您可能上当了，因为当下的股票是正在上涨的。

逻辑二：记者本来的用意是想要他来放空。很多散户喜欢逆势操作，散户们可能都已经放空了，每天都在期盼股价能够跌下来。此时柯马克的操作行为就是当最小阻力线还在往上走时，来了一条消息告诉我未来会崩盘，我不可以马上做卖出的动作。

言归正传。我回补了小麦和玉米的空头仓位后，开着游艇去了南方海域。我在佛罗里达外海漫游，享受了一段美好时光。钓鱼非常有趣，所有跟钓鱼度假有关的都是那么美好和快乐。我无忧无虑，所有事都与我无关。

有一天，我回到棕榈滩，遇到好多华尔街的朋友，他们都在谈论当时最有意思的棉花投机者。来自纽约的报道说，波西·托马斯输个精光。他们所指的不是商业破产，而是传说这位举世闻名的大作手在棉花市场遭遇了第二次滑铁卢。

我一直很钦佩他。我第一次知道托马斯这个人，是看到报纸报道证交所会员公司希尔顿—托马斯破产的消息，当时托马斯正试图垄断棉花，他的合伙人希尔顿不像他那么有远见和胆识，就在成功在望之际打了退堂鼓。至少当时的华尔街是这么传说的。总之，他们不但没有大赚一票，反而遭遇了多年来最令人震惊的大溃败。我忘了具体数字是几百万美元。希尔顿·托马斯公司因此倒闭了，而托马斯也只好单飞了。他开始专注于棉花市场，过没多久就把亏掉的钱全数赚了回来。他连本带利地偿还了所有债务，甚至有些债务并不是法律规定必须偿还的他也还了，最后他还给自己留下了 100 万美元。托马斯在棉花市场的东山再起，与狄肯·怀特在一年之内靠着股市操作还清了 100 万美元一样传奇，他的胆识和智慧让我非常钦佩。

在棕榈滩，所有人都在谈论托马斯在三月棉花操作失败的消息。您知道流言是如何产生和传播的吗？您所听到的流言都是极尽夸大的以讹传讹。我曾经听说过关于我自己的流言，当它兜了一圈，经过各种添油加醋后传回最初散播者耳中时，他居然不知道自己就是始作俑者。

波西·托马斯最近操作失利的消息，使得我的注意力从钓鱼转移到棉花市场。我找来了大批的商业报告进行研究，对大势有了概念。回到纽约后，我马上投入市场研究。我发现，所有人都看空，所有人都在卖七月棉花。人就是这样，您知道的。我认为这就是感染作用。人们之所以做某事，是因为周遭所有人都在做这事，或许这就是所谓的**羊群效应**。总之，许多人都认为，放空七月棉花是明智而且安全的！您不能说他们是群体鲁莽卖出，这么说未免太保守了。那些交易者只看到市场的一面和丰厚的利润，他们显然都在期待价格崩跌。

当然，这一切我都看在眼里，而引起我注意的是，那些**放空的家伙已经没有多少时间可以回补空头仓位了**。随着我越深入的研究，就越清楚地看到这一点。最后，**我决定买进七月棉花**。我开始买进，很快地就买到了10万包。我的买单毫无困难地被消化掉了，因为卖家实在太多。在我看来，如果我悬赏100万美元捉拿没有卖出七月棉花的交易者（不论死活），那么我可以肯定不会有人来领赏的。

齐克用注解：

从最小阻力线来看，棉花要涨了，因此利弗莫尔认为这些放空的人已经没有多少时间可以回补空头仓位。而利弗莫尔也开始依据最小阻力线的讯号进场买进棉花。

顺便一提，当时是5月下旬。我不停地买进，他们不停地卖给我，直到最后我吃进了所有**浮动合约**，总计12万包。在我买进最后一批棉花之后几天，价格就开始上涨了，而且一路飙涨，每天上涨40点至50点。

齐克用注解：

浮动合约（floating contract）这个词语，类似股市中流通盘的概念，但是由于期货市场的未平仓合约数无上限，故"吃进了所有浮动合约"意指利弗莫尔买进了市场所有要放空人的仓位，市场要放空的单子已经竭尽了。

星期六，也就是我开始操作大约10天后，价格开始缓慢爬升。我不知道市场上是否还有七月棉花待出售。我得找出答案，因此我一直等到收盘前最后10分钟。我知道，放空者通常会在此时动手，如果市场收盘收高，那么这些人就会被套住了。因此**我同时递出4张不同的买单，以市价各买进5000包**。这些买单使得价格一下子上涨了30点，而那些空头们使出浑身解数仓皇而逃，以至于市场以当天的最高价收盘。别忘了，**我所做的只是买进最后2万包而已**。

齐克用注解：

　　只进 2 万包就能让价格上涨 30 点，这意味着棉花要涨了。

　　隔天是星期日。到了星期一，**为了配合纽约市场的涨势，利物浦棉花开盘应该开高 20 点，但结果却开高了 50 点**。这意味着利物浦的涨幅超过纽约整整 100%。利物浦市场的上涨和我一点关系都没有。**这表示我的推理完全正确，而且我是沿着最小阻力线做交易**。与此同时，我也没忘记我还有大量的棉花多头仓位需要脱手。尽管市场可能大涨，也可能缓步上扬，但如果卖盘超过一定数量，市场未必有能力消化。

齐克用注解：

　　利用市场间的连动关系，知道利物浦棉花开盘价已比预估的高出一倍以上，出现强势走势，显然产生异常现象，而这个异常是来自于报载新闻——七月棉花被拉利·李文斯顿垄断了。

　　当然，来自利物浦的消息让纽约市场沸腾了。但我注意到，价格越涨越高，七月棉花的成交量似乎越来越少，而我还是没有卖出。总体而言，星期一对空头来说并不是一个令人兴奋的日子，但尽管如此，我仍未发现市场有空头恐慌的迹象，也没有人不惜代价回补空头仓位。我手上有 14 万包棉花，我必须为它们找到买家。

　　星期二早上，我来到自己的办公室，在大楼门口遇见了一位朋友。

　　"今天的《世界报》有一则劲爆的消息。"他笑着说。

　　"什么消息？"我问。

　　"什么？您是说您没看到？"

　　"我从来不看《世界报》，"我说："什么消息？"

　　"噢，都是关于您的，他们说您垄断了七月棉花。"

　　"我可没看到。"说完我就离开了。我不知道他是不是相信我，他可能会认为我太不够意思了，连是不是真的都不肯告诉他。

　　到了办公室，我请人找来一份报纸，果然报纸的头版头条用斗大的标题写着：

七月棉花被拉利·李文斯顿垄断了

当然，我马上意识到，市场将因这篇报道乱成一团。就算我处心积虑地研究如何抛售那14万包棉花，也没想到会有比这更好的方法。此时此刻，全国各地都从《世界报》或其他转载看到了这篇报道，而且透过电报已传到了欧洲，从利物浦市场的价格走势就可说明一切。有这样的消息，怪不得市场陷入了疯狂。

当然，我非常清楚纽约市场会如何反应，以及我应该如何操作。美国市场10点开盘，10点10分我手上已经没有棉花了。我的14万包棉花全数抛售了，大部分都卖在当天的最高价。那些交易者为我创造了一个市场，其实我所做的只是利用天赐良机抛售棉花，我只能抓住这个机会，要不然我还能怎么做呢？

我原本以为需要大费周章才能解决的问题，却因一个突发的机会迎刃而解了。要是《世界报》没有刊登这篇文章，我可能要牺牲大部分的账面利润才能抛售所有的仓位。卖出14万包七月棉花而不使价格下跌，绝不是我的力量所能做到的，但《世界报》的报道帮了我一个大忙。

我搞不清楚为什么《世界报》要刊登这一篇文章。我猜想，应该是报社记者获得了某位棉花市场朋友的小道消息，认为自己抢到了独家新闻。我并不认识这位记者，也不认识任何《世界报》的人。那天早上9点多我才知道有这篇报道，要不是我朋友告诉我，我根本不会知道这件事。

如果没有这篇报道，我就找不到足够大的市场让我脱手。这正是大规模交易的一大问题，因为您没办法悄无声息地平仓走人。并不是您想卖出，或您认为应该卖出时就能出场。只有当您能卖出的时候，也就是您找到了能吸收您所有仓位的市场时，您才能出场。如果抓不住这样的机会，您很可能会付出几百万美元的代价。您不能犹豫不决，要是没有当机立断，您就输定了。您也不能使用小伎俩，如透过越买越高的方式买进，拉高价格强逼空头回补，因为这么一来市场消化您仓位的能力就削弱了。我还想告诉您，洞察机会来临并不那么容易，您必须提高警觉，当机会来临时，就得马上抓住它。

当然，并不是每个人都知道这回幸运之神会意外地降临到我身上。在华尔街或其他地方，任何人意外地赚到大钱，都会被人投以异样的眼光。如果意外不能让您获利，那它就不是意外，而是您的贪婪或自负带给您的报应；要是意外给您带来了利润，那么意外就成了打劫别人，您也成了不择手段的暴徒，而人们会认为保守正派人士饱受您的摧残。

很多人指责我存心策划这次行动。不仅那些自己鲁莽操作而损失惨重的恶毒空头这样说，连其他人也这么想。

一两天后，全世界最大的棉花作手找到我，对我说："李文斯顿，这肯定是您有史以来最高明的布局。您持有的仓位那么大，一开始我还在想这回您不知道要损失多少利润。**您知道市场不够大，抛出 5 万或 6 万包就足以引发崩盘了。**我很想知道，您将如何处理其余的仓位而不吐出任何的账面利润，但我没有料到您还有这一招，确实高明。"

"这件事与我无关。"我认真地向他保证。

但他只是不停地说："太厉害了，小伙子！太厉害了！不要那么谦虚！"

这次交易后，一些报纸把我称为"棉花之王"，但我实在是配不上这个封号。不用说您也知道，人们不可能有足够的钱收买纽约《世界报》，也没有人有如此势力，能让《世界报》刊登这则报道。当时我确实是不费吹灰之力，就得到了那样的名声。

齐克用注解：

如何抛售手中的大仓位而不引发崩盘，这是属于下单技巧的范畴。而利弗莫尔在这里能顺利抛售的原因，并非是高明的下单技巧，而是头版新闻引发的强大买盘之下，运气帮了大忙。

但是，我讲这个故事并不是为了要向您解释，我配不上棉花之王的封号，也不是为了强调抓住机会的重要性，我的目的只是要说明七月棉花的交易之后，我成了报纸上的头号人物。不过，要不是这些报道，我绝不可能认识鼎鼎大名的波西·托马斯。

齐克用注解：

本章运用四个案例"利用燕麦为玉米脱困策略""收集筹码是为了将来放空的动能来源""棉花最小阻力线""最大的买盘是来自报纸的头条新闻"说明操盘手的思考逻辑及操作习惯性态度。

附图 被利弗莫尔故事吸引的学习者

第十二章　人性的弱点造成破产负债而生病

"没有什么比试图向下摊平更糟糕的了。"

杰西·劳伦斯顿·利弗莫尔

(1877 年 7 月 26 日—1940 年 11 月 28 日)

导 读

主题

- 第四次赔光
- 遭遇人生最低谷
- 被他人说服的人性弱点
- 急着赚钱反而赔钱
- 被推销员诱导买书
- 被托马斯诱导赔大钱
- 希望股市出钱买衣服
- 惨遭赔光

图 12-1　先研究图中的主题，再阅读内文

本章 4 个案例

案例 1：卖书的人说服利弗莫尔买书，利用了后者的人性弱点。

案例 2：托马斯说服了利弗莫尔，使用了托马斯的方法与意见操作。

案例 3：鲍勃想叫市场买貂皮大衣作为礼物，结果亏损出场。

案例 4：利弗莫尔走霉运，急需 20 万美元，想从市场中赚钱却赔惨了。

在本章中，看出交易心理的影响。利弗莫尔曾说，让市场出钱来购买汽车、手镯、游艇或油画的人，到最后总是亏钱的。即使懂得这个道理，他也犯了同样的错误，以急迫的心情希望市场给他送钱。结果财不入急门，反而亏损。

图 12-2 利弗莫尔与他的一艘游艇。

操盘逻辑

本章主要在说明人性所犯的错误，致使他人生遭受第四次赔光的遭遇。

第一次赔光，从空桶店到合法券商，弄不清为何在空桶店的方法不能用了。

第二次赔光，到纽约又赔光，不晓得巨幅波动下滑价的价差非常大。

第三次赔光，旧金山发生大地震，赚到了大钱，后来在反弹波出现时，做空太早赔光。

第四次赔光，做多棉花，在头版消息的无意配合下，成功平仓，成为百万富翁，后来遇到托马斯又赔光。这次是负债、生病且急需用钱。

这一章到下一章谈自己从不在意钱多钱少，但在第四次赔光后，让他感到害怕。因为觉得自己生病了，恐怕无法再做交易。他是生了什么病呢？居然是不可能犯的错，全都犯了。小麦是赚钱的，结果是把小麦卖光了；棉花是赔钱的，结果是没有止损，还持续一直加码，想要撑住价格。赚大钱的卖掉了，抱不住，这是一个错误。做错了赔钱了，居然会一直加码，这个错误更严重。人生走到这里，他了解自己是完全生病了，感觉这根本不是自己，心情坏到了极点，因为他知道自己的问题很严重。认为自己应该停止交易，因为这样的状况下不应该再做交易了。

他还想到一些事，过去一趟交易下来，可能是 100 万股，现在只能做 100 股，自己是不是还有以前那样的能力操作？现在的赚赔都只是几百元，觉得做起来没有意思，看对做对，也赚不了什么钱。况且自己生病了，怀疑自己有能力把钱赚回来吗？在利弗莫尔的整个人生中，这个阶段是最落魄最低潮的时候。为何这里是最落魄？过去的棉花赚了大钱，其实是害了他。他说："如果您想在投机市场赚到钱，就必须彻底了解自己，而从犯下的愚蠢错误找出症结点是一段漫长的过程。认为投机者若能学会避免过度果断，那他付出再大的代价都是值得的。许多聪明且知识过人的人遭遇惨败，都可以归因于太过武断。这真是代价高昂的人性错误。所有人在所有的事情上，都免不了有这个毛病，尤其是华尔街的投机者更是如此。"

他为何会犯下这样的错误？因为过去的棉花操作，让他变成棉花之王。赚大钱之下，不认为这次的棉花操作，会判断错误到如此离谱。过去操作棉花时，市场上普遍认为这么大的仓位要抛售，恐怕不容易成功，而当下刚好报纸登出他在垄断，于是趁势出货。其实这并不能归功于他有抛售大仓位的能力，而只是他能掌握住"运气出现"的那一刻。套一句我们常说的话"卖在事实发生时"！他的很多操作都是如此的，只要有暴涨或暴跌，就会平仓，譬如旧金山大地震发生时，他回补了放空的仓位。

第四次赔光的原因是什么呢？

1. 被别人说服。因为托马斯要利弗莫尔跟他一起合作操作，而他也听了托马斯的话操作。

2. 只剩下一点点小钱，如果希望股市帮忙出钱做事或买东西，那注定会赔光。例如，赔到只剩 20 万元，却希望这 20 万元透过操作可以变成 100 万，那这个中间的 80 万，是希望股市出钱。如果是这个心态去操作的话，20 万元很快就赔光了。又例如，有人希望股市帮忙买一件貂皮大衣，帮忙买一栋房子，买一辆车子，最后呢？您想请股市帮您出钱，就注定赔了想买的钱。

为何过去赔光都能赚得回来？因为过去从没想到要赚回来这件事，一心只想着要如何操作才会对。只要能把错误改掉，我就能赚钱。如果是赔到只剩 20 万，却希望股市帮您把输掉的赢回来，那就注定要输光了。

这一章的故事，第一个谈到卖书的人进到他的办公室，把书卖给他的这件事。这个故事是在谈他被说服了，也就是说他没有坚守自己的主见。第二个故事是谈托马斯是如何说服利弗莫尔。他说不能犯两次错误，结果第一次犯了人性弱点被说服是他买书的故事，没想到又犯同样的错误被托马斯说服。第三个故事是谈要股市帮忙出钱。这也是输光的原因。另外谈到卖掉赚钱的仓位，反向摊平加码赔钱的仓位，而这个错误是他第一次犯，从来都没犯过这样的错。

重点摘要

本章的 9 个操盘重点：

1. 如果我是自己害了自己，那是我活该，我会马上认赔，不会让亏损持续扩大或受到干扰。我向来都是独自操作。

2. 如果我用其他方法赚钱，不管是什么方法，我都会认为这钱不是我赚的。我只有用自己的方式为自己操作，才会对投机游戏感兴趣。

3. 一个人拥有自己独创的见解和独立思考的习惯，但他仍然会受到能言善道的人影响而改变了自己的立场。易于被人说服，是人性的弱点。

4. 一个人不可能被说服而违背自己的信念，但他可能被某些言语迷惑而半信半疑和犹豫不决。

5. 在拉里坦湾岸度假期间，我认真地思考我的棉花操作。当操盘手脑袋混淆，需要宁静思考时，需要度假安静想清楚。

6. 棉花发生亏损，我抱牢不放；小麦带给我利润，我却卖掉了。这是一个愚蠢的做法。卖出亏损仓位，保留获利仓位，显然是聪明的做法。

7. 对一个交易者来说，他的另一个危险敌人是，被另一个聪明人的花言巧语所迷惑。

8. 开始走霉运，先是大病一场，接着又急需 20 万美元的现金。看来我别无选择了，只能从股票市场中把钱赚回来！固执己见寄望于股市帮您赚钱，您将很有可能倾家荡产。

9. 在华尔街，只要有人想让市场出钱来买汽车、手镯、游艇或油画的人，到最后总是亏钱的。如果我把这些想买礼物而输掉的钱累积起来，就已足够盖一座大型的医院了。

下面进入内文。

意外地成功抛售了七月棉花仓位之后，我收到一封邀我会晤的信，信上的署名是**波西·托马斯**。我马上回复，随时在办公室恭候大驾光临，隔天他就来了。

齐克用注解：

Theodore Haziltine Price(西奥多·黑则丁·派斯) 的化名，

是本文所提的波西·托马斯。他出生于 1861 年，是美国南部棉花专家与金融专家。其父是纽约棉花交易所的早期会员。1882 年起开始交易棉花，他的见解与操作技巧，受到人们的称赞。在 1899 年和 1900 年企图垄断棉花，至今仍称得上是最大规模的垄断行为，不过最后失败了，公司破产，欠下千万美元的债务。这是他的第二次"滑铁卢"。

我对他仰慕已久，对于有兴趣种植或买卖棉花的人来说，他的名字可是家喻户晓。不论是在欧洲或是美国，人们经常向我转述波西·托马斯的看法。记得有一回，我在瑞士某个度假村遇见一位开罗的银行家，他曾有兴趣和已故的欧尼斯特·卡塞尔爵士合作，在埃及种植棉花。当他听说我来自纽约，马上向我打听波西·托马斯，因为他定期收到波西·托马斯的市场报告，而且每一期他都仔细阅读。

我一直认为，托马斯是用科学的方法在做事。他是名副其实的投机者，是个眼光长远且斗志坚强的梦想家。他见多识广，对棉花的交易从理论乃至实务无一不精。他喜欢倾听别人的见解，对于理论和一些不切实际的看法，他也会表达自己的意见。与此同时，他对棉花交易的实务操作与交易者的心理也无所不知，因为他有多年的棉花交易经验，曾经大赚过，也曾大赔过。

在希尔顿·托马斯公司倒闭后，他就开始独自操作了。令人惊讶的是，他在两年内就成功地卷土重来，再创辉煌成就。我从《太阳报》上得知，他在财务上重新站稳脚跟后的第一件事，就是连本带利还清了所有债务，然后聘请一位专家来为他研究和策划，如何把还完债务后的 100 万美元做最好的投资。这位专家分析了他的财产和研究了几家公司的财务报告后，建议他买进德拉瓦.哈德逊公司的股票。

在亏掉几百万美元又赚回更多个百万美元之后，托马斯再一次赔个精光，因为他在三月棉花的交易栽了个跟头。他一见到我之后，**马上建议我们联手**。如果他有任何信息，他都会在公之于众之前告诉我。我的工作就是负责实际操作，他说我在这方面拥有特殊的天赋，而他没有。

齐克用注解：

意指托马斯研究市场，再由利弗莫尔下单。他认为利弗莫尔的下单技巧比他强。

他举出了许多联手合作的好处，但都不能打动我。我坦白地告诉他，我不想和别人合作，也不想尝试这么做，但他坚持这才是最理想的组合，最后我只好说，我不想在交易时受到其他人的影响。

"如果我是自己害了自己，"我对他说："那是我活该，我会马上认赔，不会让亏损持续扩大或受到干扰。我向来都是独自操作，因为这是最聪明也是成本最低交易方式。我在交易过程中与其他交易者斗智，并从中获得乐趣。我和这些人从未见过面，从未交谈过，从未给过意见，也从未想过要去结识他们。我赚钱，就是证明我的看法是对的。我不会出售我的看法或利用它们来谋利。如果我用其他方法赚钱，不管是什么方法，我都会认为这钱不是我赚的。您的建议我没兴趣，因为我只有用自己的方式为自己操作，才会对投机游戏感兴趣。"

他对我的想法表示遗憾，并试图让我相信拒绝他的计划是错的，但我还是不为所动。除此之外，我们相谈甚欢。我告诉他，我知道他将"东山再起"，如果我能在财务上助他一臂之力，将是我莫大的荣幸。但他表示不能接受我提供的贷款。接着他问我那**七月棉花的交易**，我把所有的事全都告诉了他，包括我是如何进场交易的，买了多少棉花，价格如何以及其他细节。我们又聊了一会儿，然后他就起身离去了。

齐克用注解：

利弗莫尔在上一章的七月棉花交易，能把棉花在最高点卖掉，所运用的法则是：Buy the rumor, sell the fact。买在谣言起始，卖在事实出现。

这一条法则的运用情况是，要在股价产生暴涨暴跌的地方。如没有产生暴涨暴跌，那就不是这条法则。运用的技巧如下：

第一种情况：应该做多

当您有听说什么时，赶紧去买。当这个谣言在报纸呈现出事实时，赶紧去卖。

第二种情况：已有仓位时

不管您是放空还是做多，未来只要出来一条大消息是跟仓位同方向的，不须多作考虑，您应当场就立即平仓，因为这里是赚钱最多的地方。

第三种情况：应该做空

当传出一个利空谣言时，您一定要去放空。当利空的谣言变成事实时，您应立刻回补您的仓位。

我曾经说过，投机者会有许多敌人，其中有很多是来自于自己的内心。我这么说的时候，心里浮现的是自己所犯过的诸多错误。我认识到一件事，一个人即使可以拥有自己独创的见解和独立思考的习惯，但他仍然会受到能言善道的人影响而改变了自己坚定不移的立场。一般投机者常见的毛病，如贪婪、恐惧和希望，在我身上是找不到的，但作为一个普通人，我也很容易犯错。

我必须在此时刻保持高度警觉，因为不久前我经历了一件事，让我发现<u>人很容易被说服，做出与自己的判断甚至意愿背道而驰的事</u>。那是在哈丁兄弟公司营业处，我在那里拥有一间私人办公室，没有我的允许，任何人都不能在市场交易时间内打扰我。我不想被打扰，而且由于我持有相当大的仓位且获利甚多，因此受到相当严密的保护。

齐克用注解：

易于被人说服，跟独立思考与独立判断是背道而驰的，是人性的弱点。

有一天，市场刚收盘，我听见有人说："午安，李文斯顿先生。"

我转过头，看见一位陌生人，大约30岁。我不知道他是怎么进来的，但他确实出现在我面前。我暗自思考他大概是要来跟我谈业务相关的事，所以才能通过门禁进来，但我什么也没说，我只是看着他。不一会儿他说话了："我来找您，想和您谈谈<u>华尔特·史考特</u>。"接着他就开始滔滔不绝。

齐克用注解：

华尔特·史考特爵士是苏格兰小说家和诗人。他的作品深受启蒙思想的影响，宽容和无阶级意识是最大的特色。他的诗集《玛米恩》中有一段非常著名的诗句，"哦！当我们说谎时，我们还需要编织更多的谎言！"

<u>原来他是来卖书的</u>。对了，他的举止和口才都不怎么样，外貌平平，但他显然很有个性。他在说，我想我也在听，只是听不懂他说些什么。我想我完全听不懂，至少当时是如此。当他说完后，先递给我一支钢笔，接着又拿出一张空白表格，我在表格上签了字。这是一张合同，我花了500美元买了一套史考特著作全集。

齐克用注解：

这一句话的意思是表示利弗莫尔对他的提防心已没有了，认为他不会干扰到自己的操盘。

我签好字的那一刹那，马上回过神来，但他已经把合约收到口袋里了。我不想买那些书，也没地方放。对我来说，这些书没有任何用处，我也找不到人可以送。但我却同意花500美元买下这套书。

<u>我已经习惯了亏钱，因此我在思考错误时，从不考虑亏钱这件事。我考虑的是操作本身，以及为什么会犯错</u>。首先，我总是想弄明白自己的错误和思维习惯，还有，我不想两次掉入同一个陷阱。只有一种办法可以为自己的错误开脱，那就是吸取教训并在其后的交易中获利。

齐克用注解：

看到书与500元，认为对自己无害，所以他签名了，这跟他的操盘习性有关。在操作上，他只关心做对事，不会考虑亏钱的事。

唉！我犯了一个500美元的错误，却没发现错在哪里。我只好盯着那家伙。我对天发誓，他朝着我微笑，会心地微笑！<u>他似乎看穿了我的心思</u>。我隐隐约约地感觉到，不说话他也知道我想说些什么。因此我直接问他："这 500 美元的订单，您能分到多少佣金？"

他立刻摇头说："抱歉，我不能这样做！"

"您能拿到多少？"我继续追问。

"1/3，但是我不能这样做！"他说。

"500 美元的 1/3 是 166.66 美元。如果您把那张签了字的合约还给我，我就给您 200 美元现金。"为了证明我说话算数，我从口袋里掏出 200 美元。

"我告诉您了，我不能这样做。"他说。

"您所有的客户都会提供相同的条件吗？"我接着问。

"不会。"他回答说。

"那为什么您如此确定我就会签字呢？"

"您就是这样的人。您是个一流的输家，这一点使您成为一个一流的股市生意人。我非常感激您，但我不能这样做。"

"那您来告诉我，为什么您不愿意赚取比您佣金更多的钱呢？"

"这并不是赚不赚钱的问题，"他说："我出来工作，不只是为了赚佣金。"

"那么，您是为了什么呢？"

"为了佣金，也为了记录。"他回答说。

"什么记录？"

"我自己的记录。"

"您的意思是……"

"您工作仅仅是为了钱吗？"他反问我。

"是的。"我说。

"不会吧，"他摇了摇头说："不，您不会只是为了钱。如果仅仅是为了钱，您不可能从中得到那么多的乐趣。当然，您不可能为了让银行的账户增加几个钱才工作的，这就像您在华尔街，并不是因为这里赚钱容易，而是透过其他方式，让您从中获得乐趣，这点我也是一样。"

我没和他争辩，只是问他："那您如何找到您的乐趣呢？"

"噢，"他坦白地说："**我们都有一个弱点。**"

"那您的弱点是什么？"

"**虚荣心。**"他说。

"这样，"我对他说："您已成功说服我签字了。现在我想作废那张合约，并且为您这 10 分钟的工作，我愿意付给您 200 美元。难道这样还不能满足您的自尊心？"

"不是这样的，"他回答说："让您知道也没关系。我其他的同事们都在华尔街工作几个月了，却连吃饭的钱都不够。他们把这归咎于销售的书籍和销售地点。因此，总公司派我过来，想证明这是他们销售技巧的问题，和书或地点没有关系。他们赚的是 25% 的佣金。我之前在克里夫兰，两周的时间就卖出了 82 套。我在这里要卖出相当数量的书，不仅仅要卖给那些不愿意从其他推销员那里购买的客户，也要卖给其他连见都见不到的客户。这就是总公司为什么愿意支付给我 1/3 佣金的原因。"

"我还是不明白，您是怎么把那套书卖给我的。"

"噢，"他用安慰的口吻说："我还卖了一套给 J.P. 摩根。"

"不，这不可能！"我说。

他没有生气，只是说："真的，我卖了一套给摩根。"

"您把华尔特·史考特著作全集卖给了 J.P. 摩根？他可是有名的收藏家，而且可能还珍藏了一些小说的手稿呢！"

"您看，这就是他的亲笔签名。"他马上拿出 J.P. 摩根签署的合约在我眼前晃了晃。这可能不是摩根先生的签名，但当时我并没有想到要去质疑，况且他口袋里不是也有我签名的合约？我只是感到非常好奇，因此问他："您是如何通过门口图书管理员那一关的呢？"

"我没看到什么图书管理员，我见到了老先生本人，就在他的办公室。"

"这太夸张了！"我说。所有人都知道，空手走进摩根先生的办公室，比带着像闹钟一样滴答作响的包裹走进白宫要难得多了。

但他说："我真的做到了。"

"您是怎么走进他的办公室的？"

"那我又怎么走进您的办公室的呢？"他反问我。

"我不知道，您告诉我吧！"我说。

"其实，我怎么走进您的办公室，我就怎么走进摩根先生的办公室。我只是和门口的伙计聊了一下，尽管他的任务是把我拒之门外。我让摩根签署合约的方法，也和我让您签署合约的方法一样。您当时根本不是在签署一份购书合约，您只是接过我递给您的钢笔，并按照我说的做了。同样的，摩根先生也是如此。"

"那真的是摩根的签名吗？"疑惑了三分钟，我终于开口问了。

"当然！他从小就学会了如何写自己的名字。"

"就这么简单？"

"就这么简单，"他回答说："我很清楚自己在做什么，这就是所有的秘密。非常感谢您，李文斯顿先生，祝您有愉快的一天！"他开始走向门口。

"等一下，"我说："我还是要让您从我这里赚到 200 美元。"我递给他 35 美元。

他摇了摇头说："不，我不能接受。但是我可以这么做！"说完后他从口袋里掏出那张合约，撕成两半递给了我。

我数了 200 美元给他，但他又摇了摇头。

"这不是您想要的吗？"我说。

"不是的。"

"那您为什么要把合约撕了呢？"

"因为您没有抱怨，反而自己承担下来。换成我，我也会自己承担下来的。"

"但我是自愿付给您 200 美元的。"我说。

"我知道，但钱不是一切。"

我听出了他的弦外之音，于是我说："您讲的没错，金钱的确不是一切。那您其实想让我为您做些什么呢？"

"您反应可真快！不是吗？"他说："您真的愿意帮我吗？"

"是的，"我告诉他："我愿意。但能不能帮得上忙，要看您想让我做什么。"

"带我去艾德·哈丁先生的办公室，让他和我谈三分钟，然后让我和他单独相处一会儿。"

我摇了摇头说："他是我的好朋友。"

"他是个 50 岁的股票经纪人，不会有问题的。"这位图书推销员说。

他说的没错，于是我带他去了艾德的办公室。之后，我没再听到他说些什么，或任何有关他的消息。但是，在几周后的一个晚上，当我在出城的路上，在第六大道的火车站遇到了他。他很有礼貌地举起帽子示意，我也点头回敬。他走过来问候我："李文斯顿先生，您好吗？哈丁先生好吗？"

"他很好，为什么这么问？"我觉得他话中有话。

"您带我去见他的那天，我卖给他总共价值 2000 美元的书。"

"他从来没有和我提过这件事。"我说。

"是的，那种人不会谈这个。"

"哪种人不会谈这个？"

"那种从来不会犯错的人。因为承认犯错，就会让他们没面子。那种人非常清楚自己需要什么，而且没人能说服他。正是这种人让我的小孩学费有了着落，也让我的妻子心情不错。李文斯顿先生，您给了我一个很好的机会，当我放弃您急着给我的 200 美元时，我就预料到了。"

"要是哈丁先生没有给您下订单呢？"

"噢，我知道他会的，我早就清楚他是怎么样的人，我很有把握。"

"话是没错，但要是他不买呢？"我追问下去。

"那我会再回来找您，并卖给您一点东西。再见，李文斯顿先生，我现在要去见市长了。"当火车停靠在公园站的时候，他站起身来告别。

"我预祝您卖给他十套，"我说，"市长大人是<u>坦慕尼协会</u>的人。"

"我是共和党人。"说完，他从容地下车，好像火车一定会等他似的，而火车也确实等了他。

齐克用注解：

坦慕尼协会成立于 1789 年，最初是一个全国性的慈善团体，后来成为纽约地区的政治机构，并成为民主党的运作机器。

我之所以如此详细地跟您讲这个故事，是因为它谈到一个不同寻常的人，而<u>这个人说服我买下了不愿意买的东西</u>。他是第一个如此说服我的人。按理说，绝不应该再有第二个这样的人了，但偏偏又出现了一位。您永远不能指望世界上只有一个优秀的推销员，也永远不能指望自己对人格影响能完全免疫。

齐克用注解：

这个卖书故事的重点如下：

1. 这位销售人员懂得这些作手的人性与人格特质。

2. 这位销售人员的佣金比其他同事多，在于销售之前先研究过作手的特性。

3. 只要是人，都有虚荣心。

4. 销售人员懂大人物不会欠人家人情，所以一定会想马上还人情。

此案例说明，易于被人说服，是人性的弱点。

当波西·托马斯来访时，我委婉又坚定地拒绝了和他合伙的提议。当时我对天发誓，我们的商业之路绝不可能再有交集，甚至会不会再碰头都成问题。但是，紧接着第二天，他来了一封信，感谢我主动提出帮忙，并邀请我去见他。我回信表示我会去。他又来了一封信，于是我就登门拜访了。

后来我经常去拜访他，因为听他说话总是带给我很多乐趣，他见多识广，谈吐风趣，是我见过最有魅力的人。

我们无所不谈，因为他博览群书，对很多话题都有独到的见解，而且天生就能把艰深的道理化为浅显易懂且有趣的概述。他机智的言语，令人印象深刻，能言善道却不油腔滑调。我曾听到很多指责波西·托马斯善辩的话语，甚至说他虚伪，但我有时在想，要是他的道理不能先说服自己，又如何能去说服他人？

当然，我们也会深入讨论一些市场上的事情。我不看好棉花，但他却相反；我看不到任何多头迹象，但他却看多。他拿出了大量事实和数据来说服我，但我还是没有动摇。我无法证明这些事实和数据不正确，因为我不能否认它们的真实性，但它们也不能动摇我自己的判断。然而，他还是坚持他自己的观点，**直到我不再相信自己从产业报告和报纸搜集来的信息。这意味着，我无法用自己的眼睛来观察这个市场了。一个人不可能被说服而违背自己的信念，但他可能被某些言语迷惑而半信半疑和犹豫不决**。更糟糕的是，这意味着他再也不能自信地根据自己的判断交易了。

齐克用注解：

易于被人说服，是人性的弱点。这里显示利弗莫尔已经开始被说服，失去了独立思考与独立判断的能力。灾难由此而生。

我不能说我变得糊涂了，但我失去了原有的沉着。更确切地说，我失去了独立思考判断的能力。我无法详细地告诉您，我是如何转变成这种心态的，但我确实为此付出了昂贵的代价。我认为，这主要是因为<u>他信誓旦旦地说他的数据完全正确，而我搜集来的是公开信息并不可靠。除此之外，他一再强调，他在南方有许多绝对可靠的信息来源，而且证明数据是正确的。最后，我研判市场的方式变得和他一样，因为我们取得的资料是相同的。</u>他擅长逻辑推理，一旦我接受了他陈述的事实，那么毫无疑问我得到的结论很自然地和他的完全一样了。

齐克用注解：

被托马斯说服，失去了独立思考与独立判断的能力，用别人的方法与意见操作。

当他开始和我讨论棉花行情的那个时候，我不但看空，而且还做空了整个市场。后来，随着我逐渐接受他的理论和数据后，我开始担心之前放空的仓位是错误的。当然，我不可能有了这样的感觉又不去平掉仓位，于是我行动了。既然我平掉空头仓位是因为托马斯让我感觉自己错了，那么唯一的选择就是反手做多。这就是我的思维模式。您知道，我这辈子除了交易股票和商品期货，没做过别的。我自然而然地认为，如果看空是错的，那看多肯定是正确的；既然看多是正确的，那就必须赶紧买进。这就像我在棕榈滩的老朋友派特·赫恩常说的："在您下注之前，一切都说不准！"我必须证明我对市场的看法是正确的或是错误的，而这一切只能在每月月底的报表中得到印证。

我开始买进棉花，没多久就达到我通常操作的数量，大约6万包。<u>这次的操作是我职业生涯中最愚蠢的一次。我没有依照自己的观察和推理进行操作，而是充当了他人的傀儡。</u>我这种愚蠢的操作当然没有就此打住，因为我不仅在没有看多理由的情况下买进，而且还不断加码，这完全与我多年的经验背道而驰。我听信别人的意见，没有正确地进行交易，结果亏损了。

齐克用注解：

用别人的方法与意见操作，利弗莫尔遭受人生最大的一次打击。

市场并没有按照我想的那样发展。当我对自己的仓位有把握的时候，从来不会感到不安或急躁。然而，如果托马斯是对的，市场走势应该不是那样。我一开始就错了，甚至一错再错，结果被市场狠狠地修理了一顿。即使这样，我不仅没有尽速认赔，甚至还加码摊平。这样的操作方式有别于我的风格，也和我的交易原则和理论南辕北辙。当年我在空桶店交易，都比现在做得更好。但是，此时的我不是真正的我，而是成了另一个人——托马斯的化身。

我不仅在棉花市场做多，而且还买进大量的小麦。小麦的表现很不错，让我获利颇丰。我愚蠢地试图拉抬棉花价格，于是加码买进达到15万包。我可以告诉您，当时我已经感觉到不太对劲。我说这些并不是想为自己的错误编织一个借口，我只是陈述一个相关事实。我记得后来我去了<u>拉里坦湾岸</u>度假。

齐克用注解：

当利弗莫尔拥有庞大仓位时，为了随时掌握华尔街的变化，他不喜欢离华尔街太远，而此次的目的地是在新泽西州的拉里坦湾海岸（Raritan Bayshore）。

在拉里坦湾岸度假期间，我认真地思考我的棉花操作。我觉得我的交易仓位已经过大了。通常我不会感到害怕，但此时的我却开始紧张，因此我决定减仓来减轻自己的压力。为了达到这个目的，我必须出清棉花或小麦。

这真是令人难以置信。尽管我对投机游戏相当了解，而且在股票和商品期货交易方面有长达12年至14年的经验，但我居然会犯下不该犯的大错。棉花发生亏损，我抱牢不放；小麦带给我利润，我却卖掉了。这真的是一个愚蠢的做法，我唯一能推脱的理由是，这笔交易不是我的，<u>而是托马斯的</u>。在投机者犯的所有错误中，没有什么比试图向下摊平更糟糕的了。过没多久，我的棉花交易就证明了这一点。卖出亏损仓位，保留获利仓位，这显然是聪明的做法，而我心里也非常明白，但直到今天，我还是会惊讶当时自己怎么反其道而行。

齐克用注解：

在这个案例里，利弗莫尔讲了很多有别于自己以前的操作习惯，例如有仓位时，他不会去度假。赔钱时，不会向下摊平。赔钱时，从不怪任何人，但在这里，他居然觉得这赔钱的交易应该算托马斯的。由此可见，在有压力的状况下，一个人为了拯救自己的赔钱仓位，就连"向下摊平是错的，撑住股价是错的"这类错误方法，都无法看清楚。

就这样我卖掉了小麦，也断送了小麦仓位的后续利润。我卖掉后，每蒲式耳的小麦一口气就上涨了 20 美分。要是当初留住小麦，估计可以赚到大约 800 万美元的利润，而当时是为了能够继续持有亏损的仓位，我买进了更多的棉花！

我现在还记忆犹新，当时我是如何不停地买进棉花。您认为我买进的原因是什么？只是为了**支撑价格**，不让它往下跌！如果这样还不算是个超级傻瓜，那还会是什么呢？我就这样不断地投入越来越多的资金，到最后全都泡汤了。我的经纪人和好友都无法理解我的行为，至今他们还对此百思不得其解。当然，如果交易的结果不一样的话，我就成为一个交易奇才了。**我不止一次收到警告，不能过于依赖托马斯的精彩分析**，但我一意孤行，继续买进棉花以免价格下跌，我甚至还在利物浦买进棉花。当我最终意识到自己在做傻事时，总计已买进了 44 万包，为时已晚了，于是我卖掉了所有的仓位。

齐克用注解：

散户向下摊平，是为了让自己的成本价离市价近一点。大户在赔钱的情况下，还进场加码，是为了撑住市场，撑住股价。为了要脱困，须投入更多的资金护住价格。为了要脱困，卖掉了可以大赚的小麦。为了要脱困，所有的思绪都不正常了。所以，最佳的脱困计划是快速认赔。

我在股票和商品期货交易上赚来的所有利润几乎全输光了。尽管我还没到山穷水尽的地步，但也仅剩下几十万美元，而在遇见那位聪明绝顶的朋友波西·托马斯之前，我可是拥有数百万美元的身家。我完全违背了所有的经验法则，这岂是一句愚蠢可以形容的。

无论如何，了解到一个人会毫无理由地做出愚蠢的行为，也算是一堂很有价值的课。我失去了数百万美元，得到一个教训：**对一个交易者来说，他的另一个危险敌人是，被另一个聪明人的花言巧语所迷惑。不过，如果只花 100 万美元就能得到教训，我认为这是值得的**。但是，命运之神并不会让您自己决定要交多少学费。她会严厉地教训您，然后把账单拿给您，因为她知道，无论账单的金额多少，您都不得不支付这笔学费。当我明白自己是如此愚蠢之后，我断然结束了交易，而波西·托马斯也就此从我的生活中消失了。

齐克用注解：

> 对于初学者来讲，没有慎选学习对象，也会遇到同样的状况。走上错路，还不能自觉。在前面文章里，利弗莫尔总是请教一些在投资市场赚钱的前辈，了解他们的操作逻辑与技巧。在这里，是托马斯主动来找他，彼此之间通过沟通，最后看法逻辑渐渐变成一样，结果大赔出场。所以学投资能不谨慎吗？

就这样，我亏掉了九成以上的本金，套一句吉姆·费斯克常说的话，我九成的本金全化为乌有了。我成为百万富翁的时间还不到一年，用我的头脑和一点点运气赚来的几百万美元，由于反其道而行的操作，全都没了。我卖掉了我的两艘游艇，开始过着简朴的生活。

然而，福无双至，祸不单行。**我开始走霉运，先是大病一场，接着又急需 20 万美元的现金**。要是在几个月之前，这笔钱对我来说根本不是问题，但现在 20 万美元已经是我财富大缩水之后仅存的现金了。我必须拿出这笔钱，但问题是我去哪里弄这么多钱。我不想从存放在经纪人账户中的保证金支取，因为我这样做的话，我将没有足够的保证金可做交易了。此外，如果我还想从交易中把那几百万美元赚回来的话，就得投入更多的本钱。**看来我别无选择了，只能从股票市场中把钱赚回来！**

齐克用注解：

> 利弗莫尔急着筹措现金为他的妻舅辩护，因为他的妻舅被指控谋杀了妻子，但最终他还是被判了死刑。从这里开始是另一个

案例的开始，想到股市赚钱，要股市出钱来做事或买东西，是人性的另一种错误。

想想看，要是您对券商的客户有一定了解，就会同意我的看法：在华尔街，寄望于股市帮您赚钱可能是最常见的亏损原因。如果您固执己见寄望于股市帮您赚钱，您将很有可能倾家荡产。

事实确实是如此。**有一年冬天，在哈丁公司里有一群野心勃勃的人想花三四万美元去买一件大衣，但从来没有人成功过**。事情的经过是这样的：有一天，他们碰巧在交易大厅遇见了一位场内交易员，这个人后来成为每年只领 1 美元象征性薪资的名人，他穿着一件海獭皮大衣。当年，在皮草价格飙涨之前，那件大衣顶多值 1 万美元。哦，**哈丁公司营业厅的一个小伙子鲍勃·凯恩，下定决心要去买一件俄罗斯黑貂皮大衣。他打听了价格，差不多也就是 1 万美元。**

"太贵了，这可是一大笔钱啊！"其中一个朋友反对说。

"噢，价格还算合理！很公道的！"鲍勃·凯恩淡淡地说："差不多一周的薪水罢了，除非你们打算把它当成礼物送给我。有人愿意捐献吗？没有？那好吧，**我就让市场买给我吧！**"

"您为什么要买貂皮大衣呢？"艾德·哈丁问道。

"像我这种身材的人，穿起来特别好看。"鲍勃边说边在身上比画着。

"您刚才说大衣的钱从哪里来？"吉姆·墨菲问道。他是营业厅里最擅长打听消息的人。

"靠聪明地短线交易，詹姆斯，就是用这种方法。"鲍勃回答说。他知道墨菲只是想打听点消息。

果不其然，吉姆又接着问道："您准备买哪一只股票？"

"您又错了，朋友。现在不是买进股票的时候，我打算放空 5000 股美国钢铁，它应该会跌至少 10 点。我只要赚 2.5 个点就够了。这还是保守的估计，您说呢？"

"您听到了什么消息？"墨菲急切地问道。他又高又瘦，一头黑发，面黄肌瘦，因为他总是担心会错过市场一些消息，所以从来不外出吃午饭。

"我听说那件大衣特别适合我，我已计划要买了。"他转头对哈丁说："艾德，以市价放空 5000 股美国钢铁。现在就卖出，亲爱的！"

鲍勃是个不折不扣的赌徒，喜欢用幽默的言语表达意思，他就是透过这样的方式让人知道自己有坚定的意志。他放空 5000 股美国钢铁后，股价就立即上涨。鲍勃一点都不像自己说的那样，毫不在乎，他在赔了 1.5 个点之后就认赔出场了，然后告诉办公室里的人说，纽约的天气太暖和了，不适合穿皮草大衣。他还说穿皮草大衣既不健康，又太招摇。办公室里的其他人听了后开始嘲笑他。但是不久之后，又有一个人为了买这件大衣而买进了联合太平洋铁路，结果这个人赔了 1800 美元。然后，他开始宣称，貂皮披在女士身上非常漂亮，但穿在一个谦虚又机智的男士身上，就不怎么合适了。

之后，一个又一个的小伙子，也想从股市中赚钱来买那件貂皮大衣。有一天，我说我要把这件大衣买下来，以免营业厅亏损到破产。但他们都说这样做不够光彩，应该让市场买给我。但是，艾德·哈丁十分赞同我的想法。当天下午，当我去那家皮草店要买那件大衣时，发现上周就已经被一个芝加哥人买走了。

这只是其中的一个例子。在华尔街，只要有人想让市场出钱来买汽车、手镯、游艇或油画的人，到最后总是亏钱的。股票市场吝啬得很，从来不愿意为我的生日礼物买单。如果我把这些想买礼物而输掉的钱累积起来，就已足够盖一座大型的医院了。事实上，笼罩着华尔街的所有诱惑中，我认为企图使股市变得像仙女那样乐善好施的妄想，可能是最多且经常出现的。

就像所有不幸的人一样，一定有其理由。**当一个人打算让股票市场来支付他突如其来的开支时，他会怎么做呢？他只能放手一搏，而他所承担的风险将远大于理智投机的时候。如果够理智，他会冷静地研究市场基本情势，得出合理的观点和想法，然后再进场交易。**现在，他的出发点就是追求立竿见影的报酬，即使市场未必对他有利，他都不愿意再等待。他以为自己只不过是投入一场输赢对半的赌博，因为他事先早就想好要短进短出，比如说，亏 2 点就止损，赚 2 点就收手。实际上，他已经掉入陷阱，误以为这就是输赢对半的机会。在我认识的人中，就有人因此损失了成千上万美元，最糟糕的是那些在股市最高点买进，随后却立刻遇到小幅回调的情况。这种交易的方式绝对不可行。

唉，**这样的愚蠢行径成为压垮我的最后一根稻草。我输光了棉花交易后仅存的一点钱。更糟糕的是，我还不断地交易，且不断地再亏钱，以至于造成了更大的伤害。我固执地认为，股市最终一定会让我赚到钱，但我看到的结局却**

是山穷水尽。我开始四处欠钱，不仅欠几个主要经纪商的钱，也欠那些让我不需要足额保证金就能交易的券商一屁股钱。我不但债台高筑，而且从那之后，就一直债务缠身。

齐克用注解：

托马斯赔光，他所研究的是如何把输掉的钱赚回来，所以他找利弗莫尔来配合，希望由利弗莫尔来下单操作。而利弗莫尔赔光，他研究的是自己错在哪里，要如何改善。

这里讲到有三种人不适合到投资市场，第一种：想要叫投资市场买礼物。第二种：来到市场，就想办法从市场赚钱来做自己想做的事。第三种：已经在市场上赔了钱了，只想把赔掉的再赚回来。

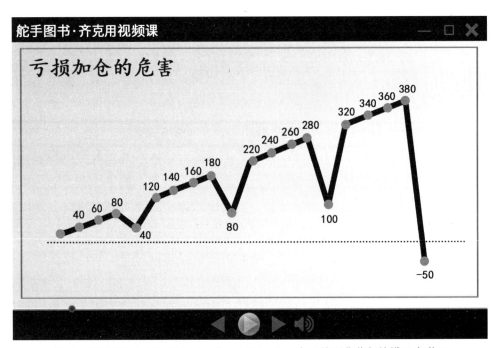

附图　利弗莫尔也曾亏损加仓，饱受打击。交易者要从利弗莫尔的错误中学习

第十三章 股市险恶作手被庄家利用出货

"没有能让我东山再起的市场，这太难熬了。曾经有一个一辈子难得一见的大好机会摆在面前，但我却没有办法伸手去拿。"

杰西·劳伦斯顿·利弗莫尔

(1877 年 7 月 26 日—1940 年 11 月 28 日)

导 读

主题

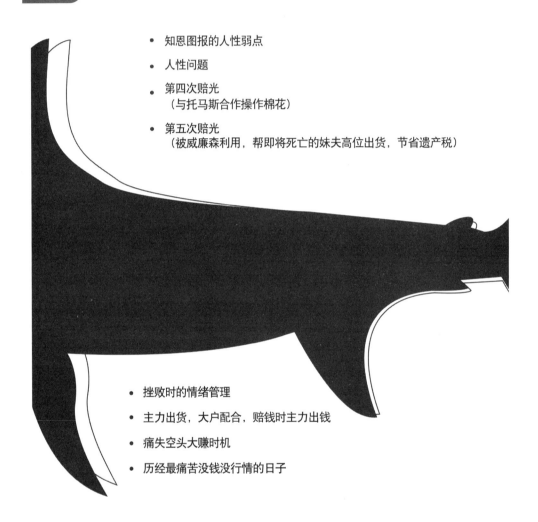

- 知恩图报的人性弱点

- 人性问题

- 第四次赔光
  （与托马斯合作操作棉花）

- 第五次赔光
  （被威廉森利用，帮即将死亡的妹夫高位出货，节省遗产税）

- 挫败时的情绪管理

- 主力出货，大户配合，赔钱时主力出钱

- 痛失空头大赚时机

- 历经最痛苦没钱没行情的日子

图 13-1　先研究图中的主题，再阅读内文

本章 1 个案例

案例 1：被威廉森利用，给了一个假的快速东山再起的机会。

操盘逻辑

本章主要说明知恩图报的人性错误，致使他再一次遭受第五次赔光。

本章延续前一章，继续谈人性问题。开始时，点出操盘人出现情绪问题时的状况，而情绪问题只是人性问题里重要的一部分。整章只讲一个故事，叙述犯了人性问题，致使第五次赔光。五次赔光简述如下：

第一次赔光：空桶店的方法在合法券商有漏洞，造成赔光。

第二次赔光：巨幅波动下滑价的价差非常大，造成赔光。

第三次赔光：空头市场反弹波激烈，看对神准，却赔光。

第四次赔光：听从托马斯操作棉花，人性问题造成赔光。

第五次赔光：被威廉森利用操作，人性问题造成赔光。

本章谈利弗莫尔第五次赔光的经历，原因是"知恩图报"竟变成人性弱点，被人利用与控制住。这利用与控制的人是利弗莫尔的恩人威廉森。威廉森为了帮助患绝症即将死亡的妹夫，打算将股票在好的价格上变现出清，解决遗产节税的问题，而利用了利弗莫尔。对利弗莫尔而言，人性弱点让他丧失了空头大赚时机。在威廉森找他帮忙的这段时间，刚好是空头架构的行情，他在空头走势下放空股票，却被威廉森将股票回补且反手做多。威廉森替利弗莫尔买进的动作，只是为了将妹夫的股票变现，要利弗莫尔把股票接过去。最后，利弗莫尔的最大损失是失掉了"交易时机"，一个可以赚大钱的行情来了，却没有把握住，等发现被利用之后，赚钱的行情已没有了。从那时之后开始，大概有 4 年是没行情的日子。对利弗莫尔来说，是一段没钱也没行情的日子。

这第五次赔光比前一章"与托马斯合作操作棉花第四次赔光"的情形更惨。与托马斯的合作，其结局是——人生病了、钱赔光了、负债了、身心受创。而这次比前面一次更惨的地方在——后来都没有行情了！没有行情，就没有赚钱的机会，操作技巧再厉害都没有用。

所以，本章讲到的重点是"主力出货，大户配合"，操作结果如果是赔钱的，主力负责补齐。直到现在，这个方法还有人在用。这些人是如何操作的？主力要拉抬股票或出货，会先找一群合作的人，包括报社记者写稿，记者写得好，股价有拉上来，记者就有钱赚。举个例子来说，主力跟大家讲，隔天开盘时，大家用同一个价格、在同一个时间，依所分配的额度，在市场买股票。大家买好之后，股票在三个月内都不要卖。待三个月之后，大家再开始卖股票，如果你们能卖到比原本买的价格高，这利润是您的。如果卖的比成本价低，主力负责补贴赔钱差价给您。对参与合作的人来说，这是保证赚的方案。那主力为何要提供这种保证赚的方案呢？主力的想法是，您赔的钱，是我当初卖的，那我就把赚到的钱还您而已。这意思是，假设主力在20元卖出股票，您在20元买进，三个月之后，您卖的价格若是15元，主力就等于是20元卖掉，然后在15元回补。这方法只不过是因为主力需要资金，行情拉不动了，所以这些合作的人，等于是借钱给主力使用。未来找机会再来跟读者做更深入的说明。

本书的案例是，威廉森叫利弗莫尔去买，他替妹夫在卖。利弗莫尔亏了钱，威廉森说没关系，他会负责补齐，叫利弗莫尔不用担心。利弗莫尔认为这个人对他实在太好了，知恩图报。后来利弗莫尔搞懂了，原来是他在卖，要我在这边买。我赔的钱，全部是那边赚走了，一赚一赔，对他们来说，其实没差，但省了很多税金及卖出持股时机得宜。

重点摘要

本章的 9 个操盘重点:

1.恶心、紧张、焦躁,没有办法冷静思考,也就是说,我陷入了投机者在交易中绝不能有的异常精神状况。这是情绪出了问题,需要情绪管理。

2.找不到机械般的思维能让您时刻依赖,且从不懈怠。人性与情绪问题无法找到固定的方法解决。

3.投机者若能学会如何避免太过武断,那么他付出再高的代价都是值得的。许多聪明过人之士遭遇惨败,都可以归因于太过武断,是代价高昂的人性错误。

4.如果您想在投机市场中赚到钱,就必须彻底了解自己,而从犯下的愚蠢错误中找出症结,是一段漫长的过程。

5.威廉森给了利弗莫尔一个假的快速东山再起的机会,这是他在华尔街的职业生涯中犯下的最大错误之一。

6.我的感觉压倒了我的判断,我退缩了。我的判断屈服于他的愿望之下,这也造成了我另一次毁灭的开始。感恩是正派人士无法摆脱的感情,但作为一个交易者,您必须避免被这种感情所束缚。

7.派特·赫恩常说的:"在您下注之前,一切都说不准。"

8.同样的事情一再发生,于是我开始思考,并从不同的角度审视自己的处境。最后,我终于恍然大悟,显然我被丹尼尔·威廉森利用了。

9.投机者有许多容易出现的弱点。作为一个普通人,我在威廉森公司所做的事无可厚非,但作为一个投机者,经营之道就是永远依据自己的判断来操作。

下面,我们进入内文。

就这样，**我又破产了**。尽管我的情况很糟糕，但更糟糕的是我的交易错得太离谱了。**恶心、紧张、焦躁，没有办法冷静思考，也就是说，我陷入了投机者在交易中绝不能有的异常精神状况**。我感觉到一切都不对劲。事实上，我认为自己的思考逻辑能力出现了重大的缺损，再也无法恢复原状了。我早已习惯于**大规模的操作**——例如每次进出超过 10 万股，我担心若是小量操作，就无法做出精确的判断。当您只能交易区区 100 股的时候，正确与否根本不值得在乎。已经习惯于下重注及赢大钱，我不知道自己还能不能判断何时该下小注赢小钱了。我无法描述当时我是多么地无助。

齐克用注解：

　　这是指前一章所谈的棉花交易之后的心理状况，以及情绪问题。利弗莫尔于此时陷入了无法做情绪管理的阶段，因而情绪管理是这里的重点。对操盘人来说，情绪管理在交易的环节里是属于最底层的自我管理。没有情绪管理的能力，就无法做好资金管理与风险管理，就不可能有好的操作结果。对于输赢都是上百万元的操盘人来说，现在只剩几百元的赚赔交易结果，看对时却无法下有意义的赌注，是件非常折磨人的事情。

再度破产又无法积极作为，债台高筑又错误连连！经历了这么多年的百战百胜之后，现在的状况甚至比在空桶店刚起步时还要糟糕。我学会了很多股票投机技巧，**但对人性的弱点，知道得太少了**。找不到**机械般的思维**能让您时刻依赖，且从不懈怠。现在我知道了，我不能奢望自己永远不受他人和灾难的困扰。

齐克用注解：

　　一般投资者开始学习操盘时，都认为操作技巧比较重要，人性较不重要。等到操作一段时间之后，才会发现克服人性原比操作技巧重要得多。一般人对于人性的了解实在太少，因为多数人只谈操作技巧。在这里，利弗莫尔通过操盘体会到人性、他人想法、环境等等，这些对操盘人来说都是干扰。

"找不到机械般的思维能让您时刻依赖，且从不懈怠。"意指人性问题的解决方案找不到固定法则。

金钱上的损失从来不会让我感到不安，但其他的问题会，也确实让我心烦担忧。仔细研究了我的惨痛失败，毫无困难地找到了自己在哪里犯错。我找出了精确的时间点和地点。如果您想在投机市场中赚到钱，就必须彻底了解自己，**而从犯下的愚蠢错误中找出症结，是一段漫长的过程**。有时候我认为，投机者若能学会如何避免太过武断，那么他付出再高的代价都是值得的。许多聪明过人之士遭遇惨败，都可以归因于太过武断，这真是代价高昂的人性错误。所有人在所有事情上都免不了会犯这个人性错误，尤其是华尔街的投机者更是如此。

齐克用注解：

对利弗莫尔而言，没钱不会产生困扰，但人性与他人一直干扰的事情却没有方法可以解决。操作过程中，操盘技巧可以快速学习，但解决人性问题却是漫长的。解决人性造成操盘的困难，对操盘手而言需要高阶的能力。华尔街中会赔光的作手，都是犯了太过于武断的人性问题。

再度破产让我在纽约浑身不自在。我不想做交易，因为我失去了交易的盘感。我决定离开纽约，到其他地方去筹措资金。想换个环境或许可以帮我找回自己，于是被投机游戏打败的我，再次离开纽约。**我的处境比破产时更惨，因为我欠了多家经纪商 10 万美元。**

齐克用注解：

第四次赔光，负债 10 万美元。这次要东山再起，还得面对解决债务问题带来的困扰。

我去了**芝加哥**，在那里筹集了一笔资金。这笔钱数目不大，但至少让我有希望赢回失去的财富，尽管花的时间长了一点。一家曾经和我有往来的经纪商对我的交易能力有信心，愿意让我在他们的营业处做些小额交易以证明这一点。

齐克用注解：

1910 年初，利弗莫尔到芝加哥，这城市当初是牲畜与谷物的交易中心。

一开始，我十分保守。我不知道在芝加哥会发生什么，但我遇到了职业生涯中最令人难忘的经历，因而缩短了我在芝加哥停留的时间。这故事听起来真是令人难以置信。

有一天，我收到一封来自鲁修斯·塔克的电报。他曾经是一家证券交易所会员公司的营业厅经理，我就是在那个时候认识他的，当时我还在他那里下过好几笔交易，但我们早就失去了联系。电报是这么说的：

"立刻来纽约。L. 塔克"

我知道，他是从我们共同的朋友那里知道了我的窘境，因此他找我肯定与这事有关。然而，我也没钱走一趟毫无必要的纽约之行，因此我并没照他的意思做，而是给他打了一通长途电话。

"我收到您的电报了，"我说："什么事那么火急？"

"纽约一个大银行家想见您。"他回答说。

"谁？"我问道。我实在想不出可能是谁。

"到了纽约我就告诉您，否则说了也没用。"

"您是说他想见我？"

"是的。"

"他找我有什么事？"

"您来了他就会亲口告诉您。"鲁修斯说。

"不能写信告诉我吗？"

"不能。"

"那就简单说说吧！"我说。

"我不想在电话里说。"

"好吧，鲁修斯，"我说："您只要告诉我，这是不是个圈套？"

"当然不是。要您来是为您好。"

"难道连一点风声都不能透露吗？"

"不能，"他说："这对他不公平，而且我也不知道他要如何帮您。不过，您最好听我的，来纽约，尽快。"

"您确定他想见的是我？"

"没错，就是您，您最好快点来。发电报告诉我您搭哪一班火车，我去车站接您。"

"好的。"我说，然后挂上电话。

我不喜欢把事情搞得神秘兮兮，不过我知道鲁修斯是善意的，他这么说一定有他的道理。我在芝加哥也没有混出什么名堂，离开那里并不会让我感到不舍。照目前的交易进展来看，我得花好长的时间才能累积足够的资金去做过去那种大规模操作。

就这样，不知道会发生什么事情之下，我回到了纽约。事实上，旅途中好几次在担心什么事都不会发生，只是让我白跑了一趟，浪费了车钱和时间。但我万万没想到，我经历了这一辈子最难忘的一段经验。

鲁修斯和我在车站碰了头，一见面他就告诉我，他是受了丹尼尔·威廉森的紧急之托来找我的。威廉森来自著名的纽约证券交易所会员公司威廉森—布朗公司，他让鲁修斯转告我，他有一个提议，我肯定不会拒绝，因为这将带给我很大的好处。鲁修斯发誓他自己对这个提议一无所知，而以该公司的名声担保，不会要求我去做不正当的事。

齐克用注解：

利弗莫尔这里描述的经历，几个重要人物包括："鲁修斯·塔克——是介绍人，在威廉森—布朗公司任职""丹尼尔·威廉森——威廉森—布朗公司的资深合伙人""艾文·马奎德——他的资产被人初估从5000万美元到5亿美元不等。是威廉森的妹夫，也是威廉森—布朗公司的优良客户。他的资历是十多家银行和信托公司的董事、奇撒比克大西洋铁路系统的总裁、铁路界第二号传奇人物、实力强大的银行集团福特道森帮的主要成员兼发言人""詹姆斯·史蒂曼——国民城市银行总裁，他是个会诱使他人开出更优惠的条件而沉默不语的人"。

丹尼尔·威廉森是这家公司的资深合伙人，这家公司是艾柏特·威廉森于19世纪70年代创立的。当年这家公司并没有名叫布朗的合伙人，多年来也没有一个员工叫布朗。在丹尼尔父亲手中，该公司声名大噪，后来丹尼尔从他父亲手中继承了相当可观的财富后，就没有继续扩展业务了。他们有位客户，名叫艾文·马奎德，他一个人的交易量就抵得上100位普通客户。马奎德是威廉森的妹夫，他除了担任十多家银行和信托公司的董事外，还是奇撒比克大西洋铁路系统的总裁。他是铁路界第二号传奇人物，仅次于詹姆斯·席尔，也是实力强大的银行集团福特道森帮的主要成员兼发言人。他的资产被人估计从5000万美元到5亿美元。死后才被发现，他2.5亿美元财产都是从华尔街赚来的。现在您知道他是什么样的客户了吧！

鲁修斯告诉我，他刚刚接下威廉森—布朗公司的职位，这个职位是特别为他打造的，专门负责拓展业务。威廉森—布朗公司正在开拓一般经纪业务，鲁修斯说服了威廉森开设两家分行，其中一家设在市中心的一家大饭店里，另一家则设在芝加哥。我推测，他们大概会提供我一个芝加哥分行的职位。有可能是营业厅经理，但我是不会接受的。我并没有责备鲁修斯，因为我觉得最好等一等，等他们提出来再回绝。

鲁修斯带我到威廉森的私人办公室，把我介绍给了他的老板，然后匆忙离开。我已经准备先仔细听，然后再拒绝。

威廉森先生风度翩翩，是个十足的绅士，他举止优雅，总是带着和善的微笑。可以看出，他肯定很善于交朋友，而且能够维持交情。他身体健康，心情愉快。他有的是钱，因此不会有人认为他动机可疑。这些因素再加上他受的教育和社会历练，使得他显得既彬彬有礼又和蔼可亲，不但亲切而且乐于助人。

我什么都没说，也没什么可说，而我在说话之前，总是让别人先说完。有人告诉我，已故的国民城市银行总裁詹姆斯·史蒂曼——顺便一提，他是威廉森的好朋友——在面对任何向他提议的人，都会面无表情地静静聆听。当提议者说完后，史蒂曼会继续看着他，就好像那个人还有话没说似的。这时提议者就会有一种压迫感，觉得自己还得再说些什么，于是他又说了更多。史蒂曼就是使出这种盯人和聆听的功夫，让不少提议者在他开口之前，就开出了许多远比他所想的更有利于银行的条件。

我不会为了诱使他人开出更优惠的条件而缄默不语，我这么做是因为我想弄清楚事情的来龙去脉，让对方把话说完，就可以马上做出决定。这可以节省很多时间，同时避免争论和徒劳无功的冗长讨论。对于所有呈现在我面前，要我考虑是否加入的提案，我都可以用"是"或"否"来回答。但除非我听到完整的提案内容，否则无法立即说"是"或"否"。

丹尼尔·威廉森在说，我在听。他告诉我，他对我在股市的操作已经耳熟能详了，对于我抛弃擅长领域转战棉花市场并遭受惨重的失败，表示十分遗憾。不过，也正因为我时运不佳，他才有机会与我见面。他认为我擅长的领域是股票交易，天生就是做这一行的，不应该离开股市。

"这就是我的理由，李文斯顿先生，"他愉快地总结说："这就是我们希望和您做生意的理由。"

"做生意？怎么做？"我问他。

"当您的经纪人，"他说："敝公司希望您在这里交易。"

"我很乐意在这里交易，"我说："但我不能。"

"为什么？"他问道。

"我没钱。"我回答。

"这不是问题，"他微笑着说："钱由我来提供。"他拿出一本支票簿，开了一张 25000 美元的支票，填上我的名字，然后交给了我。

"这要做什么？"我问。

"存入您自己的账户，可以随时领取。我希望您可以在敝公司做交易。我不在乎您是输钱还是赢钱。如果这笔钱输光了，我会再给您一张个人支票，因此您不必把这张支票当回事。明白了吗？"

我知道这家公司资金雄厚，不需要勉强做任何人的生意，更不用说送钱给客户当保证金了。但他在提供给我这一切的时候又是那么和善！他给我的不是经纪商的信用额度，而是实实在在的现金，因此这笔钱的来历只有他知道，而他唯一的要求就是要我在他的公司做交易。此外，他还承诺，如果我输光了，他还会再给我一笔钱。看来，他这么做一定是有理由的。

"你们到底是怎么想的？"我问他。

"很简单，我们想找一位客户在这里做交易，他必须是个出名且活跃的大作手。人们都知道您是一个大空头，这就是我特别看重您的原因。您就是我们要找的那个闻名天下的大棒槌。"

"我还是不明白。"我说。

"跟您直说吧，李文斯顿先生，我们有两三位非常有钱的客户，他们经常大手笔地买卖股票。我不希望他们每次卖出一两万股，华尔街就怀疑他们正在卖出持股。如果华尔街知道您在敝公司交易，他们就不知道，到底是您在放空，还是其他客户在卖出持股了。"

我马上就明白了。他想利用我身为棒槌的名声来掩护他妹夫的操作！确实，一年半前我透过放空赚到我职业生涯中最大的一笔利润，而且每当股价下跌时，那些华尔街的流言贩子就会把矛头指向我。直到今天，只要价格出现下跌，他们就说一定是我在搞鬼。

我根本不需要考虑，因为我一眼就看出，**丹尼尔·威廉森给了我一个快速东山再起的机会**。我收下支票，存入银行，然后在他的公司开了个户头并开始交易。当时市场状况很不错，波动大且成交量大，用不着局限于一两只特别的股票。我跟您说过，我已经开始害怕自己已经失去正确出击的能力，但情况似乎不一样。三周之内，我用丹尼尔·威廉森借给我的 25000 美元，赚到了112000 美元的利润。

我去找他，对他说："我是来还您那 25000 美元的。"

"不，不！"他一边说一边挥手，好像我给他的是不好喝的蓖麻油鸡尾酒似的。"不，不！小兄弟，留着当您的本钱吧！现在还不急，您只不过是赚了一点小钱而已！"

这是我在华尔街的职业生涯中犯下的最大错误之一。由于这个错误，后来我付出了漫长而痛苦的代价。我应该坚持还他钱的。我正在东山再起，赚到比我所输掉的更多的财富，而且进展神速。三周来，**我平均每周获利高达 150%，而此后我的交易将进入稳定成长的阶段**。但是，我并没有坚持还清债务，而是听从了他的话，没有执意要他收下这 25000 美元。当然，由于他没有拿回借给我的 25000 美元，我也就不好意思拿出我赚到的利润。由于个性的关系，对他满怀感激之情，但我不喜欢欠别人钱和人情。金钱是可以用金钱偿还，而对于人情世故，我也必须报之以人情，这种道义上的责任，通常会让您付出沉痛的代价。此外，道义上的责任必须达到什么程度，也没人可以明确地规定。

齐克用注解：

从他的获利状况，就可看出股市已进入空头市场。

我把这笔钱摆在一边，不去动它，又重新开始交易了。我的交易进行得十分顺利，找回了自信，而且我确信，用不了多久，我就能恢复到1907年时战无不胜的状态。只要市场趋势能够维持一段时间，我就能够把输掉的钱全都赚回来。事实上，赚不赚钱我并不是很在乎，让我感到高兴的是，我正在摆脱不停地犯错及失去自我的行为。几个月下来，这种习惯的行为使我几乎陷入万劫不复的地步，但我已经得到了教训。

就在此时，我看空并开始放空几只铁路股，其中一只是奇撒比克大西洋铁路。我记得当时我放空了8000股。

有一天早上，我来到市中心。开盘前，丹尼尔·威廉森把我叫到他的私人办公室，对我说："拉利，现在不要碰奇撒比克大西洋铁路这只股票。您放空了8000股，这绝不是好买卖。今天早上我已在伦敦替您回补，并反手做多了。"

我很确定奇撒比克大西洋铁路将下跌，报价带明白地告诉了我这一点。除此之外，我对整体市场看空，虽然不是极度或不顾一切地看空，但也足以让我安心地持有一些空头仓位。我对威廉森说："您这样做是什么意思？我可是看空整个市场，而且所有股票都会下跌。"

但他只是摇头说："我这样做，**是因为我碰巧知道一些有关奇撒比克大西洋铁路的事情，而这些是您不可能知道的**。我给您的建议是，不要放空这只股票，除非我告诉您是安全的您再做。"

齐克用注解：

其实是威廉森替妹夫马奎德正在抛售奇撒比克大西洋铁路股。

我还能说什么呢？这不是一般愚蠢的小道消息，而是董事长妹夫的建议。丹尼尔不仅仅是艾文·马奎德的挚友，也对我很友善和慷慨。他已表明对我的信任，也相信我的话。除了心怀感激，我还能做什么呢？又一次，**我的感觉压倒了我的判断，我退缩了。我的判断屈服于他的愿望之下，这也造成了我另一次毁灭的开始。感恩是正派人士无法摆脱的感情，但作为一个交易者，您必须**

避免被这种感情所束缚。我知道的第一件事是，我不仅输掉了所有的利润，还倒欠公司 15 万美元。我感到很沮丧，但丹尼尔对我说，别担心。

齐克用注解：

> 这些描述说明，这次还是犯了人性的错误。

"我会帮您填补这个大洞的，"他许诺说："我一定会的。但您必须配合我，您必须停止独自操作。总不能在我为您忙进忙出时，却因为您的动作而前功尽弃。您就别再管市场了，给我机会替您赚点钱好吗？拉利。"

我又要说一次，我还能怎么做？我感激他的善意，做不出任何忘恩负义的事。我渐渐地喜欢上他。他和蔼可亲又非常友善。我记得，我从他那里听到的全是勉励之词。他总是向我保证，一切都会好的。大约半年后，有一天他笑容满面地来找我，给了我几张支票。

"我说过，我会帮您填补这个大洞的，"他说："我做到了。"然后我发现，他不但把我的债务完全清掉了，还留给我一小笔资金。

我本以为可以很轻松地凭这笔资金东山再起，因为**当时市场情势大好**，但他对我说："我替您买了 1 万股南大西洋铁路的股票。"这是他妹夫艾文·马奎德所控制的另一条铁路。当然，这只股票的命运也掌握在他手中。

齐克用注解：

> 这是指股市明确地在空头市场。

有人像丹尼尔·威廉森那样对待您的时候，除了说声"谢谢"之外，还能说什么呢？不管您对市场的看法如何，也许您很肯定自己是对的，但正如派特·赫恩常说的："在您下注之前，一切都说不准。"而丹尼尔·威廉森正用他的钱，替我下注呢！

唉，南大西洋铁路一路下跌，而且一蹶不振，我的 1 万股也出现了亏损。我忘了到底亏了多少，后来丹尼尔替我把它们卖掉了。我欠的钱更多了，但我这辈子再也找不到比他更好更有耐心的债主了。他从来不提我的欠款，相反地，他尽说些好话鼓励我，告诉我不必担心。最后，他又用慷慨且神秘的手法帮我把亏损清掉了。

他从来不对我透露任何细节，盈亏只是账目上的数字。丹尼尔·威廉森只是对我说："我们用其他交易的获利，帮您搞定了南大西洋上的亏损。"他还告诉我，他是如何卖掉7500股其他公司的股票，并获得了相当大的利润。我可以老实告诉您，我从来不知道天底下还有这么好的事情，直到丹尼尔·威廉森告诉我，所有的债务都一笔勾销了。

同样的事情一再发生，于是我开始思考，并从不同的角度审视自己的处境。最后，我终于恍然大悟，**显然我被丹尼尔·威廉森利用了**。我一想到这点就生气，但更令我生气的是，我居然没有及早发现。当我弄清楚整件事情的来龙去脉后，立刻去找丹尼尔·威廉森，告诉他我不干了，然后扭头走出威廉森—布朗公司办公室。我没有指责他和他的合伙人，因为骂他们几句对我又有何用？但我必须承认，我十分恼火，不光是对威廉森和他公司，也对我自己。

齐克用注解：

　　一个会操作的人，绝不能被某些事情绑住，这样对于他会操作的这件事，杀伤力很大。利弗莫尔被何事绑住呢？自己知恩图报的人性被利用，及威廉森的控制与干扰。

赔钱从来不会让我懊恼。每当我在股票市场赔钱，我都会认为自己从中吸取了教训。我失去了金钱，得到了经验，因此赔掉的钱实际上是我付出的学费。一个人必须学习经验，也必须为此付出学费。但丹尼尔·威廉森公司的经历对我来说伤害太大了，我丧失了一次大好机会。亏钱对一个人来说算不了什么，亏了还能赚回来，但像我当时所面临的机会，不是说来就来的。

您知道，当时的市场很适合做交易。我是对的，我的意思是说，我对市场的解读正确。市场上有着赚取百万美元的机会，但我却让感恩图报的心理干扰了我的操作。我自缚手脚，不得不依丹尼尔·威廉森的意思去做。总而言之，这种感觉比跟亲戚一起做生意还更不愉快，真是糟透了！

这还不是最糟糕的。**这件事之后，市场就找不到能让我赚大钱的机会了。市场开始窄幅盘整，情况越来越糟，我不仅输掉了全部身家，还再度债台高筑，我的负债状况比以前更严重了**。我度过了一段漫长的艰难岁月，**从 1911、**

1912、1913 到 1914 年。我赚不到任何钱，市场上根本没有机会，而我也是每况愈下。

齐克用注解：

　　长空架构之后，开始打底，这个底部是非常漫长的底部。

亏点钱没有什么好抱怨的，只要那不是在您看对的情况下亏掉的。这就是我为什么一直对这段经历耿耿于怀的原因，而且毫无疑问地，这种情绪让我感到心神不宁。我知道，**投机者有许多容易出现弱点。作为一个普通人，我在丹尼尔·威廉森公司所做的事无可厚非，但作为一个投机者，任由自己受到外界事物的影响，把自己的判断抛诸脑后，则是不应该且不明智的做法**。知恩图报是高尚的品德，但股市不讲这一套，因为报价带可不是骑士，更不会奖赏忠诚。我意识到，我不能采取不同的方式行动。我不能仅仅因为想在股市中交易，就改变自己的信念。但生意总归是生意，作为投机者，经营之道就是永远依据自己的判断来操作。

齐克用注解：

　　操盘有一个很重要的重点——绝对不能受限于环境或其他的人。假如您的买卖不是依照自己的决定或想法来买卖，这时就是不能操作的时候。这是人性与情绪管理的重点。

这是一个很奇特的经历，我得跟您说说我的感受。我们初次见面的时候，丹尼尔·威廉森讲的都是实话，只要他的公司在某只股票上买卖几千股，华尔街就会认为是艾文·马奎德在买卖。他是这家公司的大客户，也是公司唯一的客户，同时也是华尔街最优秀且最具实力的大作手。没错，他们找我来就是把我当作烟幕掩护，特别是在马奎德卖出的时候。

齐克用注解：

　　下面这一段开始，才要讲出他们找利弗莫尔来操作的真正用意。

我来这家公司后不久，艾文·马奎德就病倒了。他早就被诊断出罹患了绝症，当然丹尼尔·威廉森早在马奎德知道自己病情之前就知道此事，这就是丹尼尔为什么要平掉我的奇撒比克大西洋铁路空头仓位的原因。他已经在把他妹夫的一些投机性持股和其他股票卖出变现了。

当然，马奎德死后，遗产清算也必须把他的投机和半投机资产变现，但到那个时候，市场已经进入空头。丹尼尔设法将我束缚住，这样对遗产大有好处。我并不是自夸，我的交易量非常大，而且对股市的判断非常正确。我知道，威廉森肯定记得我在1907年空头市场中的成功操作，因此他不能冒这么大的险。如果我当时继续放空，那么等他需要将艾文·马奎德的部分遗产清算时，我手里已经有了很大一笔钱，足以交易数十万股了。我是个活跃的空头，难保不会对马奎德的遗产造成数百万美元的损失，因为马奎德留下的遗产总共也只有几亿美元。

对他们来说，让我深陷债务，然后帮我偿还，这样做比让我在其他公司积极放空划算多了。大举放空正是我应该做的事，但我觉得不应该欠丹尼尔·威廉森这份人情。

我一直认为，这段经历是我在股票作手生涯中最有趣，也是最不幸的一段经过。这个教训让我付出了相当大的代价，也使我东山再起晚了好几年。我还年轻，还能把赔掉的钱再赚回来。但对一个穷困潦倒的人来说，5年的时间实在是太长了。不管您是年轻人还是老人，落魄的滋味可都不好受。没有游艇是没什么大不了的，但没有能让我东山再起的市场，则太难熬了。曾经有一个一辈子难得一见的大好机会摆在面前，但我却没有办法伸手去拿。丹尼尔·威廉森真是个厉害的角色，精明果敢、圆滑老练，且很有远见。他擅长思考，极具想象力，洞悉所有人性的弱点，然后毫不留情地加以利用。经过一番评估后，他很快就想出如何利用我的方法，让我对他在市场上出清持股的行动，不再具有丝毫的威胁。他实际上并不是想要我亏钱，相反地，他在金钱方面对我非常慷慨。他爱他的妹妹马奎德夫人，而且对她尽到了做哥哥的责任。

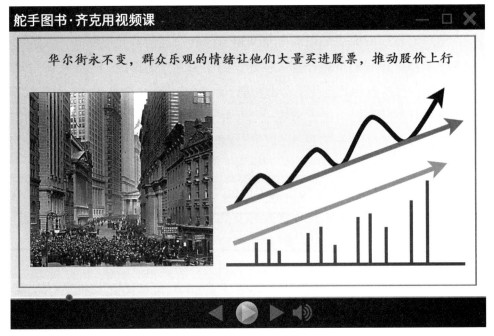

附图　作者齐克用讲解华尔街故事，剖析证券行业的那些伎俩

第十四章　利用消息面与事件导向操盘术

"经过 6 周的耐心等待，知识终于战胜了贪婪和一厢情愿！"

杰西·劳伦斯顿·利弗莫尔
(1877 年 7 月 26 日—1940 年 11 月 28 日)

导　读

主题

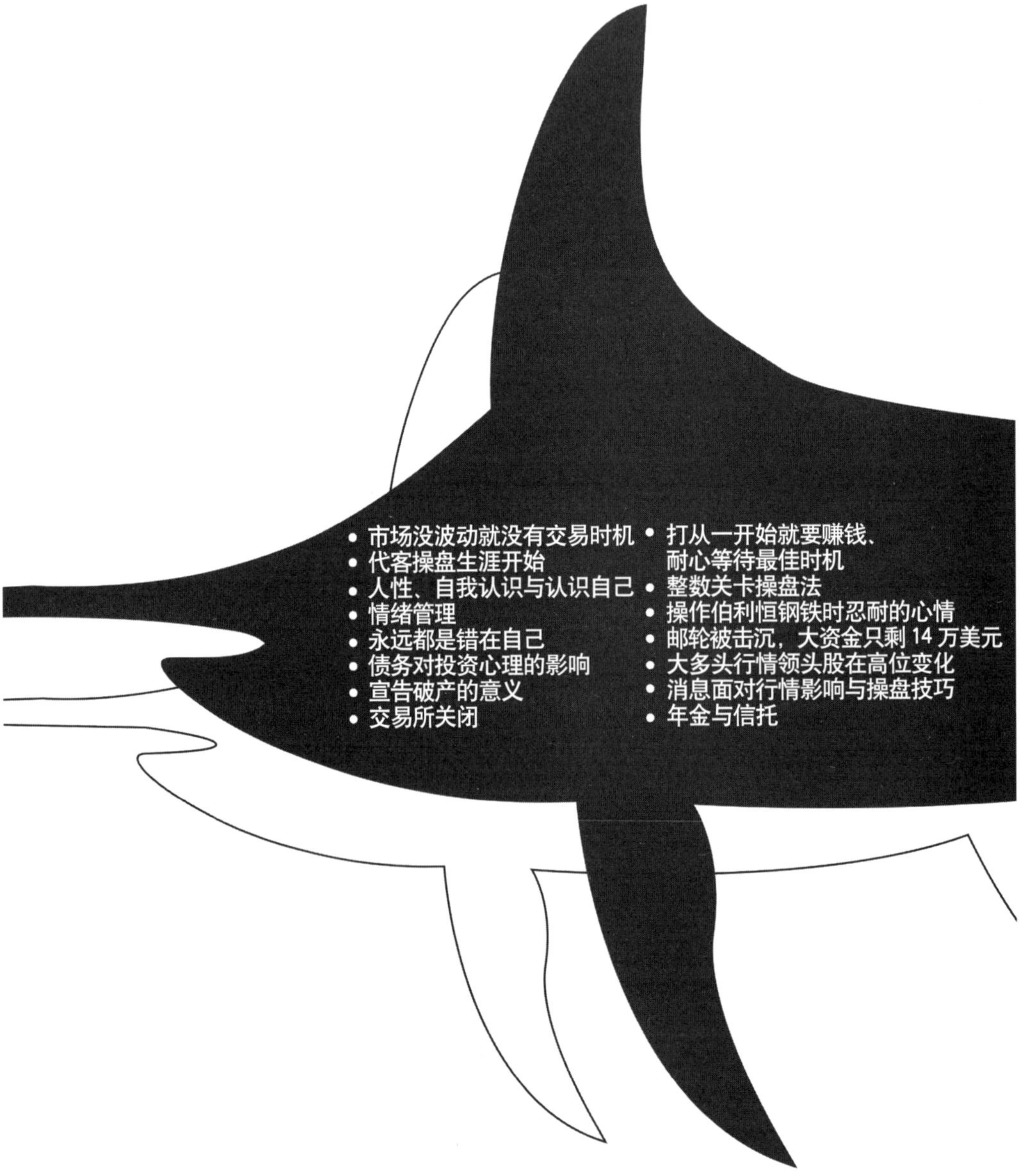

- 市场没波动就没有交易时机
- 代客操盘生涯开始
- 人性、自我认识与认识自己
- 情绪管理
- 永远都是错在自己
- 债务对投资心理的影响
- 宣告破产的意义
- 交易所关闭
- 打从一开始就要赚钱、耐心等待最佳时机
- 整数关卡操盘法
- 操作伯利恒钢铁时忍耐的心情
- 邮轮被击沉，大资金只剩 14 万美元
- 大多头行情领头股在高位变化
- 消息面对行情影响与操盘技巧
- 年金与信托

图 14-1　先研究图中的主题，再阅读内文

本章 10 个案例

案例 1：无价无量无交易时机的操作方法。

案例 2：宣告破产，解决人性压力。

案例 3：打从一开始就赚钱。

案例 4：伯利恒钢铁整数关卡操盘法。

案例 5：露西塔妮雅号被击沉，没人能免于意外事件。

案例 6：高位盘头后下跌。

案例 7：威尔逊总统发布让欧洲恢复和平的泄密消息。

案例 8：德国无限制战争宣言发布后股票操作成功。

案例 9：德国无限制战争宣言发布后棉花操作失败。

案例 10：年金与信托。

在本章中，杰西·劳伦斯顿·利弗莫尔为家人建立了信托。他离世之后，这种信托安排为家人提供了充裕的保障。

图 14-2　杰西英俊的小儿子——影视明星保罗·利弗莫尔

操盘逻辑

利用消息面与事件导向的操盘技巧

就在我迈向唾手可得的财富之际，突然传来了"露西塔妮雅号"被击沉的消息。没能预料到露西塔妮雅号事件和其他一两件不利消息，我损失惨重。没有人能在市场上永远正确，也没有人能免于意外事件的影响。

据说有人先人一步从华盛顿听到风声，说威尔逊总统即将发布让欧洲恢复和平的消息。"泄密事件"一出，股市应声暴跌，我当然借此机会回补了空头仓位。

那天下午收盘后，我们收到了德国无限制战争的宣言。德国警告，将强行阻止所有的船只进入管制区域，所有的船只进入管制区都将被击沉。隔天开盘股市必然大跌。

空头市场中，在突发信心崩坏时回补空头股票仓位准没错。如果您持有的仓位相当大，那么这就是您把账面利润快速转换成现金而不缩水的唯一办法。但是在前一天下午收盘前半小时买进的 15000 包棉花，今天一开盘就下跌了 500 点。这意味着，一夜之间我就损失了375000 美元。我决定认赔卖出棉花。

本章谈利弗莫尔被威廉森利用操作，人性问题造成第五次赔光之后，"东山再起"的来龙去脉。

上一章谈到的重点是，在没钱的情况下，被威廉森利用与控制了，错失可以赚大钱的行情。利弗莫尔生病了，家里却急需用钱。

本章谈到的重点是，状况比上一章更惨，市场有整整 4 年没有行情，没有交易时机。在市场没有波动之下，就没有交易时机。换个角度来讲，投资市场里，风险有办法控制，但利润是没办法控制的。您想要赚大钱，市场要有波动，市场如果不波动，您就是有再大的本事也赚不到钱，这就是所谓的"利润是没办法控制的"。

在没有交易时机的状态下，他已认清无法靠行情赚钱了，于是开始了他的代操工作，因为在没有行情的日子里，还是有人相信他可以赚到钱。至于利弗莫尔是如何进行代操，在本章并未详细说明，而是安排在后面章节和视频课里再详谈。这里的重点只是起个头，让我们知道利弗莫尔曾做过代操，曾在股市里找到另一种谋生的方式。这种靠股市谋生的方法，是他从没想过的，因为他以前认为自己能够赚钱，为何需要代操，帮别人赚钱。

再接着谈"人性"，自我认知以及认识自己的重要性。在没有行情的状态下，又负债累累，硬要操作导致赔了更多。仔细研究自己的错误在什么地方，他得出一个结论，就是人性与自我认知。认清自己是重要的，跟操盘技巧是一样的重要。负债对投资者的影响，将产生巨大压力。当产生了这种现象，就没有办法创造良好的操作绩效。负债让操盘人产生心理层次上的压力，为了解决这个压力，利弗莫尔宣告破产。

图 14-3　利弗莫尔宣告破产，从而摆脱了压力，交易重上正轨

宣告破产，有何意义呢？所有债权人都不能向债务人讨债，而是等债务人赚到钱之后，再来还钱。当他成功地办理好破产手续之后，他的压力问题就解决了，脱离了债务人一直不停地干扰的情况。宣告破产之后的坏处是什么呢？名誉扫地，很没面子。

处理好负面压力之后，接下来遇到了交易所关闭的问题。交易所为何会关闭？因为第一次世界大战。一般关闭交易所的状况是过年休假或遇重大事故。休市，其实也是关闭的一种形态。这里谈的关闭，不是这种情况，而是关了几个月。

利弗莫尔在没有钱的情况下，回去找威廉森帮忙。威廉森给他操作 500 股的信用额度。利弗莫尔知道了一件事情，他只能靠这 500 股来翻身。利弗莫尔有一句经典名言："打从一开始就要赚钱"，就是在这种情况下体会到的。他在本章内文里，以伯利恒钢铁操作为案例，用整数关卡操盘术举例说明"打从一开始就要赚钱"这句话，在第一笔交易就不能亏钱的状况下，应该在什么时机点进场呢？耐心等待到最佳时机出现时再出手，是交易能够成功的主因。

谈到操作伯利恒钢铁时，忍耐的心情，尤其是明知会涨，但自己却没有耐得住震荡的空间，眼睁睁地看着每上涨一点，我就少赚了多少。这案例是在 1915 年"战争新娘"行情开始，也就是第一次世界大战的位置。当时欧洲参战国因为战事，向美国采购了大量物资，导致美国经济景气繁荣。1915 年这个波段涨得蛮多的，1916 年涨得比较少，是在高位整理，盘头的位置。这一章里描述行情在高位区的头部变化，例如，他谈到领头股会怎么变，高位区会怎么变，在头部的地方，多空操作赚到大钱。

利弗莫尔在 1915 年操作伯利恒钢铁成功后，累积到能够大规模操作的资金，1915 年的后段，因为下注的金额很大，结果遇到露西塔妮雅号游轮被击沉的意外，赚到的钱当场缩水到只剩 10 万美元，到了 1916 年盘头格局里，又赚到大钱了。到 1917 年就把债务还清了。

本章另外谈到消息面对行情的影响，以及其相关的操盘技巧。谈到放空时，如果正巧遇到一条利空消息，产生暴跌，就当场把仓位回补。或者手上有多头仓位，如果刚好有大利多，也应当场把仓位卖掉。这意思是谈如何利用消息面所产生的暴涨暴跌来操盘。

下图为本章当时的走势图，包括了一战前后，"臭鼬鼠喷不出味道"的 4 年行情，以及"战争新娘景气"行情。

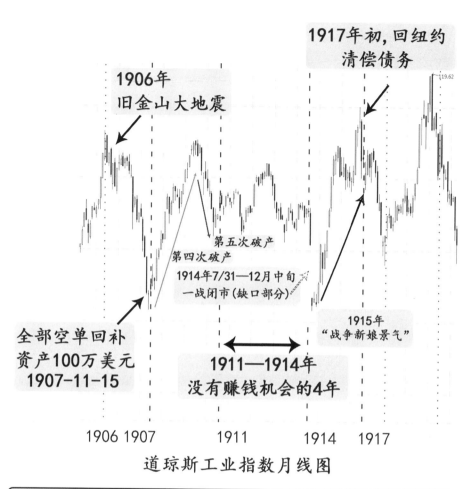

1917年初, 回纽约
清偿债务

1906年
旧金山大地震

119.62

第五次破产

第四次破产

1914年7/31—12月中旬
一战闭市(缺口部分)

全部空单回补
资产100万美元
1907-11-15

1915年
"战争新娘景气"

1911—1914年
没有赚钱机会的4年

1906 1907　　　1911　　　1914 1917

道琼斯工业指数月线图

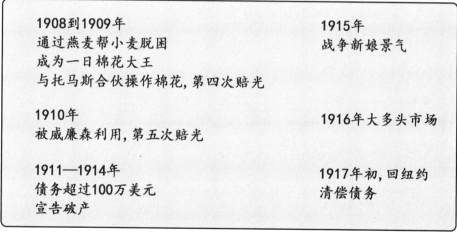

1908到1909年	1915年
通过燕麦帮小麦脱困	战争新娘景气
成为一日棉花大王	
与托马斯合伙操作棉花, 第四次赔光	
1910年	1916年大多头市场
被威廉森利用, 第五次赔光	
1911—1914年	1917年初, 回纽约
债务超过100万美元	清偿债务
宣告破产	

图 14-4　利弗莫尔 1906—1917 交易生涯

最后谈到年金与信托。利弗莫尔通过年金与信托，论述了自己对家人负责任的态度。年金的意思是将来他年纪大了，仍可以拥有每个月固定的生活费。这是在规划自己退休的生活。信托的意思是为家人做规划。将来如果自己不在了，要通过信托的方式，照顾自己的家人。

重点摘要

本章的 14 个操盘重点：

1. 整整 4 年，连一毛钱也赚不到。正如比利·亨利奎说的，"这种市场就像是臭鼬鼠喷不出味道一样。"这是谈交易时机的重要性。

2. 我并没有犯下投机者犯的错，也没有犯了傻瓜犯的错。这件事所带来的最坏后果是，它让人知道在投机游戏中不能讲人情。交易中的人性问题。

3. 后来我不再独自操作，因为我不能欠朋友们更多钱了，于是我开始以帮人操盘维持生计。市场中有很多保证赚的方式，经纪业务也算是一种。

4. 最后发现症结在于我为欠债的事而操心，这件事始终困扰着我。我必须说，这不只是知道自己负债而已。这是人性问题。

5. 于是我对自己说："我必须宣告破产。"人生第一次宣告破产，面对解决人性问题。

6. 如果一个人想在股票投机上获得成功，他就必须心无旁骛，全心全力投入自己的事业。

7. 从 1914 年 7 月 31 日到 12 月中旬，证券交易所一直关闭，华尔街也陷入一片萧条，有很长的一段时间完全没有任何交易。这比无价无量的市场更糟。

8. 我必须打从一开始就赚到操作的资金，第一笔购买的 500 股一定要赚钱，我迫切需要赚到钱。

9. 作为一个交易者，不但要研究基本情势，记住市场过去的走势，考虑群众的投机心理和他们经纪人的种种限制，还必须了解自我，克服自己的弱点。我已经领悟到，了解自己和解读报价带是同等的重要。

10. 每当一只股票首次突破100、200或300美元时，它还会继续上涨30至50美元，而且突破300美元之后的上涨速度，会比突破100美元或200美元时更猛且更快。

11. 没有人能在市场上永远正确，也没有人能免于意外事件的影响。意外事件是指露西塔妮雅号被击沉的消息。

12. 今天的股票投机或投机者与过去并没有什么两样。投机游戏从来不曾改变，人性也是如此。

13. 您不能永远站在多头的一边或是空头的一边，您应该考虑的是选择正确的一边。

14. 当市场突然发生意料之外的大事时，您当然不应该错过命运之神对您的恩赐。原因是，面对如此崩盘，您才会有一个足够大的市场，让您轻松地反向冲销空头仓位，把账面利润转换成现金。

离开威廉森—布朗公司后，市场就没有什么机会了。对这件事我一直耿耿于怀。我们就这样进入了一个没有赚钱机会的漫长时期，整整4年，连一毛钱也赚不到。正如比利·亨利奎说的，"这种市场就像是**臭鼬鼠**喷不出味道一样。"

齐克用注解：

臭鼬鼠常用它身上特殊黑白颜色的毛与其恶臭的分泌物，警告攻击它的敌人。如果敌人靠近，它身体会低下来，竖起尾巴，用前爪踩地来发出警告，若敌人仍未离开，它便会转过身，向敌人喷出恶臭的液体。液体是由尾巴旁的腺体分泌出来的，一般都不会打中敌人，但若有人不幸被击中，眼睛会短暂性地失明。液体的臭味在800米的范围内都可以闻到，绝大多数掠食者，除非非常饥饿，否则都会敬而远之。在这里的描述，意指当时的市场处于无价无量的状况，完全没有可操作的行情。

我好像命中注定要遭此一劫，上帝似乎早就计划好要磨炼我，但事实上我并没有那么自大，哪需要跌个半死才能清醒过来。我并没有犯下投机者犯的错，也没有犯了傻瓜犯的错。我所做的事，或者应该说，我感到应该做而未做的事，若是放在第 42 街以北，将会受到大众的赞誉而不是指责。但在华尔街这样做，不但荒谬，而且代价沉重。但到目前为止，**这件事所带来的最坏后果是，它让人知道在投机游戏中不能讲人情**。

齐克用注解：

第 42 街是纽约市曼哈顿的一条著名街道，这里是指纽约主要商业区以外的地方。若是不站在投资市场的角度评论，那"知恩图报"就应该受到赞誉，但若以投资角度看，就不应把人性带入操作，这是情绪管理的范畴。

我离开了威廉森，到其他经纪商那里做交易。但不管在哪里交易，我都亏钱。真是活该，因为我老是强迫市场让我赚钱，但它却无法给我想要的东西——也就是赚钱的机会。我可以毫无困难地获得信用，因为认识我的人都对我很有信心。他们对我的信心有多坚定？我可以告诉您，**当我停止信用交易时，我欠下的钱已超过 100 万美元**。

齐克用注解：

利弗莫尔在没有钱的状况下，认识他的人给他的通融有两种模式，一种是借钱给他，另一种是给他一些信用额度让他能够操作。这里显示又已负债超过百万。

问题不在于我失去了掌握市场机会的能力，而是那惨淡的 4 年中，市场上根本没有赚钱的机会。不过，我仍不断地进场交易，试图捞一些资金，结果只是让我的负债越滚越大。**后来我不再独自操作，因为我不能欠朋友们更多钱了，于是我开始以帮人操盘维生**——这些人认为我精通投机游戏，即使市场沉闷，也可以战胜市场。如果操作的结果有利润，我将从中提取一定比率的佣金。这就是我当时的生活方式，也是我赖以生存的方法。

齐克用注解：

　　利弗莫尔的操盘生涯，第一次通过代客操作谋生。

当然，我并不是每次都亏钱，但我赚的钱从来没能多到让负债减少的程度。最后，随着情况越来越糟，<u>我有生以来第一次开始觉得沮丧</u>。

齐克用注解：

　　利弗莫尔开始有忧郁症的迹象了。

我做过的每一件事似乎都错了。<u>我曾经拥有数百万美元和游艇</u>，现在却沦落到债台高筑，并过着极简朴的生活，对此我不会怨天尤人。我不喜欢眼前的状况，但也不至于自暴自弃。我不能坐着等待上帝的怜悯，来结束自己的苦难，因此我开始研究自己的问题。很明显地，要摆脱自己的困境，唯一办法就是赚钱。为了赚钱，我只需要做一件事，就是把交易做好。我曾经成功地交易，而我现在必须像过去一样成功地交易。过去我曾多次把一小笔本金滚成数十万美元，市场迟早会给我机会的。

齐克用注解：

　　当时利弗莫尔拥有两艘游艇。一艘是威尼提亚号，另一艘是阿妮塔号。依据当时的报载资料指出，威尼提亚号游艇上的工作人员有8个水手、3名工程师、1个制冰员，还有加油工、消防员、电工等。设备具有8个特等客舱、4组卫浴设备、吸烟室、厨房、餐厅及储藏室等。

我相信千错万错都是自己的错，不能怪罪于市场，那么我的问题出在哪里呢？我怀着研究各阶段交易问题时所秉持的态度扪心自问。冷静地思考这个问题，最后发现症结在于我为欠债的事而操心，这件事始终困扰着我。<u>我必须说，这不只是知道自己负债而已</u>。在日常业务往来中，任何做生意的人都免不了会负债。事实上，多数的债务并不是一般的商业债务，对我而言，根本就不算什么，是因为受到不利环境所造成，不会比商人欠债受到更多的苦难，就像遇到了延长的异常季节性气候一样。

齐克用注解：

这里陈述的又是人性问题。交易过程中，若产生异常的压力，就无法做好交易。

当然，随着时间的过去，我却始终无法偿还债务，这使得我在债务的问题上无法冷静面对。我需要解释一下为什么会变成这样：别忘了，我欠了100多万美元的债务，而这些负债全都来自股市的亏损。绝大多数的债主对我都很友善，从来不会为此来打扰我，但有两个人却一直纠缠着我。他们无时无刻地紧盯着我，每当我赚到一点钱，他们就会出现，要求知道确切的数目，并坚持要拿走属于他们的那部分。其中一人，我只是欠了800美元，他甚至扬言要到法院告我，扣押我的家具等。我不能理解为什么他会认为我在隐藏财产，除非那是因为我看起来不像是一个流浪汉。

仔细研究之后，我发现问题不是来自研读报价带，而是和自我的认知与了解有关。我冷静地思考，得出一个结论：只要我心神不宁，就无法成功；同样地，只要我持续背负着债务，就会一直心神不宁。我的意思是说，只要债主在我累积一笔资本金之前，随时要求我还钱，这就会打断我东山再起的大计。这种情况真是再明显不过了，于是我对自己说："我必须**宣告破产**。"除了这个方法之外，还有什么办法能让我静下心来专心操作呢？

齐克用注解：

何谓破产？系指当债务人的资产不足以清偿所有负债时，通过法院程序，将债务人所有资产公平地分配予各债权人，而使债务人所有负债得以免除之制度。通过破产制度，一方面使全体债权人就债务人之资产，均有公平受偿之权利，另一方面通过债务免除之方式，使债务人得有重建更生之机会。

这方法听起来既简单又有效，不是吗？但我告诉您，这样做其实非常令人不愉快。我讨厌这样做，因为我不愿意被人误解或遭人轻视。我一向不在乎钱，也不曾考虑这笔钱是不是值得撒谎的问题，但我知道其他人可能并不这么认为。当然，我也知道，只要我能重整旗鼓，自然会还清所有的欠款。但除非我能按以前的方法交易，否则我绝对无法偿还那 100 万美元。

我鼓起勇气去见债权人。对我来说，这可是一个艰难的决定，因为他们大多数都是我的老朋友和旧相识。

我直言不讳地和他们解释我的情况。我说："**我之所以要这样做，不是因为我不想还你们钱，而是在对你我都好的条件下，必须把心态调整到赚钱的模式**。在过去两年中，这个解决方案一直萦绕在我的脑海里，但就是没有勇气如此直白地告诉你们。如果我早点鼓起勇气，那么现在我们的状况就会好多了。总而言之，这些债务令我压力重重、心神不宁，这样我是无法找回往日的自我的。现在，我决定要做这件一年前就应该做的事。这就是我的理由，没有其他原因了。"

齐克用注解：

利弗莫尔强调，宣告破产是不想受到干扰，并不是不想还钱。

第一个表态的人说出了在场所有人的心声，他是站在他公司的立场说话的。

"李文斯顿，"他说："我们听懂您的意思，我们也完全理解您的处境。我告诉您我们会怎么做。我们会给您喘息的机会，让您的律师按您的要求准备好文件，我们会在上面签字的。"

我所有的大债主基本上都是这个意思，这显现出华尔街温情的一面。这不仅仅是善良的天性和相互扶持的精神，同时也是最明智的决定，因为这样做显然是彼此受益的。我既感激他们的好意，也佩服他们的勇气。

这些债权人为我暂时免除了超过 100 万美元的债务，但有两个人不肯签字，其中一位就是我刚才说过的，借给我 800 美元的那个人。另外，我还欠了一家已经破产的经纪公司 6 万美元，该公司的破产接管人不认识我，一天到晚追着我讨债，就算他们有意跟随其他大债主的做法，我也不敢指望他们会在法院的文件上签字。经过了这一切，**走过破产流程后所涉及的金额只有约 10 万美元，但我说过，我欠下的债务远超过 100 万美元**。

报纸上刊登出这则消息，让我感到非常难堪。对于过去的债务，我一向都是全数偿还，而面对如此的新体验，让我感到浑身不自在。我知道，只要我还有一口气在，总有一天会把所有的债务还清，但看到这则消息的人可不知道这一点。看到报纸上这则消息后，我都不好意思出门了，不过这种感觉很快就消失了。在得知不会再受到那些人的扰乱后，我感到如释重负。那些人永远不会明白，如果一个人想在股票投机上获得成功，他就必须心无旁骛，全心全力投入自己的事业。

齐克用注解：

　　1915 年 2 月，利弗莫尔因 102474 美元的债务宣告破产。因为有些人宽容地减免了他的债务，使得公布的债务数额明显低于实际负债。

现在，我不再受到债务的羁绊，可以自由地从事交易了。接下来，我必须筹集一笔操作资金。**从 1914 年 7 月 31 日到 12 月中旬，证券交易所一直关闭**，华尔街也陷入一片萧条，有很长的一段时间完全没有任何交易。我欠所有好朋友的钱，不好意思开口要求他们再帮我一次，因为他们已经待我不薄，甚至可以说仁至义尽了。

齐克用注解：

　　投资市场历经了 1907 年的恐慌及 1913 年的经济衰退之后，受到欧洲战争影响，1914 年遭受痛苦的日子。当时的外资卖股汇回，黄金流出，货币紧缩，新的国库券还没准备好，这一切使得问题更加复杂。为了避免股灾，于 1914 年 7 月 31 日到 12 月中旬，关闭了纽约证交所。

要累积一大笔资金是个艰难的任务，因为证交所关闭之后，我无法要求经纪人为我做任何事。我试了好几个地方，但都没用。

最后，我又去找了丹尼尔·威廉森。那是 1915 年 2 月的事。我对他说，我已摆脱了梦魇般的债务困扰，可以像往日一样交易了。您应该还记得，当时他需要我，**不等我开口就主动给了我 25000 美元**，且随我调用。

现在我需要他了，他对我说："当您看到不错的股票，**想买 500 股**的时候，尽管去买，这是没问题的。"

齐克用注解：

　　利弗莫尔认为威廉森有求于他时，给他现金，如今却只给他
500 股的信用额度，这让他耿耿于怀。

我说谢谢后，就离开了。他曾经阻碍我赚大钱，而他的公司还从我这里赚取了很多的佣金。我承认，威廉森—布朗公司不肯借给我一笔资金，这让我耿耿于怀。我打算一开始要保守交易。如果我一开始就能够以稍多于 500 股的规模做交易，那么要把钱赚回来，就变得更容易且更快速了。但是，无论如何，我终究有了东山再起的机会了。

离开丹尼尔·威廉森的办公室之后，研究了整体情势，并剖析了自己的问题。我看得十分清楚，这是一个多头市场，成千上万的交易者都明白这一点。我的资金只允许我买 500 股，也就是说，**我受到严重限制，根本没有一点失误的空间，甚至是最轻微的回调，也能将我扫出场**。我必须打从一开始就赚到操作的资金，第一笔购买的 500 股一定要赚钱，我迫切需要赚到钱。我知道，除非我有了充足的资金，否则我是无法好好地利用我的判断的。**没有充足的保证金，我不可能抱持着冷静的心态，来面对投机游戏。我必须经得起一些小损失**，就像我在大举下注之前，总是会先试探市场，而当时出现些小损失乃是稀松平常的事。

齐克用注解：

　　利弗莫尔的经典名言，"打从一开始就是赚钱的""一出手
总是满载而归"，在这里便可以看到其思考逻辑。

我发现，当时我正处在投机生涯中的危急存亡关头，要是这次再度失败，我实在不知道是否还有重新筹集资金卷土重来的机会。很显然，我必须耐心地等待到最佳时机的来临。

为了克制自己，我不去威廉森—布朗公司。我的意思是说，我刻意远离他们，并专心研究了 6 周的报价带。如果我去了威廉森—布朗公司，我担心因为可以买进 500 股，很可能会经不起诱惑，而在错误的时间点买进了错误的股票。作为一个交易者，不但要研究基本情势，记住市场过去的走势，考虑群众的投机心理和他们经纪人的种种限制，还必须了解自我，克服自己的弱点。您不必为自己的人性弱点生气。我已经领悟到，了解自己和解读报价带是同等的重要。在活跃市场中，我对自己的冲动或难以避免的诱惑，进行了研究和思考，这与我考虑农作物状况或分析收益报告时的心情和精神完全相同。

齐克用注解：

利弗莫尔知道环境对他的操盘影响程度，在这一段内容，他说明想要操盘成功，了解自己、克制自己、人性的领悟，跟了解报价带都是一样重要的事。了解自己与人性，在操盘生涯学习过程中，属于高阶体认。

就这样，日复一日，已经破产但急于恢复交易的我，坐在另一家经纪公司的行情报价板前研究市场，不放过报价带上的每一个变化，等候着全力冲刺的最佳时机。

在 1915 年初的那些关键日子里，股市受到**全世界都知道的原因而上涨**，而我最看好的股票是伯利恒钢铁。我确信它会上涨，但是为了确保出手时万无一失，我决定等它突破面值 100 美元时再出手。

齐克用注解：

这里是指第一次世界大战爆发，钢铁材料需求增加，钢铁股易涨。

我记得我曾告诉过您，根据我的经验，**每当一只股票首次突破 100、200 或 300 美元时，它还会继续上涨 30 至 50 点，而且突破 300 美元之后的上涨速度，会比突破 100 美元或 200 美元时更猛且更快**。我第一次大获全胜的股票是安纳康达，我在它突破 200 美元时买进，并在第二天以 260 美元卖出。我在股票突破整数关卡时买进的做法，可以追溯到早期在空桶店的交易生涯，这是一个长期有效的交易原则。

齐克用注解：

利弗莫尔再次运用"整数关卡操盘法"累积操盘本金。

您可以想象得到，我是多么渴望尽快恢复到过去的交易规模。我是多么渴望想要开始操作，以至于脑子里容不下其他事情，但我并没有迷失自己。我眼睁睁地看着伯利恒钢铁如我预期地上涨，每天都在上涨，而且越涨越高，但我必须极力克制自己，不要冲动地跑到威廉森—布朗公司并买进 500 股股票。我知道，我必须第一次出手交易就一定要成功获利才行。

伯利恒钢铁这只股票每上涨 1 点，就意味着我错过了 500 美元利润。一开始的 10 点涨幅意味着，要是我早动手现在就能加码了，我将不只持有 500 股，而是可能已加码到了 1000 股。每上涨 1 点，我就可以赚进 1000 美元。但我依然不动如山，完全不理会心中呐喊的一厢情愿和信念，我只听见经验和常识的声音。只要筹到一大笔资金，我就能掌握机会进场交易了。但如果没有这一大笔资金，即使是极微小的机会，对我来说也是可望而不可及。**经过 6 周的耐心等待，知识终于战胜了贪婪和一厢情愿！**

齐克用注解：

有了好的情绪管理，利弗莫尔即将成功。

当伯利恒钢铁突破 90 美元时，我的心开始震动和流血，我极力看好这只股票，竟然没有放手买进。当它涨到 98 美元时，我对自己说："伯利恒将突破 100 美元，一旦它突破 100 美元，将继续往上涨！"报价带所显示的再明白不过了，事实上它正在用高音喇叭向全世界播报它即将突破呢！我跟您说，当报价带上的数字还是 98 美元时，我已经看到了 100 美元，而且我知道这数字不是基于一厢情愿，而是研读报价带的本能在呼喊。因此我对自己说："不能等它突破 100 美元了，我必须马上动手。它现在和突破面值已经没什么区别了。"

我奔向威廉森—布朗公司，下单买进 500 股伯利恒钢铁。当时的价格是 98

美元，而我的单子成交在 98 至 99 美元之间。接着它就开始飙涨了，我记得当天收在 114 或 115 美元。**我又买了 500 股**。

齐克用注解：

在保证金交易中，其获利的金额，虽没有平仓，但是准许使用。此时，利弗莫尔操作的股票已经获利，他就可以使用获利的金额，继续多买股票。

隔天，伯利恒钢铁的价格为 145 美元，我的筹资大计成功了。这是我应得的。在出手买进伯利恒钢铁之前的 6 周，是我这辈子最难熬和身心交瘁的日子，但耐心等待是非常值得的。区区 500 股的资金，我什么事也办不成，现在我已经有足够的资金进行大规模的交易了。

好的开始是成功的一半，做任何事都是如此。伯利恒的交易之后，我操作的情况非常好，好到您都难以相信这是同一个人在做交易。事实上，我已经变成另一个人了，以前的我又疲惫又焦躁，屡屡犯错，而现在的我是身心放松，无往不利。没有了债权人的骚扰，也没有了缺乏资金的烦恼，这些事不再干扰我的思绪，可以倾听经验的真实声音，所以我又回到了战无不胜的状态。

就在我迈向唾手可得的财富之际，突然传来了**"露西塔妮雅号"**被击沉的消息。人们总是时不时地会遭遇到心绞痛之类的打击，大概是上天在提醒他们一个可悲的事实：**没有人能在市场上永远正确，也没有人能免于意外事件的影响**。我曾听人说，专业的投机者应该不会因露西塔妮雅号被击沉的消息而遭受重创，他们还说，这些专业投机者早在华尔街知道这件事之前就得知了。我没有那么聪明，未能提前听到风声而逃过一劫。我只能告诉您，由于没能预料到露西塔妮雅号事件和其他一两件不利消息，让我损失惨重。因此，到 1915 年底，我在经纪公司账户上的余额只有 14 万美元。尽管我在这一年的大部分时间都是战无不胜，但实际赚到的就只有这么多。

齐克用注解：

露西塔妮雅号是一艘英国豪华远洋邮轮，于 1915 年 5 月 7 日在爱尔兰外海被德国潜艇击沉。这里是说，利弗莫尔在 1915

年集中火力下重注，上半年筹措本金成功，但却遇到露西塔妮雅号被击沉的消息，到下半年本金只剩 14 万美元。整个事件，到底对利弗莫尔的伤害有多大，我们无法得知，但若以伯利恒钢铁股的股价来看就清楚了。该股是从 159 美元跌到 130 美元，最后收盘在 145 美元。另外在下跌的过程中，有些较小型的股票，下跌时都是以点为单位，根本看不到整数以下的小数点跳档。操盘手必须学会应付投资市场的"意外事件"。

隔年，我的表现好多了。很幸运地，我在狂热的多头市场中极力做多，而且事情的发展都在我意料之中。因此，除了赚钱，我没有别的事可做。这让我想起标准石油公司已故的罗杰斯说过的话：当一个人的财运来时，想挡也挡不住，就像下大雨没带伞出门，淋湿是必然的结果。这是有史以来走势最明确的多头市场。每个人都看得非常清楚，协约国正在不顾一切地购买美国供应的所有商品，使得美国成了全世界最繁荣的国家。我们卖的东西是别的国家没有的，因此全世界的钱都快速地流向美国。我的意思是，黄金正从世界各地源源不断地运到美国。当然，通货膨胀在所难免，这意味着所有的东西都在涨价。

多头的信号从一开始就十分明显，根本不需要炒作，股价自然就会上涨。这使得这次的准备工作比其他多头市场少了很多的原因。这种"战争新娘景气"不仅是更自然地发展，而且给普罗大众带来了前所未有的获利机会。也就是说，**1915 年从股市中赚到钱的人，远超过华尔街史上任何一次的多头市场**。至于投资大众没有把握时机将账面利润化为现金，或没能把握住落袋为安的获利原则，最后都只是印证历史重演而已。历史总是一再地重演，没有什么地方比华尔街更能说明这一切。当您看到有关当代繁荣或恐慌的报导时，最令人印象深刻的一件事，就是今天的股票投机或投机者与过去并没有什么两样。投机游戏从来不曾改变，人性也是如此。

齐克用注解：

当时道琼斯工业指数上涨了 82%，收在 99.15；道琼斯运输业指数则上涨了 22%，收在 108.05。

我亲身经历了 1916 年的大多头。当然，我和其他人一样看好股市，但我也睁大了眼睛留意着情势的发展。正如每个人都知道的事情，凡事都会有尽头，因此我时刻留意着警示信号。我对猜测这个时间会在哪个季度到来没有兴趣，因此我不会只盯着这一点不放。我从来不会固执地站在市场的某一边，这一次也不例外。不管多头市场给我的银行账户增加了多少存款，还是空头市场对我有多慷慨，我都不会在得知出场警示信号之后，还死抱着做多或做空的理由不放。您不能永远站在多头的一边或是空头的一边，您应该考虑的是选择正确的一边。

还有一件事您应该记住，那就是**市场不会在一片荣景下达到最高点，也不会以突然逆转的形式而结束。市场往往在价格普遍开始崩跌之前，就走到了多头市场的尽头。当我注意到，一只又一只曾经是市场的领头股开始从最高点下跌好几个点——这是好几个月来头一回——并且没能回升到原来的价位时**，我就知道我期待已久的警示信号已经出现了。显然，这些股票的涨势已结束，而我的操作策略也应该改变了。

齐克用注解：

这里描述的是盘头初期的特征。

这个道理很简单。多头市场的价格趋势肯定是向上的，因此每当一只股票的走势与市场趋势相反时，您就可以合理推断这只股票出了什么问题。这种情形足以让一个交易老手感觉到一定有什么地方不对劲，他不能指望报价带会像个老师为他说明为什么，他的职责是聆听报价带说："出场！"而不是等待它提出证明。

正如刚才提到的，我注意到**这次大多头行情中的领头股已失去上涨的动能**，它们下跌了六七点，然后停在那里。与此同时，市场上的其他股票则随着新的指标股继续上涨。由于公司本身并没有什么问题，因此原因得从别处去找。这些股票已经顺势上涨了好几个月，当它们停止上涨时，尽管市场的多头气势依然强劲，但对于这些特定个股来说，多头行情已经结束了。至于其他股票，市场趋势依然是向上的。

齐克用注解：

当领头羊涨幅已够大时，通常会在高位区开始出货，因此就会产生大盘还在往上涨，但这些领头羊的股票涨势却停止了。

这时您不必因不知所措而按兵不动，因为市场趋势并未转向。面对这样的情况，我并没有转而看空，因为报价带没有让我这样做。多头市场还没有结束，但它已经越走越近尽头了。在多头市场行将结束之前，您仍然可以做多赚钱。因此，我只是**卖出停止上涨的股票，而买进其他仍具有上涨动能的股票。也就是说，我既有多头仓位，也有空头仓位。**

齐克用注解：
　　意指放空领头羊，做多末升段的中小型股票。

我卖出已停止领头上涨的领头股，每只股票我都放空了 5000 股。接着，我又买进了新的领头股。我放空的股票其表现不尽如人意，但我做多的股票却涨个不停。当这些股票最终也停止上涨时，我把它们全数卖掉并反手做空，每只股票各放空 5000 股。这时候，我的空头仓位已经超过了多头，因为下一波的大钱显然将出现在跌势中。虽然我在多头市场尚未真正结束时，就感觉到空头市场已经开始了，但我知道积极放空的时机还未到。我没必要当个比国王还忠心的保皇党，尤其操之过急和太早进场更是犯了操作的大忌。报价带仅仅告诉我，空头大军即将来临，现在是做好准备的时候了。

继续买进和卖出，大约一个月之后，我已经建立了 6 万股的空头仓位——我放空了 12 只不同的股票，每只 5000 股。这些股票在当年早些时候都是大家最爱的股票，它们也是大多头市场的领头股。我放空的仓位不算是很大，但别忘了，当时市场的空头走势也还没有完全确立。

有一天，整个市场显得十分疲弱，所有的股票都开始下跌。我放空的 12 只股票每一只都有了至少 4 点的利润，我知道这回自己做对了。此时报价带告诉我，该是做空的时候了，于是我马上把我的空头仓位加重了一倍。

我建好了空头仓位。现在，我在明确的空头市场中放空，根本不用去推它一把，市场就势必会往我的方向发展。意识到这一点，我就能耐心等待了。

仓位加倍之后，很长的一段时间我都没有新的交易。大约在我建立好仓位后 7 周，爆出了著名的"泄密事件"，股市应声暴跌。据说有人先人一步从华盛顿听到风声，说威尔逊总统即将发布让欧洲恢复和平的消息，"战争新娘景气"之所以启动和发展，当然全是拜第一次世界大战所赐，因此和平的消息显然是利空。有一位极聪明的场内交易员被指控利用事先得到的消息获利。他只是淡然地回应说，他之所以卖出股票，并不是听到什么消息，而是他认为多头市场已到尽头，而我已在 7 周前就把空头仓位加重一倍了。

泄密消息一出，市场应声暴跌，我当然借此机会回补了空头仓位。这是唯一的操作方法。**当市场突然发生意料之外的大事时，您当然不应该错过命运之神对您的恩赐。原因是，面对如此崩盘，您才会有一个足够大的市场，让您轻松地反向冲销空头仓位，把账面利润转换成现金。**即使在空头市场中，要平掉 12 万股的空头仓位，却不会推高价格，也是很难办得到的。**您必须等待让您能够买进如此大量的股票，又不会让您的账面利润受损的机会出现。**

齐克用注解：

此处所谈的操盘术是利用消息面的操盘技巧。

我必须说明的是，我从未料到股市会在这个时候，因为这样的原因而出现暴跌。但是，正如我说过的，根据我长达 30 年的经验，这样的意外往往是顺着最小阻力线的方向进行的，而最小阻力线正是我建立仓位的依据。另一点也需要牢记：**永远不要奢望卖在最高点，这样做是不明智的。要在价格回调之后没有出现反弹时卖出。**

齐克用注解：

要卖的时候，不要以卖在最高点为准则，而是应该要卖在能顺利卖出或顺利回补的位置。这是在谈利用消息，顺利平仓的交易时机。

1916 年，我在多头市场期间持续做多，然后在空头市场展开后反手做空，最后净赚了 300 万美元。正如我所说的，您不能坚持死守市场的某一边，明明结束了还死抱不放。

那年冬天，我和往常一样去南方度假，来到了棕榈滩，因为我非常喜欢海钓。那时我已放空了股票和小麦，两者都已经有了可观的利润。我没有任何烦心的事，悠哉地享受生活。当然，除非我去欧洲度假，否则我是不可能完全不接触股票或商品期货市场的。例如，我在纽约州北边阿迪朗达克山区的房子里，就安装了直通经纪公司办公室的电报线。

在棕榈滩，我会定期到经纪公司分行去逛逛。我注意到，我原本不感兴趣的棉花正出现强劲上涨。1917 年，当时我听到了许多威尔逊总统正在努力谋求和平的消息，而传递这些来自华盛顿的消息，既有媒体号外，也有棕榈滩朋友们的交头接耳。这就是为什么有一天我意识到，各个市场的走势将反映出人们对威尔逊先生的信心。人们认为和平已唾手可得，因此股票和小麦应该下跌，而棉花应该上涨。我在股票和小麦上已部署好了仓位，但对棉花，我已经有段时间没操作了。

那天下午 2 点 20 分，我连一包棉花都没有，但是到了 2 点 25 分，在和平就在眼前的信念驱使下，我一出手就买进 15000 包棉花。打算用老方法进行交易，也就是一次买足了所有的仓位。

那天下午收盘后，我们收到了**德国无限制战争**的宣言。我什么事都不能做，只能坐等第二天开盘。记得那天晚上我在葛丽莱俱乐部，一位重量级的产业巨头准备以低于当天收盘价 5 个点的价格，卖出所有数量的美国钢铁。在场有好几位匹兹堡百万富翁，但没有人愿意买进。他们知道，隔天开盘股市必然大跌。

齐克用注解：

1917 年 1 月，德国外交官警告美国，他们将强行阻止所有的船只进入管制区域，其中包括英国、法国、意大利和地中海东部及中立国的船只，他还说，所有的船只进入管制区都将被击沉。

果然没错，第二天早上，股市和商品期货市场开盘时一片混乱。有些股票比前一日低开了 8 个点。对我来说，这是获利了结回补空头仓位的天赐良机。正如我说的，在空头市场中，在突发信心崩坏时回补空头仓位准没错。如果您持有的仓位相当大，那么这就是您把账面利润快速转换成现金而不缩水的唯一办法。举例来说，光是美国钢铁，我就放空了 5 万股。当然，我也放空了其他股票。当我发现能够让我回补的市场出现时，我马上去做。我的利润加总大约有 150 万美元，这是个不容错过的机会。

我在前一天下午收盘前半小时买进的 15000 包棉花，今天一开盘就下跌了 500 点。这意味着，一夜之间我就损失了 375000 美元。我知道对于股票和小麦唯一明智的操作，就是趁着崩盘回补空头仓位，但我不知道对棉花应该怎么做。我要考虑的事情太多。过去，一旦我发现自己犯错，我就会马上认错，但那天早上，我不愿就此认赔。接着我想到，我来南方是来享受钓鱼之乐的，而不是让自己困在棉花市场。此外，我在小麦和股票上已经赚得大把利润了，因此我决定认赔卖出棉花。最后，我的利润就只是 100 万美元出头，而不是 150 多万美元。不过这只是记账问题——当您对推销员问太多问题时，他总是这样对您说。

要是我没有在前一天收盘前买进那些棉花，我就不会少掉那 40 万美元。这件事表明，即使不大的仓位，也能让您在很短的时间内损失一大笔钱。虽然让我大受其利的意外，跟我当初建立股票和小麦仓位的预期是完全不同的，但我的主要仓位是绝对正确的。请注意，沿着最小阻力线操作再次展现了它的价值。尽管德国的宣言带来了未曾预料到的市场因素，但价格还是如我预料的那样运行。要是事情完全如我预料的那样发展，那我的三个仓位将百分百正确，因为随着和平的到来，股票和小麦会下跌，棉花会大涨，而我的三个仓位将大获全胜。若不考虑战争与和平的因素，我在股市和小麦的仓位是正确的，而这就是意外事件能助我一臂之力的原因。至于棉花交易，我的操作乃是基于某种可能发生在市场之外的因素，也就是说，**我是在赌威尔逊先生的和平谈判能否成功。结果，德国军事领导人让我在棉花上栽了个跟头。**

齐克用注解：

消息面的发展，有时不见得跟您预估的一样。

1917 年初，回到纽约时，我已经还清了所有的债务，总数超过 100 万美元。对我来说，能还清债务是一件很快乐的大事。其实早在几个月之前我就可以还清的，我之所以没有那样做，原因只有一个，那就是我的操作既活跃又成功，我要把所有的资金都拿来做交易。不管是对我自己还是对那些债权人，我都有责任要好好地把握住 1915 年至 1916 年的市场大行情。我知道我会赚一大笔钱，我一点都不担心，因为欠的这些钱他们本来就不指望能够拿回去，所以让他们多等几个月也不会有问题的。现在，我一下子就把所有的债务都还清了。因此，只要市场对我有利，我就会动用一切可以动用的资源来做大规模交易。

我要支付利息，但所有在免债同意书上签字的债权人都断然拒绝了。我最后还清债务的那个人，就是我欠了他 800 美元的那个家伙。他让我的生活变成一种负担，搞得我心神不宁，无法交易。我把他晾在一边，直到他听说我已经还清了其他所有人的债务后，才找上门来。最后，他拿回了他的钱。我想给他点教训，下次再有人欠他几百美元的时候，对人要厚道些，多体谅别人一点。

我就这样东山再起了。

在还清了所有债务后，我提拨了一大笔钱作为年金。我下定决心，再也不要让自己穷困潦倒、生活拮据，没有资金做交易。当然，**结婚后我还存了一些钱给我的妻子做信托**。儿子出生后，我也为他做了信托。

齐克用注解：

　　这里指的是利弗莫尔在 1918 年底的第二次婚姻，当时他已 41 岁，妻子只有 23 岁，是布鲁克林夜总会的绝世美女歌手。1919 年 9 月儿子诞生，1921 年再得一子。

利弗莫尔的第二任妻子桃乐茜，美丽动人，热衷社交，但是性情不稳，给利弗莫尔带来了不小的困扰。在一次争吵中，她甚至用枪支误伤了自己的儿子。当时正值利弗莫尔的事业低谷期，新的证券交易法案让交易所改变了规则，这让利弗莫尔的操盘本领难以施展。在事业与家庭的双重打击之下，利弗莫尔变得郁郁寡欢。

图 14-5　利弗莫尔的第二任妻子桃乐茜

　　我之所以这样做，不仅仅是担心股市可能拿走这些钱，还因为我知道人必定会把钱花光后才会停止。这样做至少可以让太太和小孩不会为我所累。

　　在我认识的人当中，有好几个人做了这样的安排，但他们需要那笔钱的时候，会哄骗妻子签字取消信托，然后把钱拿走又输个精光。不过，我已经做了妥善的安排，无论是我或内人想做什么，都不能动用信托里的一分一毫。这笔钱绝对安全，我或太太绝不会去挪用，我不会因市场的需要，或太太对我的挚爱而去动用。我绝不冒险！

在盘整市中，趋势交易者容易反复止损，怎样解决这一难题？

　　你可以选择跌破面值的优质"可转换债券"，这是轻松赚钱的机会。可转换债券是债券和股票看涨期权组合，它既有股票的活跃涨幅，又有债券的保底功能。"涨时猛如股，跌时稳如债。"

　　"砍掉亏损，让利润奔跑"，这条黄金规则是许多人无法实现的童话传说。他们在亏损时无法砍掉止损单，赚一点小钱就会出场。所以，可以选择可转换债券这类金融工具，在起步之初，就避开人性的弱点。

附图　作者齐克用与读者的互动问答

第十五章　非预料消息的事件导向操盘术

"我学习到在风险清单中添加了一项：不可预料的意外。"

杰西·劳伦斯顿·利弗莫尔

(1877 年 7 月 26 日—1940 年 11 月 28 日)

335

导 读

主题

- 投机风险
- 战争带来商品期货价格上涨与通货膨胀
- 不可预料的意外
- 期权合约
- 消息面的利空
- 不可预料的风险
- 事件导向交易
- 政府政策风险
- 投资逻辑
- 操纵无法把股价压在底部
- 安全边际
- 时刻注意你的对手
- 市场参与者
- 小道利空消息

图 15-1 先研究图中的主题，再阅读内文

本章 4 个案例

案例 1：咖啡期货交易。

案例 2：期权交易。

案例 3：政策风险。

案例 4：非预料消息面的事件导向，操盘逻辑。

操盘逻辑

乍看之下，本章案例看起来像是只有一个，实际上是描述一个故事，但是包括了四个案例。

这章又在谈商品期货，因为战后的物资短缺有利商品期货价格上扬，商品期货易于操作。这章谈到的重点是"时刻注意您的交易对手"，谈市场参与者，谈了很多市场参与者之间的关系。

故事谈到卖方的烘焙商，也是市场参与者。一个做多与一个做空的状态下，在投机过程会碰到意想不到的风险、事件导向、战争对于商品期货价格的影响程度、通货膨胀的问题等等。

谈到资金的"安全边际"，不会把资金全部用上。另外有关交易所的部分，上一章谈交易所关闭，本章谈到交易所改变了交易规则：限制仓位、限制价格与停止交易。

最后谈到操纵股价的事情。他们都认为利弗莫尔在操纵价格，事实上价格是没有办法操纵的。因为第一个会干预价格的是公司派，当您把价格压到偏离到价值之下时，公司派一定会开始进场来买，因为公司派最清楚自己公司的价值。所以讲利弗莫尔操纵价格是完全不符合道理的。大家都认为他是空头故意打压价格，其实价格是无法人为操纵的。

重点摘要

本章的 7 个操盘重点：

1. 投机风险中，意料之外的事情，甚至可以说预料不到的事，总是排名在前面。谈风险、消息面的利空，事件导向交易。

2. 有时候，我没能完全看清或及早发现事实，或做出合乎逻辑的推断，结果就是亏钱。而且，每次只要犯了错，错误就会让我付出代价。

3. 投机过程中的某些风险，除非获利了结，同时已经把钱存在银行户头里，否则风险是永远存在着的。

4. 不可预料事情！这种事过去从来没有发生过，因此我根本无从预防，于是我在一长串危险警示的投机风险清单中，再增加上一条新的规则。

5. 交易所在没有预警的情况下改变了交易规则，我从经历中学习到，在风险清单中添加了一项：不可预料的意外。

6. 任何操纵手段都不能够把股价压低并稳定在底部。把价格压低到真实价值之下时，内部人的买盘会买进，知道这只股票真实价值的人就会一直买进。

7. 一个确定无误的利空消息造成股价下跌，给予正面的建议，卖出放空，但是股价下跌时，出现"反间计"式的小道利空消息时，给予的建议是，自认是明智地放空是不当之举。

在各种投机风险中，意料之外的事情——甚至可以说预料不到的事——总是排名在前面。即使是最保守的人也应该冒一些风险，否则他就是商场上的懦夫。一般在商场上所遇到的风险，不会比您出门上街或坐火车旅行时的风险更高。如果我亏钱的原因是大家都无法能够预料到的情况，那我就把它当作出门碰巧遇到了暴风雨。人生自始至终就是一场赌博，而我又不能未卜先知，因此即使遇到无法预料到的情况时，我也不会烦恼。但在我的投机生涯中，有时候我做的完全正确，也照规矩操作，我还是会被某些卑鄙对手的肮脏伎俩骗走利润。

为了对付恶棍、懦夫和乌合之众，生意人必须心思敏捷并深具远见，这样才能保护自己。除了少数几家的空桶店，我不曾遇到刻意诈欺的背信行为。因为即使是空桶店那种地方，诚实仍是上策；大钱总是来自光明磊落，而不是偷鸡摸狗。我一直认为，如果您必须时刻注意您的对手，以免他钻一些漏洞作弊，那么这种游戏根本不值一玩。但面对那些使出卑鄙手段的无赖，正人君子是一点办法都没有。我曾经相信君子之间的承诺不可违背，因而吃到很大的苦头，这样的例子我可以举出十几个，但我不会这么做，因为这样做不会使结果有所改变。

小说作家、牧师和妇女喜欢把交易市场比喻成一群人在尔虞我诈互相厮杀的战场，而华尔街每天发生的事情，就是一场又一场的战争。这种比喻非常具有戏剧性，但它却完全是一派胡言。我并不认为自己的操作是和别人争斗或较量。我从来不和别人钩心斗角，不管是个人或投机炒作集团。我和他们只是道不同，也就是我们对基本情势的解读不同。编剧者笔下的商业战争，并不是人与人之间的争斗，而是对不同商业观点的交锋。我坚持相信事实，并以此采取行动。这正是伯纳德·巴鲁克成功获得财富的秘诀。有时候，我没能完全看清或及早发现事实，或做出合乎逻辑的推断，结果就是亏钱。而且，每次只要犯了错，错误就会让我付出代价。

犯错必须付出代价，任何理性的人都不会对这点有异议。犯错就得付出代价，没有人能例外或豁免，但是对于我做对了，却还亏钱的这件事，我有不同的意见。我这么说，并不是指因某项交易规则突然改变，而使我亏钱的交易。我想到的是**投机过程中的某些风险，除非获利了结，同时已经把钱存在银行户头里，否则风险是永远存在着的**。

齐克用注解：

只要有仓位，风险就存在。只有空手时才没有投资风险。

世界大战在欧洲爆发后，商品价格开始上涨，这是预料中的事情。人们早就预料到战争将引起通货膨胀。当然，随着战争的拖延，物价普遍持续上扬。

或许您还记得，1915 年我正忙着"东山再起"，此时股市是大多头，我的职责就是好好把握这个情势。我以最安全、最容易和最迅速的方式，在股票市场进行大规模操作，同时我十分幸运，这些您都已知道了。

1917 年 7 月，我不但还清了所有债务，手边还有一大笔钱。这意味着，现在我有时间、有金钱也有意愿，除了操作股票之外，也考虑操作商品期货。多年来，我一直在研究所有的市场。**商品价格比战前大约上涨了 100% 至 400%，只有一种商品例外，那就是咖啡。**

齐克用注解：

意指通货膨胀。

当然，咖啡所以没有上涨是有原因的。**战争爆发意味着欧洲市场被封闭，因此大量的咖啡豆被运送到美国这个仅存的大市场。这导致了美国生咖啡豆的供给严重过剩，从而压低了价格。**当我第一次开始考虑投机咖啡时，其价格已经跌到战前水平之下了。如果这种异常现象的原因可以理解，那么接下来的情况就更加明显了。**由于德国和奥地利的潜艇不断地攻击协约国的船只，这意味着航行海上的商船数量必定大幅减少，从而导致咖啡豆的进口量大减。随着咖啡进货量减少而消费量不变，过剩的库存将慢慢地被消化。到那时咖啡价格会和其他所有商品一样，除了上涨，别无他途。**

齐克用注解：

咖啡投资的逻辑。投资逻辑是投资过程中最底层的道理。

您不必成为福尔摩斯就能看穿这一点。为什么没人买咖啡？我不知道。但当我决定买进咖啡时，我**并不认为自己是在投机，而是比较偏向于投资**。我知道，要从这笔交易中获利还需要些时日，但我也知道，必定会产生丰厚的利润。因而**这笔交易与其说是赌徒在赌博，不如说是投资保守的银行家行为**。

齐克用注解：

针对基本面研判后的交易是投资。根据几率来赌会向上或向

下是投机。

1917 年冬天，我开始买进咖啡豆，而且囤积了不少数量。然而，市场状况平淡得出奇，价格并没有如我预料的那样上涨。结果我就是漫无目的持有咖啡仓位长达 9 个月之久。然后，在**期权**合约到期之前，我卖掉了所有的仓位。这笔交易让我遭受了一大笔损失，但我仍然确信，自己的看法是正确的。我在时机判断上显然犯了错，但我很有信心，咖啡一定会步上所有商品的后尘开始上涨。因此，我卖掉所有的仓位后又马上再买进。这回我买进的数量是之前的 3 倍。当然，我买的是到期日最长的远期期权。

齐克用注解：

选择权的标的物有两种：期货与现货。股票市场的选择权标的物是现货。在美国交易的商品，选择权标的物是期货，所以咖啡的选择权标的物是期货，是期货选择权，简称期权。

这回我没看走眼。在我买进之后，价格就开始上涨了。各地的人们似乎突然意识到咖啡市场必然会发生的事，看来我的这笔投资将带给我相当可观的报酬。

我所持有期权合约的卖方是烘焙商，其中大多是德国品牌或其相关机构。他们从巴西买进咖啡豆，满怀信心地以为能运抵美国，但他们找不到船只运货而陷入进退两难：一方面处于南美咖啡豆无法到货的窘境；另一方面他们却卖了大量咖啡豆合约给我。

别忘了，最初我看多的时候，咖啡的价格和战前水平差不多，而且我买进之后持有大半年的时间，但最后的结果是认赔，并接受了庞大的损失。犯错的惩罚就是亏钱，正确的奖赏就是赚钱。我的操作显然是正确的，而且我持有很大的仓位，因此有信心自己会赚一大笔钱。价格不须太大的涨幅，就能获得满意的利润，因为我持有的数量多达好几十万包。我不喜欢谈到具体交易数量，因为数字实在是太大了，听起来有吹牛之嫌。事实上，我是根据自己的财力在做交易，而且总是留有足够的**安全边际**。在这桩交易中，我已相当保守了。我之所以大肆买进期权，是因为我看不出自己有什么理由会亏钱。情势对我有利。

我已经等了一年，现在我的耐心和正确性将使我获益。我可以看见利润快速地滚滚而来。这不是什么聪明的交易，只是需要看清楚而已。

齐克用注解：

　　这个语词大量使用在价值型投资领域。有关安全边际的概念，举例说明：本来打算买 30 万包，只买了 20 万包，差额 10 万包是安全边际。或是讲拥有 32 万包的资金，只买了 25 万包，差额 7 万包是安全边际。

数百万美元账面利润来得又急又快，但却不曾落入我的手中。不，这并不是情势突然发生转变。市场并没有发生剧烈的反转，咖啡也没有源源不断地进入美国。那么到底发生了什么呢？不可预料的事情！这种事过去从来没有发生过，因此我根本无从预防，于是我在一长串危险警示的投机风险清单中，再增加上一条新的规则。事情的经过是这样的，那些卖给我咖啡的家伙，也就是那些空头，他们十分清楚自己所面临的困局，想尽办法要脱困，于是他们想出了一种新的耍赖办法：他们跑去华盛顿寻求援助，而且得逞了。

齐克用注解：

　　不可预料事情，这里指的是交易所改变了交易规则。再增加上一条新的规则，政府的政策风险。

或许您还记得，政府推行了不少政策，来防止民生必需品遭人囤积，并从中牟取暴利，而这些政策的成效如何，您也知道的。唉！那些忧心全国咖啡价格的空头来到了战争工业局的价格稳定委员会，他们以爱国为诉求，呼吁该委员会站出来保护美国民众的早餐。他们一口咬定，一个名叫劳伦斯·李文斯顿的家伙正在操纵或正准备操纵咖啡。如果不能制止他的投机阴谋，他将趁机大发战争财，而美国人民将被迫支付昂贵的价格，来购买每天早餐不可或缺的咖啡。这些爱国者没有想到，无法找到船只将卖给我的咖啡运到美国来，他们或多或少地为数亿美国人民向没有良心的投机者付出自己犯错的价差。他们代表的是咖啡贸易商，不是炒作咖啡的赌徒。他们愿意帮助政府，遏制投机者哄抬价格的预期获利行为。

于是我成了众矢之的。我的意思并不是说价格稳定委员会没有尽责去遏制囤积居奇和浪费。不过，我仍然要说，价格稳定委员会并没有深入调查咖啡市场的一些问题。**他们对生咖啡豆价格设了一个上限，还设了一个最后期限，要求在此之前必须了结所有的未平仓合约。当然，这个决定意味着咖啡交易所将暂时停止交易，而我所能做的，也确实做了的，只有一件事，那就是卖掉所有的咖啡合约。**原本认为确定能够到手的好几百万美元利润，我从来没有实现过。不论是过去还是现在，我和所有的人一样，强烈反对有人从民生必需品中牟取暴利，但价格稳定委员会当时只对咖啡采取了行动。众所周知，实际上当时的咖啡价格比战前数年的平均水平还要低，而其他商品的价格都比战前水平高出250%到400%。咖啡在谁手上根本不是重点，因为价格上涨是不可避免的，其原因并非在无良的投机客炒作，而是在进口锐减导致了供给下降，而进口之所以锐减，是因为德国潜艇大肆攻击世界各国的货轮。经过了咖啡贸易商的说明，价格稳定委员会没等咖啡上涨就开始迫不及待地抑制价格了。

齐克用注解：

咖啡交易所改变了交易规则。利弗莫尔原本赚钱的仓位，在多头争先恐后出场下，认赔出场，这是政策风险造成的。

就政策和权宜之计来说，强迫咖啡交易所关门是个错误。如果价格稳定委员会不干预咖啡价格，那么它毫无疑问地将因我刚才所说的原因上涨，这和所谓的操纵一点关系都没有。而价格走高，甚至不需要太高，就会刺激咖啡市场的供给。我听说，伯纳德·巴鲁克先生宣称，战争工业局为了确保供给无虞，在设定价格上限时已考虑过这个问题。因此，对某些商品限价太高的抱怨是不公平的。后来，咖啡交易所重新开张后，咖啡价格涨到23美分。美国人民之所以必须支付这么高的价格，是因为供给太少，而供给之所以太少，是因为价格定得太低，而低定价的推手正是那些善心的空头，他们的目的是以此补偿高昂的海运费用，从而确保咖啡可以继续进口。

我一直认为，这次的咖啡交易是我所有商品期货交易中最具正当性的一次。我认为它是投资，而不是投机。我持有仓位的时间超过一年。如果这笔交易有人在赌博的话，应该是那些自称爱国者的烘焙业。他们从巴西买进咖啡，然后在纽约卖给了我。价格稳定委员会限制了唯一没有涨价的商品价格。**价格稳定委员会在烘焙业者囤积行为发生之前，就设法保护民众，却没有对随后不可避免的价格上涨出手。不仅如此，尽管未经烘焙的咖啡豆价格一直徘徊在每磅 9 美分，但烘焙咖啡豆的价格和其他商品一样不停地上涨，最后获利的只有烘焙商。**如果未经烘焙的咖啡豆价格每磅上涨两三美分，那我就能赚进几百万美元，而且一般民众也不会像后来价格上涨时那样，付出高昂的代价了。

齐克用注解：

　　烘焙商说服了价格稳定委员会，致使咖啡交易所改变了规则。最后是利弗莫尔认赔出场，烘焙商空单仓位出场，且囤货大赚咖啡涨价财。这是市场参与者之间的争斗。

在投机交易中，事后诸葛亮的行为只是徒然浪费时间，不会给您带来任何好处，但这次的交易具有一些学习的价值。我操作得非常漂亮，比其他任何一次的交易都更好，而且涨势是那么明确又合乎逻辑，我原本以为那几百万美元想不赚都难，但最后我真的没赚到。

除此之外，交易所在没有预警的情况下改变了交易规则，在我的操盘生涯中，使我蒙受损失的情形还发生过两次。那两次的交易当中，虽然我的仓位在操作技巧上无懈可击，但就交易本身而言，并不如这次咖啡交易这样肯定。在投机操作中，任何事都无法百分之百确定。从刚刚告诉您的经历中，我学习到一项新的风险清单：不可预料的意外。

咖啡交易事件过去之后，我在其他商品期货和做空股票上都做得十分成功，结果关于我的各种真真假假的消息蜂拥而起。只要价格出现不可避免的下跌，那些华尔街的专家和新闻记者们就会把矛头指向我，指责或影射我打压市场。他们经常把我的卖出动作说成不爱国——不管我有没有真的卖出。我认为他们之所以要夸大我的操作规模和影响，是为了满足大众永无止境的需求，也就是为每一次的价格波动寻找原因。

正如我一再强调的，**任何操纵手段都不能够把股价压低并稳定在底部。这不是什么高深的道理，任何人只要稍动一下脑筋就能想透。**假设一位作手袭击了一只股票，也就是说，把价格压低到真实价值之下，**此时必然会发生什么事情？噢！这位作手立即就会面临最强大的内部人的买盘。只要价格显得非常便宜，那些知道这只股票真实价值的人就会一直买进。如果内部人不买，那肯定是整体情势不利于他们自由调度本身的资金，而这种情势当然不利于多头行情的展开**。当人们在谈论空头打压的时候，总是认为它是不正当的，甚至认为它是犯罪行为。但将一只股票卖到远低于其真实价值时，是非常危险的做法。交易者最好谨记在心，被袭击后反弹失败的股票，肯定是没有强大的内部人买盘支撑。而当股票被袭击，也就是被不正当地放空后，经常会引来内部人买进。一旦发生这种事情，价格就不会长期停留在底部。所以我应该说，一般所谓的袭击打压，100 次中有 99 次根本就是合理的下跌，无论职业作手能够调动的资金有多么巨大，充其量也只能加速股价的下跌，不可能是价格持续下跌的主因。

齐克用注解：

价格下跌必有原因，内部人不买之下，未来股价必然下跌。

但是若是有人操纵下跌，当价格压低到真实价值之下时，必然上涨。

绝大多数的突发性下跌或特别剧烈的崩盘，很多人认为这是某些作手的操作造成的。这个理论之所以存在，很可能是为了方便投机者找到下跌的理由所创造的。这些投机者其实是盲目的赌徒，他们宁可相信别人告知的消息，也不愿稍动点脑子想想。经纪商和喜欢闲聊股市的人，经常以空头打压为由，安慰那些运气欠佳及蒙受损失的投机者，而这种借口其实只是一种"反间计"式的小道消息。**确定无误的利空消息及"反间计"式的小道利空消息，两者之间在操作上的区别在于，一个确定无误的利空消息造成股价下跌，给予积极的建议是，卖出放空，但是股价下跌时，出现"反间计"式的小道利空消息时，给予的建议是，自认是明智地放空是不当之举**。当一只股票出现大跌时，自然应该卖出。股价下跌是有原因的，您可能不知道，但肯定是有原因，因此必须赶紧卖出。但若大跌是作手的袭击打压造成的，那么脱手就不是明智之举，因为只要袭击一停，股价就必定会反弹。这就是根据"反间计"式的小道消息，自以为是地放空是不当之举！

齐克用注解:

股价下跌时,利空消息及"反间计"式的小道利空消息,两者之间差异在于:

1. 确定无误的利空消息造成股价下跌,给予正面的建议,卖出放空。

2. 若是"反间计"式的小道利空消息时,自认是明智地放空是不当之举。

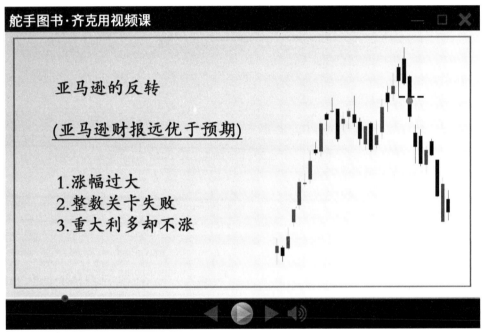

附图 利弗莫尔实战课:2021年亚马逊财报远优于预期,不涨反跌。齐克用讲解应对策略

第十六章　精心策划的小道消息案例演练

"他擅长于调查研究，凡事都要打破砂锅问到底。他只相信自己看到的事实。"

杰西·劳伦斯顿·利弗莫尔

(1877 年 7 月 26 日—1940 年 11 月 28 日)

导 读

主题

- 小道消息、承销集团、发行集团

- 小道消息与人性、一厢情愿、
  婆罗洲锡业股票、筹码与市场参与者

- 精心策划小道消息、交易员也染上了
  这个坏毛病、对一厢情愿的高度依赖

图 16-1 先研究图中的主题，再阅读内文

本章 8 个案例

案例 1：赚钱案例。利弗莫尔受邀参与发行集团的运作，自己在市场交易获利。夫人小道消息，股价验证小道消息放空婆罗洲锡业股票。

案例 2：赔钱案例。魏森史坦总裁给李文斯顿夫人小道消息，买进婆罗洲锡业股票。

案例 3：赔钱案例。纽约证券交易所会员给报社朋友小道消息，买进 G. O. H. 股票。

案例 4：赚钱案例。老魏斯雷给盖兹小道消息，买进雷丁。反向操作。

案例 5：赚钱案例。经纪人朋友看到罗杰斯帽子内 WAR 字眼，老天爷透过帽子给小道消息。

案例 6：赔钱案例。伯特告诉了胡德，大西洋－南方铁路董事透过小道消息买进。

案例 7: 赚钱案例。老罗斯柴尔德公爵，不在底部买进，很早就卖出。

案例 8: 赚钱案例。德裔人士卖出爱奇森，买进德拉瓦－拉卡湾纳－西部铁路，换股操作策略。小道消息背道而驰的求真相来赚钱。

利用小道消息赚钱案例有 5 个：1.自己本身；2.反向操作；3.靠身边周遭的暗示 WAR 买卖；4.老罗斯柴尔德公爵；5.德裔人士。求真相，靠着自己的努力在华尔街致富。对应着上面的案例：1、4、5、7、8。

操盘逻辑

本章有两个主题，第一个谈什么是小道消息，小道消息到底受哪些人喜爱？第二个谈各种类型的小道消息，被不同的市场参与者听到时，他们如何运用在操作上？本章以 8 个案例来论述应对小道消息的基本能力，剖析人性中的一厢情愿在投资市场所带来的伤害。

案例1："利弗莫尔受邀参与发行集团的运作，自己在市场交易获利。"利弗莫尔引用婆罗洲锡业股票发行时的故事，先交待公司派的思维、筹码计算、市场参与者行为，其次谈股票上市之前精心策划。操盘人的操作技巧与市况研判，主宰着公司的运作是否能成功。最后提到小道消息的传播，会受到哪些人的喜爱，他说甚至连交易员、自营商、基金操盘人也有这个坏毛病，到处打探小道消息。

案例中，提到公司派发现外面有筹码想搭顺风车，于是利用震荡洗盘要把对手清洗出场，但事后发现对方的实力雄厚，就决定不再浪费自己的筹码了，这是什么意思呢？因为卖出，就是要把价格压低，但搞到最后，价格的确有压低，但又压得不够低，以至于没有办法把对手逼退，搞到自己手上没有筹码，持股通通被买走了。也就是说，换了一大堆的现金回来，最后的结局是追价买回股票，那岂不是乱了套？筹码的问题，一直操作小型股应注意的重点。

案例2："利弗莫尔的夫人在市场听信小道消息操作，赔钱出场。"

案例3："亲人给的小道消息不能信。"纽约证券交易所会员，听信小道消息——G. O. H. 股票将上涨了，结果亏损了3500美元。他说他对于小道消息的操作准则是：从来不相信亲人给的小道消息，消息源头离得越远，消息就越准确。

案例4："听到小道消息一定要反向操作。"老魏斯雷是一位成功且富有的银行家兼股票承销商，他提供放空雷丁的小道消息给盖兹。盖兹针对小道消息的操作准则是：反向操作，买进雷丁，赚了6万元。

案例5："老天爷给的灵感也是小道消息。"罗杰斯是一位漫画家，他有一个经纪人朋友，当他为了战争形势不知该买还是该卖时，在他拿错帽子，看见帽子里面绣着的几个字母——WAR。他认为这是老天爷透过帽子给他的小道消息，于是他大举放空股票，不久之后，美国和西班牙真的宣战了，他在关键时刻出手，大赚了一笔。最后，罗杰斯说了一句话："我再也要不回那顶帽子了！"

案例6："公司派给的小道消息连专业人士也受骗。"纽约证券交易所一位非常有名的会员——胡德。有一天，另一位场内交易员伯特·沃克告诉胡德，他帮了大西洋－南方铁路公司一位声名显赫的董事一个大忙。为了回报，这位董事叫他全力买进大西洋－南方铁路的股票。后来，这股票不涨反跌，沃克气急败坏地去找那位董事，而董事对这件事深感过意不去，也后悔万分。又给了沃克另一个小道消息。他们听说这只股票会上涨而买进，现在它的价格比原来又跌了15点，确实是个好机会，因此他们俩又合买了5000股。最后赔了大钱。沃克提议要发电报给董事臭骂他一顿。结果胡德为了以后能再获得小道消息，阻止了沃克。一个专业的交易员居然说出这种话，更遑论那些追求小道消息的冤大头了。

案例7："不在底部买进，总是很早就卖出。"老罗斯柴尔德公爵看懂"希望"在投资市场里的举足轻重，找出应对小道消息赢得财富的准则。

案例8："不从财报里印证公司好坏，而是从经营团队研判。"来自宾夕法尼亚州的德裔人士，他擅长于调查研究，只相信自己看到的事实。有一天他听到自己手中持股的爱奇森公司股票的小道消息，说公司的总经理铺张浪费把公司搞得一团糟。他便自己跑到公司去问他们的总裁，总裁提出了漂亮的财报加以说明。但回家后，他卖出了持股。为什么？因为总裁的一个小动作——他所用的信纸相当高级，价格非常昂贵，而垃圾桶里到处都是这种写错丢掉的信纸，所以研判了小道消息是可信的。后来他将资金转进了德拉瓦－拉卡湾纳－西部铁路的股票，为什么？因为有财经记者告诉他，该公司的总裁是有问必答，不会拐弯抹角。他亲自到他公司拜访时，看见他正利用空闲时间整理一些使用过的信封袋，制作成便条纸以便再次利用，他是一位节约开支的总裁。事后的事实证明了他的观察是对的——爱奇森公司被其他人接管了，而投资德拉瓦－拉卡湾纳－西部铁路让他的本金翻倍再翻倍。

两个操盘重点逻辑：

1. 小道消息；2. 小道消息的案例。

　　本章所描述的各种小道消息，我们其实可以这样分类，消息细分成"消息—可验证的事实"与"小道消息—尚未发生的事"。报载经济数据——这类归于消息；报载传闻——譬如说传闻Ａ公司要与Ｂ公司合并了，这类是属于未确认过的新闻。又譬如说报纸已登两家换股比例——这是消息。这些消息经常是透过正常渠道从媒体甚至透过交易员、基金经理人等传播，所以我们看到听到的消息里面经常是混杂着小道消息。投资人若不小心谨慎研判，经常成为主力坑杀的对象。

　　一般人听到的小道消息，都想从中清楚知道该买还是该卖。但事实上，知道如何处理这些小道消息，才是能赚到钱的重点。针对小道消息，你的思维应包括知道小道消息的人有多少？是透过什么样的渠道知道的？你知道的内容到底有多少？例如像本章所提的案例——婆罗洲锡业，在一开始他们想找利弗莫尔来配合，但被他拒绝参与。所以利弗莫尔完全清楚他们是如何运作的。再接下来就是研判市场参与者，当他们听到这条消息的反应会是什么？当下市场的大环境又是如何？

　　利弗莫尔说，所有各式各样的小道消息都会到我这里来，这是什么意思？这意思是他有在听小道消息吗？他一定会利用这些小道消息吗？要不然这些小道消息怎么会到他那里去？他说他没有听从小道消息，这意思应该是说他没有听从小道消息要他买或卖。他说他从来不利用小道消息的原因，不是指他都不听、不看。他也是会看，但重点是你怎么去利用这些信息。换句话说，一个小道消息进来之后，到底是不是小道消息，是事实还是谣传，这不是重点。重点是你有没有透彻地了解核心的重点。所以利弗莫尔在一开始就宣告他手上有各式各样的小道消息，第二件事情是告诉你小道消息应该如何利用。筹码、市场参与者、市场的现况这些都是你应该要了解的，你才有办法利用这一条已知的消息来操作。就利弗莫尔的观点来看，他不认为自己是利用婆罗洲锡业的小道消息在操作，而是利用消息来判断，来操作。所以这是消息面操作，并非靠小道消息在操作。就像在前几章提到的报载利弗莫尔买棉花的案例，利弗莫尔知道这条消息之后，他认为最大的买盘出现，所以他应该卖出棉花，这也是利用消息面在操作。

针对婆罗洲锡业的操作，利弗莫尔给我们的指导是：不管是小道消息或正常消息，其利用的准则都只有一条，您要先了解会发生哪些事——"筹码状态，我也很了解""市场参与者，我也了解""这些会拉抬的主力，他们手上有多少资金，这个需要动用多少资金才可以炒得起来""市场参与者——散户听到消息时，会怎么做""市场目前的现况，那这条消息出来之后，市况会如何影响"。这些全部分析完毕之后，才有所谓参与作战计划。

所以利弗莫尔的操作又分好几种，依据消息、基本情势、价格变化。所谓的依据价格变化，就是技术分析。何谓技术分析？就是把纵坐标与横坐标的价格与时间留着之外，其余全部盖掉。这个走势图到底是叫棉花还是叫茅台，通通不要看，你的脑袋要先去除偏见，这就叫技术分析。如果你会在意他是茅台或棉花，那这个就是具有偏见的技术分析。

即便我们可以归纳出利弗莫尔的操作有基本面、技术面，事件导向几个面向，但他还是要看很多东西，譬如财报也要看。一条消息出来，要去分析消息，其复杂度超出我们的想象，所以他曾说，我跟一般人一样，一大早起床看遍了所有的报纸杂志。从这里便可知——利弗莫尔的操盘术就是全方位操盘术。

重点摘要

1. 小道消息的顺利传播是公关宣传的至高境界，是世界上最厉害的推销手段，因为提供或打听小道消息的人总是在散布消息，这使得消息传播成了一种永无止境的连续广告。

2. 这些人有个错误的观念，认为一只股票曾经涨到150美元，当它回落到130美元时算是很便宜了，要是回落到120美元，那更是捡便宜的大好机会。

3. 我从不听信小道消息。我经常觉得那些追求小道消息的人，就像酒鬼一样，他们无法抗拒诱惑，总是希望能痛饮一番。

4.从追求小道消息这件事来看，与其说是"被贪婪给蒙蔽了"，不如说是被"想不劳而获的心态"给困住了。

5.投资人听信小道消息，并不是因为他们是蠢蛋，而是因为他们喜欢我前面讲过的一厢情愿。

6.我从不在底部买进，我总是很早就卖出。

小道消息！**投资人多么想要小道消息**！他们不仅乐于打探小道消息，也积极传播小道消息，这些都是贪婪和虚荣心作祟。有时候看到那些聪明绝顶的人费尽心机地打探消息，不免令人感到好笑。提供小道消息的人无须担心小道消息的质量，因为打探小道消息的人并不在意消息的好坏，只要是消息都行。如果消息灵验，那很好！如果不灵，那就希望下次有好运。谈到这里，让我想起经纪公司里的一般客户。有一种传播者或炒手，他们始终相信小道消息。对他们来说，**小道消息的顺利传播是公关宣传的至高境界，是世界上最厉害的推销手段，因为提供或打听小道消息的人总是在散布消息，这使得消息传播成了一种永无止境的连续广告**。提供消息的人有一种幻觉，他们认为只要散布得当，就没有人能抵挡得住小道消息的诱惑，因此他们努力研究如何更好地散播消息。

齐克用注解：

一开始就谈小道消息很重要的原因在哪里。很多人会打探小道消息是因为曾经因小道消息赚到钱。小道消息的传播，有一些会透过正常渠道，有一些是非正常渠道。例如先申请合法的投资顾问牌照，再透过媒体去释放合法的小道消息。这类人士擅长于把小道消息与消息混为一谈，让投资大众分不清是消息还是小道消息。如果在当下能够验证的小道消息，都不算是小道消息，而是消息，例如刚公布的经济数据，这不是小道消息，而是消息，但若是说未来三个月，业绩会有爆发性的成长，这可能就是小道

消息了。投资人会信以为真的原因是认为发布消息的人是基于他
的职业与职位，宣告他的判断。

我每天都能从各式各样的人那里，得到几百条小道消息。现在，我来说一
个有关**婆罗洲锡业公司**的故事。你还记得这只股票是什么时候发行的吗？当时
正是股市最狂热的时候。发行集团采纳了一位非常聪明的银行家的建议，决定
立刻公开上市，而不是让**承销集团**接手承销。这是个好主意。但是，由于他们
缺乏经验，因而犯了大错。他们不知道股市在狂热期间会发生什么状况，而且
他们虽有创新精神却不够精明。他们一致认为必须提高价格来好好地发售，但
这个发行价太高了，以至于交易者和投机者在购买的时候顾虑重重。

齐克用注解：

　　可见利弗莫尔也是会去注意小道消息。承销集团必须知道如
何定价等作业流程，像公司合并等也都会找这类的业者来处理，
因为他们懂市况，懂如何利用公司的股本、EPS 等数字计算出合
理的价格。

照理说，发行集团的发行价太高应该是会产生困难的，但是在一个已经失
去理智的市场，他们的贪婪竟然被认为是稳健保守的。只要有足够的小道消息，
大众什么股票都愿意买。投资两字已被遗忘，他们只想轻松赚钱，而且只想稳
赚不赔地赌博。当时，由于世界各国都在大量采购军用物资，黄金正不断涌入
美国。我听人说，在拟订婆罗洲锡业公司股票上市计划时，发行集团曾经三次
提高了开盘价，然后做成首笔交易后，公众才可以开始买卖。

我曾受邀加入发行集团，但考虑之后还是没有接受，因为我始终认为，如
果有任何市场运作机会的话，我还是喜欢自行研判和独自操作。当婆罗洲锡业
股票上市时，**我在第一天的第一小时就买进 1 万股，因为我清楚地知道发行集
团手上的筹码和他们计划怎么做，我也知道公众在狂热的股市中会怎么做。**这
只股票挂牌上市的过程十分成功。实际上，发行集团发现，投资人购买的欲望
竟然如此强劲，于是他们决定一定不要太早卖出过多的股票，否则肯定会后悔
莫及。当他们发现我买了 1 万股时就意识到了这一点，即使把价格再提高 25 点

或 30 点，他们也可以卖光所有的股票。依此来看，我那 1 万股股票的利润实在是太大了，而这些钱原本应该是归他们的，于是他们决定停止拉高操作，并试图把我震出市场。但我抱紧仓位，不动如山。他们只好自认倒霉，因为他们不想让市场脱离掌控。接着他们又开始拉高股票价格，尽可能地不再失去手中的筹码。

齐克用注解：

因利弗莫尔曾受邀加入，所以清楚他们的规划。利弗莫尔利用这些信息，再加上他对市场参与者的了解，就有办法赚到钱。故到底是消息还是小道消息，对利弗莫尔来说不是重点，重点是这类的消息，都要经过固定的流程研判。一个起不了作用的消息，就不会出现成交量扩大的现象。

当他们看到其他股票狂飙创新高时，就开始盼着数十亿美元的进账。当婆罗洲锡业上涨到 120 美元时，我把手上的 1 万股卖给了他们。这一卖就抑制住涨势，而发行集团也暂时放缓了拉升的速度。在接下来一波的上涨过程中，他们又再度拉抬股价，为这只股票创造活跃的市场，然后调节卖出一小部分股票。但事后证明，这样的拉抬代价实在太高了。最后他们把股价推高到 150 美元。然而，**多头市场的鼎盛时期已经过去，发行集团只能在市场下跌的过程中，尽可能地把股票卖给那些乐于在大幅回调时买进股票的人**。这些人有个错误的观念，认为一只股票曾经涨到 150 美元，当它回落到 130 美元时已经算是很便宜了，要是回落到 120 美元，那更是捡便宜的大好机会。除此之外，发行集团还散布消息，先放消息给场内交易员，让这些交易员制造出一波短线行情，随后再放消息给经纪公司。就这样，即使发行集团的人使出浑身解数，但效果依然不理想。其主要问题在于，做多股票的时机已经过去了，傻瓜已经中了圈套，但婆罗洲那帮人并没有意识到，也不愿意承认这个事实。

齐克用注解：

持有大量仓位的内行人会在多头的末端就抛售股票，不会在股市下跌时才开始卖股。

那时，我和内人正在棕榈滩度假。有一天，我在葛丽莱俱乐部赢了一点小钱，回家后，我从中拿了一张 500 美元大钞给了内人。说来也巧，那天晚上她在晚宴上遇到了婆罗洲锡业公司总裁魏森史坦先生，当时他是该公司发行集团的管理人。过了一段时间之后，我与内人才知道，原来晚宴上坐在她旁边，是这位先生刻意安排的。

魏森史坦先生在晚宴上对内人大献殷勤，极尽讨好之能事。在晚宴结束时，故作神秘地对她说："李文斯顿夫人，我要做一件从来没做过的事，我很乐意这么做，因为你很明白这意味着什么。"他停顿了一下，眼巴巴地看着内人，想确保她不仅是个聪明人，更是个保守秘密的人。她从他的神态中看出了这一点，但她只说了句："请说。"

"是的，李文斯顿夫人。遇到您和您先生真是非常荣幸。我想说，我的真诚天地可鉴，因为我希望以后能经常见到两位。我确信，不用说您也知道，我要跟您说的是机密的信息！"然后，**他轻声说："如果现在买进婆罗洲锡业，保证您会赚大钱。"**

"真的吗？"她问道。

"就在我刚刚离开饭店之前，"他说："我收到了几封电报，其中的消息至少要几天后才会公布。我将全力收购这只股票。如果明天开盘时你能买到一些，那么我们就是在同一时间用同一价格买进了。我跟您打包票，婆罗洲锡业肯定会上涨。这件事我只告诉您一个人，您是唯一一个知道这消息的人！"

内人向他致谢，然后告诉他，她对股票投机一窍不通。但他拍胸脯保证，只要照他的话做，其他的事不知道也没关系。为了确保她听懂了他的意思，于是他又把刚才的建议重复讲了一遍：

"您要做的只是买进婆罗洲锡业，多少随意。我可以保证，买这只股票绝对不会亏钱。我这辈子从来没有告诉过任何人要买任何一只股票。我确信，这只股票绝会涨到 200 美元之上。我希望您也能从中获利。我不可能一个人买光所有的股票，如果除了我之外的其他任何人能从这次的上涨中受益，我肯定希望这个人是您，而不是陌生人。我之所以偷偷地告诉您，是因为我知道您不会再和其他人提到这个消息。请记住我的话，李文斯顿夫人，买进婆罗洲锡业！"

他说话非常诚恳，成功地打动了内人，让她觉得我给她的 500 美元可以好好地派上用场了。这些钱没花我什么本钱，对她来说，也算是意外之财。换句话说，如果她运气不好，即使输光了也无所谓。更何况，他都说了，她肯定稳赚不赔。如果她能凭自己的能力赚钱，这岂不是件好事？事后再告诉我也不迟。

噢！第二天市场开盘前，她跑去哈丁兄弟公司，对经理说：

"哈利先生，我想买一些股票，但我不想用平常的户头交易，因为我不希望我先生在我赚到钱之前知道这件事情。你能帮我做到吗？"

哈利说："噢！没问题。我们可以给你安排一个特别账户。你想买什么股票？要买多少股？"

她把 500 美元给了他，然后对他说："请听我说，我不想亏损超过这个数字，万一真的亏损了，我可不想欠你们什么。记住，我不希望李文斯顿先生知道这件事。在开盘的时候，用这笔钱，能买多少婆罗洲锡业就买多少。"

哈利接下钱后告诉她，绝不会对任何人提及这件事，随后在开盘时帮她买了 100 股。我想她买进的价位应该是 108 美元。那天股票交投非常活跃，收盘上涨了 3 点。李文斯顿夫人对自己取得的成绩高兴得不得了，那天她费了好大的劲，才忍住没有告诉我。

碰巧，那时候我对市场的看法越来越悲观。婆罗洲锡业异常的走势引起了我的注意。我认为，不论是什么股票，都不应该在这个时候上涨，更不用说婆罗洲锡业这只股票了。那天，我决定开始放空操作，而且第一笔单子就是放空 1 万股婆罗洲锡业。我觉得，如果不是我放空这只股票，那它应该会上涨 5 至 6 个点，而不是仅仅上涨 3 点。

第二天开盘，我再放空 2000 股，临收盘前又放空了 2000 股，该股票在那天跌到了 102 美元。

第三天早上，哈丁兄弟公司棕榈滩分行的经理哈利，等着李文斯顿夫人来。通常她会在上午 11 点左右来营业厅逛逛，看看市场行情如何，顺便看我在做什么。

那天李文斯顿夫人来了之后，哈利把她拉到一旁说："李文斯顿夫人，如果你要继续持有那 100 股婆罗洲锡业，你就得给我更多的保证金。"

"但是我没钱了。"她说。

"我可以把它转到你的平常账户。"他说。

"这不行，"她反对说："这么一来，我先生就会知道了。"

"但是你的这个股票户头已经亏光了……"他开始劝说。

"但是当初我很清楚地告诉过你,我不想亏损超过500美元,甚至连那500美元我都不想亏损。"她说。

"我知道,李文斯顿夫人,但是我不想在没有得到你的同意之下就卖出。现在,除非你授权我要继续持有,否则我只好卖出了。"

"但是这只股票在我买进的那一天表现得很好啊!"她说:"我不相信这么快就跌成这样,你相信吗?"

"不,我也不相信。"哈利回答说。经纪公司的人必须学会安抚客户。

"这只股票到底怎么了,哈利先生?"

哈利知道是怎么回事,但如果要把内情告诉她,就得把我也说出来,而客户的交易是绝不能泄露的。因此,他只能说:"我没听说有什么不寻常的事发生,不知怎么了,股票就往下跌了!瞧,它又跌了!这是这波行情的新低!"他指着报价板。

李文斯顿夫人愣愣地看着不断下跌的股票,哭喊着:"天啊,哈利先生!我不想失去那500美元!我该怎么办呢?"

"我不知道,李文斯顿夫人。但如果我是你,我会去问李文斯顿先生。"

"哦,不!他跟我说过,他不希望我做投机买卖。如果我要做,他会帮我买卖股票。但是,我从来没有在他不知情的情况下,做过任何交易。我不敢告诉他。"

"不要紧的,"哈利安慰她说:"李文斯顿先生是个了不起的作手,他知道现在该怎么做。"看到她猛摇头,他又严厉地加了一句话:"不然,你就得再拿出一两千美元来保住你的婆罗洲股票。"

说到要拿出更多的保证金,她当场愣住了。她在营业厅闲逛了一会儿。随着市场越走越弱,她只好硬着头皮来到我坐着看报价板的地方,告诉我她想和我聊聊。我们走进一间私人专用办公室,她把整个事情的来龙去脉告诉了我。听完后,我告诉她:"傻孩子,你就别再管这只股票了。"

她保证不会再碰这只股票后,我又给了她500美元,而她高兴地离开了。那天这只股票已经跌到面值100美元了。

我终于明白这到底是怎么回事了。魏森史坦是个聪明人,他认为李文斯顿夫人会把他说的话告诉我,我听完就会研究这只股票。他知道市场波动总是引起我的注意，而我一向以大笔交易闻名。我猜，他大概认为我会买进一两万股。

齐克用注解：

　　赔钱案例。魏森史坦给李文斯顿夫人小道消息，买进婆罗洲锡业。

这是我听到所有的小道消息中，最精心策划和最处心积虑的一个，但还是未如他的预期发生。这是必然的。首先，内人恰巧在那天意外获得了500美元，因此她比平常更勇于冒险。她希望凭着自己的本事赚点钱，又抗拒不了赚钱的诱惑，因而相信了这个小道消息。她了解我对外行人从事股票投机的看法，不敢对我提及此事。魏森史坦没有完全了解内人的心理。

其次，他对我是属于哪一种交易者的看法，也是大错特错。我从来不听信小道消息，更何况当时我是看空整个市场。他以为他的这一招——让婆罗洲锡业活跃并上涨3个点——就能成功地吸引我买进。**其实正是从这一点，让我选择从婆罗洲锡业开始放空市场的操作**。

齐克用注解：

　　那时候利弗莫尔对市场的看法越来越悲观。婆罗洲锡业异常的走势引起了利弗莫尔的注意。不论是什么股票，都不应该在这个时候上涨。利弗莫尔决定开始放空操作，而且第一笔单子就是放空1万股婆罗洲锡业。

听完内人的故事之后，我放空婆罗洲锡业的心情变得更加急切。每天早上开盘和下午收盘前，我都会规律地放空卖出一些，直到有一天，我发现了一个很好的平仓机会，于是把大笔利润稳稳地落袋为安。

听信小道消息来操作，我认为是极为愚蠢的行为。我从不听信小道消息。我经常觉得那些追求小道消息的人，就像酒鬼一样，他们无法抗拒诱惑，总是希望能痛饮一番。竖起耳朵来听小道消息是再容易不过的事。听信别人去操作，永远不会比自己研判来得快乐；根据自己的判断操作，是你实现赚钱心愿的第一步。从追求小道消息这件事来看，与其说是"被贪婪给蒙蔽了"，不如说是被"想不劳而获的心态"给困住了。

陷入小道消息无法自拔的人不是只有外部的公众，在纽约证券交易所里有很多的交易员也染上了这个坏毛病。我知道，他们里面有很多人，对于我从来不提供任何小道消息的这件事，感到很不满意。如果我告诉一般的投资人："赶快卖出5000股美国钢铁！"他会马上照办。但如果我告诉他，我对整个市场都看空，并以具体原因来解释，他肯定会听得不耐烦。等我讲完后，他会瞪着我，觉得我在浪费他的时间，因为我只顾表达个人对整体情势的看法，不像华尔街许多慈善家那样，直截了当地给他具体的建议，而那些慈善家总是乐意把上百万美元塞到朋友、熟人甚至陌生人的口袋中。

所有的人都抱着奇迹会发生的信念，因为这种信念来自人们对希望的高度依赖。有些人每隔一阵子就会燃起无穷的希望，但我们都知道，长期沉溺于希望的人是典型的乐观主义者，而听信小道消息的人正是这种人。

齐克用注解：

投资市场里的人都是乐观的，在买股票之前，都认为自己买了，就会赚钱。

我熟识的一个人，他是纽约证券交易所会员。他认为我是一个自私自利的冷血动物，因为我从来不给人小道消息，或叫朋友买些什么。这是好多年前的事了。有一天，他和一位报社的朋友聊天，那位朋友不经意提到他从一位可靠的人士那里听到，G. O. H. 股票将上涨了。我的经纪人朋友立刻买进了1000股，随后这只股票快速下跌。在他止损卖出时，已经损失了3500美元。一两天后他又碰到了这个报社的朋友，那时候他还在心痛。

"你给了我一条什么垃圾消息！"他抱怨说。

"什么消息？"报社的朋友问道，他已经忘了那件事。

"就是G. O. H.，你当时说消息来源很可靠！"

"我的确说过。但告诉我的人是那家公司的董事，也是该公司财务委员会的成员。"

"到底是哪一位？"这位经纪人很不满地问道。

"如果你真的想知道，"报社的朋友回答说："他就是你的老丈人魏斯雷先生"。

"真是见鬼了，你怎么不早告诉我呢？"这位经纪人大声嚷着说："你让我损失了3500美元！"之所以会这样说，是因为<u>他从来不相信亲人给的小道消息。在他看来，消息源头离得越远，消息就越准确</u>。

齐克用注解：

赔钱案例。每个爱利用小道消息的人，都有自己的一套道理和逻辑来运作。

老魏斯雷是一位成功且富有的银行家兼股票承销商。有一天，他遇到了约翰·盖兹。盖兹问他有没有什么消息。老魏斯雷很不高兴地回答说："如果你会有所行动，那我就给你讲个消息。如果你只是纯打听，那我就不用白费口舌了。"

"当然，我肯定会行动的。"盖兹讨好地保证。

"放空雷丁！至少会赚到25点，说不定还会更多，但25点是绝对跑不了的。"魏斯雷斩钉截铁地说。

"太感谢你了！"以豪赌100万美元闻名的盖兹说。他热情地与魏斯雷握手告别后，朝着自己的经纪人办公室走去。

魏斯雷专门炒作雷丁这只股票。大家都知道，他对这家公司了如指掌，又和内部人士往来密切，所以这只股票的市场走势都在他的预料之中。现在，他建议这位人称"西部棒槌"的炒手放空雷丁这只股票。

接着，雷丁就不断地上涨，几个星期内就上涨了100点。有一天，老魏斯雷又在街上遇到了约翰·盖兹，但他装作没有看见，继续往前走。约翰·盖兹快步追上，满脸笑容地伸出手，老魏斯雷则是一脸茫然地跟着握手。

"谢谢你给我雷丁股票的消息。"盖兹说。

"我可没有给你什么小道消息啊！"魏斯雷皱着眉头说。

"你当然给了，还是一个很棒的消息！它让我赚了6万美元。"

"赚了6万美元？"

"没错，<u>你不记得了吗？你告诉我要放空雷丁，所以我就买进了！只要依</u>

照你给的消息反向操作，我总是能赚钱。"约翰·盖兹高兴地说："而且屡试不爽！"

老魏斯雷看着这位直爽的西部佬，羡慕地说："盖兹，要是我有你的聪明，那我该是一个很有钱的人了！"

齐克用注解：

　　赚钱案例。每个爱利用小道消息的人，都有自己的一套道理和逻辑来运作。盖兹利用魏斯雷给的小道消息，颠倒过来反向操作，总是赚钱。

几天前，我遇到了著名漫画家罗杰斯先生，他以华尔街为主题的漫画，深受华尔街经纪人的喜爱。多年来，他在《纽约先锋报》上的每日漫画专栏，给成千上万的人带来了欢乐。他跟我说了一个故事，事情发生在美西战争前夕。有一天晚上，他和一个经纪人朋友聚会，临走的时候，那个经纪人朋友从衣帽架上取下他的圆顶礼帽，当时他认为那是自己的帽子，因为外形一模一样，而且戴起来也完全合适。

那个时候，华尔街的人所想的和谈的全是跟西班牙作战有关的事情。两国会开战吗？如果战争真的爆发了，那市场将下跌，这并不是因为我们自己要卖出，而是持有美国证券的欧洲人将带来卖压。如果双方相安无事，那买盘势必涌进，因为在**黄色报纸**夸张的报道之下，股市已经大幅下跌了一段。罗杰斯先生告诉我的故事大致是这样的：

齐克用注解：

　　"黄色报纸"是指只关注销售量，而不是坚持真实报道的报纸。这个术语被用来描述牺牲新闻的完整性，而只是在追求利润的人和报纸。

"前一天晚上和我相聚的那位经纪人朋友，第二天神情紧张地站在交易所营业大厅，混乱的脑子里不断地挣扎，不知道市场究竟会如何发展。**他把利多和利空的消息都仔细看过想过一遍，但根本分辨不出哪些是事实，哪些是流言。**

他找不到可靠的信息可依据，一会儿觉得战争是无法避免，一会儿又觉得战争不可能发生。他的困惑让他浑身燥热，于是摘下帽子，试图把额头上的热气吹走。这个时候，他还是搞不清楚究竟是该买进还是卖出。"

"他凑巧往帽子里头瞧了一眼，看到帽子里绣着金色的三个英文字母 WAR（罗杰斯全名的缩写，正好是英文字的战争）。这正是他所需要的灵感，难道是老天爷透过帽子给他的小道消息？于是他大举放空股票，不久之后，美国和西班牙真的开战了，他在关键时刻出手，大赚了一笔。"最后，罗杰斯说了一句话："我再也要不回那顶帽子了！"

齐克用注解：

赚钱案例。每个爱利用小道消息的人，都有自己的一套道理和逻辑来运作。经纪人朋友身边周遭的暗示利用小道消息买卖，赚到了钱。

然而，在我听过和小道消息有关的故事中，最离谱的是跟纽约证券交易所一位非常有名的会员有关，他的名字叫胡德。有一天，另一位场内交易员伯特·沃克告诉胡德，他帮了大西洋 - 南方铁路公司一位声名显赫的董事一个大忙。为了报答他，这位董事叫他全力买进大西洋 - 南方铁路的股票。据该董事说，董事会即将有所行动，这只股票至少会上涨 25 点。虽然不是所有的董事都参与其中，但大部分的董事都会投下赞成票。

伯特·沃克推测该公司将提高股利率。他把这个消息告诉了胡德，然后他们各自买进 2000 股的大西洋 - 南方铁路。这只股票在他们买进之前与之后都表现得非常疲弱，但胡德认为，这显然是为了让公司内幕集团更容易加码，而该集团的大老板，正是那位让伯特万分感激的朋友。

接下来的星期四，在股市收盘后，大西洋 - 南方铁路公司召开董事会，通过了股利分红方案。隔天一早股市开盘后，该公司股票在 6 分钟之内就下跌 6 个点。

伯特·沃克感到一阵揪心的疼痛，气急败坏地去找那位董事，而董事对这件事深感过意不去，也后悔万分。他解释说，他忘了曾经告诉沃克去买股票这件事，所以才忘了通知沃克，董事会的计划有所变化。懊悔的董事急于

补救，给了沃克另一个小道消息。他热心地解释，由于一些同事想以更便宜的价格买进股票，因此不顾他的反对，使出一些小伎俩，而他不得不让步以获取他们的投票支持。 但现在他们已经如愿以偿地拿到了想要持有数量的筹码，股价上涨已经没有什么阻力了。现在买进大西洋－南方铁路，保证稳赚不赔。

伯特不仅原谅了他，还和这位身居要职的金融家热情握手告别。当然，他马上找到了他的患难好友胡德，告诉他这个大好消息，他们马上就要赚大钱了。之前，他们听说这只股票会上涨而买进，现在它的价格比原来又跌了 15 点，确实是个好机会，因此他们俩又合买了 5000 股。

就像是他们按铃启动那样，这只股票应声暴跌，这明显是内幕人士卖出造成的结果。两位场内交易员很快地就证实了他们的怀疑，于是胡德卖出了他们俩共同持有的 5000 股。事后，伯特·沃克说："要不是那个该死的混蛋前天去了佛罗里达，我非扒了他的皮不可。真的，我一定会这么做。你跟我来。"

"去哪里？"胡德问。

"电报局。我想发通电报给那个混蛋，让他一辈子都忘不了，走吧！"

胡德跟了上去。伯特带着他一起到了电报局。他们的 5000 股股票损失可不轻，而伯特正在气头上，因此电报内容把对方骂得狗血淋头。伯特把它念给胡德听，并说："这差不多可以让他知道，他在我心里是怎样的一个混账东西了。"

伯特正准备把电报稿递给一旁等候的电报员时，胡德突然说："等等，伯特！"

"怎么了？"

"要是我就不会发这通电报了。"胡德劝他说。

"为什么？"伯特高声地说。

"这会让他颜面尽失。"

"这不正是我们的目的吗？"伯特不解地看着胡德说。

但是胡德摇了摇头，严肃地说："如果你发出了这通电报，我们就再也不能从他那儿得到小道消息了！"

一个专业的交易员居然说出这种话，更遑论那些追求小道消息的冤大头了。投资人听信小道消息，并不是因为他们是蠢蛋，而是因为他们喜欢我前面讲过的一厢情愿。

齐克用注解：

赔钱案例。利用小道消息操作而赔钱的人，总能说服自己再次接受小道消息来操作。

老罗斯柴尔德公爵赢得财富的秘诀能胜过任何的投机行为。有人问他，在股市赚钱是不是很难？他回答，正好相反，他觉得非常容易。

"你这么说，是因为你太有钱了。"请教的人不以为然地说。

"并非如此。我找到了一个简单的方法，而且一直遵循这个方法操作。我要不赚钱也难。如果你想知道，我可以告诉你这个秘密。这就是：我从不在底部买进，我总是很早就卖出。"

齐克用注解：

赚钱案例。运用不买在低点，不卖在高点的规则来操作。

投资人的类型五花八门，他们大多数喜欢研究存货、盈余以及各种数据，似乎这些数据就意味着事实和真相。通常，人为的因素都被忽略掉了。很少有人喜欢独自一个人操作或者独自一人去拜访企业，但我认识一个非常聪明的投资人，他是来自宾夕法尼亚州的德裔人士，他靠着自己的努力在华尔街致富，他的成就可以媲美罗素·赛吉。

他擅长于调查研究，凡事都要打破砂锅问到底。他只相信自己看到的事实。这是多年前的事了，当时他好像持有相当多的爱奇森公司股票，后来他听到了一些关于该公司和其管理阶层令人不安的消息。有人告诉他，这家公司的总裁雷恩哈特先生，并不像人们所说的那样是个奇才，实际上他是个极度铺张浪费的经理人，他鲁莽的行为很快就让公司变得一团糟。总有一天，公司会因为他的行为付出沉重的代价。

对于这位宾州德国佬来说，这样的消息可以说是攸关生死的大事，于是他急忙赶到波士顿去拜访雷恩哈特先生，并向他提了几个问题。他先重复之前提到的各种控诉，然后问这位爱奇森－托庇卡－圣塔菲铁路公司总裁，是不是真有其事。

雷恩哈特先生不仅否认了所有的指控，他甚至提出了数据，证明那些造谣者是别有居心的骗子。这位宾州德国佬希望有更详细的资料，于是总裁给了他一份漂亮的财报，让他知道公司目前的经营状况和财务状况。

这位宾州德国佬谢过雷恩哈特总裁，回到纽约后，就立即卖出所持有的爱奇森－托庇卡－圣塔菲铁路的股票。大约一个星期之后，他用手上的闲置资金买进大量的德拉瓦－拉卡湾纳－西部铁路的股票。

几年之后，当我们谈论到正确的换股操作策略时，他谈到自己的这个案例。他解释了当时促使他尽快脱手爱奇森的原因。

"不瞒你说，"他说："我注意到，当雷恩哈特总裁要写数据的时候，他从桃花木办公桌的文件格里抽出几张信纸。那些信纸是用高级重磅数亚麻纸制作的，纸上还用两种颜色印着精美浮雕的公司抬头。这些信纸不仅非常昂贵，而且更糟糕的是，它造成不必要的浪费。他在纸上只写下几个数字，以表明公司每一个部门的具体获利情况、公司如何节约成本以及降低营业费用。他说完之后，就把那张昂贵的信纸揉成一团丢进了废纸篓。过没多久，他又抽出一张精美浮雕双色公司抬头的信纸，向我展示他们正在推行哪些具有经济效益的计划，同样，他又写了一些数字，然后又再扔到废纸篓！眼睛都不眨地又浪费了一笔钱。我看得目瞪口呆，心想如果总裁是这样的人，那他铁定不会坚持推行或奖励节约开支的措施。于是我决定相信我之前听到的，管理阶层有多么铺张浪费的说法，而不采信总裁说的那一套。因此，我卖掉了所有的爱奇森股票。"

"说来也巧，几天后我到了德拉瓦－拉卡湾纳－西部铁路公司的办公室。该公司总裁是老山姆·史隆。他的办公室离入口最近，而且办公室大门大开着。事实上，他办公室的大门永远是敞开的。那个时候，只要有人走进德拉瓦－拉卡湾纳－西部铁路公司办公大楼，总能看见总裁坐在他的办公室里。如果有需要，任何人都可以进去直接与他面谈。一些财经记者告诉我，老山姆·史隆讲话从不拐弯抹角，你只需要直接问问题，他都是有问必答，而且直截了当地给予肯定的答案，不管其他董事在股票市场是否需要特别照顾。"

"当我走进办公室时，老先生正忙着。我一开始以为他在拆信，但当我靠近他的办公桌时，我才看清他在做什么。后来我才知道，这么做是他的日常习惯。他要求信件分类、拆阅后，空的信封不能扔掉，必须收集起来送到他的办公室。

当他空闲的时候，他会把信封沿着四周剪开，这样就成了两张各有一面空白的纸。他把这些纸积聚起来，然后放在桌上当便条纸使用。这样既不浪费空的信封，也不浪费闲暇时间，所有的一切都合理地利用了。"

"我突然想到，如果德拉瓦－拉卡湾纳－西部铁路公司有这么一位节省开支的总裁，那么这个公司的所有部门将能有效管理，而总裁也一定会关注到这一点！当然，我也知道这家公司会定期发放股利，而且拥有不少的资产，因此我尽我所能地买进德拉瓦－拉卡湾纳－西部铁路公司的股票。从那之后，该股票的市值先是翻了一倍，之后又再翻了一倍。我每年得到的股利已经和当初投入的本金一样多了，到现在我仍然持有这些股票。至于爱奇森，在我亲眼看到那位总裁为了用数字向我证明，他并没有奢侈浪费，却把一张张亚麻材质、精美浮雕铜版双色印刷的信纸往废纸篓丢弃的那件事之后几个月，公司沦落到接管人手中。"

这个故事最精彩之处在于，它确有其事，而且事实证明，这位宾州德国佬所买的其他股票，都没有像投资德拉瓦－拉卡湾纳－西部铁路那样，为他带来如此丰厚的利润。

齐克用注解：

　　赚钱案例。经由当面拜访查证小道消息。

第十七章　作手实战案例说明赚钱的道理

"训练一个股票作手，就像培养一位医生一样。"

杰西·劳伦斯顿·利弗莫尔

(1877 年 7 月 26 日—1940 年 11 月 28 日)

导 读

主题

- 专业人士和业余或玩票交易者之间的区别

- 赚钱的道理：股票作手、医生

- 知识、经验

- 根据几率下注，预测事情发生的可能性

- 数学、观察能力、经验、记忆

- 处理事实资料和数字赚钱

- 预感和神秘的本能跟成功并无太大关系

图 17-1　先研究图中的主题，再阅读内文

问题思考：警示信号，包括了哪几种？

本章5个案例

案例1：谈犹他铜业弱势、美国钢铁强势，两者的差异与操盘方式。跟预感和神秘的本能无关。

案例2：谈小麦、冬麦与春麦的操作，论述如何靠处理事实资料和数字来赚钱的案例。案例中清楚描述投资逻辑、研判技巧、市场参与者、下单技巧、股票表现与市场行为。

案例3：同板块中的落后补涨股与放空弱势股差别。钢铁股与汽车股。特别强调研究板块走势十分重要。

案例4：以盖亚纳金矿公司案例论述。庄家炒作操控案例开始出现。从一只股票打算上市，如何策划炒作、处理资料和数字说起。

案例5：棉花市场的操作，论述温泉城度假之前赔钱，度假之后赚钱，区别在于市场行为的案例。度假前操作失败，赔了100万元，度假后又去操作棉花，把赔掉的赚回来。本案例谈了一个非常重要的议题"市场行为"。什么是市场行为呢？简单讲，一个利多消息出来后，市场立即上涨，市场立即反应利多，就是市场行为。或者，有一条利空消息出来后，市场立即就下跌，那这个市场行为告诉你目前是在下跌趋势中。如果你发现出来一条利多消息之后，市场不但没有涨还跌，那市场行为告诉你说，有很多人利用利多在卖股票，所以造成利多不涨反跌。

股票表现与市场行为，都是非常重要的。市场行为是指大盘的行为。股票表现，就是指公司的利多利空消息，影响股票的状态。

如果你想在投资市场赚到钱，那就绝对要看懂股票表现与市场行为。赔钱的偏见蒙蔽了自己，是你赔钱的主要原因。因为你不是从股票表现与市场行为下手，所以导致你看到股票都在涨，就去买正在下跌的A股票，结果弄颠倒了，补涨的不但没补涨，还持续在下跌。

操盘逻辑

用5个案例来说明4个操盘逻辑：

1. 谈预感。

他谈到神秘力量时，借由黑猫的故事来讲预感。这是一般投资人普遍认为的——投资是需要靠预感、靠神秘力量。实际上这是错误的，一些人把利弗莫尔的操作看成是预感或神秘力量，这是错误的。这些说法其实真正的状况是"直觉反应"，而直觉的来源，是平时看了很多资料，累积在脑海里所产生的反应。

2. 谈警示讯号。

有各式各样的警示讯号，最简单的一种，就是在本章中有讲清楚的，是当股价踌躇不进的时候，涨势涨到某一程度，虽然持续有新高，但新高都离前高不远。简单讲，就像是每次都是假突破，但它还是持续往上涨，而这种情况就是警示讯号其中的一种。

3. 谈赚钱的道理。

在本章内容中举了实际的案例作说明。从怎么样去训练自己，而后看到了什么，然后要利用什么信息，怎么来预测事情发生的可能性，最后如何下单等。举了一个完整的例子，在谈赚钱的道理。

4. 谈研究板块走势非常重要。

前面第八章与第九章谈到基本情势，谈大盘的走势很重要。这章开始谈研究板块的走势很重要。同一种产业，同一种板块，经常是一起行动的。所以姐妹股操盘术，就是从这里演化出来的。研究板块走势很重要，其实是在强调两个商品期货或两个板块，相关系数很大的时候，可以利用他们的相关性来操作。在第十一章曾谈到玉米与燕麦的相关性，或者同板块中，去操作落后补涨股，这个也是利用相关系数操作。又或者说，同一板块的每只股票都在涨，但它却还在跌，那这股票就是放空的标的。所以落后股、弱势股，里面有两种情形，它可能是落后补涨股，也可能是放空的标的。这里告诉你一个重点，一般散户在操作的时候，经常分不清楚，以为研究同板块当中，哪一只涨得比较少，就来买哪一只，所以经常买到利弗莫尔放空的弱势股。简单讲，同一类的股票，应该要一起涨一起跌，但实际状况却不是如此时，有的是涨，有的是跌，那你就要分辨得出来到底是怎么一回事。

市场行为跟市况，有何不同？

市场行为的意思是说，市场现在到底是涨还是跌，它是如何表现的？那市况，指的是市场的状况。例如今天上证大跌3%，这是市况。市场的行为呢？指的是大盘的走势。市场行为是要去跟某一相关的指数相比较，不是单独看。例如，今天亚股都涨，上证涨了2%，美股电子盘也涨，涨得幅度很大，但日股是跌，这是市场行为。市场行为是跟其他相关的指数做一个比较。简单讲，一条利多出来，市场上涨，这是市场行为。市场行为是跟消息或基本面相比较。也就是说，某一事件发生之后，市场是如何反应这件事情的冲击？市场如何反应，就能看出当时的市场行为。若是发生在个股如何反应时，这是股票表现。投资人只要能关注市场如何反应，个股如何反应，看懂背后的道理与逻辑，就能知道该如何操作了。

重点摘要

1. 价格不断地上涨，这意味着多头市场正在接近尾声。我不能确定哪一天会结束，因为这已远远超出我的能力范畴。

2. 我一直在留意市场发出的警示信号。我一向如此，这已经成了我的职业习惯。

3. 当你持有庞大数量的股票时，你必须时刻注意，能把账面利润转换变成现金的机会，而且在出货过程中，你必须尽可能地避免利润被侵蚀。

4. 你可以传授知识，但你无法传授经验。或许你明明知道该怎么做，但如果你不能迅速行动的话，还是会亏钱的。

5.不管他多么肯定意料之外的事会经常发生，他都不能对不合理或意料之外的事情下注。他必须根据几率下注，也就是说，他必须预测事情发生的可能性。

6.即使你拥有高超的数学能力和非同寻常的观察能力，你仍可能在投机过程中一败涂地，除非你还拥有丰富的经验和记忆。聪明的交易者永远不会停止研究整体情势，以及追踪可能影响各个市场走势发展的因素。

7.在投机游戏中，经验是稳定获利的来源，而观察是让你发现投机标的的最佳线索。无论何时，股票的行为就是你唯一需要注意的事，你必须观察它，然后经验会告诉你如何从偏离常态的走势中获利，也就是所谓的靠几率赚钱。

8.经验告诉我，不要买进拒绝追随同板块中领先上涨的股票。

9.作为一个交易者，我关心的不是哲理，我所关心的只有一件事：内部人士的买进信号。

下面进入内文。

我有一位非常要好的朋友，很喜欢讲关于"**我的预感**"的故事。他总是说我拥有一种无形的力量，并宣称我只是盲目地跟随某种神秘的力量，就能够在最适当的时机从股市里脱身。他最喜欢讲的是一只黑猫在我早餐餐桌上的故事。那只黑猫要我卖掉持有的一大批股票，而我在收到黑猫的指示后就变得焦躁不安、心神不宁，直到卖掉了所有的持股后才安静下来。我成功地在这波涨势的最高点抛售了所有的股票，这当然进一步强化了那个固执的朋友对预感的说法。

事实上，那件事是这样的。我去了一趟华盛顿，试图说服几个国会议员，要他们相信拼命对华尔街征税是不明智的，当时我对股市并没有那么关注。我卖掉持股的决定其实是突然在脑海里产生的，因此更加证实了我朋友对预感说法。

我承认，有时候我确实会有难以克制的冲动，促使我在市场采取某些行动。

这和我做多或做空股票无关，是我的直觉告诉我，必须退出市场。要是我不这样做，我就浑身不自在。我个人认为，这是因为所发生的事情让我看到了许多**警示信号**。或许光凭单一信号还不足以清晰有力地给我明确的理由去做我突然感觉非做不可的事，或许这就是人们所说的"**直觉反应**"。老一辈的作手曾说，詹姆斯·吉恩和他的几位老前辈都有类似的强大本能。我承认，通常这样的警示信号不仅相当可靠，而且非常精确。但在这个故事中，并不存在所谓的预感，而且黑猫跟我的操作没有任何关系。我朋友到处跟人说，那天早上我起床后脾气非常暴躁，我想这是因为我非常失望。我知道我并没有说服与我会晤的国会议员，他们在向华尔街征税这个问题上的看法和我大相径庭。我并不是想要阻止或逃避对股票交易征税，我只是以我多年的股市交易经验，向他们推荐一种既公平又明智的征税方案。我不希望美国政府打着公平正义的口号，把会下金蛋的鹅给杀了。或许因为我没有成功说服他们，我不仅感到失望生气，还让我对即将被征税的股市前景感到悲观。不过，现在我要告诉你这件事的完整经过。

齐克用注解：

此处所谈的警示信号包括了利弗莫尔到国会谈判的过程，以及价格上涨到这里开始产生踌躇不前，丧失上涨动能。

在多头市场初期，我认为钢铁业和铜矿市场大有前途，对这两种板块的股票也很看好，于是我开始买进一些股票。一开始，我买了5000股的犹他铜业，但这只股票的表现不尽理想，于是我就缩手不动了。我记得当时的价格大约是114美元。开始时我也买进美国钢铁，价格也是在114美元左右。因为美国钢铁的表现正如我预期，因此第一天我就以分批买进方式买了2万股。

齐克用注解：

正确的投资逻辑，是操盘赚钱的基石。

美国钢铁的表现正如我预期，于是我一路加码，最后我手中持有72000股。但我的犹他铜业股票在第一次买进之后，持股就一直没有变化过，从来没有超过5000股。这只股票的表现，让我不想再买进更多。

每个人都知道那是一个大多头市场。我知道股市还会上涨，整体情势对我有利。即便股价已经大幅上涨，我的账面利润也在节节攀升，但报价带还是在高喊："还没涨完！还没涨完！"我到达华盛顿时，报价带还在向我发出这样的信息。当然，多头行情已经延续了很长一段时间，尽管我依然看多，但我已经没兴趣再增加持股了。与此同时，市场依然朝向有利于我的方向发展，因此我也没有必要整天坐在报价板前，时刻注意出场信号的出现。在撤退的号角响起之前——当然，不包括完全未预料到的崩盘——市场总会出现踌躇不前或其他信号，让我对投机风向的转变做好准备。这就是我能够毫无心理负担地跑去华盛顿跟国会议员谈事情的原因。

与此同时，价格不断地上涨，这意味着多头市场正在接近尾声。我不能确定哪一天会结束，因为这已远超出了我的能力范畴。但是不用我说你也知道，我一直在留意市场发出的警示信号。我一向如此，这已经成了我的职业习惯。

看着价格不断地上涨，我想到持有的仓位带来了丰厚的账面利润，随后又想到，自己白费力气劝说立法者公平明智地对待华尔街，结果徒劳无功。大概就是在那个时候，我心中产生了卖出的念头。那个晚上，潜意识一直在不知不觉中滋长。到了早上，我还在想股市不知道会如何发展。后来，我到了经纪公司营业大厅，看到的不再是继续上涨的股价，也不是令人满意的利润，而是一个庞大的、具有强大消化能力的市场。这样的市场里，我可以卖出任何数量的股票。当你持有庞大数量的股票时，你必须时刻注意，能把账面利润转换变成现金的机会，而且在出货过程中，你必须尽可能地避免利润被侵蚀。经验告诉我，人们总能找到实现利润的机会，而这种机会通常出现在价格走势的末端。这与研读报价带或预感一点关系都没有。

齐克用注解：

当市场还在高位区时，对于大资金仓位的人来说，要抛售持股是容易的。当你有很大的仓位时，决定抛售持股时，经常不是研究在什么价格卖出股票，而是要在市场非常活跃，成交量够大，足以消化你的仓位的地方卖出。

那天早上，我发现我可以毫无困难地将股票全部脱手，一意识到这一点，我马上就去做了。当你决定卖出时，卖 50 股跟卖 5 万股来比，卖 50 股不需要聪明或勇敢就能做。若要卖出 50 股，即使是死气沉沉的市场也能实现，更不会引发价格崩盘，但是一只股票要卖出 5 万股，情况就大不相同了。我持有 72000股美国钢铁，仓位规模称不上巨大，但既能出货又不会使账面利润缩水的这种机会，也不是说有就有的。看着账面上美好的利润缩水，就像是看着自己存在银行里的现金被偷走一样叫人心疼。

我的利润大约是 150 万美元，我趁着市场还能消化的时候把它们转换成现金。但这并不是我能出清持股而感到快乐的原因，快乐的源头来自股市印证了我的看法。情况是这样的：**我成功地卖出了 72000 股美国钢铁**，平均成交价只比当天最高价**低了 1 个点**，也是这次行情的终点。这证明我的卖出时机正确无比。但是，在同一天的同一时刻，我还**卖出了 5000 股的犹他铜业**，这让该股票一下子**下跌了 5 个点**。别忘了，我当初是同时买进这两只股票的，我明智地把美国钢铁的仓位从 20000 股增加到 72000 股，而犹他铜业却仍保持着原来的5000 股，一点也没有增加。我之所以没有早点卖出犹他铜业，是因为我看好铜业，而且股市也正走大多头行情。因此我认为，即使犹他铜业不会给我带来巨额利润，但它至少也不会对我造成太大的伤害。从上面的叙述来看，你可以知道这和预感一点关系都没有。

齐克用注解：

意指美国钢铁的量很大，而犹他铜业的量较小，所以利弗莫尔一卖出持股之后，量大的市场，价格只跌了 1 点，量小的市场，虽只甩卖 5000 股，却跌了 5 个点。

训练一个股票作手，就像培养一位医生一样。医生要花多年的时间学习解剖、生理学、药理学和其他各种相关的学科。他学了理论之后，还要用一辈子的时间去**实践所学**。需要观察各式各样的病理现象，加以分门别类。学习诊断时，如果诊断正确——这取决于他的观察是否准确——就能预知病情的发展。当然，他还必须时刻牢记，人难免犯错以及会发生完全不可预知的情形，这些会让他无法百分之百地诊断正确。接下来，随着经验的累积，他不仅要学会判断正确，还要判断迅速。许多人会认为他这么做是出于本能，事实上这并不是本能，而是基于多年来对类似病例的观察而作出诊断的经验。然而，在作出诊断之后，他也只能根据经验来找到合适疗法予以治疗。你可以传授知识，但你无法传授经验。或许你明明知道该怎么做，但如果你不能迅速行动的话，还是会亏钱的。

齐克用注解：

> 投资基本上就是要靠去做，去实践，才能真正学会。

观察、经验、记忆和数学，这些都是成功交易者必须具备的条件。他不仅要正确地进行观察，还必须记住他所观察到的事。不管他对人们的不理性行为有多么强的认知，也不管他多么肯定意料之外的事会经常发生，他都不能对不合理或意料之外的事情下注。<u>他必须根据几率下注</u>，也就是说，他必须预测事情发生的可能性。多年的投机实践、不断学习和不断记忆，使交易者能够在意外发生时或预料中的结果出现时，当机立断采取行动。

齐克用注解：

> 意指根据可能性下注。

即使你拥有高超的数学能力和非同寻常的观察能力，你仍可能在投机过程中一败涂地，除非你还拥有丰富的经验和记忆。就像医生必须时刻关注新兴科技的进展一样，聪明的交易者永远不会停止研究整体情势，以及追踪可能影响各个市场走势发展的因素。沉浸于投机市场多年后，他会养成随时掌握最新消息的习惯，而他的行动几乎是在潜意识下自动进行的。他塑造了宝贵的职业态度，使得他能在投机游戏中胜出，至少立于不败之地！<u>这就是专业人士和业余或玩票交易者之间的区别</u>。我发现，记忆和数学对我助益良多，因为华尔街赚钱的基础是数学。我的意思是说，<u>华尔街是通过处理事实资料和数字赚钱的</u>。

齐克用注解：

> 意指投资者每日要关注很多信息与数字，并加以分析判断。

我说交易者必须时刻掌握消息，以及必须对所有市场和所有的情势发展持有专业态度，我这样说的用意，只是为了再次强调预感和神秘的本能跟成功并无太大关系。当然，你经常可以看到，经验丰富的交易者反应很快，似乎不可能经过深思熟虑之后才行动。但事实上，他们确实有很好很充分的理由，因为他们这么做是有基础的，那就是多年的专业行动、思考和观察所收集到的事实，而这些事实早已烙印在他们的脑海里，从而能实时反应并采取行动。现在，**让我来说明所谓的专业态度是什么意思**。

齐克用注解：

通过几个方面如"直觉反应的来源""警示讯号""投资逻辑的推演""累积操盘经验""判读能力""研究板块走势看懂几率问题"，来说明赚钱道理与专业态度。

我一直在追踪和记录商品期货市场的动向，这是我多年来养成的习惯。如你所知，官方的报告显示，冬麦收成和去年差不多，而春麦收成则比 1921 年增加。小麦的栽种情况大有改善，而且我们可能比往年更早地迎来丰收。我得到了小麦的**相关数据，并据此预测出收成**，这就是数学。此外，我立刻联想到煤矿工人和铁路工人正在罢工。我不自觉地想到这些问题，是因为我**时刻都在思考可能影响市场的各种因素**。我马上想到，罢工已经影响到各地的货运，必然也会对小麦价格造成不利影响。我是这样考虑的：冬麦运抵市场的时间必定会大大地延迟，因为罢工会使运输设施陷入瘫痪；当罢工差不多结束时，春麦也要准备上市了。这意味着，当铁路可以大量运输小麦时，延迟上市的冬麦和提早收割的春麦将一起载送，这么一来，市场将一下子涌入大量的小麦。事实就是这样——这就是显而易见的几率——像我一样了解情况并思考的交易者，在短期内都不会买进小麦，除非价格跌到某个价位，使得买进小麦成为一个不错的投资时，他们才会考虑。此时，市场上根本没有买盘，价格肯定会下跌。既然我是这么想的，我就必须证明自己的想法是不是正确。正如老派特·赫恩所说的："在你下注之前，一切都说不准。"因此，没有必要在看空和放空之间浪费时间。

齐克用注解：

意指投资，在交易记录之前，一定有交易计划。然后会关注一些数据并做信息分析，推演逻辑。

经验告诉我，市场行为是绝佳的作手操盘指南。**观察市场行为**就好比是给病人量体温、测脉搏、观察瞳孔颜色和看舌苔。

齐克用注解：

意指判读能力。

就目前而言，通常你可以在 1/4 美分的波动范围内买进或卖出 100 万蒲式耳小麦。那一天，我卖出了 25 万蒲式耳小麦来测试市场，结果价格下跌了 1/4 美分。由于这样的反应并没有明确地告诉我答案，于是我又卖出了 25 万蒲式耳。我注意到，我的卖单是一点一点地被消化的，也就是说，它是被多笔 1 万或 1.5 万蒲式耳的小买单消化掉的，而不是像往常那样，两三笔交易就解决了。除了买盘无力之外，我的卖单还使价格下跌了 $1\frac{1}{4}$ 美分。现在，我不必浪费时间思考就能指出，从市场消化我卖单的方式以及我的卖单引发不同寻常的下跌来看，市场上买盘力道薄弱。既然如此，我唯一能做的，当然就是大举卖出了。听从经验的指引有时可能会让你遭受愚弄，但不听从经验，你就永远不会有好结果。因此，我卖出了 200 万蒲式耳小麦，价格下跌得更多了。几天后，市场弱势的表现让我再次加码卖出了 200 万蒲式耳，价格则越跌越深。又过了几天，小麦开始大跌，每蒲式耳一下子就跌了 6 美分。此后更是"跌跌不休"，只出现过几次昙花一现的反弹。

看吧！**我并没有遵循预感操作，也没有人给我消息，是我对商品期货市场习以为常的专业态度给我带来了利润，而这种态度来自我多年来在投机事业中的经验累积**。我下功夫研究，因为我要以操作为生。一旦报价带告诉我站在市场正确的一边，我该做的就是加码操作，于是我就这样做了，就这么简单。

齐克用注解：

投资赚钱，不是靠预感或小道消息，而是靠简单算数、投资逻辑、市场经验。

我发现，在投机游戏中，经验是稳定获利的来源，而观察是让你发现投机标的的最佳线索。无论何时，股票的行为就是你唯一需要注意的事，你必须观察它，然后经验会告诉你如何从偏离常态的走势中获利，也就是所谓的靠几率赚钱。例如，我们都知道，并不是所有的股票都会齐涨齐跌，但同一板块的股票会在多头市场中一起上涨，在空头市场中一起下跌。这在投机中再平常不过了。这是最寻常能够自己发现投机标的的线索，而经纪公司对此也十分清楚，他们会把这消息递给所有不懂得自己思考的客户。我的意思是说，他们会建议客户买进那些落后于同板块的其他股票。因此，如果美国钢铁上涨了，按常理判断，高炉钢铁、共和钢铁或伯利恒钢铁迟早会跟着一起上涨。同一板块中的所有股票应该有相同的交易环境和产业前景，因此应该一荣俱荣。理论上，风水轮流转，每只股票都有在市场上扬眉吐气的时候。经验屡屡证实，投资大众之所以买进 AB 钢铁公司股票，是因为它在 CD 钢铁公司和 XY 钢铁公司大涨的时候没有上涨。

但如果一只股票没有出现它应有的表现，我是不会去买的，即使在多头市场中也是如此。有几次，我在已经确立的多头市场中买进一只股票，结果发现同一板块的其他股票表现并不乐观，于是我卖掉了手中的持股。为什么呢？因为经验告诉我，和同板块趋势作对是很不明智的。我们不能只考虑一些确定性因素，我们必须从几率的角度思考，推测各种可能性。曾经有一位老经纪人告诉我："假设我沿着铁轨散步，发现一辆火车以 60 英里的时速迎面驶来，这时我还会继续在铁轨上走吗？朋友，我当然会闪到一边。我甚至不会夸奖自己如此聪明谨慎。"

去年，在整个多头行情完全展开后，我发现有一只股票没有随着同板块的其他股票一起上涨，该板块中除了这只股票之外，其他股票正随着大盘一起上涨。我持有相当大仓位的布莱克伍德汽车公司股票。大家都知道这家公司生意做得很大，其价格每天能上涨 1 至 3 个点，公众还在源源不断地涌入。毫无疑问，布莱克伍德汽车成了汽车板块中的关注焦点，而其他汽车股也随之开始上涨。但其中有一只股票却始终不动，那就是契斯特汽车公司。该公司股价远远落后于其他股票，这使得它很快就成了人们谈论的话题。契斯特的低价和走势疲弱，与布莱克伍德及其他汽车股的强势与交投活跃形成了强烈对比。一时间流言满天飞。公众自然听到了这些消息，而自作聪明者开始买进契斯特，在他们看来，契斯特必定会随着同类的其他股票上涨。

但契斯特并没有因此上涨，反而下跌。当时在多头市场中要拉升这样一只股票可说是易如反掌，因为同一板块中的布莱克伍德汽车是带动整体大盘上涨的领先股，而且我们听到了各种汽车的需求大增、产量再创新高的消息。

显然，契斯特汽车公司的内部人士并没有做他们通常在多头市场中会做的事。他们之所以不按常理出牌，原因可能有二：其一，或许他们是想在拉升股价前囤积更多的筹码。但如果你分析过它的成交量和交易情况，就会发现这个说法站不住脚。另一个原因可能是，内部人士担心拉升价格会让他们不得不吃进更多的股票。

当原本想要拥有这只股票的人不再希望持有，那我要这只股票做什么呢？我心里盘算着，不管其他汽车公司的前景有多好，放空契斯特汽车准没错。经验告诉我，不要买进拒绝追随同板块中领先上涨的股票。

我很快就发现了事实：内部人士不仅没有买进，事实上，他们是在卖出。提醒我不要买进契斯特的征兆还不少，但光凭它与市场行为不一致这一点就足以让我得出结论了。这一次给我通风报信的又是报价带，而根据报价带的信息，我决定放空契斯特。不久后的某一天，契斯特一开盘就出现了大跌。后来我们终于知道，内部人士实际上一直在卖出股票，因为他们十分清楚公司的状况很差。和往常一样，原因在大跌之后才公之于世。但警示信号在大跌之前就已经出现了。我留意的并不是股价为什么会大跌，我留意的是**警示信号**。我不知道契斯特出了什么问题，我也没有遵循什么预感采取行动。我只是知道，契斯特肯定有问题。

齐克用注解：

这里所谈的警示信号是同板块涨，而契斯特不涨反跌。简单讲，股价落后于同板块并没有关系，但不能是落后且又有新低。所以你要买落后补涨股还是放空弱势股，这两者之间的差异就在有无新低价。

就在前两天，报上新闻说，盖亚纳金矿公司出现了惊人走势。这只股票在场外的交易价格上涨到 50 美元或接近这个价位，之后就在证券交易所挂牌上市了。然而头一天挂牌就跌到了 35 美元，随后一路下跌，最后跌破了 20 美元。

不过，我从来不认为这波下跌称得上是惊人，因为这完全是意料中的事。

如果你有疑问，你可以研究一下该公司的历史。许多人都知道这件事。我听到的内容是这样的：6 位大名鼎鼎的资本家和一家声名显赫的银行共组了一个集团，其中一位成员是贝尔岛探勘公司的老板。贝尔岛公司在盖亚纳金矿上投了1000 万美元现金，作为回报，他们获得了盖亚纳金矿公司的大批债券和 25 万股股票 (盖亚纳总股本为 100 万股)。这只股票配发很高的股利，而且大肆宣传。贝尔岛公司想把所持有的股票兑换成现金，于是给了银行家 25 万股的股票买权，让银行家设法将这批股票连同他们自己手上的另一批股票一起脱手。他们找来一位职业作手帮他们操盘，给他的报酬是每股价格超过 36 美元以上部分的 1/3。我知道，他们的委托协议已经写好了，但在签字之前，银行家反悔了，决定由他们自己操盘，省下这笔费用，于是他们组了一个内幕资金集团。银行家拥有贝尔岛给予的 25 万股股票买权，执行价格为 36 美元，但银行家把这批股票转给内幕资金集团的价格为 41 美元。也就是说，内幕资金集团一开始就给了银行家 5 美元的利润。我不知道他们是否知道这件事。

对银行家来说，这次的操作显然是稳赚不赔的买卖。市场正展开大多头行情，而盖亚纳金矿所属的板块又是这波上涨的领头羊。盖亚纳金矿的盈余丰厚，而且按时发放股利，再加上发起人的崇高威望，使得投资大众认为盖亚纳金矿是一只值得投资的股票。我听说，在盖亚纳一路上涨到 47 美元的过程中，大约有 40 万股被倒给了投资大众。

黄金板块非常强势。但很快，盖亚纳就露出疲态，下跌 10 个点。这再正常不过了，因为资金集团正在出货。过没多久，华尔街开始流传一些不好的消息，说该公司的状况并没有承销商所宣称的那么好。然后，又过了一阵子，股价下跌的原因逐渐浮出台面。但在原因公布之前，我就已经获得了**警示信号**，并且开始出手测试盖亚纳的市场反应。**这只股票的反应和契斯特汽车极为相似**，于是我放空了盖亚纳，随后价格一路下跌。我加码放空，价格继续下跌。这只股票的表现和契斯特及其他十几只我还记得的股票如出一辙。报价带明白地告诉我，其中一定出了什么问题，因为内部人士没有买进。内部人士很清楚为什么他们不在多头市场中买进自家的股票。另一方面，毫不知情的外部人士正在买进，因为这只股票曾经涨到 45 美元以上，现在不到 35 美元的价位看起来相当便宜，而且公司仍持续按时配发股利。这只股票真是便宜。

齐克用注解：

意指盖亚纳股票，就是利弗莫尔所说的弱势股还持续有新低的那种股票。这种同板块很强，但某一个别股票却弱势又有低点，是属于可以放空的标的。

接着，消息曝光了。重大的市场消息往往在公众知道之前，我就已经知道了。但证实盖亚纳公司挖到的是废矿，而不是富矿的消息，无非是先前内部人士卖出股票的原因。我并不是根据这个消息卖出的，我早就根据这只股票的行为放空了。作为一个交易者，我关心的不是哲理，我所关心的只有一件事：内部人士的买进信号。显然这只股票没有任何内部人士的买进。我不需要知道内部人士是出于什么样的考量，不愿意在价格下跌时买进自家的股票，但他们的出货计划却明白地显示，他们无意拉升股价，光凭这一点就足够了。在这种情况下，除了放空这只股票，你别无选择。公众已经接手了将近50万股盖亚纳金矿，唯一可能改变所有权结构的方式，就是一批想止损卖出的无知外部人士，将手中的股票卖给另一批指望买进后赚钱的无知外部人士。

告诉你这些，并不是要说明为什么公众买进盖亚纳亏了钱，而我放空盖亚纳赚了钱。我要强调的是，研究板块走势十分重要，以及技术不佳的交易者是如何无视教训的。报价带发出的警示信号并不局限于股市，在商品期货市场，报价带也能适时发出警讯。

我在棉花市场曾经有过一段有趣的经历。我看空股票，并建置了一些空头仓位。与此同时，我还放空了5万包棉花。我的股票交易获利颇丰，这让我忽视了棉花交易。等我将注意力移回棉花时，我的5万包棉花空头仓位已经产生了25万美元的亏损。如我所述，我的股票交易有不错的利润，操作太成功了，以至于我根本无法将注意力移开。每次想到棉花，我就会对自己说："只要有回调，我就平仓。"价格确实出现了回调，但每次都在我决定认赔之前，价格又再度上涨并且创新高，于是我又决定再等一等，把注意力转回股票。最后，我回补了股票空头仓位，获利非常可观，然后前往温泉城去度假。

只有在这个时候，我才开始认真地思考棉花交易亏损的问题。这笔交易做错了方向，对我来说非常不利。有好几次，我看起来好像可以全身而退，但最终还是无法脱身。我注意到，只要出现大卖单，棉花就会有较大的回调。但价格几乎马上就会上涨，并且创下上涨趋势的新高。

最后，在我到达温泉城几天后，我的亏损已经达到100万美元，而且棉花价格还在上涨。我反复思考我所做和未做的一切，并对自己说："我肯定是错了！"对我来说，知道自己错了和决定认赔出场是一回事，于是我回补了空头仓位，接受了100万美元的亏损。

隔天早上，我一心一意地去打高尔夫球。我的棉花交易已经结束了。我犯了错，也付出了代价。除此之外，棉花对于此刻的我来说，也没有任何值得关注的地方了。在回饭店吃午饭的路上，我在经纪公司停了一下，进去看了一眼行情报价。我发现棉花价格下跌了50点，这算不了什么。但我还注意到，棉花的表现并没有如过去几周的惯性那样，只要卖压减轻价格就立刻上涨。这是说，几周以来最小阻力线的方向是朝上的，我忽视了这一点，让我付出了100万美元的惨痛代价。

不过，当初让我以巨额亏损认赔出场的理由现在已经不复存在了，因为市场上已见不到过去那样的迅猛上涨了。因此我放空了1万包棉花，然后静观其变。价格很快就下跌了50点。我等了一会儿，没有出现反弹。那时我真是饿坏了，于是跑到餐厅叫了一份午餐。还没等到服务生送上餐点，我又跑回营业厅。我发现棉花价格仍旧没有反弹，于是我又加码放空了1万包。我等了一会儿，很高兴地看着价格又下跌了40点。显然我的操作是正确的。因此我回到餐厅吃完午餐，然后再返回营业厅。那一天棉花都没有出现反弹。当天晚上，我离开了温泉城。

打高尔夫球固然好玩，但在前次的棉花交易中，我的放空和平仓操作都是错的，因此我必须回到工作岗位，到我能够安心操作的地方。市场消化我的第一笔1万包卖单的方式，让我决定再放空第二笔1万包，而市场消化我的第二笔1万包卖单的方式，让我确定棉花的走势已经反转向下了。其中的区别就在**市场行为**的不同。

齐克用注解：

原先放空时，最后结果是赔钱的，其原因有二：一是最小阻力线是向上的，其二是只要回调打算回补时，股价就立刻上涨且创新高。这是赔钱时，市场行为的状态。尔后，那笔赚钱的单子，其市场行为的状态是——我卖了1万包，就跌了一些，再卖1万

包时又跌更多，它告诉我的市场行为是，我卖，它就跌，再卖它跌更多。这意思是说，要去看市场到底是怎么变化的。

我抵达华盛顿之后，立刻来到经纪公司，那儿的主管是我的老朋友塔克。我到那里的时候，价格又下跌了一些。现在我对自己的正确无误更有信心了，比当初认为自己犯错时更有把握。因此我又放空了4万包，而价格又下跌了75点。显然价格缺乏支撑力道。那天晚上，棉花价格收在最低点，当初的买盘力量显然已经消失殆尽了。我不知道这样的买盘在什么价位会再度出现，但我对自己的仓位很有信心。第二天一早，我离开华盛顿前往纽约，我一点也不用着急。

到达费城的时候，我顺路到了一家经纪公司。**我发现棉花市场大势不妙，价格出现暴跌**，市场上弥漫着一股小恐慌气氛。**我等不及回到纽约才动作**，于是打长途电话给我的经纪人，**回补了我的空头仓位**。当我拿到成交报告后发现，前次交易的亏损已经弥补回来了。随后我开车回到纽约，途中再也没有停下来看一眼报价。

齐克用注解：

> 内行人在大跌时，回补空头仓位，外行人在大跌时，止损出场。所以每次大跌时，见到低点之后，都会有一些反弹的力道，由此你便可知是哪种等级的操盘人在回补空头仓位。

直到今天，一些和我在温泉城度假的朋友，还在谈论我是如何从午餐餐桌上一跃而起跑去放空第二笔1万包棉花的，但这显然和预感没有半点关系。当时的情形是这样的，不管我前次的交易错得多么离谱，但我确信放空棉花的时机已经到了，而在这股确信的力量推动下，我一跃而起跑去放空。我必须好好把握，抓住这次大好机会。在华盛顿所做的放空决策，是来自我观察的结果。我多年的交易经验告诉我，最小阻力线的方向已经从向上转为向下了。

我对棉花市场让我亏了100万美元这件事毫无怨言，也不会因为自己犯了如此大错而埋怨自己。同时，我也不觉得在费城决定回补空头仓位把亏损的钱再赚回来有什么可骄傲的。我满脑子想的都是交易中可能遇到的问题。我认为，说我是靠经验和记忆弥补了前次交易的亏损，一点都不过分。

第十八章　公司派操纵股价作手实战案例

"不动如山。"

杰西·劳伦斯顿·利弗莫尔

(1877 年 7 月 26 日—1940 年 11 月 28 日)

导 读

主题

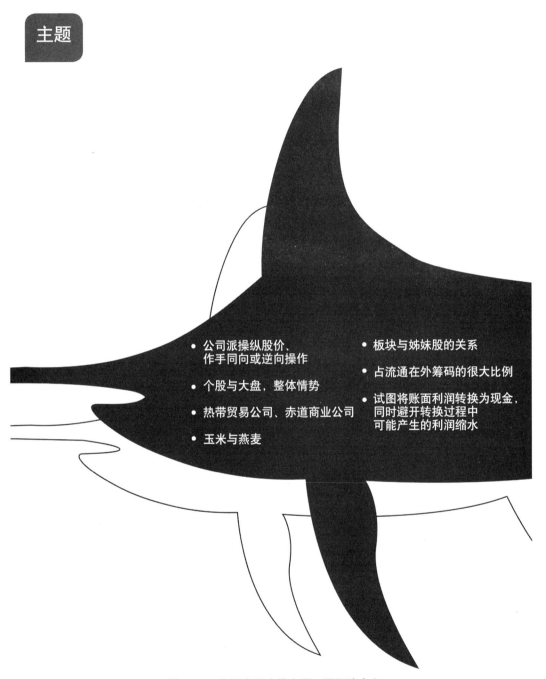

- 公司派操纵股价、作手同向或逆向操作

- 个股与大盘，整体情势

- 热带贸易公司、赤道商业公司

- 玉米与燕麦

- 板块与姊妹股的关系

- 占流通在外筹码的很大比例

- 试图将账面利润转换为现金，同时避开转换过程中可能产生的利润缩水

图 18-1　先研究图中的主题，再阅读内文

本章 2 个案例

案例 1：热带贸易公司案例。

案例 2：赤道商业公司案例。

留意 3 笔交易：1. 放空赚钱回补在低点。2. 放空止损赔钱出场。3. 止损后反手做多赚钱出场。

操盘逻辑

本书最后五章，从第十九章到第二十四章，要谈的核心议题是"操纵"。本章是为最后的"操纵"主题预先来拉开序幕。开头谈到，在史特拉顿垄断的玉米市场如何回补空头仓位的故事。在股票市场也用过相同的手法，这只股票是热带贸易公司。

本章的重点在谈公司派操纵股价，作手则是有两种做法：1. 跟公司派操纵股价站同一边；2. 跟公司派逆向操作。作手到底是同向还是逆向？重点在于大环境。如果大环境是上涨的，公司派操纵股价上涨，那作手就同方向操作。如果公司派操纵股价向上，但大环境是向下，那么作手则会跟公司派颠倒方向操作。所以作手跟公司派，有同向与逆向的时候，但跟大环境大盘都是同向的。操作的时候，涉及整体情势、大盘、个股的问题。如果大盘是向上，个股应该要向上，但大盘如果向下，个股却向上，那这只个股应该要去放空才是对的，因为要考量整理情势。

这章举了两个案例，论述五个重点：

1. 谈"热带贸易公司"与"赤道商业公司"，这两家公司是有关联的，类似于母子公司或大量持股另一家公司的关系。所以作手就利用这两家公司的相关性来操作，操作手法就是类似于第十一章谈论的玉米与燕麦，现在放空玉米，但被轧空了，转去袭击燕麦，把燕麦打下来，这时候玉米就有机会可以回补了。这样的操作手法，就是利弗莫尔所谈的相关系数大、姐妹股的操作手法，"玉米与小麦""热带贸易与赤道商业""同一板块的落后补涨股与弱势股"等操作手法。

2. 谈当放空公司股份流通在外的比率过大的时候，会有危险。例如我放空热带贸易公司，占流通在外的股数一定比率以上时，这时候就有可能被公司派强拉股价而轧空。所以当你放空的时候，假如公司派做多买进，你放空得太多时，这里的重点就是要小心留意的地方。

3. 谈操作时所碰的问题。当试着将账面的利润转为现金时，应该要思考到的重点。当你满手股票，股价已涨了一大段，想在高位区把它卖掉，那就必须在重大利多时，赶紧卖出，这是将账面利润转为现金不会有所减少的时候，因为有重大利多时，市场有一堆人急着要买进。

4. 谈市场转空信号有哪些。除了前几章谈到的，当反转关键点发生时，或者头部形成时、形态完成时、最小阻力线向下时之外，市场转空的信号，包括了哪几种？他在这章举案例来做说明"转空的信号"：

明明大盘是向下，但内部人却要把股价拉抬向上。

这股票成了市场的热门话题。

股价从高点跌下来。

一有卖压，价格就下跌。

公司的经营情况与未来展望盈余无法支持股价上涨。

利弗莫尔一直放空，但市场公众一直买进，而股价仍持续下跌。公司派停止拉抬后，利弗莫尔再空，股价已跌到133元，显然是空方胜。

股价越跌，散户越买。

即便是空头走势，股价也不是直线下跌，一定会有反弹，但未过高点。操作者如何在反弹中仍相信自己的判断是正确的？除了确信放空的理由还存在之外，还要从股价的趋势去做判断。某一时点的短暂走势，并不能证明自己是错误的。

头部形成中，股价只要跌到支撑点，公司派就放利多往上拉，轧死放空仓位，但股价就是无法过高点。

反弹到整数关卡前，利弗莫尔使出姊妹股策略，拉拢市场参与者跟他站在同一边。因为股价进行反弹，不能弹过整数关卡或前高，否则公众就会解读成还会再涨一波。故利弗莫尔在150美元之前的149美元时，开始运用策略放空相关系数大的赤道商业公司股票，使市场参与者认为热带贸易会跌。

5.谈本章的判断原则与操作手法，第一笔是放空再回补，与公司派相反方向的操作赚到钱。第二笔与第三笔是放空，结果股价上涨，执行止损出场，反手开始做多。这案例值得深思的议题是，利弗莫尔两次操作热带贸易，第一次操作时，他描述当时市场走空，公司派逆势拉抬股价，可见是不智之举。第二次操作时，他描述当时大环境还是走空，先放空，但发现公司派拉抬股价，他认为公司不是蠢货，也不是慈善家，所以拉抬一定要其原因，应该要做多。为何同样大环境不佳，同样是拉抬行为，利弗莫尔却认为公司派一次是不智之举，应该要放空，另一次是有其目的，所以应该做多。这中间的差别在哪里？

这个问题的核心重点有两个：第一，观察大盘整体的基本情势，也就是观察市场的行为。第二，观察个股的表现。两次放空，都是大盘基调不佳，所以他去放空。但第一次操作热带贸易时，只要他一放空，股价就跌，那表示市场跟他是站在同一边，所以他可以持续加空，这是指个股的行为证明了利弗莫尔的推断与操作是对的。这股票是弱势的，它若强拉，是有困难的。第二次操作时，大盘整体的走势行为仍然是偏空的，所以他放空，但他只放空了第一次就无法加码了，这就代表放空之后股价是往上涨，他被轧住了，这证明自己并没有跟股价站在同一边，且市场参与者也是跟公司派站同一边，所以认为该止损出场。

简单讲，第一次是大盘往下，个股往上，利弗莫尔一空下去，它会跌，那证明这股价往上是假的，再放空是可以赚钱的。第二次大盘还是往下，个股往上，但空单进场之后，没有办法加码，因为第一次的单子在赔钱。这时候已证明市场参与者是跟公司派站同一边。所以不管它未来是涨还是跌，至少已清楚看出当初的想法"认为该股应跟市场同向"，已经是错的了。

重点摘要

1. 内部人士在整体市场普遍不佳的情况下，试图拉升热带贸易，实在是愚不可及。在炒作过程中，操纵行为往往需要暂停。

2. 内部人士在这时候拉升热带贸易股价实在是莽撞。因为这种情形下的上涨，不但与整体市场的基调不符，也没有公司盈余的支撑。

3. 这只股票在 153 美元以上的价位时，被认为是很好的买进标的，现在价格已经下跌了 20 点，必然就是更好的买进标的。同样的股票、同样的股息、同样的经营阶层、同样的业务，真的是价廉物美。

4. 基本情势于我有利，要保持无所畏惧和不动如山并不困难。投机者必须相信自己，相信自己的判断。所谓投机者的勇气，无非是根据自己的决策采取行动的信心。

5. 市场在某个特定时点的走势并不能证明我的错误，唯有上涨或下跌趋势，才是决定我的仓位是否正确的因素。

6. 就在跌破 140 美元时，内部人士就开始进场护盘了，他们一边放出大量的利多小道消息，一边大力买进。这是公司派控盘的手法。

7. 在投机游戏中，经验是稳定获利的来源，而观察是让你发现投机标的的最佳线索。无论何时，股票的行为就是你唯一需要注意的事，你必须观察它，然后经验会告诉你如何从偏离常态的走势中获利，也就是所谓的靠几率赚钱。

8. 经验告诉我，不要买进拒绝追随同板块中领先上涨的股票。

9. 作为一个交易者，我关心的不是哲理，我所关心的只有一件事：内部人士的买进信号。

10. 在一片悲观的气氛下，我平仓了。我之所以这么做，是基于相同的理由，因为眼前有一个足够大的市场、盘势疲弱以及卖盘远大于买盘。

11. 只要我不动如山地坚持紧抱仓位，而不是试图先平仓，然后在更高的价位再度放空，最后的结果必然是让我获得更大的利润。

12.知识就是力量，而力量向来不畏惧谎言。即使是谎言就印在报价纸带上，也无须畏惧，因为真相很快就会击退谎言。

下面进入内文。

在华尔街，历史总是一再地重演。你还记得跟你说过的那个故事吗？就是我在史特拉顿垄断的玉米市场如何回补空头仓位的故事。噢，我在股票市场也用过相同的手法，这只股票是热带贸易公司。我在做多和做空这只股票上都赚了钱。它是一只交投活跃的股票，也是喜欢冒险的交易者最爱的股票。**报纸三番两次地指责，热带贸易公司内部人操纵股价的波动，而不是鼓励人们长期投资。**有一天，我认识的经纪人对我说，穆立根总裁及其同伙操纵热带贸易公司的手法简直是出神入化，即使是**伊利铁路的丹尼尔·德鲁**和美国糖业的哈维梅尔，也只能望其项背。他们好几次引诱空头放空热带贸易，然后再按部就班地进行轧空，把空头赶尽杀绝。他们下手绝不留情，也毫不掩饰。

齐克用注解：

热带贸易不但成交量大且波动幅度也大。公司派非常清楚有多少空单仓位。

伊利铁路的丹尼尔·德鲁，生于 1797 年，死于 1879 年。他是 19 世纪中期手段最狠的股票作手。出生于贫困的农家，他在 1814 年时，替别人到军中服役，获得 100 元报酬。尔后从事屠宰事业，利用买进生病的初生牛只，在未病死前宰杀，送到市场贩售。在 1820 年面临破产，为了逃避债权人，躲到马戏团工作，但后来还是又回本行从事养殖工作。在养牛时，他喂食盐巴给牛只，并给它们水喝，以增加其牛只体重，借以提高贩售价格。这是他的股票被称为"掺水股"的由来。后来经营酒吧与放款业务，并于 1834 年转入轮船业务。在 1844 年转入华尔街从事投机。他在投机初期，就已知道要利用在伊利铁路董事的职位操纵股价，就必须控制铁路经营。他巅峰时期的身价达数千万美元，最出名的操作是 1866 年的垄断操作——当时伊利需要贷款 350 万美元，他在此交易中取得 28000 股的未发行股票和 300 万美元的可转债券。尔后他开始放空该股票，但市场价格不断上扬，由于伊利流通在外的股数很少，所以市场人士认为他将成为最大的受害者。市场估算当他要开始回补时，市场并没有那么多的股票，他会把股价推得更高。然而，他的操作手法是把手中的债券换成等量的股票，不但顺利回补他的空头仓位，也粉碎了多头的希望。1876 年，他破产了。

当然，市场上经常有人提起热带贸易公司交易过程中的"丑陋事件"。不过，我敢说，这些批评者正是遭受被轧空之苦的那批人。为什么那些饱受内部人士"出老千"之苦的场内交易员，会乐此不疲地继续在这场投机游戏中玩下去呢？噢，其中一个原因是，他们喜欢频繁进出，显然他们把这个习惯带进了热带贸易的操作中。这只股票从来没有经历过长期的冷静。**你不必问原因，也没人会告诉你原因。**你不必浪费时间，也不必不耐烦地等待内幕消息告诉你，走势开始发动的时间。市场上总是有充足的股票，除非空头实力太强大，使得市场上一时找不到买盘。这只股票每分钟都有人在交易！

齐克用注解：

投资人经常会针对一些无关紧要的问题追根究底地问，例如，这个股票为什么这么活跃？为何振荡幅度这么大？他说，这是属于不必问的问题，也没人会告诉你。

这件事发生之前不久，我一如往常地到佛罗里达州度假避寒。我尽情地享受钓鱼，完全抛开市场行情，只有在收到报纸时才会看一眼。有一天早上，每周两次的邮件送来，我翻开报纸看了股票报价，发现热带贸易的价格为 155 美元。我记得上次看到的报价是 140 美元。当时我的看法是，市场即将进入空头，而我正在等待放空时机，但没有疯狂的冲动。这就是为什么我跑到佛罗里达一边钓鱼一边等待报价机发出信号的原因。我知道，**一旦市场转空的信号招呼我，**

我就会立刻赶回去。在此之前，无论我做了什么，或者什么也不做，都不会让市场行情加速发展。

齐克用注解：

利弗莫尔在度假期间，乍看之下是没有什么仓位，其实心中是有想法的。借由休假心情放松，好好观察再进场时机。接下来他开始谈什么是"转空的信号"，除了前几章谈到的——当反转关键点发生时，或者头部形成时、形态完成时、最小阻力线向下时，还有哪些？他举了一个例子来说明。

根据那天早上我看到的报纸报道，热带贸易公司成为市场上的热门话题。这件事使我看空后市的感觉更加强烈了，因为我认为内部人士在整体市场普遍不佳的情况下，**试图拉升热带贸易，实在是愚不可及**。在炒作过程中，操纵行为往往需要暂停。对于股价走势异常的股票，不会得到专业投资人的认同。在我看来，拉升这只股票是大错特错的做法。任何犯了如此大错的人都要受到惩罚，在股市中也是如此。

齐克用注解：

"转空的讯号"——明明大盘是向下，但内部人却要把股价拉抬向上，这股票成了市场的热门话题。意思是这股票在市场上产生极度乐观的看法，公司派逆着大环境操纵经常是错误行为，因为一只股票如果异常走势，很少能产生市场共识。在投资人盘算操作的过程中，股价走势异常这件事，是个负面的因素。对于股价走势异常的股票，不会得到专业投资人的认同。逆势上涨的股票，只有一种会得到专业投资人的认同，那就题材股！例如战争时的军火股，病毒肆虐下的防疫概念股。

看完报纸后，我又回去钓鱼了，不过我一直琢磨着热带贸易公司内部人士到底想要做什么。他们的行动势必失败，这就像一个人不带降落伞从20楼的高度跳下去，注定会摔成血肉模糊一样。我满脑子都在想这件事情，以至于无心再钓鱼，于是我收起钓竿，发了一通电报给我的经纪人，要他以市价放空 2000 股热带贸易。做完这件事后，我终于能安下心来钓鱼了，而且收获不少。

那天下午，我收到了快递送来的成交报告，我的 2000 股热带贸易成交价为 **153 美元**。到目前为止，一切都还算顺利，因为在下跌的市场中放空，本来就应该这么做，但我无法再安心钓鱼了。当我开始思考，为什么热带贸易应该随市场其他股票一起下跌，而不是在内部人的操纵下而上涨的各种理由后，觉得自己离报价板太远了。人在钓鱼小屋，心却在市场，这样一点用处都没有，于是我离开了钓鱼小屋，回到了棕榈滩，或者更确切地说，回到和纽约有直通电报的地方。

齐克用注解：

"转空的信号"——股价从 155 元高点跌下来。

回到棕榈滩，看到那些不知死活的内部人还持续在拉升股价，我立刻再放空第二笔 2000 股热带贸易。收到成交报告后，我又再加码放空 2000 股。**市场的表现相当顺势，也就是说，在我的卖单冲击下，热带贸易应声下跌。**一切都顺利，于是我走出营业厅，去外面逛了一圈。但我并没有因此感到满意，反而越想越不开心，为什么我不多卖点呢？于是我又折回营业厅，再放空 2000 股。

齐克用注解：

"转空的信号"——卖压一来，价格就下跌。

这回我开心了。一会儿工夫我已经放空了 1 万股。接着，我决定返回纽约。现在我得工作了，钓鱼改天再说吧。

到了纽约后，**我特意去了解热带贸易公司的经营情况**，研究其现况和未来展望。研究的结果让我更加确信，内部人士在这时候拉升热带贸易股价实在是莽撞。因为这种情形下的上涨，不但与整体市场的基调不符，**也没有公司盈余的支撑**。

齐克用注解：

"转空的信号"——公司的经营情况与未来展望盈余无法支持股价上涨。

尽管这波上涨既不合乎逻辑，时机也不对，但它仍吸引了不少公众跟进，而这种情形无疑又激励了内部人士，继续采用这种不明智的策略。因此，我又放空了更多的股票。内部人士数次停止了愚蠢行为，而我一次又一次地试探市场。最后，我建立了3万股的热带贸易空头仓位，当时的股价已经跌到133美元。

齐克用注解：

"转空的信号"——利弗莫尔一直放空，但公众一直买进，而股价仍持续下跌。公司派停止拉抬后，利弗莫尔再空，股价已跌到133元，赢家显然是空方。

有人警告我，说热带贸易内部人知道每一张股票的下落，也知道放空者的身份和持有仓位的规模大小，还有其他一些具有战术意义的事实。他们是一群很有能力而且精明的控盘者。总而言之，跟他们作对是很危险的。但事实就是事实，最强大的盟军就是整体情势。

当然，价格从153美元到133美元的下跌过程中，空头未平仓量一路增加，而在回调时买进的公众，依然像以前那样推论：这只股票在153美元以上的价位时，被认为是很好的买进标的，现在价格已经下跌了20点，必然就是更好的买进标的。同样的股票、同样的股息、同样的经营阶层、同样的业务，真的是价廉物美！

齐克用注解：

"转空的信号"——股价越跌，散户越买。

公众的买进行为使得市场上的筹码减少了，而内部人士知道，许多场内交易员都在做空，于是他们决定利用这个机会进行轧空。**热带贸易的价格很快就来到 150 美元**。我敢说，市场上肯定有很多空单在回补，但是我不为所动。**为什么我不平掉我的空头仓位呢**？也许内部人士知道，市场上还有 3 万股的空头仓位没有回补，但我又有什么好害怕的呢？我在 153 美元开始放空并一路持有到 133 美元的理由依然存在，而且比当初更坚定了。内部人士试图逼我平仓，但他们又提不出具有说服力的理由。基本情势于我有利，要保持无所畏惧和不动如山并不困难。投机者必须相信自己，相信自己的判断。已故的纽约棉花交易所前主席、大名鼎鼎的《投机艺术》一书的作者狄克逊·华德曾说，所谓投机者的勇气，无非是根据自己的决策并采取行动的信心。对我来说，我根本不用担心出错，因为我从来不会认为自己出了错，除非事实证明我错了。事实上，没有将我的经验转化为利润倒是会让我十分不爽。**市场在某个特定时点的走势并不能证明我的错误，唯有上涨或下跌趋势，才是决定我的仓位是否正确的因素**。我只能靠自己的判断获胜，如果我失败了，那一定是我自己的错误导致的。

齐克用注解：

"转空的信号"——即便是空头走势，股价也不是直线下跌，一定会有反弹，但未过前高点。操作者如何在反弹中仍相信自己的判断是正确的？除了确信放空的理由还存在之外，还要从股价的趋势去做判断。某一时点的短暂走势并不能证明自己是错误的。

股价从 133 美元到 150 美元的反弹走势，并没有让我感到害怕，进而回补空头仓位。很快地，这只股票又如我所料的那样再次下跌。就**在跌破 140 美元时，内部人士就开始进场护盘**了，他们一边放出大量的利多小道消息，一边大力买进。我们听说，该公司盈余出奇地好，如此获利意味着定期发放的股利将会提高。此外，据说空头未平仓量非常大，世纪大轧空行情即将展开，空头将尸横遍野，若干放空过度的作手更是大祸临头。这样的传闻多得数不完。结果股价又上涨了 10 个点。

齐克用注解：

"转空的信号"——头部形成中，股价只要跌到支撑点，公司派就放利多往上拉，轧死放空者的空单仓位，但是股价就是无法过高点。

　　这种操纵行为对我来说并不是特别危险，但价格触及 149 美元时，我觉得，让华尔街信以为真的利多传闻继续流传，不是件好事。当然，**对于那些吓破了胆的空头和听从小道消息的经纪公司客户来说，我和其他任何外部人说什么他们都不会相信。只有报价带上的数字能够证实**。人们会认为，当他们无法相信任何人的誓言时，那个放空了 3 万股的家伙就更不可信了。因此，我使出了当初对抗史特拉顿垄断玉米时的战术，也就是卖出燕麦从而使交易者做空玉米的手法。经验和记忆再度派上用场。

　　当内部人士拉升热带贸易股价，达到吓阻空头的目的时，我并没有用卖出该股来测试涨势的方法。因为**我已经放空了 3 万股，占流通在外筹码的很大比例，再加码放空，就不是明智之举了**。我可不想一头栽进他们精心为我打造的圈套中，其实第二波上涨正是他们迫切的邀请函。

齐克用注解：

　　一般来说，作手在操作股票的时候，如果以做多与做空来作比较，做多不危险，做空是危险的。为什么？因为如果做空，但股价往上涨，其空间可以无限大，那赔钱风险比较难控制。但如果做多，而股价是往下跌，那股价最多只会跌到零，损失可以计算得出来。

　　若换个角度来看，从作手的交易对手——公司派来看的话，公司派做多不危险，做空危险。公司派一直卖，会有危险，但一直买是不危险的。例如有一作手在炒作我公司的股票，那我公司不愿意他这么做，想把股票压下来而卖出持股，那公司派一直卖，就有可能使得手中的持股被作手买走了，这时管理经营权可能变成别人的了。所以公司派如果打算去压低股价，是有风险的。那公司派如果要垄断轧空一直买，这是比较不危险，因为买进来的股票不会不见了。

　　作手与公司派两边是相对应的，公司派的特点就是手上股票筹码多，股票多但钞票不多，而作手则是资金钞票多，股票不多。所以公司派要掌控股票，想要一直买的话，他就要拿出资金，但他如果要一直卖，就要注意持股比率与股价的问题，因为除了经营权的考量之外，股票可能在银行质押借款，如股价太低，可能还会被强制平仓。这里谈作手做空，所以需要注意公司派会计算流通在外的筹码进行轧空。

当热带贸易触及 149 美元时我做了一件事，那就是放空 1 万股赤道商业公司股票。赤道商业公司持有大量的热带贸易公司股份。

齐克用注解：

"转空的信号"——反弹到整数关卡前，利弗莫尔使出姊妹股策略，拉拢市场参与者跟他站在同一边。因为股价进行反弹，不能弹过整数关卡或前高，否则公众就会解读成还会再涨一波。故利弗莫尔在 150 美元之前的 149 美元时，开始运用策略放空相关系数大的赤道商业公司股票，使市场参与者认为热带贸易会跌。

赤道商业不像热带贸易那样活跃。我一卖出，就如我所料地应声大跌，当然我的目的也达到了。交易者及经纪公司里听信热带贸易利多传闻而做多的客户，他们看到热带贸易上涨的同时，赤道商业却在沉重的卖压下大跌。他们自然而然地推断，热带贸易的强势只不过是掩人耳目的障眼法，拉升股价的目的显然是为了便于内部人士抛售赤道商业持股。他们认为，赤道商业是热带贸易的最大股东，赤道商业之所以大跌，一定是内部人士所为，因为外部人士做梦都想不到在热带贸易如此强势时，会有人卖出如此多的赤道商业。于是他们开始卖出热带贸易以检验其涨势。内部人士精明得很，当然不敢吃下来自公众蜂拥而出的股票。当内部人士不再支撑股价时，热带贸易自然就马上下跌。现在，交易者和主要的经纪公司都在卖出赤道商业，而我则是趁机回补空头仓位，赚了一点小钱。我放空赤道商业并不是为了赚钱，而是为了抑制热带贸易的涨势。

热带贸易的内部人士和他们勤奋的公关人员，又在华尔街散布利多消息以拉抬股价了。每当他们这么做，我就放空赤道商业，然后在热带贸易回调并连带赤道商业一起下跌时平仓。就这样，操纵者终于撑不住了。热带贸易的价格最后跌到 125 美元，空头未平仓量也随之大增，以至于内部人士能够轻易地把价格拉升 20 点至 25 点。这次，因为空头仓位过于庞大，因此上涨也是合理的。而我虽然预见会有反弹，但我并没有回补，因为我不愿意失去我的空头仓位。在赤道商业追随热带贸易反弹之前，我又大举放空了赤道商业，结果与往常一样，这揭穿了热带贸易近来大涨的利多消息全都是谎言。

当时的情况是，整体市场已经相当疲弱了。我曾说过，我是因为已经进入了空头市场，才中断佛罗里达钓鱼之旅，开始放空热带贸易的。我还放空了其他好几只股票，但热带贸易是我的最爱。最终，内部人士在整体大势的压力下屈服了，热带贸易因而出现了急遽的下跌，先是**多年来首次跌破 120 美元**，接着**跌破 110 美元**，然后跌破面值，此时我仍然没有平仓。有一天，整体市场极为疲弱，热带贸易**跌破了 90 美元**。在一片悲观的气氛下，我平仓了。我之所以这么做，是基于相同的理由，因为眼前有一个足够大的市场、盘势疲弱以及卖盘远大于买盘。你可能认为我是在自吹自擂，但就算这样，我还是要告诉你，我那 3 万股热带贸易的空头仓位全部平在这波下跌趋势中的最低点。我从来没想过要在底部平仓，我只是试图将账面利润转换为现金，同时避开转换过程中可能产生的利润缩水。

齐克用注解：

热带贸易的走势，从 155 高点起跌，利弗莫尔在 153 开始陆续进场放空，随后股价跌到 133，公司派进行护盘放利多，使其股价在 140 至 150 元之间震荡。多空的攻防之后，股价向下跌破前波低点 133 之后，再跌破多年的主要支撑 120，再跌破 110，跌破面额 100，来到 90 美元，利弗莫尔在一片悲观之下，反手买进平仓出场。从高点 155 到前波低点 133，幅度有 22 点，当跌破 133 之后，再跌一波的满足点是 111(133-22=111)，第二满足点是 89(111-22=89)。

我之所以能在跌势中不动如山，是因为我知道自己的仓位是正确的。我并没有违背市场趋势或跟基本情势作对，而是顺势而为。这也正是我认定过度自信的内部人士必败无疑的原因。他们想进行的操纵方式，早就有人试过了，但从来没有人成功过。对于那些经常出现的反弹，我和其他人一样，都知道这是不可避免的，但这根本吓不倒我。我知道，**只要我不动如山地坚持紧抱仓位，而不是试图先平仓，然后在更高的价位再度放空，最后的结果必然是让我获得更大的利润**。我坚持拥有自己认为正确的仓位，这点让我赚到了100多万美元。这和预感、报价带研读技巧以及坚定不移的勇气，一点关系都没有。这是我对自己的判断具有信心，而不是靠着自己的小聪明，或是虚荣心得到的利益。知识就是力量，而力量向来不畏惧谎言。即使谎言就印在报价纸带上，也无须畏惧，因为真相很快就会击退谎言。

齐克用注解：

　　大仓位无法操作细微波，短线进出难克服滑价问题，会被吃掉所有的获利。前一章最后一个案例谈到棉花操作不顺之后，空单止损出场，等待价格趋势逆转向下再空回来。而这章谈到放空后，股价下跌，价差约20点，遇到反弹，反弹到达接近他放空的位置。为何他不在跌破低点时先获利回补，等弹到高点时再放空呢？这两个案例的差别在于：当下的趋势方向，以及仓位是否亏损。利弗莫尔会处理亏损的仓位，至于有赚钱的仓位，他会留着持续再观察放空理由是否存在。

　　一年之后，热带贸易的股价**再次涨到150美元**，而且在这个价位徘徊了好几周。这时，整体市场到了该出现大回调的时候了，因为它一直持续不断地上涨，已经是强弩之末了。我之所以知道这一点，是因为我测试了市场。现在，热带贸易所属的板块，碰到了业绩不理想的状况，即使市场上其他股票会涨，我也看不到任何做多这些股票的理由，更何况其他股票也没有上涨。因此，我开始放空热带贸易，打算放空1万股。我一卖出后，价格应声下跌，根本看不到有任何支撑的迹象。然后，突然间买盘的状态改变了。

齐克用注解：

　　意指股价再次涨回到一年前的高点位置，然后遇到压力，利弗莫尔认为大势不好，该股反弹到这里差不多要回调了。

我可以保证，只要股价一有支撑买盘出现，我马上就会知道。这么说，并不是要炫耀自己有多行，而是我意识到，如果内部人士从来不觉得自己有义务必须维持股价，那么他们在整体市场处于跌势时买进这只股票，必有其原因。他们不是无知的蠢蛋，也不是慈善家，更不是急着想要维持股价，借以卖出更多股票的银行家。**热带贸易的价格并没有因我和其他人的卖出而下跌，它反而是上涨的。我在 153 美元平仓了 1 万股的空头仓位，然后在 156 美元反手做多**，因为这时报价带告诉我，<u>最小阻力线已经掉头向上了</u>。虽然我对整体市场仍然看空，但我现在面对的是一只实际状况完全与众不同的股票，自然不能以一般的投机理论来研判。热带贸易一飞冲天，股价突破了 200 美元。它是那一年表现极为优异的热门股。报纸报道说我惨遭轧空，损失了八九百万美元。事实上，我不但没有做空，反而顺着热带贸易的涨势一路做多。此外，我因持有仓位的时间长了一些，以至于账面利润少掉了一些。你想知道为什么会这样吗？因为我设身处地替热带贸易内部人士思考了一下，他们应该怎么做，但这种事我根本没有必要去思考，因为我的职责是交易，也就是说，坚持根据摆在眼前的事实操作，而不是胡乱猜测别人应该怎么做。

齐克用注解：

在 150 美元时，利弗莫尔去放空，认为压力不会过，但当该股测试一年前的高点 156 时，就是利弗莫尔讲的关键点，他认为趋势改变已经确认，如以他的手稿记录来看，已来到新高，又要持续换行记录的位置了。

第十九章　进入操纵轧空的操盘最高境界

"研究人性仍然大大有利可图。"

杰西·劳伦斯顿·利弗莫尔

(1877 年 7 月 26 日—1940 年 11 月 28 日)

导 读

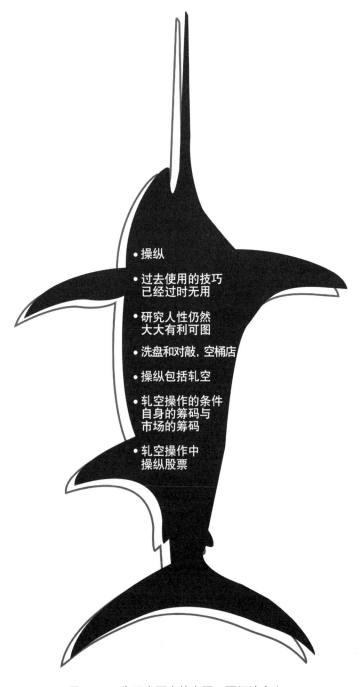

主题

- 操纵

- 过去使用的技巧
  已经过时无用

- 研究人性仍然
  大大有利可图

- 洗盘和对敲，空桶店

- 操纵包括轧空

- 轧空操作的条件
  自身的筹码与
  市场的筹码

- 轧空操作中
  操纵股票

图 19-1　先研究图中的主题，再阅读内文

本章案例

许多案例，只能简述，但都无法应用于操盘中。

操盘逻辑

本书最后六章要把操纵讲透彻，从第十九章到第二十四章，要谈的核心议题是"操纵"。本章是最后一个主题"操纵"的序曲。从这一章开始的操纵，是操盘人员的最高境界，它能帮助我们透视投资市场中的巨鳄，是海洋中的巨鲸，是食物链最上层的生物。看懂这个主题，就能看懂市场中经常赚钱的市场参与者。

大众把在证券交易所大量卖出股票的行为与操纵混为一谈，换句话说，大量卖出股票的行为，可能是操纵，也可能不是操纵。但事实上，这也不过就是正常的卖出行为而已。设法以低价来增加自己的筹码，以便控制市场，也被称之为操纵。所以大量卖出股票，把股价压低，这也叫操纵，或者以低价买进来，增加自己的筹码，以便控制市场，这也是操纵。所以第一段谈合法的买卖与操纵是很难区分的。

若是你从个股的表现上要来区别，个股到底有被操纵，还是没有被操纵，从外观来看，是看不出来的。所以本章第一个重点是谈操纵，第二个重点是谈除非你是操纵者本身，否则投资人或外部人从外观上来看，是很难看清楚这只股票是否被操纵。也许你隐隐约约地感觉得到，某只股票可能被操纵了，但你就是很难讲清楚。举例来说，A 公司与 B公司属于同类型的股票，但 A 公司涨翻天了，B 公司只是微幅上扬，待 A 公司涨了一段时间之后，B 公司也开始涨了，这时候，你无法判断 B 公司是否被操纵了，但如果我是 B 公司的公司派，打算要来操纵这个股价，看看能不能也像 A 一样发展，那我就会很清楚这只股票是被操纵的，因为是自己在操纵。

在文章中，举了很多19世纪至20世纪的操纵行为。由此可以看出利弗莫尔涉足股市时，是一个有操纵行为的年代。等到他数次的赔光后，慢慢看懂里面的道理，再回过头来操作，到后期的时候，他发现还要研究帮别人如何操纵，走到代操这个位置的时候，其实那个时间点，已经没有什么操纵的事迹了，没听到有谁的操纵是属于丰功伟业的了。所以他这里要谈的重点是，一只股票是可能被操纵的，过去有哪些人做过操纵的事情，他经常听到这方面的消息，至于细节的部分他无法讲清楚，因为只有操纵者本身才清楚。

利弗莫尔为何可以听到哪些人在操纵的传闻？为什么能知道？这股票的买进卖出一定是透过经纪商，只要是透过经纪商，就一定有人知道，因此就很容易被追踪到，或以小道消息方式被传出。所以，在第13章利弗莫尔曾讲到，自己被人利用掩护来卖出股票的行为。一般在追踪某一只股票的筹码之前，一定是从追踪某一家券商的筹码开始，那很快就知道是谁在买卖这只股票了。

重点摘要

1. 我对操作事业上的每一个学习阶段都深感兴趣。当然，除了从自己亲身经历中学习，我也汲取别人的经验。

2. 恐惧和希望总是轮番上阵，从未发生变化。因此，研究投机者心理是投机中最有价值的课题。

3. 成功的股票交易基础在于，借由人们过去所犯的错未来仍将不断地重现。

4. 菜鸟们总是希望不劳而获，他们贪婪的本性勾起了赌博的本能，而市场看似无处不在的财富，更是使人头脑发昏。但是，这些想轻松赚钱的人最终都会为此付出代价。

5. 轧空操作要成功获利，取决于越买越贵的成本资金规模，而且空头未平仓量必须达到一定程度规模，这样轧空秀才能上演。

> 6.即使经过这么多年，我仍然能够看到他具有迅速调整到正确位置的惊人能力，这是交易者至关重要的特质。
>
> 下面进入正文。

不知道从什么时候，从什么人开始，把**在证券交易所大量卖出股票的行为与"操纵"这个字混为一谈，事实上这只不过是正常的买卖过程而已。设法以低价买进股票来增加自己的筹码，以便控制市场也被称之为操纵。虽然这两者间的做法不一样，但都有可能是操纵。**这样的做法并不是非法手段，但是别人难免会认为你的行为不当。在多头市场中，**如果你要大量买进某一只股票，要怎么做才能避免因此推高股价呢**？这是个问题。那么，该如何解决呢？解决的方式涉及太多不同层面，以至于没法给出一个具体的答案。或许可以透过熟练的操纵来解决。不过，那也要**视当时的情况而定**，这就是你所能找到最贴切的答案了。

齐克用注解：

本书最后五章，从第十九章到第二十四章，要谈的核心议题是"操纵"。前一章是"操纵"主题的序曲。这章一开始就先定义什么是操纵。

我对操作事业上的每一个学习阶段都深感兴趣。当然，除了从自己亲身经历中学习，我也汲取别人的经验。但是现在，要从下午收盘后的闲聊中学习如何操纵或操作股票，恐怕是很困难的。过去所使用的手段、技巧和绝招都已经过时无用，或是非法且不可行了。证券交易规则和情况也都和原来不一样。丹尼尔·德鲁、雅各·李特或杰伊·古尔德在50或75年前的传奇故事，即使现在还有人能够详细地讲出来，但恐怕也没有什么参考价值了。**现在的市场操盘手已经不需要考虑前辈们做过什么或是怎么做，这好比西点军校的学生已经不需要研究古人的箭术来提升自己的弹道学应用知识。**

从另一个角度来看，研究人性仍然大大有利可图。例如：人们总是愿意相信让自己感到安逸的事情、人们如何允许自己受到贪念的影响，或是一般人如何为草率投机而付出代价，等等。**恐惧和希望总是轮番上阵，从未发生变化**。因此，研究投机者心理是投机中最有价值的课题。武器早已今非昔比，但战略并没有改变，无论是战场还是纽约证券交易所都是如此。我认为，对整个情形最精辟的总结是汤玛斯·伍德洛克所说的，"**成功的股票交易基础在于，人们过去所犯的错未来仍将不断地重现。**"

齐克用注解：

　　人性在投资中扮演重要角色。

　　在繁荣期，也就是公众大量参与股市的时候，根本不需要使出什么小伎俩，此时讨论究竟是操纵还是正常投机自然也就没有任何意义，这样做好比是在下雨天要找出同时落在对面屋顶的两滴雨有什么区别一样，是毫无意义的。菜鸟们总是希望不劳而获，他们贪婪的本性勾起了赌博的本能，而市场看似无处不在的财富，更是使人头脑发昏。但是，这些想轻松赚钱的人最终都会为此付出代价。一开始，当我听说旧时代的交易案例和手段时，我总以为 19 世纪 60 年代和 70 年代的人比 20 世纪的人更容易受骗上当，但基本上，现在我仍天天都能在报纸上看到各种此类消息，如最近出现的庞氏骗局，一些空桶店突然倒闭，傻瓜们几百万美元的积蓄无声无息地消失了。

　　我刚到纽约的时候，尽管**证券交易所已禁止洗盘和对敲的操作**，但人们仍热烈谈论着这个话题。当时洗盘根本不需要掩饰，赤裸裸地进行。只要有人想洗盘拉升某只股票，经纪公司会毫不犹豫地说："洗盘很活跃。"此外，正如我所说的，他们曾经多次被认为是做了"有如空桶店般突然下跌洗出客户"的事情，他们的卖单让股价一下子跌掉了两三个点，把空桶店里众多保证金微薄的多头客户洗出局。至于对敲，就没有那么顺利了，因为经纪人之间的行动难以协调和同步操作，而这些全都是违反证券交易规则的。几年前，一位著名的作手取消了对敲单中的卖单，但忘了取消买单，结果导致一位不知情的经纪人在几分钟内把价格拉升了 25 点，当这笔买单完成后，价格又以同样的速度跌了回去。对敲的原意是要创造股票交易活跃的假象，但这种做法显然不牢靠。即使是最好的经纪人，你也不能让他知道你的秘密，如果你还想让他保留纽约证券交易所会员资格的话。此外，与旧时代相比，税赋因素让所有与假交易有关的成本大大提高了。

齐克用注解：

　　洗盘 (wash sales)，依美国 IRS 税务机构规定是非法行为。在自己或亲人的两个不同账户，在短时间内一卖一买，意图减税。例如年底前进行，或是一般账户卖出，免税的 IRA 退休账户买进。卖出时亏损的账户，资本损失可以扣抵税。

　　对敲 (matched orders)，是非法行为。同一个人或不同人的账户同时买卖同数量的股票，创造虚假的价格与成交量，意图操纵价格。洗盘与对敲在这里都是指作手意图利用价与量来操纵股价。

按照字典上的解释，**操纵包括轧空。但轧空可能是操纵的结果，也可能是竞相买进的结果**，就像 1901 年 5 月 9 日的北太平洋铁路的轧空案，就显然不是操纵。斯图兹的轧空案让所有相关人员都付出了惨痛代价，金钱和声誉都大受打击，但这其实也不是蓄意轧空造成的。

齐克用注解：

　　当股价是由少数人的行为所控制时，就是操纵，但如果是由群众而起的行为，非少数人所控制的，就不是操纵。

事实上，轧空操作者只有少数是成功获利的。

范德比尔特船长曾两次轧空哈林铁路，都付出了庞大代价，但他也试图暗算空头，从不诚实的国会议员和市政官员手中攫取上千万美元。另一方面，杰伊·古尔德在西北铁路轧空案中败北。狄肯·怀特在拉卡湾纳铁路轧空案中赚了 100 万美元，但吉姆·吉恩在汉尼拔—圣乔伊轧空案中损失了 100 万美元。当然，**轧空操作要成功获利，取决于越买越贵的成本资金规模，而且空头未平仓量必须达到一定程度规模，这样轧空秀才能上演。**

齐克用注解：

　　这是轧空操作成功的必要条件。

我一直感到奇怪，为什么半个世纪前的大作手们这么热衷轧空操作。他们有能力、有经验、头脑又清醒，绝不会幼稚到相信同行的作手们会对自己安什么好心。但他们如此频繁地落入轧空陷阱，确实令人震惊。一位精明的老经纪人告诉我，19世纪60年代和70年代的大作手都有一个抱负，那就是做一票轧空。在很多案例中显示，这都是虚荣心在作祟，但也有出于仇恨而筹划轧空的。总之，能够成功轧空某一只股票，就是对你的智力、勇气和财力给予肯定。轧空操作者大可为此引以为傲，而且当之无愧地接受同伴们的掌声。人们之所以竭尽所能去筹划轧空操作，不仅仅是为了能获得金钱利益，而是冷血作手的虚荣心在作祟。

当年那些作手们经常上演狗咬狗的激烈竞争戏码。我曾数次从被轧空中成功脱逃，这并不是因为我有神秘的本能，而是我总能察觉到市场上的买盘不对劲，我不应该再持有空头仓位了。我是透过常识检验做到这一点的，而过去应该也有人尝试过。老丹尼尔·德鲁曾多次轧空年轻的操盘手，让他们为放空伊利铁路付出沉重代价，但他自己在伊利铁路上也被范德比尔特船长轧空。当他恳求范德比尔特放他一马时，这位船长冷酷地引用了"大熊"德鲁自己的不朽名言：

任何人卖掉他所没有的东西，
不是把它买回来就是去坐牢。

华尔街上很少有像德鲁一样的作手，其丰功伟业流传了几代，他之所以永垂不朽，主要是他创造了"掺水股"这个名词。

艾迪生·杰罗姆是大家公认的1863年春季公开交易板之王。他的明牌就像是银行里的现金一样。无论从哪方面来看，他都是个伟大的作手，而且赚了好几百万美元。他视金钱如粪土，在华尔街有一大群追随者，直到人称"沉默威廉"的亨利·吉普在老南方铁路上的轧空操作中，让他的几百万美元财产损失殆尽。顺便一提的是，吉普是罗斯威尔·佛劳沃尔州长的姻亲兄弟。

在大多数的轧空操作中，操纵股票的关键就是不能让对方知道你在轧空他正被诱空的那只股票。由于普罗大众一般都不喜欢做空，因此轧空的对象大多是职业炒手。精明的职业炒手在这些股票上做空的原因，和他们今日做空的理由完全一样。在哈林铁路轧空案中，船长之所以放空卖出股票，是因为受了政客言而无信的刺激。就我听到的故事而言，职业炒手放空这只股票的原因是它的价格太高了。他们之所以认为股价太高，是因为之前从来没有出现过如此高价；而它的价格太高让人买不起；既然它让人买不起，那就只能卖出放空了。这听起来很有道理，不是吗？他们考虑的是价格，而船长考虑的是价值！多年后，老前辈对我说，过去人们在形容某人穷困潦倒时总是说："他放空了哈林！"

多年前，我碰巧遇到了杰伊·古尔德的经纪人，他信誓旦旦地对我说，古尔德不但是个非比寻常的人——老丹尼尔·德鲁曾用颤抖的声音说："他就是死神！"——他也是史上无人能及的股价操纵高手。毫无疑问地，他一定是个名副其实的金融奇才，要不然不可能有那样的成就。即使经过这么多年，我仍然能够看到他具有迅速调整到正确位置的惊人能力，而对一个交易者来说，这是至关重要的特质。他可以毫无困难地在攻守之间转换，因为他关心的是资产操纵，而不是股票投机。他操纵的目的是投资，而不是掀起市场动静。他很早就看出，要赚大钱必须拥有铁路，而不是在证券交易所内操纵其股票。当然，他也会利用股市赚钱，但我认为这只是为了快速赚到钱。他需要筹集好几百万美元，就像**老克里斯·亨廷顿**一样总是缺钱，因为银行家愿意借给他的钱远远不够，总是差两三千万美元。有远见但没钱，这会让你心痛；有远见又有钱，才会带给你成就。而成就意味着实力，实力意味着有钱，有钱又意味着成就，如此反复着。

齐克用注解：

克里斯·亨廷顿 (1821—1900) 是美国历史上赫赫有名的西部铁路四大巨头之一，他建造了中央太平洋铁路、南太平洋铁路和切萨皮克及俄亥俄州铁路。

当然，操纵并不局限于当年的大规模操纵，小规模的操纵也大有人在。我记得一位老经纪人告诉我一个发生在 19 世纪 60 年代初，有关操纵手法与道德的故事。他说：

"我对华尔街最早的记忆是我第一次来到金融区。我父亲在那里有些生意往来，那天不知道为了什么事带我一起来到金融区。我们走在百老汇大街上，我记得我们转了个弯来到华尔街。然后，我们沿着华尔街走，到了百老街还是拿梭街的时候，也就是现在信孚银行大厦的位置，我看到一群人尾随着两个人的场景。前一人向东走，试图摆脱人群，而他后面紧跟着一个满脸通红的人，那人一只手拼命挥动着帽子，另一只手在空中胡乱挥拳。他声嘶力竭地大声吼着：'吸血鬼！吸血鬼！什么是金钱的价值？吸血鬼！吸血鬼！'我看见街边许多人都从窗户伸出头来，那时还没有摩天大楼，但我可以肯定二楼、三楼有好多人都探头出来看热闹。父亲向路人打听情况，有人告诉了他些什么，不过我听不到。我只知道紧紧抓住父亲的手，别让推挤的人潮把我们冲散了。人越聚越多，街上都被挤满了，我感到十分不适。愤怒的人群不断地从拿梭街、百老街和华尔街东西两面涌进来。后来我们终于挤出了人群，父亲告诉我，那个高喊'吸血鬼'的家伙是某某人。我忘了他的名字，但他是纽约操纵集团最大的作手。据说，他赚到好多钱，也亏掉好多钱，多到华尔街都无人能相提并论，除了**雅各·李特**。我记得雅各·李特这个名字，因为我觉得这个名字很有趣。另一个人，就是那位'吸血鬼'，则是恶名昭彰锁筹码与操纵资金的行家。他的名字我也忘了，但我记得他又高又瘦，脸色苍白。当时一些集团经常用借钱的方式来锁住资金，或者更确切地说，减少证券交易所能够拿去贷放的资金。他们把钱借到后，取得一张保付支票，但他们不会把钱拿出去用。当然，这就是炒作，而我认为这就是另一种形式的操纵。"

齐克用注解：

雅各·李特 (1794—1865) 是 19 世纪初期美国著名的投机者，当时被称为"华尔街大熊"。

我同意这位老经纪人的说法，但这样的操纵方式如今已不存在了。

第二十章　从操纵者的运作透视市场波动

"不仅是趋势向上，还有市场人气和无穷无尽的资金做后盾，所有这些都使得他能够操纵成功。"

杰西·劳伦斯顿·利弗莫尔

(1877 年 7 月 26 日—1940 年 11 月 28 日)

导 读

主题

- 操纵

- 没有得到操纵前辈的面传亲授

- 通过操纵者朋友的说明和自我学习，理解了操纵

- 吉恩

- 透过价格变化做广告开始操纵

- 操纵的意义、手法、目的与结果

- 操纵必须以扎实的交易原则为基础

- 原先是操盘手，后来成为操纵者

图 20-1　先研究图中的主题，再阅读内文

本章 2 个案例

案例 1：吉恩的操纵案例。讲到了优秀作手的素质与操纵者必须具备的特质，解释了操作的原则与手法。

案例 2：自己操纵的案例。利弗莫尔接受邀请操纵股票，说明操纵如何开始，如何进行，进行中的过程要如何调整，如何结束收尾。

操盘逻辑

在第 19 章里，利弗莫尔只是约略地谈一下操纵，也谈了一下有些人在操纵。在第 20 章，他就举了两个案例，谈到他自己如何操纵一只股票。这时候你已经看得很清楚怎么操纵了，因为操纵的人来跟你讲，他是如何操纵这股票，所以你就能听得很清楚怎么操纵了。

"操纵"的逻辑、运作方法、如何进行是本章的主轴。本章的前半是以吉恩操纵的案例说明操纵的基本原则与必要条件。本章的后半是以利弗莫尔自己操纵的案例说明操纵的流程、逻辑与运作的方式。本章内容描述操纵的过程及方法，跟随着的解说，实际上是在描述控盘者，如何让市场随着操纵者波动。看懂了这部分，就看懂了市场起起伏伏的脉动了。

为何这里要谈操纵呢？操纵对一个交易者来说，有多重要呢？

它的重点在于多头市场里，如果你要大量买进一只股票，要如何买，才能不推高股价？他说，这就涉及操纵。那该如何解决呢？解决的方式是什么？

在谈操纵的过程中，利弗莫尔说有一个很厉害的作手，名字是吉恩，他能立即调整到正确的位置，这就是告诉你说，操纵为何没有办法讲清楚的原因，是连当事人也都一直要随时随着环境调整与改变，这是我们旁观者无法看清楚的原因。再举个例子，像国安基金护盘，你知道他们正在操纵，但你无法知道他们会如何操纵。你知道央行会干预汇率，但你不知道他会如何操纵。

重点摘要

1. 通常在造市的过程中，他会买进一些股票来推高股价，随后又全部卖出。隔天，他又买回几千股，再隔一天，他又获利卖出。然后，他就放手不管了，看看市场是否能自行良性发展，并且持续进行下去。

2. 一般投资大众总是习惯于在大涨之后的回调中找买点，期待再涨一波，而做空的人，也会在这个时候回补空头仓位。

3. 吉恩非常胆大，但从不鲁莽。如果发现自己错了，他会在最短的时间内调整到正确的位置。

4. 广告毫无疑问是一门艺术，而操纵则是透过报价带来做广告的一门艺术。操纵者会让报价带说出他们想让报价带研读者听到的故事。故事越逼真，说服力越强，广告效果就越好。

5. 操纵必须以扎实的交易原则为基础。以吉恩为例，他原先就是一个极为出色的操盘手，后来才成为杰出的操纵者。

6. 操纵的目的是尽可能以最高的价格卖给公众。这不仅仅是卖出价格的问题，它还涉及如何分散卖出。显而易见的是，一只股票卖出让1000个人持有，远比一个人持有更好，这对出货更有利。因此，操纵者不仅要把股票卖出好价格，还要考虑让股票分散到大众的手里。

7. 每当缺乏经验的操纵者试图在头部出货却以失败告终时，经验老到的人就会摆出一副很精明的样子告诉你，你可以把一匹马牵到水槽边，但是你没法强迫它去喝水。操纵原则是：尽可能把股票价格拉到最高，然后在市场下跌的过程中卖给公众。

8. 抛售一只股票的方法，就是在下跌过程中一路卖出，而在跌势中抛售的股票数量通常是非常惊人的。

下面进入内文。

我从来没有和那些伟大的股票操纵者交流过，虽然那些人至今仍被华尔街津津乐道。我指的是操纵者，而不是领导者。他们都是年长我好多岁的人物。不过我初到纽约时，最了不起的操纵者是詹姆斯·吉恩，当时他正如日中天。只是那个时候，我不过是个毛头小子，一心想着如何在著名的经纪公司里复制我在老家空桶店中的成功模式。此外，**那时吉恩正忙着操纵美国钢铁公司股票，这是他股票操纵生涯中的杰作，而我对操纵没有经验，也没有概念，更不明白操纵的价值和意义。正因如此，我甚至没有多大兴趣学习相关知识。**如果当时我曾思考过操纵，我也只是把它视为一种冠冕堂皇的骗术，认为那也只是比我在空桶店见过的伎俩高明一些而已。此后，我听到一些与操纵有关的话题，基本上都是猜测和臆想的，对于臆测的内容根本没有理智地分析过。

齐克用注解：

操纵，是投资市场中的高阶技术。在进入高阶水平之前，根本不懂操纵在投资市场中的重要性。

熟悉吉恩的人中，不止一位告诉我，吉恩是华尔街历年来最勇敢、最杰出的作手。这可不是一般的赞美，因为华尔街有好多伟大的交易者。尽管这些人的名字已差不多被遗忘了，但他们都曾有过辉煌的一天，都曾经是叱咤风云的人物！他们靠着报价带，从默默无闻的无名小卒成为金融圈大众瞩目的焦点，但这些小纸带并没有足够的力量使他们声名远扬，并在金融史上留名。总之，所有人都认为吉恩是那个时代最优秀的操纵者。那真是久远又激动人心的时代。

吉恩曾经接受哈维梅尔兄弟的邀请，为糖业公司股票造市，他利用自己对股市的了解，以及身为作手的经验和天赋，为哈维梅尔兄弟赚进了一大笔财富。当时他破产了，否则他肯定会继续为自己做交易。他是一位了不起的投机者！他操纵糖业公司股票非常成功，使得这只股票成为市场宠儿，自然也就很容易卖出脱手了。之后，他不止一次被邀请去管理集团的资金。听说，他为这些集团管理资金从不主动要求或接受任何酬金，只是和集团的其他成员一样，拿应得的股份作为报酬。当然，他所操纵的股票完全在他自己一个人的掌控之中。市场上经常会传出背叛的流言，有人说他背叛了合作方，也有人说他被合作方背叛了。他和惠特尼—莱恩那帮人的恩恩怨怨，就是因这类的流言而起的。其实，股票操纵者很容易被合作方误会，因为合作方和他的立场不一样，无法完全理解作手的做事风格和动机。这是我从自己的经验中了解到的这一点。

齐克用注解：

显然，造市也是操纵的一种技巧。

很遗憾的是，吉恩并没有把最成功的操纵案，也就是 1901 年春天对美国钢铁的操纵，留下丝毫的精确记录。如我所知，吉恩从来没有和摩根先生见面谈过这件事。摩根的公司透过塔伯特·泰勒公司认识了吉恩，而吉恩则以这家公司作为自己的大本营。塔伯特·泰勒其实是吉恩的女婿。我可以肯定地说，吉恩从股票操纵中获得无比的乐趣，这也是他所得中的一部分。大家都知道，那年春天，他操纵的股票上涨，自己也从中赚了数百万美元。他告诉我的一位朋友说，在短短几周时间内，他在公开市场上为某个承销商卖出了超过 75 万股股票。要是你考虑到以下两件事，就会知道这样的成绩确实很好。第一，该公司第一次发行新股，而且该公司的总资本甚至超过了美国政府公债总额；第二，吉恩在费心造市的同时，雷德、李兹、摩尔兄弟、亨利·菲普斯、H.C. 富里克和其他钢铁业巨头也在公开市场上卖出了数十万股的股票。

当然，<u>那时的整体情势也对他有利。不仅是趋势向上，还有市场人气和无穷无尽的资金做后盾，所有这些都使得他能够操纵成功</u>。当时，市场不仅是大多头，而且正处于暴涨的阶段，投资大众也进入狂热状态，这样的情况以后不太可能再出现。不过，市场的过度膨胀终于引发了恐慌。1901 年，美国钢铁普通股在吉恩的操纵下飙升至 55 美元，却在 1903 年跌到 10 美元，1904 年又跌到 $8\frac{7}{8}$ 美元。

齐克用注解：

操纵要成功，必须顺着大势走。懂得基本情势与人性是操纵成功的基本要件。

我们没法分析吉恩巧妙的操盘手法，因为找不到他的著作，也没有详细的交易记录。要是能了解他如何操作联合铜业，那肯定非常有趣。例如，一开始，罗杰斯和威廉·洛克菲勒试图在市场上抛售他们多余的股票，结果失败了。最后，他们找来吉恩帮忙造市，他也同意了。别忘了，罗杰斯可是当时华尔街上数一数二的人物，而威廉·洛克菲勒则是整个标准石油集团中最大胆的投机客。他们可以调动无限量的资金，拥有显赫的声望，而且在股票市场已有多年的经验。即使是这种情况，他们还是需要求助于吉恩。我之所以强调这些，是因为有些操纵确实必须由专家来执行。联合铜业曾经是一只被人们大力吹捧的股票，由美国最伟大的资本家发行，但现在，除非他们愿意损失一大笔钱和声望，否则根本卖不出去。罗杰斯和洛克菲勒真是明智，找吉恩来帮助他们。

吉恩接受了他们的邀请，并立即开始工作。此时市场正值大多头，使得他得以在面值附近卖出 22 万股联合铜业。当他把内部人士的持股全数抛售后，大众仍不停地买进，于是价格又上涨了 10 个点。事实上，内部人士将手上的股票全数抛售后，看到大众的买盘如此积极，他们也开始看多了。当时市场上流传着另一种说法：罗杰斯建议吉恩做多联合铜业，实际上是想倒货给吉恩。而这样的说法实在令人难以相信，因为像罗杰斯这么精明的人，肯定知道吉恩可不是一只任人宰割的肥羊。吉恩操作的手法一如既往，也就是说，股票大幅上涨后，在回调的过程中大量抛售持股。当然，他的战术会随着自己的需要，以及市场每日的细小变化，随时调整并灵活操作。俗话说，股市如战场，必须分清楚策略和战术之间的区别。吉恩的心腹——他是我所知道最出色的假蝇钓鱼专家——告诉我，在联合铜业的造市过程中，有一天吉恩发现自己手中几乎没有一点股票，也就是说，他手上没有先前为了推高股价不得不买进的股票。**通常在造市的过程中，他会买进一些股票来推高股价，随后又全部卖出。隔天，他又买回几千股，再隔一天，他又获利卖出。然后，他就放手不管了，看看市场是否能自行地良性发展，并且持续进行下去**。当市场如他的预期发展时，他就会像我告诉你的那样，一路下跌一路卖出。**一般投资大众总是习惯于在大涨之后的回调中找买点，期待再涨一波，而做空的人，也会在这个时候回补空头仓位。**

吉恩最亲近的好友告诉我，吉恩帮罗杰斯和洛克菲勒卖出了持股，他们拿到 2000 万至 2500 万美元的现金后，罗杰斯寄给吉恩一张 20 万美元的支票作为酬劳。这给人的感觉就好比是一位百万富翁的夫人，在大都会歌剧院遗失了一条价值 10 万美元的珍珠项链，随后剧院的清洁工找到珍珠项链并完璧归赵，而夫人只用了 50 美分就把她给打发了。吉恩退回了支票，并附上一张纸条，很客气地说，他不是股票经纪人，但很高兴有机会为他们提供服务。罗杰斯留下了支票，又回了一封信，表示他们非常乐意将来有机会再度合作。过没多久，罗杰斯就好心地给了吉恩一个小道消息，让他在 130 美元左右买进联合铜业！

詹姆斯·吉恩，一个多么杰出的作手！他的私人秘书曾经告诉我，当市场如他的预期发展时，吉恩先生就会脾气暴躁。那些了解他的人说，他的暴躁会转变成充满讥讽的话语脱口而出，在听者脑海里久久萦绕，挥之不去。但亏钱时，他反而变得和善、有绅士风度、容易相处，而且言谈幽默风趣。

他拥有最优秀作手的素质，这是成功投机者必须具备的特质。他显然不会和报价带争论。他非常胆大，但从不鲁莽。如果发现自己错了，他会在最短的时间内调整到正确的位置。

从吉恩那个年代到现在，证券交易所的规则已经有了很大的变化，也就是说，现在的规则比过去严苛多了，股票交易和获利被课征了许多新增的税赋，使得这个游戏似乎不一样了。过去吉恩运用自如并为他带来财富的技巧，现在已毫无用处了。此外，我们确信，华尔街的商业道德水平也提高了许多。即便如此，毫不夸张地说，吉恩无论放在金融史上任何时期都是当之无愧的伟大操纵者，因为他是一个卓越的股票作手，对投机游戏了如指掌。他之所以有这样辉煌的成就，是因为当时的环境允许他这么做。但即使在 1922 年，他也能成为一个成功的操盘手，就像他在 1901 年或 1876 年做到的那样。1876 年，当他从加州第一次来到纽约时，短短两年的时间就赚进了 900 万美元。对某些人而言，他们的脚步永远比芸芸众生快一步，他们天生就是领导者，不管芸芸众生如何变化。

事实上，这种变化绝非你想象的那么激进。收益不再那么丰厚，因为现在的工作不再是具有开拓性的工作，因此你也没法得到开拓者的报酬了。然而，从某些方面来看，操纵比吉恩那个时代更容易了，但其他方面都比那个时候困难得多了。

齐克用注解：

从吉恩的操纵历史，说明一个成功操纵者的思维、逻辑与行为。

毫无疑问，广告是一门艺术，而操纵则是透过报价带来做广告的一门艺术。操纵者会让报价带说出他们想让报价带研读者听到的故事。故事越逼真，说服力越强，广告效果就越好。例如，现在的操纵者不仅要使股票看起来强劲，也要使股票真的强劲起来。因此，操纵必须以扎实的交易原则为基础。以吉恩为例，他原先就是一个极为出色的操盘手，后来才成了杰出的操纵者。

"操纵"这个词带有贬低的色彩，因此它需要一个别名。**如果操纵的目的是卖掉大批股票，那么我认为它并没有什么神秘或不正当的，只要操作手法没有误导成分**。毫无疑问，操纵者需要在投机客中寻找买家，他寻找的对象是那些希望为自己资本谋求巨额回报的人们，而这些人也愿意承担比一般生意更大的风险。有些人明明清楚地知道这一点，却还是因为自己没有赚到钱而责怪其他人，我对这样的人绝对不会有丝毫同情的。这种人赢钱的时候就自以为是，但输钱的时候就归咎于别人使出不正当手段，指责别人是操纵者！在这种情况下，"操纵"从这些人嘴里说出之后，这个词就有了浓厚的贬抑色彩，但其实并不是这样的。

一般情况下，**操纵的目的是为了要创造市场的流通性，也就是随时随地都能以一定的价格卖出相当数量的股票**。当然，如果市场整体情况低迷，资金集团可能会发现，除非在价格上做出很大的让步，否则根本无法卖出股票。此时，他们会决定聘请一位值得信任的专家，用他的技术和经验肯定能让他们顺利地抛售持股，而不会遭受令人震惊的溃败。

齐克用注解：

> 就有如现在的造势者，是合法的操作。

你可能注意到，我并没有说操纵是尽可能压低价格买进股票来累积筹码，或者例如透过大量买进股票以达到控制市场的目的，因为这些行为现在不常发生了。

当杰伊·古尔德打算确保他对西联电讯公司的控制权时，他决定大量买进股票。那天，多年没在证券交易所交易大厅现身的华盛顿·康纳，突然出现在西联电讯公司的交易柜台。当他开始叫买西联电讯公司股票时，场内所有的交易员都嘲笑他，认为他居然愚蠢到把其他人都想得这么简单，于是交易员们开心地把他要买的股票全部都抛售给他。这样的手法实在太粗糙了，他以为只要装作古尔德先生要买西联电讯公司股票，价格就会被推高。这算是操纵吗？我想我只能这么说："不是，但又可以算是！"

正如我所说的，在大多数情况下，**操纵的目的是尽可能以最高的价格卖给公众。这不仅仅是卖出价格的问题，它还涉及如何分散卖出。显而易见的是，一只股票卖出让 1000 个人持有，远比一个人持有更好，这对出货更有利。**因此，操纵者不仅要把股票卖出好价格，还要考虑让股票分散到大众的手里。

齐克用注解：

这是机构法人操作的逻辑。

如果你不能诱导大众买进你手中的股票，那么把价格拉到很高也没有任何意义。每当缺乏经验的操纵者试图在头部出货却以失败告终时，经验老到的人就会摆出一副很精明的样子告诉你，你可以把一匹马牵到水槽边，但是你没法强迫它去喝水。姜还是老的辣！事实上，你只要牢牢记住一项操纵原则——这是吉恩和成功的前辈们都清楚知道的原则，那就是：尽可能把股票价格拉到最高，然后在市场下跌的过程中卖给公众。

且听我从头道来。假设有人——某个承销机构或资金集团，希望以最好的价格抛售手中的一大批股票。这只股票是正式在纽约证券交易所上市的股票。最佳的出货场所应该是公开市场，而最佳的买家应该是普罗大众。出货谈判事宜由一个人负责，而他——或者某位现任或前任合伙人——曾试图在证券交易市场抛售股票，但以失败告终。他十分熟悉股市的运作，但他意识到这份工作需要更多的经验和能力才能胜任，于是他打听到几位在股票操盘中有过成功经历的人，便决定利用他们的专业技能。他要物色一位操盘手，就像你在生病时会去找医生，需要专业技术时会去找工程师一样。

齐克用注解：

从这里开始，利弗莫尔开始叙述他是如何启动操纵的，以及应邀操纵的流程，如何进行操纵。

假设我就是他所听说的那位熟悉股票操作的人，那么他会对我做详尽的了解，然后安排见面并准时来到我的办公室。

当然，我很可能听说过这只股票，也了解它的背景，因为这是我本职的工作，我可是吃这行饭的。我的访客告诉我，他和他的合伙人想要如何做，并希望我接下这个任务。

然后轮到我说话了。我会要求他提供所有我认为必要的信息，以便我对这个任务有个清晰的认识。我会对这只股票进行评估，并估计市场情况。这些再加上我对当前情势的判断，将有助于我评估操作的胜算。

如果这些信息让我看好，那么我会接下这个任务，并当场开出我的条件。如果他接受我的条件——做到什么程度、酬金如何——那么我马上就会开始工作。

通常我会要求一大批股票买权作为报酬，而且我坚持要求累进的股票买权，因为这对双方都是最公平的。执行价格从略低于当前的市价开始，然后逐步升高。例如，我要求获得 10 万股的买权，而这只股票的现行价格为 40 美元。这批买权的执行价格将从 35 美元开始，然后 37 美元、40 美元、45 美元、50 美元，一路上升到 75 美元和 80 美元。

齐克用注解：

操纵的酬劳不是现金，也不是股票，而是期权。这本书的最后面提到保险、年金、信托与期权，这些出现在最后面的金融工具，是较进阶的工具。

如果我的操纵使股价上涨，而且涨到最高点时市场还有很大的需求，使得我能够脱手这一大批股票，那么我当然会执行买权。我赚了钱，同时我的客户也赚了钱。这是理所当然的事情。既然他们为我的技术付了钱，那么他们也理应获得相应的回报。当然，有时候我也会因资金集团亏钱而拿不到报酬，但这种情况很少见，因为除非我能够清楚看到有利可图，否则我是不会接下这个任务的。今年，我就遇上了一两次运气不佳的交易，没能赚到钱。亏损自然有其原因，但这是另外一个故事了，容我以后再说——如果有机会的话。

股票上涨的第一步，就是宣告多头走势即将开始。这听起来很蠢，不是吗？你再好好想想。它并不像听起来那么蠢，对吧？最有效的宣传方式就是让股票显得活跃而强势。归根究底，全世界最厉害的公众宣传非股票行情莫属，而最好的宣传媒介非报价带莫属。我根本不需要向我的客户报告，也不需要向报社宣传该股票价值，更不需要买通财经评论鼓吹该公司的前景，我甚至不需要追随者。只要让股票活跃起来，这些让人梦寐以求的东西就会自动送上门来。股票一活跃，人们就会找理由，这也意味着理由会自动展现在公众面前，根本不需要我在后面力推。

齐克用注解：

从这里开始谈如何进行操纵。

交易活跃是场内交易员唯一的要求。只要能在自由市场交易，他们就可以在任何价位买卖任何股票了。不管是什么股票，只要够活跃，他们一出手就是好几千股，交易量非常可观，显然他们就是操纵者的第一批买家。他们会紧跟着你买进，一路把股价推高，因此在操作的各个阶段，他们都是最得力的助手。据我所知，詹姆斯·吉恩非常喜欢利用最活跃的场内交易员，让他们掩护自己的操纵行踪。同时吉恩也知道，他们是最优秀的业务推销员和消息传播者。吉恩经常口头承诺要给他们执行价格高于市价的买权，因此他们就会卖命地替他效劳，以便有利于自己的买权。吉恩让他们为自己的利润努力。为了让职业炒手跟进，我只需要做一件事，那就是让股票活跃起来，他们不会要求太多。当然，我也得时刻记住，这些交易所场内职业炒手买进股票的意图是获利后卖出，他们不会一直持有以扩大利润，他们追求的只是快速实现的利润。

我让股票活跃起来是为了吸引投机者的注意，原因我已经说过了。我左手买，右手卖，而交易员们跟着我亦步亦趋。如果你像我那样**坚持获得一大笔股票买权，那就相当于你手中握着相同数量的投机性仓位，如此一来，卖压就不会太大了**，于是买盘就会压倒卖盘。公众追随的是场内交易员，不是操纵者，而这些人将进场成为买家。这正是我想要的需求，也就是说，我可以开始卖出股票了。如果不出意外，需求会很强劲，足以消化我在操盘初期时必须买进的股票，这时我会技术性地放空这只股票，换句话说，**我会卖出比我实际持有更**

大数量的股票。对我来说，这样做是相当安全的，因为我手中还有股票买权。
当然，如果公众需求疲弱的话，股票就会停止上涨，这时我就会等待。

齐克用注解：

为何坚持获得一大笔股票买权，卖压就不会太大了？因为手上要求持有的是股票，到时卖到市场上，市场筹码变多，就可能会造成额外的卖压。

为何卖出比实际持有更大数量的股票放空时，仍是相当安全的？因为持有股票买权，能帮放空仓位做避险。

现在，假设这只股票已停止上涨，一整天下来都非常疲弱。或许整体市场出现了回调，或是某个眼尖的交易员看出我的那只股票已无买单，于是他就开始卖出，而他的追随者也跟着卖出。不管是什么原因，反正我的股票开始下跌了。接着，我开始买进股票来支撑股价，让人觉得发行人仍然很看好自家的股票。而且更妙的是，我可以在不至于囤货的情况下支撑股价，这样就不会增加我将来必须卖出的数量。请注意，我这样做的时候并不会让我的财力有所耗损。当然，我做的其实只是回补我先前在较高价位放空的仓位而已。你要时刻让交易者和公众明白，这只股票在下跌时也会有买盘。这样既能阻止职业炒手莽撞放空，又能阻止恐慌的持股者出清股票。当一只股票越来越弱时，通常你会看到这一幕，尤其是股票缺乏支撑的时候，而这些回补空头仓位的买进方法，我称之为稳定过程。

当市场越涨越高时，我当然也会顺势卖出股票，但从来不会卖得过多以至于阻止涨势。我这样做是在严格执行稳定计划。很明显，我合理有序地在涨势中卖得越多，就越能鼓舞保守的投机者进场。这些人比鲁莽的场内交易员更多，而他们的买进将使股票在不可避免的疲弱日子里有了强力支撑。我一直在放空，因此总是能在不危及自己处境的情况下支撑这只股票。通常，我会在可以获利的价位开始卖出，但一般而言，我的卖出并没有为我带来利润，纯粹只是为了创造或增加我所谓的无风险买进力量。我要做的不仅是抬高价格，为客户抛售一大批股票，还要为自己赚钱。这就是为什么我不要求客户提供操作资金的原因。我的酬劳由成功与否来决定，我做得越成功，得到的报酬就越多。

当然，我所描述的这些，在实际操纵过程中，并不是一成不变的。我从来没有，也不曾坚持，我会根据情况调整我的要求和条件。

要将一只股票分散卖给公众，就必须先把股价操纵到尽可能的最高价，然后卖掉。我一再强调这一点，因为这是基本原则，但公众显然以为卖出行为只会出现在头部。有时候股票会出现涨不动的现象，这就是卖出的时机。当然，价格会因为你的卖出而下跌，甚至跌幅超过你的预期，但通常你可以把它再拉上来。只要我所操纵的股票能够在我的买盘推动下上涨，我就知道这一切都还在掌握中。此时，如果需要的话，我会充满信心地用自己的钱买进，就像我买进其他股票一样，一点都不担心。这就是应用最小阻力线操作。你还记得我的最小阻力线操盘术吗？只要价格的最小阻力线确立了，我就顺着它的趋势操作，这不是因为我在那一刻正在操纵那只股票，而是因为我时刻都是一名股票作手。

如果我的买进并没有使股票上涨，我就会停止买进，然后随着跌势一路卖出；即使我并没有操纵这只股票，我也会这么做。正如你所知，抛售一只股票的方法，就是在下跌过程中一路卖出，而在跌势中抛售的股票数量通常是非常惊人的。

我再一次强调，在操纵的过程中，我时刻不忘自己是一名股票作手。毕竟，我作为股票操纵者所遇到的问题，和作为股票作手是完全一样的。当操纵者不能使股票再听从自己指挥时，所有的操纵就要结束。如果你所操纵的股票并没有如你预期地表现时，马上退出。不要和报价带争辩，不要试图挽回利润。在能退出的时候赶紧退出，这样损失最小。

第二十一章　操纵成功案例与操纵
失败案例

"他们从不考虑价值，只考虑价格；他们不以大势为依据行动，而是在恐惧的驱使下行动。"

杰西·劳伦斯顿·利弗莫尔

(1877 年 7 月 26 日—1940 年 11 月 28 日)

导　读

主题

- 操纵成功与失败，以案例作说明，
  筹码计算与分析买权逻辑、方法、策略、
  流程过程、人性、基本情势与大势

- 大环境改变，操纵随之调整

- 股市操纵与场外销售股票和
  债券的区别在于客户的不同，
  而不是手法

- 发行债券，承销商增资股，都隐含在操纵中

图 21-1　先研究图中的主题，再阅读内文

在第 19 章中，我们就讲到了人性问题。在本章，又特别说明了人性在操纵里扮演重要角色。

问题思考：造成操纵成功与失败的原因有哪些？

本章 2 个案例

案例 1：操纵帝国钢铁股票，操纵成功。

案例 2：操纵石油产品公司股票，操纵失败。

操盘逻辑

本章以两个案例来做操纵说明。第一个操纵帝国钢铁股票案例的最后一段说到：操作股票时，从来不会忘记基本交易原则。重复强调："我从不与报价带争辩，也从不因市场表现而动怒。"即便是经常操纵获胜的人，也意识到在投机游戏中不能带有情绪。但是，即便是一些最成功的操纵者，在市场表现与他们的预期不符时，会像泼妇一样骂街，屡见不鲜，他们把这种情形看成是奇耻大辱，失去了平常心，然后就亏钱了。这里强调操纵的过程中，情绪管理是成功的一环。

第二个案例是操纵石油产品公司股票，操纵失败的案例。明明可以操纵，为何操纵会失败呢？

当然是操纵到一半时，大环境已经改变了，或者你的预判有失误的地方，这时候你就要去做调整。在操纵的过程中遇到状况，如何去调整，利弗莫尔在书中举了实战来说明，这涉及操纵的功力与经验。

一般人看到一只 12 美元或 14 美元都乏人问津的股票，突然之间涨到 30 美元，就会认为涨势已经到头了。但当这只股票又涨到 50 美元、60 美元、70 美元，甚至 75 美元时，心想这下总不会再上涨了吧！

它在几周前价格还不到15美元呢！结果它又突破了80美元、85美元。此时，一般人就不会再想到涨势总有尽头这回事了，他们从不考虑价值，只考虑价格；他们不以大势为依据行动，而是在恐惧的驱使下行动。这里描述要操纵得宜，必须先要了解人性。

操纵，在前端的作业，可分为内部与外部。外部指的就是大环境，内部指的是股票的筹码状况、大股东的状况、公司体制的状况。操纵过程中，经常会遇到很多的突发状况，这时是考验操纵者的动态应变能力。例如要提防大股东偷偷出货，或要提防场内交易员跟单。所以，当你在考虑这股票适不适合操纵的时候，其实那只是操纵时最前端的功课而已。这里值得我们注意的是，利弗莫尔操纵的股票，并不是自己去找的，是客户来请求他帮忙的。但他也不是全部都同意协助操纵，你注意到他的操纵原则了吗？他的考量点有哪些？

操纵的基本原则：

1.是否接受委托？

2.评估：大环境、公司筹码、大股东状况、公司体制，操纵的报酬。

3.目标价、买权、该股票是否能顺利消化卖单。

如何拉抬价格？上涨时会有多少卖压、要准备多少资金吃掉委托单、买进来的股票不能马上再卖出、创造涨势确立的信号、创造未来可以吸纳手中持股的市场。这些都是操纵时要考虑的重点。

重点摘要

1.作为回报，我不要求任何现金，但要求10万股帝国钢铁公司的股票买权，执行价格从70美元到100美元。

2.我尽可能地保护自己。该集团拥有或控制着70%的已发行股份，我要求他们把这70%的股份存放在信托账户。

3.我发现，最好的散布消息的人及最具说服力的推销员，非报价带莫属。

4.一些最成功的操纵者，在市场表现与他们的预期不符时，会像泼妇一样骂街，而且这种情况屡见不鲜。他们似乎把这种情形看成是奇耻大辱，因而失去了平常心，然后就亏钱了。

5.股市操纵与场外销售股票和债券的区别在于客户的不同，而不是手法。

6.摩根公司将债券卖给公众，我们称之为向投资者发行债券；而作手将大批股票倒给公众，我们称之为投机者在操纵市场。

我很清楚通则的叙述不会让人印象深刻，但为了更清楚地说明这一点，我可以举个具体例子：我是如何把一只股票的价格拉升了30点，并且为了达到这个目的，我只买进仅仅7000股。同时我还创造出一个足以消化任何数量卖单的庞大市场。

这只股票是帝国钢铁。帝国钢铁公司的发行人声名显赫，其股票被人们到处宣传，说它是一只很有价值的股票。其股本的30%被公开发行，由多家华尔街经纪公司承销。但上市后，这只股票并没有显现出非常活跃的交易。偶尔有人问起这只股票时，内部人士会说，公司的利润优于预期，前景一片看好。就公司业绩而言确实如此，但投资者并未因此而兴奋不已。对投机者来说，这只股票没有什么吸引力；对投资者来说，这只股票的价格稳定性和分红持续性，也没有得到该有的表现。这是一只从来没有大幅波动过的股票，连内部人士提出的报告都没有让它大涨过，当然，也从来没有大跌过。

帝国钢铁就是这样，没人喜欢，没人欣赏，也没人提起。这样的股票不会下跌，因为没人卖出；没人卖出是因为没人愿意去放空一只如此集中持股的股票。放空者的命运会完全被掌控在大量持有股权的内部人士手中。同样，它也没有什么诱因值得让人买进。对投资者来说，购买帝国钢铁股仍然属于投机，不属于投资；对投机者来说，这是一只死气沉沉的股票，一旦你买进，就会陷入动弹不得的处境，因而不适合买进。买了这只股票之后，就像持有一只僵尸股一样，一两年之后，你会发现损失比当初买进的成本还要高，而当真正好的标的出现时，你又会发现自己被这只股票绊住而无法抽身。

有一天，帝国钢铁承销集团的代表及其他成员前来找我。他们想为自己持有70%股份的这只股票造市，并希望我以最合适的价格帮他们抛售手中的持股，

希望至少能让他们比在公开市场卖出拿到更多的钱。他们想知道什么样的条件我愿意接下这桩差事。

齐克用注解：

> 以为帝国钢铁造市为例，说明自己如何承揽操纵业务，以及说明操纵的过程。

我告诉他，过几天给他答复，于是我开始研究这只股票。我派了几个专家前去打探帝国钢铁公司的各个部门，包括生产、业务和财务部门。他们在访查后给我带来了中立并公正的报告。我并不是想要找出这家公司的优点和缺点，而是想了解他们的实际情况。

这些报告显示，帝国钢铁是一只好股票，其前景十分看好，只要投资者愿意等待，以现在的市价买进就是很划算的交易了。这种情况下，这只股票最可能且最合理的走势就是上涨，换句话说，就是考虑这只股票的未实现的利益之后，现在的价格是被低估的。因此，不管从良心或信心方面来说，我都没有理由不接操纵帝国钢铁的任务。

我把自己的看法告诉对方，然后他再次来到我的办公室商谈具体细节。我对他说，**作为回报，我不要求任何现金，但要求 10 万股帝国钢铁公司的股票买权，执行价格从 70 美元到 100 美元**。有人会说，这可是一大笔费用，但他们应该考虑到，内部人士自己肯定无法以 70 美元的价格卖出 10 万股，甚至 5 万股也不可能。没有市场能消化如此规模的卖单。尽管人们大谈帝国钢铁的利润如何丰厚与前景如何辉煌，但这些都没有吸引到买家的目光，当然也就没有大量的买盘出现。此外，除非我让我的客户先赚得几百万美元，否则我也拿不到报酬。我索取的并非高得离谱的出货佣金，而是相当公平的应有费用，我能拿到多少酬劳，完全取决于如何完成任务。

齐克用注解：

> 操纵的报酬不是现金，也不是股票，而是买权。

我知道这只股票离真实价值还有上涨空间，而且整体趋势正处于多头，这将有利于所有绩优股上涨，因此我认为自己可以胜任这项工作。我的客户被我的说辞打动了，感到欢欣鼓舞，马上接受了我的条件，而我们的合作就在一团和气中开始了。

我先着手尽可能地保护自己。该集团拥有或控制着 70% 的已发行股份，我要求他们把这 70% 的股份存放在信托账户，因为我可不想被大股东们利用，作为他们出货的工具。这样，大部分的股份就被冻结了，但我还得考虑流通在外的 30% 股份，不过这是我必须承担的风险。有经验的投机者从来不会指望能找到毫无风险的交易。事实上，那些存放在信托账户里的股票就不可能在市场中抛售，正如人寿保险公司的投保人不可能同时全部死掉一样。估算股票市场风险，就像寿险公司精算人类死亡率一样。

齐克用注解：

在正式操纵之前，要先计算好筹码状况以及过程中的风险。

做了风险保护的操盘过程，免于被一些可避免的风险干扰后，我开始着手准备行动。目标是让我的股票买权有利可图。为了达到这一目标，我必须拉升价格，并培养出一个庞大的市场，足以让我出清 10 万股的股票——即我持有的 10 万股买权标的。

我做的第一件事，就是要弄清楚在上涨过程中市场上会冒出多少股票来。这很容易办到，只要委托我的经纪人查一下，在当前或比当前价位稍高的价格有多少卖单就可以了。我不知道场内交易员是否会把场内买卖委托单的情形告诉他们。当时的价格是 70 美元，但这个价格我连 1000 股都卖不掉，甚至在稍低于 70 美元的价位，都找不到较大的买单。**我必须依照经纪人给我的信息行动，他们告诉了我有多少股票正待出售，而买盘需求又是多么地少，这些讯息就已经足够了。**

齐克用注解：

在操纵开始之前，要先了解帝国钢铁的市况。

在了解情况后，我马上悄悄地吃进 70 美元及以上价格的卖单。你知道，我说"我"的时候，实际上指的是我的经纪人。成交的卖单都来自一些小散户，因为我客户的股票被冻结之后，他们原本在市场上的卖单自然就被取消了。

我知道不需要买进很多股票，而且还知道，只要涨势确立，就能吸引其他买单进场——当然，还有卖单。

我没有散播任何有关帝国钢铁的利多消息，我不需要这样做。我的工作是通过最好的宣传手段，直接影响市场人气。我并不是说利多消息完全没用，宣传一只新股的价值就像是宣传衣服、鞋子或汽车的价值一样，也是合理和需要的。正确而有效的消息应该是由公众给的。我的意思是说，报价带已经给了我想要让公众知道的所有信息。我曾说过，一些财经报纸总是以新闻的形式刊登对市场波动的解释，而读者不仅要求知道股市发生了什么，还要求了解为什么发生。因此，操纵者根本不用自己动手，财经记者就会把所有能够获得的消息和流言蜚语刊登在报纸上。除此之外，他们还会分析盈余报告、交易状况和产业前景。简言之，任何有助于说明上涨的原因，都能在报纸上找到。如果有记者或熟人向我打听关于某只股票的观点，而我又正好有的话，那我一定毫不犹豫地告诉他们。我不主动提供建议，也不给内幕消息，但我知道秘密地操作是得不到好处的。与此同时，**我发现，最好的散布消息的人及最具说服力的推销员，非报价带莫属**。

齐克用注解：

只要价格能持续明确地上涨，自然就有人会帮忙找理由宣传。

当我将 70 美元以及略高于 70 美元的卖单全部买下后，市场的卖压被我化解了，而帝国钢铁的最小阻力线也因此更加清晰了，它的趋势明显向上。观察力敏锐的场内交易员看到这一点后，自然就认定帝国钢铁正在酝酿涨势，他们不知道这波涨势会在哪里结束，但他们知道应该买进了。他们对帝国钢铁的需求完全是由显而易见的上涨趋势造成的，而告诉他们这一信息的，是从不出错的报价带所透露出来的多头信息！至于上涨趋势是如何形成的？那当然是我激发的。此时，我把刚从被震出局的卖家手中买来的股票，再卖给了这些场内交易员。当然，我卖出股票的时候十分小心，因为我手中还有许多股票没卖。我并没有把我手中的股票硬卖给市场，也不希望涨势发展得太快。现在这个阶段就卖出我那 10 万股中的一半，是并不合适的举动。我的任务是创造一个够大的市场，让我把所有的股票脱手。

但是，即使我所卖出的股票数量和交易者们迫不及待想买进的数量相当，市场还是暂时失去了原本来自我的买盘的支撑力道。没过多久，交易者的买单消失了，而价格停止了上涨。一旦发生这种情况，失望的多头或那些买进理由消失的交易者便开始抛售。但我对交易者的卖出早有准备，价格一路下跌时我一路买进，把刚才卖给交易者的股票，以低几个点的价格又买了回来。我十分清楚，这次买进的这些股票，过些时候还是要卖掉的，但我现在的买进可以阻止跌势。一旦价格停止下跌，卖单也会停止进入市场。

然后我又如法炮制，重新开始。我一路买进所有的卖单——其实也没多少——价格在略高于 70 美元的水平处开始了第二次上涨。别忘了，在刚才的下跌中，有好多持股者后悔没在高位抛售股票，又不愿意在价格回落三四点之后卖出。这些投机者总是信誓旦旦地表示，下一次反弹时一定得卖掉手中的股票。他们在涨势中挂出卖单，而随着价格趋势的变化，又改变了主意。当然，一些短线炒手会在涨势中获利了结，对他们来说，只有进入口袋的钱才是利润。

之后，我所要做的只是重复刚才的过程，一会儿买，一会儿卖，但最终总是能让价格有所上涨。

有时候，当你买进了所有的卖单后，价格急遽上涨，这会造成所谓的抢买效应。这是绝佳的宣传手段，因为这不仅能让坊间开始谈论这只股票，还能吸引职业作手和时刻想进场交易的投机者。我认为，这样的投机者为数众多。我在帝国钢铁时就是使用这一手法，每当需求因抢买而暴增时，我就会供应全部的筹码。我的卖单总是能将上涨行动控制在某个幅度和速度区间内。我在下跌时买进，在上涨时卖出，就这样，我不仅拉升了价格，还扩大了帝国钢铁的市场流通性。

自从我开始操盘后，投资人不能随心所欲地买进或卖出帝国钢铁的情形，再也没有发生过；我指的是买进或卖出合理数量，而不会引起价格过度波动的情况。一买进就被套，一卖出就被轧空的阴霾一扫而空。专业交易者和大众对帝国钢铁的市场表现逐渐产生了信心，这将大大有利于价格的上涨；当然，在股票交易活跃之下，还扫除了其他诸多障碍。结果，在反复买卖了成千上万股帝国钢铁之后，我成功地将股价拉升到了面值。每股 100 美元的帝国钢铁，人人都想买，不是吗？现在，人人都知道这是一只好股票，它曾经价廉物美，现在依然如此。股价继续上涨，就是最好的证明。一只可以从 70 美元涨到 100 美元的股票，一定可以从 100 美元再上涨 30 美元。这就是很多人的如意算盘。

将价格拉升 30 点的过程中，我只囤积了 7000 股。这批股票的平均成本为 85 美元，这意味着每股还多了 15 美元的利润。当然，从账面上来看，我的整体利润要比这个数字大多了。这笔利润相当安全，因为我已经培育出一个足以消化我所有持股的市场了。如果谨慎操作，价格还能再进一步拉升，而我手上还握有 10 万股累进执行价的买权，执行价格从 70 美元到 100 美元不等。

后来，受到环境改变的影响，造成我无法执行一定成功的操纵计划，无法将账面利润转换成现金。不是我自夸，照理说，这是一次完美的操纵，完全合法并且成功。帝国钢铁的资产很有价值，股票即使在更高的价位也不贵。最初承销集团中的一个成员，后来希望能确保这家公司的控制权——这是一家声名显赫且资金雄厚的银行。对银行来说，像帝国钢铁这样繁荣成长的公司，或许掌握控制权会比个人投资更具吸引力。无论如何，这家银行向我开价，想收购我所有的买权。对我来说，这意味着一大笔利润，因此我马上就接受了。无论使用什么方法，只要能让我卖出，并且赚得丰厚的利润，我都非常乐意接受，而我对自己在这次操作的绩效十分满意。

在我抛售 10 万股的买权之前，我注意到，这些银行家雇用了一批专家，对帝国钢铁进行了极其彻底的考察。他们的报告促成了银行家向我收购股票买权的决定。此外，我自己还留了几千股作为投资，因为我对这只股票有信心。

我对帝国钢铁的操纵，没有任何不正当或不合适的手段，只要价格在我的买单推动下上涨，我就知道一切没有问题。股票走势有时候会陷入僵局，或举步维艰，但这种情形在帝国钢铁身上从来没有发生过。一旦发现股票没有因自己的买进而出现正常的反应，你就应该卖出。要知道，如果一只股票确实有价值，而且市场整体趋势也是向上的，那么即使下跌了 20 点，你也可以在下跌之后把它拉上来。但帝国钢铁这只股票，我从来不用如此操心。

我在操作股票时，从来不会忘记基本交易原则。或许你会感到奇怪，为什么我要反复强调这一点，为什么我要一直唠叨"我从不与报价带争辩，也从不因市场表现而动怒"。你一定会想，那些在操作中赚了几百万美元，并且在华尔街也经常获胜的人，肯定会意识到在投机游戏中不能带有情绪，不是吗？噢，或许你听了后会大吃一惊，一些最成功的操纵者，在市场表现与他们的预期不符时，会像泼妇一样骂街，而且这种情况屡见不鲜。他们似乎把这种情形看成是奇耻大辱，因而失去了平常心，然后就亏钱了。

坊间有很多关于我和约翰·卜兰迪斯不和的流言蜚语。 人们都认为这是一个有关股市操盘的传奇故事，由于背叛而导致操作失败，我或他因此损失了好几百万美元。噢，事实并非如此。

齐克用注解：

这里开始谈利弗莫尔的另一个操纵失败的案例。

卜兰迪斯和我是多年的朋友，他曾给过我很多次的获利信息，我也给过他一些建议，但我不知道他是否采纳过我的建议。如果他采纳了我的建议，那么他肯定会减少许多损失。

他在"石油产品公司"的组织和推广方面，发挥了重要作用。这只股票经历了成功上市之后，整体趋势表现开始不尽如人意，石油产品公司的股票也没有如卜兰迪斯及其伙伴所希望的强劲表现。当基本情势开始好转后，卜兰迪斯组织了一个**资金集团**，开始操纵石油产品公司。

齐克用注解：

资金集团是指公司派与亲公司派的主力与金主。

至于他的操纵技术好坏，我也说不出个所以然。他不对我说，我也从来不问。很明显地，尽管他拥有丰富的华尔街经验，而且精明无比，但他所做的都是白费力气。资金集团很快就发现了，他们无法抛售大批的股票。他一定试过了所有的可行方案，因为要不是资金集团管理人认为自己无法胜任，他是绝对不会让一个外部人士来取代自己的。对一般人来说，承认自己无法胜任工作是很丢脸的事。不管怎么说，他前来找我，略作寒暄之后，说想让我来操作，负责把资金集团所持有的石油产品公司股票全部卖掉。这批股票的总数略高于10万股，当时股价在102美元到103美元之间。

这件事让我感到有些不寻常，于是我婉言谢绝了他，但他坚持要我接手，甚至**拿私人交情来说服我，因此最后我还是同意了**。我一向不喜欢做没有十足把握的事，但我又觉得对待朋友应该讲义气。我说我会尽力，但我也告诉他，对这事没有十足的把握，并一一列举了我可能遇到的困难。但卜兰迪斯表示，他并不指望我能给资金集团带来几百万美元的利润。他确定地表示，只要我愿意接手，就能做到让所有讲道理的人感到满意。

齐克用注解：

利弗莫尔的一生中，有数次都是因为人情世故，人性的问题，做出了失败的交易。

噢，就这样，我卷入了违背自己判断的事。我担心的事情还是发生了，事情没有那么简单，主要原因是卜兰迪斯在替资金集团操盘时犯了大错，但对我来说，最大的困难是时间紧迫。我确信，市场正快速地接近多头上涨的末端，因此，曾让卜兰迪斯感到高兴的市况，虽然越来越好，但注定只是昙花一现。我担心的是，在我将大部分石油产品公司股票卖出之前，市场就已经真正进入了空头。不过，既然我已经作出了承诺，我还是决定尽力为之。

在我开始拉升股价初期，取得些许成功。我记得当初把价格拉升到 107 美元左右，这个价位已经相当不错了，我甚至可以在这个价位抛售一些股票。虽然卖出的数量不多，但没有让资金集团进一步增加持股，这已经让我很高兴了。有好多资金集团之外的人士，正在等价格出现小反弹时出货，而我就成了他们想要倒货的对象。如果整体情势能够好一点，也许我就能表现得更好。卜兰迪斯没有让我早点接手，真是太失策了。现在，我所能做的，就是以尽可能少的损失帮资金集团出货了。

我派人去找卜兰迪斯，传达我的看法，但他不赞同，于是我跟他解释为何如此做。我说："卜兰迪斯，我可以清楚地感受到市场的脉动。你的股票没有人跟进。你一眼就可以看出公众对我的操纵有什么反应。听着，尽管你竭尽全力增加石油产品的吸引力，随时给予需要的支持，但到头来你会发现，公众根本对它不感兴趣。由这一点来看，一定是哪个地方出了问题，有问题的不是这只股票，而是整体市场状况。强行推动股价是没用的，如果你坚持这么做，那结局注定是失败的。作为资金集团的管理人，你应该在有人跟进时买进自家的股票。但如果你是市场上唯一的买家，这时候继续买进，就太愚蠢了。一般来说，如果我买进 5000 股，那么公众也应该愿意跟着买进 5000 股，甚至更多。我肯定不会去做市场上唯一的买家，如果我那么做了，唯一的结局就是被我根本不愿意持有的一大堆股票给淹没了。现在只有一件事可以做，那就是卖出，且唯一的解决方法，就是卖出！"

"你的意思是，不惜一切代价卖出？"卜兰迪斯问道。

"对！"我说。我可以看出他又要表示反对了，"如果我不惜一切代价卖出集团持有的股票，那你要有心理准备，股价将会跌破面值，而且……"

"喔，不！绝对不可以！"他吼道。你可以想象，我的建议好像是要他去参加自杀俱乐部一样。

"卜兰迪斯，"我对他说："为出货而拉升股价，这是股票操纵最基本的原则。但你无法在自己拉升的涨势中卖掉大部分持股，你做不到。大量卖出只有在头部开始下跌的过程中才能做到。我没有办法把你的股票拉升到 125 美元或 130 美元。我很想要这么做，但实在是做不到。因此，你必须在目前的价位就开始卖出。依我看，所有的股票都会下跌，石油产品公司也不例外。既然所有股票都避免不了下跌的命运，那么宁可让它因集团的卖出而下跌，也不要等到下个月因其他人的卖出而下跌。"

我看不出这番话有什么令人伤心的，但他的哀号声十万八千里之外都听得到。他根本听不进这番话。他认为这将给这只股票留下不好的记录，更不用说质押在银行里作为贷款担保品的那些股票会遭遇到什么样的厄运。

我再一次告诉他，根据我的判断，世界上已经没有什么能抵挡得住石油产品公司下跌 15 或 20 个点了，因为整体市场都在下跌。我再次强调，指望这只股票成为令人惊讶的黑马股根本是天方夜谭。但我的话依然没有什么作用，他坚持要我支撑这只股票。

他是个精明的生意人，是当时最成功的股票推手，他在华尔街做过无数次的买卖，赚过好几百万美元，远比一般人更加了解投机游戏，但他居然坚持要在空头市场的初期支撑一只股票。虽然这是他操作的股票，但这样做是愚蠢的。尽管我和他的意见完全相反，我仍然试图说服他，但一点用都没有。他坚持要我下单买进来支撑石油产品的股价。

当然，在整体市场转弱且跌势真正开始之后，石油产品公司也随着其他股票一起崩跌了。我不但没有卖出，反而依照卜兰迪斯的指令持续为内幕资金集团买进股票。

卜兰迪斯坚持要我买进股票，唯一的解释就是他不相信现在已经要进入空头了。我自己则坚信多头市场已经结束。我已经证实了最初的预测——我不仅检验了石油产品公司，也检验了其他股票。我没等空头市场完全展开，就开始放空了。当然，我没有卖出任何一股石油产品公司股票，不过我放空了一些其他的股票。

如我所料，石油产品资金集团死抱着他们一开始就持有的股票，竭尽全力地维护股价，但根本于事无补。**最后，他们还是不得不出清持股了，但比当初我建议要卖出时的价格低得多了**。这是必然的结果，但卜兰迪斯仍然认为自己是正确的。我了解他说这话的意思。他认为整体趋势是向上的，而我之所以给他这样的建议，是因为我在其他股票上有空头仓位。当然，这意味着，如果资金集团在此时不惜一切代价出货，石油产品将崩盘，这将有利于我在其他股票上的空头仓位。

齐克用注解：

这里是操纵失败案例的结束处。

这完全是无稽之谈。我看空，绝不是因为我有空头仓位，而是我对情势的评估。至于放空操作，那是我转而看空的事了。做错不认错，肯定不会有好下场，至少在股市中是如此。我为资金集团拟订卖出计划的基础是我 20 多年的经验，它告诉我，此时卖出不仅可行，而且明智。卜兰迪斯身为经验丰富的交易者，理应和我一样对此心知肚明，而那时候再做任何努力也已经为时已晚了。

我认为卜兰迪斯和成千上万的外部人士一样，都幻想着操纵者无所不能，但事实并非如此。吉恩最大的成就是 1901 年春天在美国钢铁普通股和特别股的操作，他之所以能成功，并不是因为他精明能干或是资源丰富，也不是因为有一个全美国最富有的人所组成的集团在背后支持他。当然，这些因素也是有一些作用，但主要原因还是整体市场趋势是正确的，公众情绪也是正确的。

违背经验法则及常识，是不会有好下场的。在华尔街，并非只有外部人士才是傻瓜，而卜兰迪斯对我心怀怨气就是傻瓜行为。他生气的原因是，我只按照自己想要做的方法操纵，而不是听从他的要求来操纵。

如果操纵的目的是为了卖出大批的股票，那么只要在操作过程中没有故意扭曲事实，操纵的本身就没有什么神秘、卑鄙或不正当之处。成功的操纵必须建立在合理的交易原则上。提到操纵，人们总是强调洗盘之类的老式手法，但我可以向你保证，纯粹的欺骗在操纵过程中只占微不足道的一小部分。股市操纵与场外销售股票和债券的区别在于客户的不同，而不是手法。摩根公司将债券卖给公众，我们称之为向投资者发行债券；而作手将大批股票倒给公众，我们称之为投机者在操纵市场。投资者追求的安全且稳定的收益报酬，而投机者追求的是快速获利。

市场操纵者的主要市场必然来自投机者。只要有很好的机会获得高额的资本利得，投机者就愿意承担高于一般水平的风险。我从来不相信盲目的赌博，我也许会赌一把，也许会买 100 股，但不管是赌一把也好，买 100 股也好，我都有理由。

我清楚地记得自己是如何进入操纵市场的游戏，我指的是为别人出货。回忆这件事让我很愉快，因为它充分展现了华尔街专业人士对股市操作的态度。**操纵这件事发生在我东山再起之后，也就是 1915 年伯利恒钢铁让我再获成功之后。**

齐克用注解：

利弗莫尔从事操纵，是紧接着在帮客户做代操业务之后。

我的操作相当稳健，而且运气颇佳。我从不指望披露在报纸上，也不刻意隐藏自己。你知道的，只要某个作手表现得非常活跃，他的成功或失败就会被华尔街无限夸大地谈论，而报纸也一定会打探并刊载关于他的传闻。有人说我破产过好多次，也有人盛传我赚了好多钱。对此，我的唯一反应是，很纳闷这些传闻是从哪里来的，如何产生的，如何越传越神？我的经纪人朋友接二连三地来告诉我同样的故事，每次都稍有改变，而且越说越详细，越说越玄。

我说这些是为了告诉你，我是如何开始帮别人操纵股票的。这要归功于报纸的报道，我是如何还清数百万美元的债务。报纸将我的操作和获利大大地吹嘘了一番，使我成了华尔街闲聊的话题。当时，一个作手下 20 万股的单就能主宰市场的日子已经一去不复返了，但你知道的，公众总是希望能找到老一辈领导者的接班人。作为一名本领高强的股票作手，吉恩为自己赢得了数百万美元，这让股票承销商和银行都来找他帮忙，希望卖出大批的股票。简言之，他之所以如此受到欢迎，是因为华尔街听说了他往日交易的辉煌成绩。

但吉恩已经去世了，到了天堂——他曾经说，除非**西桑比**在那儿等他，否则他才不愿上天堂呢。在他之后，还有两三个人曾在股市呼风唤雨，但过不了多久就销声匿迹了。我指的是那几位来自西部的投机客，他们 1901 年来到华尔街，在美国钢铁这只股票上赚到了数千万美元，之后便留在华尔街。与其说他们是吉恩那种类型的作手，不如说他们是超级承销商。他们非常能干，且极为富有，而且操纵他们自己和朋友公司所控制的股票也非常成功。他们并不是吉恩或佛劳沃尔州长那样伟大的作手，不过他们的经历已足够流传于华尔街，而且他们在专业和风格激进的经纪公司里有一大批的追随者。当他们不再活跃于交易场所后，华尔街就找不到操盘手的趣闻了；至少报纸上不再有关于他们的报道了。

齐克用注解：

　　西桑比 (Sysonby) 是一匹著名的纯种赛马。它在一次大赌注的比赛中被人下毒而身亡。根据《纽约时报》的报道，吉恩听到西桑比中毒身亡时非常震惊，因为在他所拥有的赛马中，西桑比是他的最爱。

你应该还记得，1915 年纽约证券交易所恢复交易之后，我们迎来一个大多头市场。随着市场规模越来越大，以及协约国在美国的采购额达到数十亿美元，我们进入繁荣期。就操盘这件事而言，你不费吹灰之力就能为"战争新娘"创造出一个无穷大的市场。许多人因为手中握有合约，有的甚至只是合约承诺，就能赚到几百万美元。他们获得了友好银行家的鼎力相助，或把自家的股票拿到场外市场去交易，从而成了成功的承销商。只要会包装，什么东西都能让公众趋之若鹜。

当繁荣高峰过去后，一些承销商发现自己需要专家的协助，才能将手中的股票卖出去。这个时候，公众已经持有各式各样的证券，有些还是以高得离谱的价格买来的，因此，想卖掉那些未经市场检验的股票，绝非易事。繁荣过去后，公众普遍认为，没有东西会上涨。这不是公众变得聪明了，而是盲目买进的日子已经一去不复返了。人们的心理状态改变了，甚至不需要出现价格下跌，人们就已经开始悲观了。只要市场变得沉闷，而且持续一段时间没有起色，就会让人们感到大事不妙。

在每一次的繁荣中，都会有一些公司成立，其主要目的或多或少就是想利用公众对股票饥不择食，但也有一些股票的发行错过了最佳时机。承销商之所以会犯这样的错，是因为人性造成的，他们不愿意承认繁荣期已经结束。此外，他们认为，只要潜在的利润够大，任何的冒险都值得一试。当人们的双眼被一厢情愿所蒙蔽时，是看不见即将到来的头部。**一般人看到一只12美元或14美元都乏人问津的股票，突然之间涨到了30美元，就会认为涨势已经到头了。但当这只股票又涨到了50美元、60美元、70美元，甚至75美元时，心想这下总不会再上涨了吧！它在几周前价格还不到15美元呢！结果它又突破了80美元、85美元。此时，一般人就不会再想到涨势总有尽头这回事了，他们从不考虑价值，只考虑价格；他们不以大势为依据行动，而是在恐惧的驱使下行动。**这就是那些外部人士虽然够聪明不会在高位买进，却也不知道要在高位获利卖出的原因。在股市繁荣期最先赚到大钱的一定是公众，但那只是账面利润，而且始终只是账面利润。

齐克用注解：

　　这里描述的是人性。

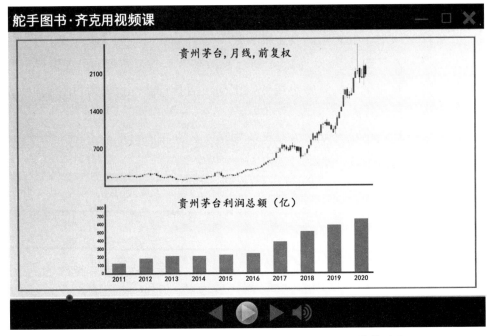

附图 利弗莫尔实战课：远离庄股，选择那些持续盈利的优质公司

第二十二章 利用小道消息来成功操纵造市

"缺乏内部人买进，一般可视为相当明确的利空信号。"

杰西·劳伦斯顿·利弗莫尔

(1877 年 7 月 26 日—1940 年 11 月 28 日)

导 读

主题

- 操纵，证券承销商，造市

- 小道消息与偷跑钩心斗角对操纵的影响

- 透视市场参与者

图 22-1　先研究图中的主题，再阅读内文

本章 1 个案例

案例 1：联合炉具。

联合炉具由三家著名的炉具公司整合而成。

它们是格瑞炉具公司、米德兰炉具公司、西部炉具公司。

问题思考：造成操纵成功的原因有哪些？

操盘逻辑

本章只有一个案例，利用小道消息，完成新股上市，造市成功，做操纵说明。合法发行新股上市，成功造市抛售持股。造市也是操纵的一种。

巴恩斯，我的经纪人公司，联合炉具的承销商。

换股比例为 4 联合炉具（新股）＝ 1（格瑞炉具）：4（米德兰炉具）：4（西部炉具）。

马歇尔国民银行借给他们 350 万美元，质押品是 10 万股新公司的联合炉具股票。承销团保证，发行价格不会低于 50 美元。

结果是以每股 50 美元发行，被超额认购了 25%。

它从未超过最初略高于 50 美元的定价。巴恩斯和他的朋友们进场护盘，维持在 40 美元之上。价格如期下跌，直到 37 美元才稳下来。贷款成本是每股 35 美元（以 10 万股股票为抵押品换取 350 万美元贷款）。

巴恩斯找我，帮忙卖掉 10 万股，偿还 350 万美元的银行贷款。

克里夫顿·凯恩公司持有 7 万股。赛缪尔·戈登也持有 7 万股，书亚·沃尔夫也持有 6 万股，加总起来 20 万股联合炉具。

成立资金集团，并筹集 600 万美元，给集团 20 万股买权，执行价格 40 美元，所有股票交付第三方信托管理。

400 万美元已经到位，不必等剩下的 200 万美元了。那天早上，这只股票需求强劲，价格涨到 39 美元。联合炉具很快突破 40 美元，触及 42 美元。开始卖出那批作为银行抵押品的股票，平均卖出价 37 美元，就算达成任务。股价上涨的第一天，39 美元。第二天，突破 40 美元，触及 42 美元。第三天，开始抛售，抛售 3 万股。第四天和第五天，一直在抛售。已经替 10 万股抵押 350 万美元贷款股票卖光。

我答应将他们的持股以 25 1/2 美元的价格出清，如果价格高出 25 1/2 美元，那么高出部分的一半将作为我的报酬。当时的价位在 30 美元左右。要完成这一任务唯一的方法，就是不再试图拉升股价，而是顺着跌势一路卖出。

重点摘要

1. 这是华尔街的老伎俩，把股票颜色换一下，就能让它变得更值钱。比如说，若某只股票按面值出售很难卖出去，那么把这只股票一股分割成四股，分割后的新股就很容易以 30 美元或 35 美元的价格卖出，这相当于老股票的价格 120 美元或 140 美元，而老股票过去从来没达到这样的价位。

2. 缺乏内部人买进，一般可视为相当明确的利空信号。

3. 操纵股价时，就我所知，唯一能让股票上涨的办法就是买进它。

4. 他们仍然怒气冲冲，但我一点都不生气。生气不会给你带来任何好处。我不止一次地意识到，不能控制脾气的投机者是成不了气候的。

下面，我们进入内文。

有 一天，吉姆·巴恩斯来找我，他是我的主要经纪人之一，也是我的密友。他要我帮他一个大忙。他从来没对我提过这样的要求，因此我问他到底怎么了，只要我帮得上忙，我一定尽可能地帮他。他告诉我，他的公司持有某只股票，事实上**他们是这只股票的主要承销商，而且持有该公司大部分股票。由于形势所逼，他们需要在市场上抛售一大批股票。**吉姆希望我能为他们卖掉这批股票，这只股票是联合炉具。

齐克用注解：

这里的操纵案例是，承销商需要造市，抛售一大批股票。

我不愿意和这家公司扯上关系，原因很多，但巴恩斯有恩于我，现在他又坚持此事就是帮他个人的忙，单凭这一点，我就无法拒绝了。他是个好人，而且是我的朋友，我估计他的公司在这件事上牵涉颇深，因此我答应尽我所能帮忙。

在我看来，战争繁荣与其他繁荣之间最明显的区别在于股市出现了新的影响因素，那就是年轻的银行家。

这次的繁荣大势很强烈，其源头是显而易见的。与此同时，美国的大银行和信托公司也使出浑身解数，来帮助承销商和军火制造商，使他们在一夕之间成了百万富翁。这种情形离谱到，你只要说你有个朋友的朋友是协约国军方人士，你就能获得你所需要的资金，即使合约尚未完成签订。我还听到许多不可思议的故事，如小职员摇身一变成了公司总裁，拿着信托公司借来的几百万美元做生意，而且只要通过转手合约，就能获得一大笔利润。此外，黄金从欧洲源源不断地流入美国，而银行需要找到一些办法让这些黄金留在美国。

如此做生意或许会让老一辈的人忧心忡忡，但已经没剩下多少老人了。这在太平时期，头发花白的银行总裁或许还能应付自如，但在这个艰难时期，年轻人才是舞台上的主角。毫无疑问，银行获得了巨大的利润。

吉姆·巴恩斯和他的合伙人与马歇尔国民银行的年轻总裁交情甚笃，而且深获信任。**他们决定把三家著名的炉具公司整合成一家新公司——联合炉具，然后发售联合炉具的股票。几个月来，只把旧东西重新包装一下发行新股，公**

众就会趋之若鹜。

齐克用注解：

受到承销造市的需求，必须先整合三家炉具公司，才能有利
于大量释股。

麻烦的是，炉具业非常兴旺，这三家公司均发放了有史以来第一次的普通
股红利，而大股东们不希望失去控制权。这三只股票在场外交易市场非常受欢
迎，大股东愿意释出的股票都已经卖光了，而且对价格非常满意。但他们个人
的持股量太小，无法在市场上掀起大波动，这就是吉姆·巴恩斯的公司想要接
手的原因。巴恩斯指出，整合后的公司规模将够大，可以在证券交易所上市，
而新股将比旧股更有价值。这是华尔街的老伎俩，把股票颜色换一下，就能让
它变得更值钱。比如说，若某只股票按面值出售很难卖出去，那么把这只股票
一股分割成四股，分割后的新股就很容易以 30 美元或 35 美元的价格卖出，这
相当于老股票的价格 120 美元或 140 美元，而老股票过去从来没达到这样的
价位。

巴恩斯和他的合伙人成功地说服了持有格瑞炉具公司投机仓位的朋友们，
参与他们的整合行列，**条件是以 4 股新股换 1 股格瑞炉具。接着，米德兰和西
部两家炉具公司也步上格瑞炉具的后尘，以 1 股新股换 1 股加入了换股的整并
行列**。这两只股票在场外交易市场的价格大约 25 美元到 30 美元，格瑞炉具名
气更大而且已经配发了股利，其价格高达 125 美元。

齐克用注解：

格瑞炉具、米德兰炉具、西部炉具合并为联合炉具。1 股联
合炉具（新股）分别能换 1/4 股格瑞炉具，1 股米德兰炉具和 1
股西部炉具。

为了筹集资金来购买坚持套现的股东手上的股票，以及提供承销业务更多的
营运资金，巴恩斯必须筹集几百万美元，于是巴恩斯找上**马歇尔国民银行总裁，
他慷慨地借给他们 350 万美元，质押品是 10 万股新公司的股票。我还听说，承**

销团向总裁保证，股票价格不会低于 50 美元。这是一笔利润非常庞大的交易。

齐克用注解：

　　质押贷款成本价为 35 美元，故向总裁保证，市价不会低于 50 美元。

　　承销团所犯的第一个错在于时机。新股发行的市场已经饱和，这一点他们应该已经感觉到了。但尽管如此，如果他们舍去复制其他承销商在繁荣高峰时获得的不合理巨额利益，他们还是能获得一些利润。

　　但是你千万不要以为吉姆·巴恩斯和他的合伙人都是傻瓜，或是毫无经验的年轻人，他们可都是绝顶聪明的人。他们对华尔街的各种操作手法了如指掌，其中还包括好几位极其成功的股票作手。他们错在高估了公众的购买力，而购买力毕竟要在实际测试之后才能确定。他们最大的错误就是高估了多头市场持续的时间。我认为他们会犯错的原因在于，这些人过去太成功，而且来得太快，以至于自信满满地认为，他们可以在多头市场转向之前，完成这笔交易。他们都是大名鼎鼎的人物，在专业交易者和券商中都有很多的追随者。

　　这笔交易宣传得非常成功，报纸也作了大幅报道。这三家公司都是美国炉具业知名的品牌，产品更是风行全球。这次的合并是爱国的表现，各大日报都大谈新公司将如何征服全世界，以及亚洲、非洲和南美洲市场也在掌握之中。

　　新公司董事会的成员对财经版的读者来说，都是耳熟能详的人物。宣传工作做得十分出色。此外，匿名的内幕人士也在散播消息，信誓旦旦地保证价格将会如何，这使得人们对新股票的需求大增。最后的**结果是，这只以每股 50 美元发行的股票被超额认购了 25%。**

齐克用注解：

　　新股的成本价 25 美元到 30 美元。

　　想想看，承销团期望努力几个星期把股价拉高到 75 美元以上，使得新股平均卖价能超过 50 美元。这意味着整合前的三只老股的卖价要上涨 100%。在认购上应该释出足额新股，但他们没有这么做，而这就是危机。这说明每个行业都有自己的需求法则，专业知识比传统智慧更有价值。承销团受到出乎意料超额认购的鼓励，认定公众已经准备好用任何价格买进任何数量的新股。事实上，就没有足额发售股票这一点来说，他们真的是愚蠢。如果承销团打定主意要贪婪到底，那他们也应该贪婪得聪明一点。

当然，他们应该足额发售股票。这能让他们放空配发给 25% 超额认购的那部分股票，从而使他们在必要时能以无成本的方式支撑股价，而且不费吹灰之力就能占据十分有利的战略地位。当我在操纵股票时，我总是试图让自己处于这样的地位。他们原本可以阻止价格下跌，从而激发公众对新股价格的稳定性及其背后承销团的信心。他们本应牢记，他们的工作并不是把承销的股票卖给公众之后就结束了，因为那只是他们工作的一部分。

他们自认为做得非常成功，但没多久，两大资本失误的后果就显现出来了。公众不再买进新股，因为整体市场走势出现了回调。内部人士也开始退缩，不再支撑联合炉具的股价；如果内部人士在市场下跌中都不买进自家的股票，那么还有谁会去买呢？<u>缺乏内部人买进，一般可视为相当明确的利空信号</u>。

齐克用注解：

> 下跌过程中，缺乏内部人买进，是危险信号。

<u>不需要仔细看统计数字就能理解</u>。联合炉具公司的股价与市场上的其他股票一样上下波动，但它从未超过最初略高于 50 美元的定价。最后，巴恩斯和他的朋友们不得不进场护盘，把股价维持在 40 美元之上。没有在股票上市之初就支撑股价令人遗憾，但没有按公众认购的数量足额发售更是糟糕。

齐克用注解：

> 是指只要看价格数字波动，就能理解发行新股之后的状况。

不管怎样，这只股票如期在纽约证券交易所上市了，其价格也如期下跌了，直到 37 美元才止跌。它之所以能够维持在 37 美元的价位，是因为他们的贷款成本是每股 35 美元，也就是以 10 万股股票为抵押品取得 350 万美元贷款，吉姆·巴恩斯和他的合伙人不能让它进一步下跌。若是银行开始清算这笔贷款的话，价格还不知道会跌到哪里呢！公众在开始时就一窝蜂地抢买 50 美元发行的股票，现在跌到了 37 美元，却还是没人想买，说不定跌到 27 美元还是乏人问津。

随着时间的推移，银行过度信用扩张的问题引起人们的注意。年轻银行家的时代过去了，而银行业务似乎突然间倾向于保守。往昔的亲密战友如今被苦苦逼债，好像他们和银行总裁一起打高尔夫球的日子从来不曾存在。

银行用不着威胁还款，借款人也不用开口要求延期。双方的日子都不好过。例如，那家和我朋友吉姆·巴恩斯往来的银行，表面上还维持着笑容，但实际情形是："赶快还钱吧，否则我们都会陷入困境！"

面临这种困境，以及可能爆发的危机，使得吉姆·巴恩斯不得不来找我，请我帮忙卖掉 10 万股，用以他们偿还 350 万美元的银行贷款。吉姆现在已经不指望在这只股票上赚钱了，只要承销团在这只股票上小亏，他们就要谢天谢地了。

齐克用注解：

利弗莫尔在对方操纵出现严重危机后，从这里才开始接手操纵。

这似乎是不可能完成的任务。虽然整体市场时不时地会出现几波涨势，让人燃起一丝希望，相信新一轮的多头市场即将开始，但这些涨势既不活跃也不强势。

我回复了巴恩斯，我将研究一下情况，然后告诉他我会在什么样的条件下答应他。噢，我确实做了研究。<u>我并没有分析公司的最新年报，我研究的是目前股市正处于哪一个阶段</u>。我不准备利用这家公司的营利或前景来拉升股价，而是打算在公开市场上卖掉这批股票。我所考虑的是，什么因素可能帮助我或妨碍我完成这一任务。

齐克用注解：

操纵与操盘的第一个重点，都是先看大盘、大势，或基本情势。

我发现了一件事，有太多的股票掌握在少数人手中，也就是说，这些人所持有的数量之大，已经严重危害了安全性，也令人十分不安。银行兼经纪商、纽约证券交易所会员克里夫顿·凯恩公司持有7万股。他们是巴恩斯的亲密盟友，多年来在炉具股上累积了丰富的经验，在这件整合案中影响甚巨，而他们的客户也因此获益良多。前参议员赛缪尔·戈登也持有7万股，他是他侄子的公司戈登兄弟的特别合伙人。大名鼎鼎的约书亚·沃尔夫也持有6万股。三位华尔街的老手加总起来持有20万股的联合炉具。他们不需要任何人指导他们何时卖出股票。如果我试图操纵这只股票以引诱公众买进——也就是说，如果我让这只股票变得强劲又活跃——我一定会发现凯恩、戈登和沃尔夫利用这个机会出货，而且绝不会手下留情。想到他们手中的20万股股票，会像尼加拉瀑布一般地涌入市场，就令人不寒而栗。别忘了，多头市场的高峰已经过去了，不管我的操作如何高明，都不可能创造出一个强大的市场需求。吉姆·巴恩斯对这项任务已经不抱有任何幻想，顺着我的操作喜好做了适度的回避。他在多头市场已成强弩之末时给了我一大批卖不出去的股票。当然，报纸上不会有任何有关多头市场即将结束的言论，但我知道，吉姆·巴恩斯也知道，银行毫无疑问地更知道这一点。

不过，既然我已经答应了吉姆，就要想办法完成，于是派人去找凯恩、戈登和沃尔夫。**他们手上的20万股股票就像是达摩克利斯之剑**，在我看来，最简单的方法就是达成确定的互惠协议。只要他们保守地帮我，在我卖出银行的那10万股股票时袖手旁观，我就会积极造市，让所有人都能将持股卖掉。依据当时的情况来看，即便是他们只卖出1/10的持股，就会造成联合炉具大跌，他们对这一点也都心知肚明，故从来都没人敢尝试。我要求他们在适当时机卖出股票，而不要让愚蠢的自私行为坏了大家的好事。不论在华尔街还是其他地方，自私自利的人都不会有好下场的。我渴望说服他们，操之过急或考虑不周的抛售行为会危及整体的出货大计，况且时间已经不多了。

齐克用注解：

达摩克利斯，是希腊叙拉古王狄奥尼修斯二世的宠臣，国王让他坐在王位上，头上悬着一把用马鬃系着的利剑，以表明这个位子随时都存在着危机。

希望我的提议能够打动他们，因为他们都是经验丰富的华尔街老手，对联合炉具股票买方的实际需求不会存有幻想。克里夫顿·凯恩是一家大型经纪公司的老板，拥有 11 家分行，客户更是成百上千，而且他的公司曾担任多个资金集团的管理人。

持有 7 万股的戈登参议员是一个极为富有的人。纽约大都会报纸的读者没有不知道他的大名的，因为他曾被一位 16 岁的美甲师女孩告上法庭，起诉他毁约背信。当时，这位美甲师拥有一件价值 5000 美元的貂皮大衣，还有被告写给她的 132 封信。戈登提供了创业资金，为他的侄子们成立了经纪公司，自己则是公司的特别合伙人。他曾参与多个资金集团的运作。他继承了一大笔米德兰炉具公司的股票，因而换得了 10 万股联合炉具公司股票。他的持股实在太多，因此无视吉姆·巴恩斯的利多消息，在市场买盘需求逐渐消失之前，套现 3 万股。后来他告诉一位朋友，要不是好几位大股东兼密友请求他不要再卖出，否则他打算还要卖更多。不过，正如我说的，除了这次的卖出时机之外，他再也找不到能消化他卖单的市场了。

第三位是约书亚·沃尔夫，他是所有交易者中最出名的人物。20 年来，无人不知他是场内交易的老大。他可以任意地拉高或压低股价，没人能与他作对。对他来说，一两万股和两三百股没有什么区别。来到纽约之前，我就听过他的大名。当时他正在一家赌博俱乐部玩无上限下注的游戏，下注的标的是跑马或股票。

人们常说他不过是个赌徒，但他确实真有才学，且对投机游戏颇有天赋。当时，他做事以高调与冷漠而声名远播，也因此成了无数逸闻趣事的主角。其中一则广为流传的趣闻是，有一回约书亚·沃尔夫受邀去参加一个上流社会的晚宴，由于女主人的疏忽，几位宾客开始谈起文学。坐在约书亚身边的一个女孩，发现他一语不发，只顾着吃东西，于是转过头来想听听这位伟大的金融家的观点。**她问他："噢，沃尔夫先生，你对巴尔扎克有什么看法？"**

约书亚礼貌地停止咀嚼，咽下食物后答道："我从来不交易场外股票！"

齐克用注解：

在这里，沃尔夫把法国小说家巴尔扎克的名字，误认为是一只场外交易的股票。

这就是联合炉具的三大个人股东。他们来到我这里时，我对他们说，如果他们组成一个资金集团，拿出一些钱来，并给我执行价格略高于市价的买权，我就会尽我所能为他们造市。他们马上问我："这需要多少钱？"

我回答说："你们持有这只股票已有很长一段时间了，但什么事都无法做。你们三个人持有20万股。你们自己很清楚，除非有人愿意帮你们造市，否则根本没有机会脱手。吸收你们想脱手的股票，需要相当大的市场。最好要有足够的现金，在一开始时就买进需要拉抬的数量，用这些现金来锁住筹码。开始买进之后，如果资金不足是会前功尽弃，同时没办法产生任何效果的。我建议你们成立一个资金集团，并筹集600万美元现金，然后以你们的20万股为标的，执行价格40美元的买权，交给集团，并把你们的所有股票交付第三方信托管理。如果一切顺利的话，你们就能抛售手中的那堆破烂货，而资金集团也能赚点钱。"

正如我告诉过你的，市场上有许多关于我在股市大有斩获的成功传闻。我认为这对我有所帮助，因为没有什么能比成功更令人信服的。总之，我不需要跟这些人做过多的解释，他们都很清楚，若是孤军奋战会有什么结局。他们认为我的计划很不错，临走前表示将马上成立资金集团。

很快他们就找来许多朋友加入自己的行列。我在想他们描绘的获利承诺肯定比我告诉他们的还要多。据我所知，他们确实对此深信不疑，因此可以说他们都是凭良心说话。总之，几天之内资金集团就成立了。凯恩、戈登和沃尔夫给了我20万股的买权，执行价格为40美元，而且我亲眼看到他们把股票交付第三方托管。故在我拉升股价时，这些股票就都不可能会出现在市场了。我必须保护自己，因为有时候眼看就要成功的交易，往往因资金集团的成员互相之间不信任而功亏一篑，这样的例子屡见不鲜。同伙人在华尔街上相互残杀，是稀松平常的事情。当年，美国钢铁与电线公司合并后的第二次集资时，即便约翰·盖兹阵营和塞利格曼家族及其银行家盟友之间曾有君子协定，内部人士仍相互指责对方背信弃义，试图出货。我还在经纪人的办公室里听到有人在背诵，据说是约翰·盖兹所作的四行诗：

蜘蛛跳上蜈蚣背，

得意又恶毒地说：

先下手为强，

后下手遭殃！

齐克用注解：

　　这是指大股东在联合操纵过程时，都会偷跑，暗地里出货，尔虞我诈。

　　请注意，我的意思并不是在暗指华尔街的朋友，时刻都想要在股票交易中趁机出货。然而原则上为任何突发事件做好准备，总是不会错的。这是很简单的常识。

　　在沃尔夫、凯恩和戈登告诉我资金集团已成立后，我除了等待 600 万美元现金到位之外，什么事都无法做。筹集资金的进度缓慢地进行，在我不停的催促之下，依然是分了好几次，零散地进来，我想这笔钱是分了四五次进来。我不知道什么原因，但我记得曾对沃尔夫、凯恩和戈登发出了紧急求救信号。

　　那天下午，我收到几张大额支票，400 万美元到位，其余部分也将在一两天之内补齐，看来资金集团终于可以在多头市场结束之前有所作为了。但是，即使有了准备，也不能保证成功，所以要越早动手越好。公众对死气沉沉的股票动向并不会感兴趣，但手握 400 万美元现金，你就可以激发公众对某只股票的兴趣。已经到位的这些钱，足以承接下所有可能的卖盘。如果时间紧迫，就像刚才我说的，就不必死等到剩下的 200 万美元到齐了。股价越早回到 50 美元，对该集团就越有利，这是明摆着的事实。

　　第二天早上开盘时，我惊讶地发现联合炉具的交易状态异常地活跃。我曾说过，这只股票已经半死不活了好几个月，价格一直在 37 美元不动，由于银行贷款的成本在 35 美元，因此吉姆·巴恩斯非常小心，绝不会让它下跌。但是说到上涨，那就像指望直布罗陀巨岩横跨直布罗陀海峡一样，根本不可能！

齐克用注解：

　　这是开始操纵第一天的情景。利弗莫尔还没开始买，就有人早在他买之前，大量买进。

噢，那天早上，这只股票的需求强劲，价格涨到39美元，开盘后第一个小时的交易量就超过过去半年的总和。这只股票成了当天市场的焦点股，整个市场都因此弥漫着多头气氛。后来我听说，那天在经纪公司客户房间里，联合炉具成了唯一的话题。

我不知道这意味着什么，但是看到联合炉具如此活跃，并没让我担心。通常我不会打听任何股票出现任何异常波动的原因，因为我的经纪人和场内交易员朋友会时刻和我保持联系，他们一有消息或内幕就会打电话告诉我。那天，我听到的是，联合炉具确实有内部人士买进，没有任何洗盘，全是真正的买盘。买进的人消化掉了37美元到39美元的所有卖单，对于那些想打听原因和内幕消息的人，他们一概予以拒绝。这让经验丰富又善于观察的交易者推断，肯定有大事要发生。当一只股票因内部人买进而上涨，而内部人士又拒绝让其他人跟进时，那些研读报价带的人就开始在想，什么时候会正式发布消息。

我自己什么也没做，仔细观察并追踪交易情况，想不通到底怎么了。但是，到了第二天，买盘不仅数量更大，而且更加积极了。在经纪人手中囤积了好几个月，价格在37美元以上的卖单，毫无困难地被一扫而光，而新涌现的卖单根本无法抑制涨势。当然，在上涨趋势中，这种情况一点都不奇怪。联合炉具很快地就突破40美元，并触及42美元。

当股价触及42美元时，我突然觉得应该开始卖出那批作为银行抵押品的股票了。当然，我知道价格将因我的卖出而下跌，但只要我的平均卖出价为37美元，就算任务圆满达成了。我知道这只股票的真实价值，在经历几个月不动的现况下，对于卖出的可能性有了几分把握。**我小心翼翼地让投资人承接股票，直到抛售3万股，并且涨势没有受阻**！

那天下午，有人告诉我，为什么会有这种适时又神秘的涨势。起因是场内交易员在前一天晚上收盘后到第二天早上开盘前，听到了消息，说我极度看好联合炉具，打算一口气把股价拉升15或20点，上涨期间将不会有任何回调。就是那些从未看过我交易记录的人，说是我惯用的手法。散播这条消息的人，就是显赫一时的约书亚·沃尔夫本人，也就是引发前一日涨势买盘的人。他的场内交易员密友们迫不及待地跟着买进，因为他对这只股票知道得很多，且不会给追随者错误信息。

齐克用注解：

　　利弗莫尔还没开始买，就有人早在他买之前大量买进。接着把全部抵押在银行的股票卖掉了。最后才知上涨的原因是小道消息。

　　事实上，市场并没有出现我所担心的卖压。想想看，我已经冻结了30万股，这时你就会理解原本的担心是有道理的。现在，拉升股价要比原先估算的容易得多了。最后，事实证明还是佛劳沃尔州长说得对。每当他被指责为公司，如芝加哥燃气公司、联邦钢铁公司或B.R.T公司专责操纵股价时，总是说："就我所知，唯一能让股票上涨的办法就是买进它。"这也是场内交易员唯一能做的，而价格也会应声上涨。

　　第二天早餐前，我在早报上看到了一则消息。这则消息有成千上万的人看到，而且肯定已经透过电报传送到几百家券商分行和郊区办公室。**消息说到，拉利·李文斯顿正准备大举买进联合炉具。各家报纸都刊载着具体细节各不相同的正面消息。**有一家报纸说，我成立了一个内部人士资金集团，将对大量放空者发动攻击。另一家报纸则暗示，联合炉具近期将发布分红利多公告。还有一家报纸提醒全世界的人，最好回忆一下过去我看好一只股票时，通常是如何操作的。另外有一家报纸指责联合炉具公司隐藏资产，用以掩护内部人士大量买进。所有的报纸都一致认为，这只股票的涨势还没有真正开始。

齐克用注解：

　　只要量价齐扬，报纸就会释放各式各样的利多，记者会自动找来想不到的精彩内容。

　　市场开盘前，我来到办公室阅读信件时，有人告诉我华尔街上充斥着立即买进联合炉具的消息。那天早上，我的电话响个不停，接线员一遍又一遍地回答着不同形式但实质相同的问题：联合炉具真的要上涨了吗？我必须说，约书亚·沃尔夫、凯恩和戈登，可能还有吉姆·巴恩斯，他们传播小道消息的本事还真高明。

我都不知道自己有那么多的追随者。那天早上，数千股的买单从全国各地蜂拥而至，而这些买单是 3 天前，无论是什么价格都乏人问津的股票。别忘了！事实上，公众所根据的买进消息，只是我在报纸上的赌徒名声，这一点我真的要感谢那位想出这个封号的记者。

在这种情况下，股价上涨的第三天，我开始抛售联合炉具。第四天和第五天，我也一直在抛售。这时我突然发现，我已经替吉姆·巴恩斯把 10 万股抵押给马歇尔国民银行换取 350 万美元贷款的股票卖光了。**如果最成功的操纵是指操纵者以最小的代价达成所期望的最终目标，那么联合炉具就是我在华尔街生涯中最成功的一次操纵**。在整个过程中，我没有买进任何股票，也不需要靠开始时假装吃货，以便后续抛售容易。我不需要先将价格尽可能地拉抬到最高，然后再开始真正的抛售。我甚至不需要在价格一路下跌时，抛售出主要卖单，事实上，我是在价格一路走高时一路抛售。这就像是一场美梦，你不费吹灰之力就找到了足以消化掉卖单的市场，尤其是当时正在愁着找不到买家的时候。我曾听佛劳沃尔州长的一个朋友说，有一位多头大作手为某资金集团操纵 B.R.T. 股票，该集团以高于成本的价格抛售了 5 万股，但佛劳沃尔公司竟然赚取了 25 万股交易的佣金。汉密尔顿也说，为了分散卖出 22 万股的联合铜业，詹姆斯·吉恩不得不在整个操纵过程中至少交易了 70 万股，他的佣金可真是大得不得了！想想这些例子，再想想我为吉姆·巴恩斯抛售的那 10 万股所得到的佣金，真的是节省了一大笔钱。

齐克用注解：

联合炉具是利弗莫尔在华尔街生涯中最成功的一次操纵，因为只靠别人的小道消息就把货全出掉了。

我卖掉了答应为吉姆抛售的股票，此时资金集团答应提供给我操纵使用的资金，还是没有全部到位。我觉得没有必要将我已经卖掉的股票再买回来，因此我想不如找个地方给自己放个短假。具体细节我已经忘了，但我确实记得，就在我不再理会这只股票后不久，价格就开始下跌了。有一天，整体市场表现相当疲弱，一位失望的持股者急着抛售手中的联合炉具。在他卖单的打压下，股价跌破了执行价格 40 美元，而且没有人愿意承接。我曾经告诉过你，我对整体情势并不看好，这使我更加感谢这个奇迹，它让我不必像市场预期的那样，将股价在一周内拉升二三十点，才能够抛售这 10 万股股票。

由于股价缺乏支撑，联合炉具一路下跌，直到有一天，它发生了严重的崩跌，触及 32 美元，有史以来的最低价。你应该还记得，吉姆·巴恩斯和一开始的承销团一直把价格维持在 37 美元，以避免银行把那些抵押的 10 万股拿到市场上抛售。

那天，我在办公室里平静地研究报价带，有人通报约书亚·沃尔夫前来造访。我请他进来，随后他急匆匆地走了进来。他身材并不魁梧，但我立刻发现他的怒气足以弥补身材上的不足。

他冲向站在报价机旁的我，吼道："嘿，这究竟是怎么回事？"

"请坐，沃尔夫先生。"我礼貌地说，然后自己先坐了下来，试图让他冷静下来说话。

"我不想坐！我只想知道这是什么意思！"他咆哮着说。

"我不明白你的意思？"

"你究竟对它做了什么？"

"我还是不明白你指的它是什么？"

"那只股票！就是那只股票！"

"哪只股票？"我问。

但这让他涨红了脸，吼道："联合炉具！你对它做了什么？"

"什么都没做！完全没有！怎么了？"我说。

他盯着我看了足足五秒钟，然后终于爆发了："看看价格！你看看！"

他显然气急败坏了，于是我拿起报价带看了看。

我说："现在的价格是 31 $\frac{1}{4}$ 美元。"

"是的！31 $\frac{1}{4}$ 美元，而我手中持有一大堆。"

"我知道你有 6 万股。你持有这批股票已有好长一段时间了，因为当初你买进格瑞炉具时……"

他不等我说完就抢着说："但我又买了一堆，其中一些是 40 美元买的！而且现在还持有呢！"

他充满敌意地盯着我，于是我说："我没有要你买啊！"

"什么？"

"我没有要你多买啊!"

"我并没有说你要我买,但你打算要拉高……"

"为什么我要拉高?"我打断他的话。

他看着我,气得说不出话来,好不容易又开了口:"你要拉高股价。你有钱买。"

"是的,但我一股都没买。"我告诉他。

这是压垮他的最后一根稻草。

"你一股都没买?你手中有超过 400 万美元的现金,而你连一股都没买?"

"一股都没买!"我重申。

他被我逼疯了,以至于话都说不清楚,最后终于说出了一句:"你玩的是什么把戏?"

他内心里肯定给我安上了各种罪大恶极的罪名,我从他的眼神里就可以看到一长串的罪名清单。我对他说:"沃尔夫,其实你想问我的是,为什么我没有用 50 美元以上的价格买走你手上不到 40 美元买进的股票,我说的对吧?"

"没错。你有执行价格 40 美元的买权,还有 400 万美元现金可以用来拉升价格。"

"是的,但我没有动过那笔钱,资金集团也没有因为我的操作损失一分钱。"

"听我说,李文斯顿……"他开始说。

但我没有让他继续说下去。

"你听我说,沃尔夫。你知道的,你、戈登和凯恩的那 20 万股已经被冻结了,如果我要拉升股价的话,市场上已经没有多少股票可以买了。而我要拉升股价的原因有两个:首先是为了帮这只股票造市;其次是让执行价格 40 美元的买权有利可图。但是,你并不满足持有好几个月的 6 万股股票在 40 美元的价位脱手,如果有的话,也不会满足资金集团带给你的利润。因此,你决定在 40 美元以下的价位大量买进,打算在我用资金集团的钱拉升股价时,把它们倒给我。你算准了我会这么做的,所以你在我买进之前大量买进,准备在我卖出之前出货;不管怎么算,我就是你的出货对象。我认为你算准了我会把价格拉升到 60 美元。这件事情是不会错的,所以你为了出货而买进了 1 万股,并且为了确保若我不承接你卖的股票,还会有别人来接,于是你还在美国、加拿大和墨西哥到处散播消息,完全没有考虑到这样做会增加我操作的困难。你所有的朋友都知道我会怎么做，因此你在他们和我买进的时候，就可以趁机出货了。哦，那些收到你消息的亲密战友，在自己进场买进之后，又把消息告诉了他们的朋友，而这批接到第三手消息的朋友，又开始把消息传给了四手、五手甚至六手的冤大头。因此，当我最后真正开始要卖出股票时，我发现成千上万聪明的投机者正等着我接手买进他们的股票呢。你真是帮了我一个大忙，沃尔夫。你无法想象当时我有多么惊讶，联合炉具居然在我还没打算买进之前就开始上涨了；你也想象不到我有多么感激，承销团在40美元左右的价位把10万股全部卖给了准备在50美元甚至60美元的价位把股票卖给我的人。我没有动用那400万美元来帮他们赚钱，看起来很傻，不是吗？这笔钱本是用来买进股票的，但只有在我认为有必要时才会动用，事实上我根本不需要。"

约书亚在华尔街打拼多年，不会让愤怒干扰了正事。他一边听，一边冷静下来，用和善的语气对我说："听我说，拉利老兄，我们该怎么做才好？"

"爱怎么做，就怎么做。"

"噢，帮个忙吧！要是你处在我的位子上会怎么做？"

"如果我处在你的位子上，"我严肃地说："你知道我会怎么做吗？"

"怎么做？"

"把它们全部卖掉！"

他一言不发地看了我好一阵子，然后转身离开。此后他再也没有来过我的办公室。

在这件事之后不久，戈登参议员也来找我了。他也是怒气冲冲地指责我，怪我给他们添麻烦了。随后，凯恩也加入了兴师问罪行列。他们全都忘了，在成立资金集团的时候，他们的股票根本不可能大量卖出。他们只记得，我手里握有资金集团的数百万美元，却没有在44美元且交易活跃时帮他们出货。如今，股价跌到30美元，而且犹如一潭死水，掀不起任何波澜。按照他们的思维模式，我应该早已替他们卖光了股票，而且获利甚丰。

当然，他们也终于冷静下来。资金集团并没有损失一分一毫，而主要的问题仍然没有解决，也就是说，帮他们出货。一两天后，他们又找上门来，要求我帮他们出货。戈登更是坚决请求帮忙，最后我答应将他们的持股以 $25\frac{1}{2}$ 美元的价格出清，如果价格高出 $25\frac{1}{2}$ 美元，那么高出部分的一半将作为我的报酬。当时的价位在30美元左右。

就这样，我又要帮他们出清股票了。就整体市场情况，特别是联合炉具的表现而言，要完成这个任务的唯一方法，就是不要再试图拉升股价，而是顺着跌势一路卖出。如果要拉升股价，我就得继续买进股票。但在跌势中，我可能还会遇到某些买家，他们总是认为，一只股票从高点下跌了 15 或 20 点后已经很便宜了，特别是不久前股价还在创新高的股票。在他们看来，反弹即将出现。联合炉具曾经来到接近 44 美元的价位，因此价格跌到 30 美元以下时，必然就成了值得买进的好股票。

这个方法和往常一样奏效。捡便宜的买盘大量涌入，使我得以出清他们的持股。但你觉得戈登、沃尔夫或凯恩会因此感谢我吗？一点都没有。他们还在生气，至少他们的朋友是这么对我说的。他们老是跟别人说，我是如何亏待他们的。我没有如他们所愿拉升股价，为了这点他们永远不会原谅我。

事实上，要不是沃尔夫和其他的人不遗余力地散播利多消息，我根本无法卖掉抵押给银行的那 10 万股股票。如果用我惯用的做法来做这件事，也就是按正常逻辑行事，我将在市场上以任何价格卖光股票。我说过，我们处于一个下跌的市场中，在这种情况下，唯一卖出的方法，就是不顾一切，以任何价格卖出，没有第二条路可走。但我认为他们不会同意这一点的。他们仍然怒气冲冲，但我一点都不生气。生气不会给你带来任何好处。我不止一次意识到，不能控制脾气的投机者是成不了气候的。在这个案例中，他们的怒气并没有造成什么不良后果。现在我跟你再说件很有趣的事。有一天，李文斯顿夫人因朋友的热情推荐，来到一间裁缝店。店里的女裁缝很能干、很亲切、个性很随和。李文斯顿夫人去了三四趟之后，成了那里的熟客，后来女裁缝师对她说："我希望李文斯顿先生赶紧拉抬联合炉具。我们也买了一些，因为听说他将拉抬这只股票，我们还听说，他在所有的操纵中所向无敌。"

我跟你说，我只要想到无辜的人因听信小道消息而亏钱，就非常难过。或许你已经知道，为什么我从来不传递小道消息了。要是说这次的操作还有什么不满意的，那位女裁缝让我觉得，真的对沃尔夫散播小道消息非常不满意！

第二十三章　内部人透过媒体来操纵外部人

"看看财经新闻的报道，你一定会很惊讶，每天都有很多暗示是半官方性质的消息。"

杰西・劳伦斯顿・利弗莫尔

(1877 年 7 月 26 日—1940 年 11 月 28 日)

导　读

主题

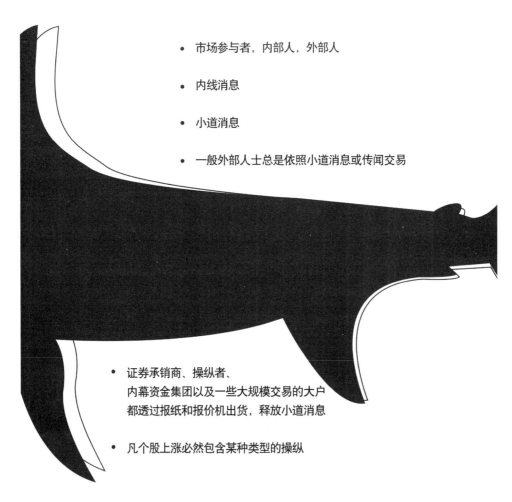

- 市场参与者，内部人，外部人

- 内线消息

- 小道消息

- 一般外部人士总是依照小道消息或传闻交易

- 证券承销商、操纵者、
  内幕资金集团以及一些大规模交易的大户
  都透过报纸和报价机出货，释放小道消息

- 凡个股上涨必然包含某种类型的操纵

图 23-1　先研究图中的主题，再阅读内文

本章 3 个案例

案例 1：以描述方式举案例，讲解内部人、外部人，以及如何买卖与对价关系。

案例 2：纽海文铁路。

能够看出公司前景败坏的，当然是内部人。讲解了内部人与外部人的对价关系。

案例 3：山谷石油。

讲解了内部人与外部人的买卖逻辑。

操盘逻辑

本章用三个案例，来说明内部人如何利用股价的表现，以及报纸媒体释放匿名消息，也就是利用小道消息，让外部人买在高位，自己在高位区出货。然后在一路下跌中，如何引诱外部人逢低买进，套牢后再放消息让外部人抱住套牢的股票。最后内部人在低位区再开始进货。

三个案例中，第一个是用叙述的方式描绘过程中的逻辑。也就是现在的公司派或主力坑杀散户的运作模式。随后两个案例是实际发生过的案例。

证券承销商、操纵者、内幕资金集团和一些大规模交易的大户都各显神通，他们利用各种手法，尽可能以最高的价格抛售自己手中的持股，而从报纸和报价机所透露出来的利多消息是最难防备的，也可能是最致命的小道消息。外部人士总是根据小道消息或传闻交易。

不是所有的股票都有能交易的成交量。股票的种类数量越来越多，交易者要注意的资料越来越广泛，困难度越来越高。大众流连在市场中的时间越来越长，因此总是赔钱。投资市场即便有周密的计划，还是有可能被突如其来的意外给打乱。另一个赔钱的原因是，听信故意误导大众的小道消息，这类的小道消息往往经过了伪装、掩饰等，所以危险性较高。

哪一种是属于致命的小道消息？证券承销商、操纵者、内部资金集团和一些大规模交易的大户全都各显神通，他们利用各种手法尽可能以最高的价格，抛售自己手中的持股，而从报纸和报价机所透露出来的利多消息最难防备，也可能是最致命的小道消息。拿任何一天的报纸出来看，就会发现内容有很多暗示性的半官方性质的消息，这些都是出自某重量级内部人士或重要董事。

股票交易者，除了研究各种投机技巧，还必须考虑一些与这游戏相关的事实。除了要赚钱之外，还要避免亏损。知道什么事不该做与知道什么事应该做是一样重要的。因此你务必记住，有一种操纵方式，是在所有股票几乎都上涨时进行，而这种涨势肯定是由内部人士发动，这么做的目的只有一个，就是要让股票卖在涨得最多的地方。然而，经纪公司里一般的客户都相信，只要持续追踪股票上涨的原因，就能像精明的商人一样避免上当受骗，而操纵者为了有利于出货，自然会对上涨的起因作出某种程度的解释。

重点摘要

1.股票投机永远不会消失，也没人希望它消失。你无法透过警告投机有危险而阻止大家投机。不管大众多么有能力，或经验多么丰富，也无法阻止他们下错赌注。

2.投机买卖股票的人成千上万，但获利的人少之又少。公众时时刻刻经常在交易中，因而总是在赔钱。投机者的致命敌人是无知、贪婪、恐惧和一厢情愿。

3.公众对于卖消息的人或骗子也很难防备，这就好比难以鉴别假钞和假酒一样。

4.证券承销商、操纵者、内幕资金集团以及一些大规模交易的大户，利用各种手法以尽可能好的价格抛售多余的持股，而透过报纸和报价机流传的利多消息是最难防备、危害最大的小道消息。

5."某重量级的银行家表示，现在看空为时过早。"真有那么一位重量级的银行家这么说吗？如果是真的，他为什么要这么说？为什么他不让报纸打上他的名字？他是不是害怕别人会相信他？

6.股票交易者除了研究各种投机技巧之外，还必须考虑一些与华尔街游戏有关的事实；除了试图寻找赚钱的方法之外，还必须避免亏钱。知道什么事不该做与知道什么事应该做是一样重要的。

7.我一直坚信，如果报纸禁止刊登匿名人士乐观的言论，那么公众的损失将会大幅度减少。这里我指的是，为了让公众买进或持有股票而故意制造出来的言论。

8.那些有价值的信息通常都被小心翼翼地保留下来以免公众知道。与此同时，那些沉默寡言的"重要内部人士"正忙着进场，尽全力买进尽可能多的廉价股票。

9.除了听信利多消息而买进股票持续亏损之外，公众也会因劝阻卖出的利多消息而抱股不卖导致亏损扩大。当"重量级内部人士"打算将原来持有的股票卖出时，他会诱使公众买进他想卖出的股票，其次还会力劝公众不要卖出。

10.当人们试图透过买卖一家公司的股票来赚钱时，他们应该考虑到，这家公司的实际情况只有少数管理阶层的人知道。

11.在多头市场中，特别是在繁荣期，一开始就赚钱的公众，后来总是赔个精光，因为他们在多头市场中停留过久。

下面进入内文。

股票投机永远不会消失，也没人希望它消失。你无法透过警告投机有危险而阻止大家投机。不管大众多么有能力，或经验多么丰富，也无法阻止他们下错赌注。精心设计的计划会偏离，因为意外甚至不可预料之事会发生。灾难可能来自大自然或天气，也可能来自自己的贪婪或虚荣心，或者是来自于恐惧或无法抑制的一厢情愿。但除了那些必然会发生的敌人之外，投机者还必须战胜一些在道德上或商业上都站不住脚的行为和恶习。

回顾 25 年前我初到华尔街时的常见做法，我得说，现在已有很大的改变，而且变得更好了。老式的空桶店已经没有了，但对赌经纪商仍然大行其道，还在引诱沉迷于快速致富游戏的男男女女入瓮。证券交易所不仅严禁这些对赌经纪商的诈骗行为，还要求其成员严格遵守规则。许多保护投资人的法令规章和限制都已严格执行，但仍有改善的空间。对于某些恶习一直无法根除，主要是华尔街根深蒂固的保守习性，而不是道德沦丧所造成的。

想靠投机赚钱，从来就不是一件容易的事，现在更是一天比一天难。不久前，真正的交易者对每一只在交易所挂牌的股票都了如指掌。1901 年，摩根推出了美国钢铁公司，它是几家小公司合并而成的，其中大部分成立的时间都不超过 2 年。当时在证券交易所上市的股票有 275 只，"非上市股票"有 100 多只；其中很多股票你不需要了解，因为它们是小型股，或者是少数低成交量的股票或**保证股票**，因而乏人问津。事实上，这些股票绝大多数长久以来都少有成交记录。如今，在证券交易所挂牌上市的股票大约 900 只，其中比较有成交量的股票大约 600 只。此外，过去的股票分类比较容易追踪，它们不仅数量少，而且市值更小，交易者要追踪的消息也没有那么广。但如今，交易者什么东西都做，世界上几乎所有行业都有上市公司。你得花更多的时间与精力关注公司的最新情况。从这个角度来看，想要精明地进行股票投机变得越来越难了。

齐克用注解：

　　保证股票 (Guaranteed stocks) 是一种类似债券的有价证券，它们的地位高于该公司发行的优先股。如果发生违约，则保证股票持有者的求偿顺位次于债券持有者，但高于普通股股东。

投机买卖股票的人成千上万，但获利的人少之又少。**公众时时刻刻经常在交易中，因而总是在赔钱**。投机者的致命敌人是无知、贪婪、恐惧和一厢情愿。世界上所有的法令规章和交易规则，都不能将这些人性的弱点从人类这种动物身上拔除。精心制订的计划会被突如其来的意外搅乱，不管是冷静的经济学家，还是热心的善心人士，都无法阻止这一点发生。另一个赔钱的原因是，听信被故意误导的小道消息，因为这种小道消息往往是经过伪装和掩饰，因此更阴险，危险性更大。

齐克用注解：

　　交易频繁，是赔钱的主因。

　　当然，一般外部人士总是依照小道消息或是新闻来交易。这些消息或新闻可能是口头的，也可能是经报纸刊载的，可能是直接的，也可能是暗示的。通常无法提防这类消息。例如，一位好朋友真心希望能帮你赚钱，因此告诉你他正在做什么交易，即买卖哪些股票。他的动机是好的，但如果这个消息出了错，你该怎么办？同理，公众对于卖消息的人或骗子也很难防备，这就好比难以鉴别假钞和假酒一样。但对抗典型的华尔街流言，投机大众既得不到保护，也无法要求赔偿。证券承销商、操纵者、内幕资金集团以及一些大规模交易的大户都各显神通，他们利用各种手法以尽可能好的价格抛售多余的持股，而透过报纸和报价机流传的利多消息是最难防备、危害最大的小道消息。

　　看看财经新闻的报道，你一定会很惊讶，每天都有很多暗示是半官方性质的消息。这些消息出自某位"重量级内部人士"或"重要董事"，或者是"某高层"或"某权威"，公众都认为这些人理当言之有物。看看今天的财经新闻，我随便挑了一则，听听这个："某重量级的银行家表示，现在看空为时过早。"

　　真有那么一位重量级的银行家这么说吗？如果是真的，他为什么要这么说？为什么他不让报纸打上他的名字？他是不是害怕别人会相信他？

　　这里还有一则新闻，内容与这周一只高成交量的股票有关。这则新闻的消息来源是一位"重要董事"。如果该公司的 12 名董事中真有人透露了这个消息，会是谁呢？显然，只要消息来源保持匿名，即使这个消息造成任何人的损失，也不会有人因此受到牵连。

齐克用注解：

　　新闻解读的技巧。有特定人士利用媒体为个股带风向。

　　股票交易者除了研究各种投机技巧之外，还必须考虑一些与华尔街游戏有关的事实；除了试图寻找赚钱的方法之外，还必须避免亏钱。知道什么事不该做与知道什么事应该做是一样重要的。因此，请你务必记住，所有的个股上涨，必然是某种形态的操纵，而且上涨肯定是内部人士筹划的，他们这么做只有一个目的，就是在利润最大时出货。不过，经纪公司里的一般客户都相信，只要持续追踪股票上涨的原因，他们就会像精明的商人那样，避免受骗上当，而操纵者为了有利于出货，自然会对上涨的原因做出某种程度的"解释"。我一直坚信，如果报纸禁止刊登匿名人士乐观的言论，那么公众的损失将会大幅度减少。这里我指的是，为了让公众买进或持有股票而故意制造出来的言论。

不署名的董事们或内部人士发表了大量公司前景看好的文章，这些文章绝大部分都传达了不可靠的误导性信息给大众。大众因为接受了这类半官方且值得信赖的消息，每年白白损失了上千万美元。

齐克用注解：

新闻媒体上天天都有特定人士，利用媒体释放利多利空，为自己的持股牟利。

举例来说，某公司的业务经历了一段萧条时期，股价也一直萎靡不振。报价代表的是市场对这只股票真实价值的看法。如果股价太低，那肯定有人会注意到并开始买进，股价就会上涨；如果股价过高，同样也有人会意识到并开始卖出，股价就会随之下跌。如果价格既不过高也没有过低，就不会有人谈论它或碰它了。

齐克用注解：

从这里开始举例说明，内部人利用媒体释放利多利空，行情会如何变化，内部人打算做什么，投资人会如何反应，以及最后的结果为何。

有一天，这家公司的业务开始好转，谁会第一个知道？是内部人士还是公众？肯定不可能是公众。那接下来会发生什么呢？如果业务继续好转，利润将会上升，公司就有能力恢复发放股息；如果公司之前都持续发放股息，那现在就能增发股息。换句话说，股票的价值将会上升。

假设公司的业务持续有起色，管理阶层会让公众知道这个好消息吗？董事长会告诉股东吗？慈善的董事会跳出来发表一则署名的消息，告知那些阅读财经新闻的公众吗？会不会有一些低调的内部人士遵循其一贯的风格，发布一则匿名消息，说这家公司的前景一片光明呢？绝不会的。没有人会吐露半点风声，报纸或报价带也不会有任何消息。

那些有价值的信息通常都被小心翼翼地保留下来以免公众知道。与此同时，那些沉默寡言的"重要内部人士"正忙着进场，尽全力买进尽可能多的廉价股票。随着这些人一声不响地持续买进，股价也一路攀升，而财经记者认为这些内部人士应该知道股价上涨的原因，于是开始打听。所有的匿名人士不约而同地宣称，他们手上没任何信息，他们不清楚股价上涨的动力来源。他们有时甚至会说，他们对股票市场的涨跌及投机者的买卖行为没有特别关注。

股票继续上涨，令人开心的一天终于到了，那些知情人士持有的股票数量终于达到了他们心中的目标。华尔街立即开始听到各种利多消息，"拥有最佳官方消息"的报价带数字告诉交易员，该公司确实已从谷底翻身。不愿意透露姓名的低调董事，之前宣称他对股价上涨的原因一无所知，现在却以匿名的方式再次宣布，股东有充分的理由相信公司前景一片光明。

利多消息如潮水般地不断涌入市场，受此推动，公众开始买进该股票。这些买单使得股价涨得更高。过没多久，那些匿名董事们的预言成真了，有如过去提出的意见，公司恢复发放股息，或者提高了股息率。接着，利多的消息越来越多，不仅数量远远超过从前，疯狂程度也是史无前例。某位"重要董事"被要求直言公司的状况时，他向全世界宣告，公司状况大有改善，而且未来仍将不断地成长。某位"重量级内部人士"在记者死缠烂打的逼问下，终于被套出了实话，承认公司的获利惊人。某位和该公司有密切业务往来的"知名银行家"被再三追问后表示，该公司销售额扩张的速度是业界前所未见的，即使接下来没有订单，公司也得夜以继日地赶工，天晓得还需要赶工几个月才能满足现有订单呢！某位"财务委员会的成员"在一份用双实线加框的声明中表示，公众对股票上涨的程度让他感到惊讶。唯一令人惊讶的是，股票还在持续上涨。任何人只要研究一下即将发布的年报，就能轻易地看到该股票的净资产已经远远地超过了市值。然而，所有乐于透露消息的人士中，却没有一个附上了自己的大名。

　　只要获利持续成长，内部人士也看不到任何公司发展受阻的信号，他们就持续抱着他们用极低价格买进的股票。既然没有什么利空消息而导致股价下跌，他们为什么要卖出呢？但是，如果公司的业务没有变好反而变坏了，那会发生什么状况呢？他们会跳出来说明事实，或是发出警告或暗示吗？不太可能。就像公司业绩变好时，他们不吭一声地默默买进一样，一旦走势开始下跌，他们会一声不响地悄悄卖出。随着内部人士的抛售，股价自然就下跌，然后公众会开始听到针对下跌的"合理解释"。某位"重量级内部人士"肯定地说，公司状况良好，股价下跌只是空头卖出，试图影响市场下跌的结果。如果股价下跌一段时间后，有一天突然又出现剧烈的下跌时，公众要求"说明理由"或"解释"的呼声会变得更强烈。这时候，除非有人出面说明，否则公众会担心公司将发生更糟糕的情况，因此媒体就开始刊登这样的消息："我们询问公司的一位重要董事，要求他解释股价下跌的原因，他回答说，今天股票下跌唯一的原因就是遭受空头袭击。基本情势没变，目前公司的业务从来没有这么好过，除非发生完全不可预料的事，否则下次股东大会时，他们将进一步提高股息率。空头大军来势汹汹，股票走势疲弱，显然是想借机将意志不坚的持股人震出局。"新闻媒体不再说他们有可靠的消息来源，转而用各种方式证明，股票下跌的时候，内部人士承接了绝大部分被抛售的股票，空头将会发现自己落入陷阱，总有一天会遭到报应的。

　　除了听信利多消息而买进股票持续亏损之外，公众也会因劝阻卖出的利多消息而抱股不卖导致亏损扩大。当"重量级内部人士"打算将原来持有的股票卖出时，他会诱使公众买进他想卖出的股票，其次还会力劝公众不要卖出。公众看了"重要董事"的声明后会相信什么？一般外部人士会怎么想？当然，股票是不应该出现下跌的，下跌就是空头袭击造成的，只要空头停止放空，内部人士就会发动一波报复性的上涨，而空头将被迫以高价回补。公众对此深信不疑，因为若股价真的是由空头袭击所造成下跌的，接下来的确会如此发展。

　　尽管内部人放话持续承诺多头将上涨，同时毫不留情地威胁将轧空那些过度放空的空头，但股价不但没有反弹，同时仍然持续下跌。原因是内部人士卖出太多股票了，以至于市场根本消化不了。

此外，**这些"重要董事"和"重量级内部人士"所卖出的股票，变成了专业交易者之间互踢的足球**。股价持续下跌，似乎见不到底。内部人士清楚地知道，股价下跌是反映公司未来的获利状况不佳，因此公司业务转好之前，他们不敢再买进股票。等到公司业务再度有了起色，他们就会一如过去悄悄地再次买进。

齐克用注解：

　　内部人士持续卖出的股票，造成市场供给过度，市场筹码变化。

多年来我一直从事股票交易，对股票市场相当熟悉。我可以断言，没有一只股票的剧烈下跌是空头袭击所造成的。所谓的空头袭击的真正状况，是投资人对公司真实情况了解后而形成的卖出行为。但是，股票的下跌，也不能说完全是因内部人士卖出或不买的情形所造成的，因为每个人都会参与加速卖出的过程。当每个人都在卖出，没有人买进，股票自然就一泻千里了。

公众应该牢记这一点：股价长期的下跌，其真正的原因绝不可能是空头袭击。当一只股票不断地下跌时，你可以断定该股票肯定有问题，不是市场的问题，就是公司的问题。如果下跌得毫无道理，而且很快就跌到其真实价值以下，此时就会引来买盘，当然也就阻止了跌势。事实上，空头唯一能赚大钱的机会，就是股价严重超涨的时候。你可以把所有的钱都拿来下注，内部人士是绝对不会向全世界宣布这个事实的。

齐克用注解：

　　股价会大跌的原因是严重超涨，而不是因为空头放空。只要会持续下跌，就是公司或大盘有问题。第一个案例在此结束，并说明股票操作的逻辑。

纽海文铁路就是一个最典型的例子。当时只有极少数人知道的内幕，现在每一个人都知道了。1902 年，纽海文的股价高达 255 美元，它是新英格兰地区首屈一指的铁路投资标的，该地区的居民甚至以持有该股票的数量多寡，来决定一个人是否受人尊敬，或地位有多高。如果有人说，这家公司会走上破产之路，虽然不至于被关进监狱，但可能会被关进精神病院。但当摩根先生任命一位激进的新总裁之后，惨剧就开始了。当初，新任总裁的政策带来的负面效应并不明显，没有人想到这将会导致破产。然而，随着这家联合铁路公司不断以高价买进一笔又一笔的资产时，一些精明的内行人开始质疑总裁梅伦的政策。一套以200万美元买来的电车系统，被转手用1000万美元卖给了纽海文铁路。这时，有一两位大胆的人因批评管理阶层轻率行事，而被认为是不尊敬的行为。当时，若是有人暗示纽海文铁路无法承受如此挥霍时，就像是质疑直布罗陀的力量一样。

齐克用注解：

　　　　股价持续下跌、大跌，甚至于暴跌，必然有原因。基本面恶化，导致破产倒闭是必然现象。

　　当然，最先看出公司败坏的就是内部人士了。他们了解了公司的实际情况，于是开始减少持股。由于他们的卖出和不看好，新英格兰地区最优质的铁路股票就开始下跌了。于是有人质问，并要求公司给出说明，而惯常的解释马上就出现了。"重量级内部人士"声称，据他们所知，公司没有任何问题，股价下跌纯粹是鲁莽的空头打压导致。有了合理的解释之后，新英格兰地区的"投资者"继续安心持有手中的纽约-纽海文-哈特福铁路公司的股票。他们有什么理由不继续持有呢？内部人士不是说公司没有问题，只是空头在作乱罢了？公司不是还要继续发放股利吗？

　　与此同时，公司承诺会轧空行动并没有出现，倒是股价出现了新低。内部人士的卖出行动变得更加紧迫，也更加不掩饰。波士顿一些大众社会的正义人士要求公司说明真正的原因，为什么这只股票惨跌，而且造成新英格兰地区想追求安全投资和稳定股利的每一个人，都蒙受了巨额的亏损。然而，他们却被谴责为股票投机客和居心不良的煽动者。

　　这只股票从255美元跌到了12美元的历史新低，这不可能，也绝对不会是空头袭击的结果。内部人士一路卖出，而且他们卖出的价格总是比他们说出真相或允许说出真相时更高。无论是250美元、200美元、150美元、100美元、

50美元还是25美元，这只股票的价格都太高了。内部人士对此心知肚明，而公众却完全蒙在鼓里。当人们试图透过买卖一家公司的股票来赚钱时，他们应该考虑到，这家公司的实际情况只有少数管理阶层的人知道。

在过去的20年中，跌幅最大的股票并不是因为空头袭击而下跌的，但人们很容易接受这种解释，从而造成了数百万美元的损失。这样的解释使人们不再卖出自己手中走势不对的股票，要不是他们还指望这些股票在空头袭击之后再涨回去，他们早就出清持股了。过去，我常常听到有人大骂吉恩。在吉恩之前，遭受最多指责的是查理·沃瑞雪沃夫和艾迪森·柯马克。之后，我也成了人们在股市赔钱的借口。

我还记得山谷石油公司的例子。这只股票的背后有个资金集团在拉升股价，而且股价在一路上涨的过程中吸引了不少买家。操纵者将股价拉到50美元，接着资金集团开始大量出货，而价格随即快速崩跌。接着，市场上出现了与往常一样的情形，要求解释。为什么山谷石油如此弱势？好多人都在问这个问题，这使得回答这个问题成了重要新闻。某位财经记者找了几个经纪人，这些经纪人最最了解山谷石油上涨的内情，对于下跌的原因，也应该同样了解。当这位报社记者向他们询问理由，准备刊登在全国各地的报纸上时，你猜这些身为多头资金集团成员的经纪人会怎么说？哦，拉利·李文斯顿袭击了市场！这还不够，他们又加上一句，他们正准备"轧空"他。但很显然，山谷石油背后的资金集团并没有停止卖出。当时，山谷石油已跌到了每股12美元，而他们可以把它卖到10美元或更低的价位，且平均卖出价仍高于成本。

齐克用注解：

> 操纵者拉升股价准备拉高出货。然后开始大量出货，而价格随即快速崩跌。投资人找寻到的答案都是错误的，最后造成暴跌下惨赔的结局。

对内部人士来说，顺着跌势一路卖出，是明智且正确的行动。但对于那些成本在35美元或40美元的外部人士而言，这又是另一回事了。这些人看着报价带上的数字抱着持股不动，等着看愤怒的资金集团如何轧空拉利·李文斯顿。

在多头市场中，特别是在繁荣期，一开始就赚钱的公众，后来总是赔个精光，因为他们在多头市场中停留过久，而让他们停留过久的原因正是这种"空头袭击"的传闻。人们应该对某些解释提高警觉，因为那只是不具名的内部人士希望公众相信的解释。

20余年前齐克用先生就展开了利弗莫尔的专项课程。

时至今日，通过丰富的互联网工具与线下课程，齐克用热心于利弗莫尔交易理念的传播，为投资者扫平学习障碍。被誉为名至实归的利弗莫尔代言人。

附图　使用现代市场的丰富案例，讲解利弗莫尔操盘术

第二十四章　庄家与公司派坑杀散户的内幕

"如果一只股票经历了长期稳步上涨后反转开始下跌，而且在下跌过程中只出现偶尔的小反弹，那么很显然，该股票的最小阻力线已经从向上变成向下了。"

杰西·劳伦斯顿·利弗莫尔

(1877 年 7 月 26 日—1940 年 11 月 28 日)

导 读

主题

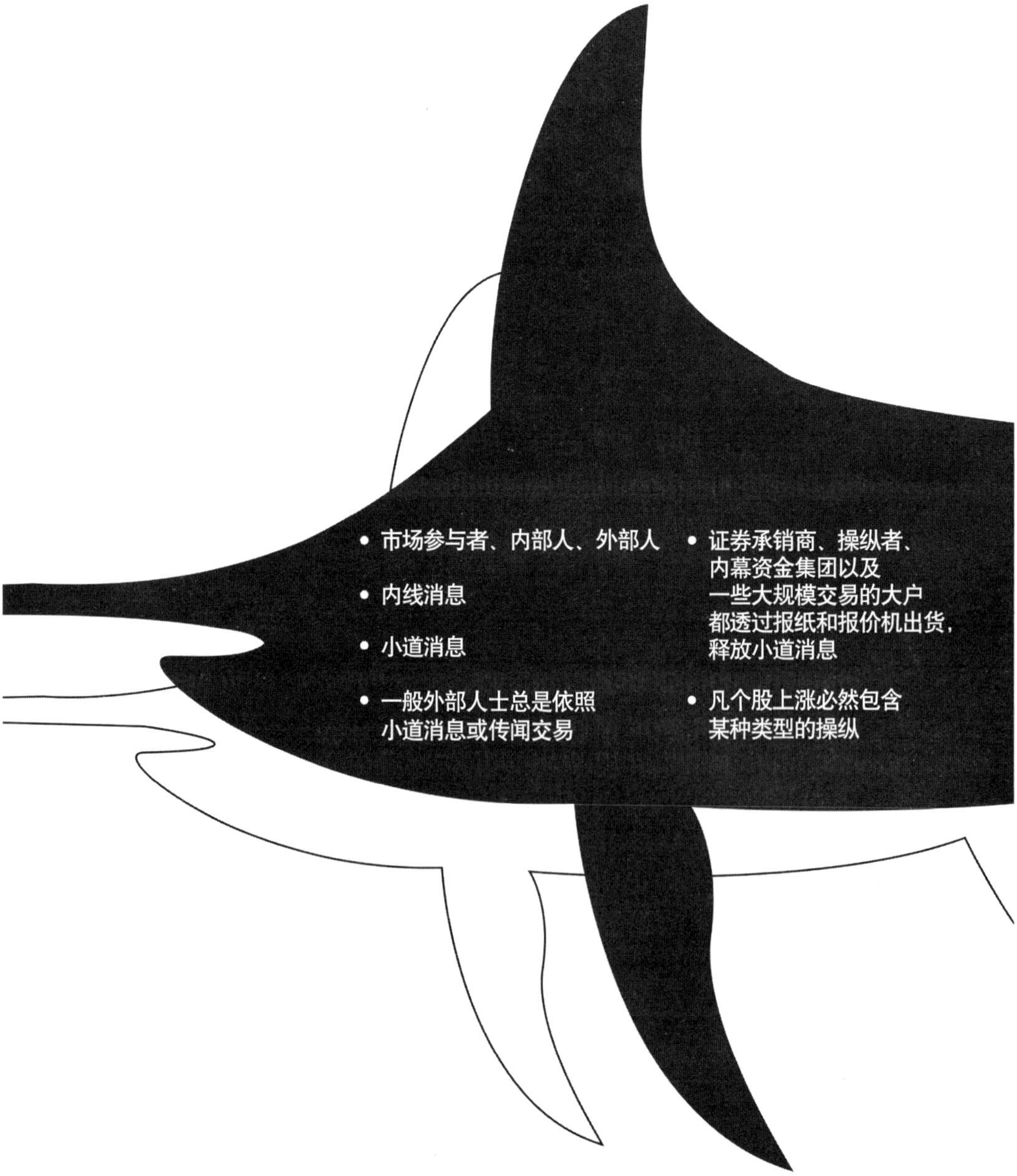

- 市场参与者、内部人、外部人
- 内线消息
- 小道消息
- 一般外部人士总是依照
  小道消息或传闻交易

- 证券承销商、操纵者、
  内幕资金集团以及
  一些大规模交易的大户
  都透过报纸和报价机出货，
  释放小道消息
- 凡个股上涨必然包含
  某种类型的操纵

图 24-1　先研究图中的主题，再阅读内文

本章3个案例

案例1：以描述方式举案例，讲解内部人、外部人，以及如何买卖与对价关系。

案例2：纽海文铁路。

能够看出公司前景败坏的，当然是内部人。讲解了内部人与外部人的对价关系。

案例3：山谷石油。

讲解了内部人与外部人的买卖逻辑。

操盘逻辑

本章用三个案例，来说明内部人如何利用股价的表现，以及报纸媒体释放匿名消息，也就是利用小道消息，让外部人买在高位，自己在高位区出货。然后在一路下跌中，如何引诱外部人逢低买进，套牢后再放消息让外部人抱住套牢的股票。最后内部人在低位区再开始进货。

三个案例中，第一个是用叙述的方式描绘过程中的逻辑。也就是现在的公司派或主力坑杀散户的运作模式。随后两个案例是实际发生过的案例。

证券承销商、操纵者、内幕资金集团和一些大规模交易的大户都各显神通，他们利用各种手法，尽可能以最高的价格，抛售自己手中的持股，而从报纸和报价机所透露出来的利多消息是最难防备的，也可能是最致命的小道消息。外部人士总是根据小道消息或传闻交易。

这本书还缺什么，需要我们再自行补强的？目前券商发行权证的思维为何，以及每周的期权结算，每月的期货结算，自营商的思维与调节为何？利弗莫尔在这本书里所讲的期权就是权证。权证与期权最大的差异点，期权是集中市场交易，是在交易所交易的，是交易所发行的。而权证是券商发行的，或公司发行的，券商发行的叫认购权证，公司发行的叫认股权证。所以有时候公司要给管理层，给他们多少期权，这种都是属于公司发行的，叫认股权证，他要鼓励管理层，如果经营得好，股价到达多少目标值，执行长就有多少红利，而这红利就是从认股权证来的。我们目前在市面上交易的这些都是认购权证或认售权证。

权证的特点就是"券商发行的"。"履约价与期间到底多久，全部由券商自己决定的"，所以发行一家就是一家的规格。交易所发行的权证，就只有一种。

以前证券的自营商，其规模愈做愈小，现在开始，又愈做愈大，因为现在权证发行的很多，权证需要做动态避险。当券商发了认购权证，股价开始往上涨，那自营商就要不停地买进股票，当股价到达价内的时候，自营商持有股票的仓位就要到达百分之百，这样股价再续涨，都不会有亏损的风险。反之，当价格在往下跌的时候，自营商就要不停地降低仓位。所以自营商不但要造市，而且在造市的过程中，他还要做动态避险。动态避险最大的风险是在股价跳空时，无法避险。

重点摘要

1. 公众总是希望从别人那里得知一些内情，而这就是小道消息盛行的原因。经纪人透过他们的市场情报，或口头的方式给客户有关交易的建议。

2. 市场走势总是领先实际情况 6 到 9 个月。今天的获利，并不代表经纪人就应该建议客户购买该股票，除非他有十足的把握，在 6 到 9 个月之后，这家公司仍然能保持相同的获利。

3. 经纪人以赚取佣金为生，但他们透过市场情报或口头的方式，诱使公众购买他们从内部人士那里收到的卖出指令或操纵的股票。

4. 如果一家经纪公司在全国各地都有分行且彼此之间有直通线路

的话，那么要找到一大群跟随者就相当容易了。

5. 用 2 股、4 股甚至 10 股的新股，来替换原来的 1 股老股票，这样做的目的通常是想让老股票更容易脱手。当一磅装的商品卖 1 美元而不好销售时，把它拆成 1/4 磅装卖 25 美分就容易多了，或许还能卖到 27 美分或 30 美分。

6. 大众买进那些价格高于真实价值的股票时如何受到保护呢？谁来惩罚那些散播毫无根据的利多消息的人呢？没有人。如果通过一条法律，能够像现在惩罚空头流言骗子一样惩罚那些散播毫无根据的利多消息的骗子，那么我相信，大众将因此避免好几百万美元的损失。

7. 无论是承销商、操纵者，还是其他从匿名消息中尝到甜头的人们都会告诉你，如果有人根据谣言或不署名的报纸信息来做交易而亏了钱，那他只能怪自己。

8. 所谓的"内部人士"或官方的言论，其实都是没有事实依据的。有时候，内部人士根本没人要求他们出来发表言论，无论是匿名的还是具名的。这些故事都是对市场有浓厚兴趣的人杜撰出来的。

9. 多年股票作手的经验使我相信，即使有人可以在某些时候、某些个股上赚到钱，也没有人能够持续不断地击败股票市场。无论交易者多么有经验，他也难免会犯错而亏损，因为投机不可能百分之百安全。

下面，我们进入内文。

公众总是希望从别人那里得知一些内情，而这就是小道消息盛行的原因。经纪人透过他们的市场情报，或口头的方式给客户有关交易的建议，这原本是无可厚非的事情，但经纪人不应该过度执着在市场的实际情况上，因为市场走势总是领先实际情况 6 到 9 个月。今天的获利，并不代表经纪人就应该建议客户购买该股票，除非他有十足的把握，在 6 到 9 个月之后，这家公司仍然能保持相同的获利。如果你放眼未来，就能清楚地看到，**改变市场情况的条件其实从现在就已开始酝酿了，而那些证明股票很便宜的依据，也会消失殆尽。交易者必须展望未来，但经纪人关心的是现在就能赚到佣金**。因此，经纪人的

市场情报通常不可避免地会有错误的推论。经纪人以赚取佣金为生，但他们透过市场情报或口头的方式，诱使公众购买他们从内部人士那里收到的卖出指令或操纵的股票。

齐克用注解：

　　不同的市场参与者的目的不同。交易人看到的是靠交易获利赚钱，经纪人是以赚取佣金为生。

我们经常可以看到某位内部人士，去找经纪公司的主管说："**我希望你帮我造市，以便我出掉手中的 5 万股股票**。"

齐克用注解：

　　这里的造市，是操纵的一种方式。

经纪公司会要求更具体的操作细节。假设这只股票当前的报价是 50 美元，内部人士会说："**我会给你 5000 股执行价格 45 美元的买权**，5000 股执行价格 46 美元的买权，以此类推，总共给你 50000 股的买权。此外，我还会给你 50000 股执行价格为目前市价的卖权。"

齐克用注解：

　　在造市开始前就谈妥以买权与卖权来获取操纵的报酬，是利弗莫尔获取操纵报酬的方式。

这样一来，经纪公司要赚这笔钱就很容易了，唯一的前提是要有很多人跟随，而这正是内部人士寻找经纪公司的条件。一般而言，如果一家经纪公司在全国各地都有分行且彼此之间有直通线路的话，那么要找到一大群跟随者就相当容易了。别忘了，经纪公司手里还有卖权，因此无论出现什么情况，他都万无一失。只要他能鼓动跟随者买进，经纪公司就能出掉全部的仓位。如此一来，他不仅能赚取常规的佣金，还能获得巨额的利润。

　　这让我想到了一位"内部人士"如何利用造市成功抛售股票，这位人士在华尔街赫赫有名。

他通常会去找大型经纪公司客户部门主管。有时候，他也会去找经纪公司资历较浅的合伙人。他通常会这么说：

"噢，老兄，我想告诉你我非常感激你为我所做的一切，我将给你一个真正赚钱的机会。我们正在创立一家新的公司，而这家新公司将合并另一家我们的公司。我们收购股票的价格将远远超过目前市价，我准备以每股65美元转给你500股班塔姆商场，这只股票目前的价格是72美元。"

这位好心的内部人士也把同样的故事告诉好几家大型经纪公司的十几个客户部主管，而这些华尔街人士接受了内部人士的好处后会怎么做呢？当然，他们会建议每一个能接触到的人去买这只股票。内部人士早料到这个结果，那些华尔街的客户部门主管将帮忙造市，以便好心的内部人士把股票以高价卖给可怜的公众。

经纪公司还有一些其他的伎俩也应该一并禁止。交易所对于公开发行上市的股票，应该禁止非公开私下以部分付款方案来交易。这样才能让官方正式报价对任何股票都能产生约束力。此外，自由市场的官方报价与私下部分付款交易，经常会有价差，因而产生了需求的诱因。

另一个常见的推销伎俩是顺应市场需求，扩增股本来集资，这样做完全合法，却拿走了无辜大众上千万美元。整个过程十分简单，改变一下股票颜色就行了。

他们像变魔术般地，**用2股、4股或甚至10股的新股，来替换原来的1股老股票**，这样做的目的通常是想让老股票更容易脱手。当一磅装的商品卖1美元而不好销售时，把它拆成1/4磅装卖25美分就容易多了，或许还能卖到27美分或30美分。

齐克用注解：

股票分割的惯用伎俩。

公众为什么不问股票为何要分割成更容易买卖的小股呢？这只是华尔街慈善家的一种操作伎俩，但聪明的交易者一定要当心**带来礼物的希腊人**。这就是警讯，但人们总是忽略这种信号，因而导致每年损失上千万美元。

齐克用注解：

　　这句话的由来是拉丁诗人维吉尔所写的《埃涅阿斯纪》中的一段故事，木马屠城记。

　　无论是谁，只要编造或散布损害个人或公司信誉及业务的谣言，因而导致公司股票下跌及群众恐慌性抛售，他都会受到法律的严惩。最初，这条法律的主要的目的是，惩罚那些公开质疑银行在困难时期偿付能力的人，从而降低公众的恐慌情绪。但同样的，法律也有保护公众的作用，它可以避免公众在股票低于其真实价值时卖出股票。换句话说，法律惩罚的是散播此类利空消息的人。

　　那么，大众买进那些价格高于真实价值的股票时如何受到保护呢？谁来惩罚那些散播毫无根据的利多消息的人呢？没有人。然而，人们因匿名内部人士的鼓动而买进股价过高的股票所蒙受的损失，将远远超过所谓的"空头袭击"期间以低于股票真实价值卖出股票所蒙受的损失。

　　如果通过一条法律，能够像现在惩罚空头流言骗子一样惩罚那些散播毫无根据的利多消息的骗子，那么我相信，大众将因此避免好几百万美元的损失。

　　当然，无论是承销商、操纵者，还是其他从匿名消息中尝到甜头的人们都会告诉你，如果有人根据谣言或不署名的报纸信息来做交易而亏了钱，那他只能怪自己。按照这种逻辑，如果有人蠢到沦为瘾君子，那他就没有资格受到法律的保护了。

　　证券交易所应当给予帮助，因为保护公众免于不公平交易的伤害是交易所的首要任务。如果身居要职者希望公众接受他的消息，陈述的事实或观点，那他就必须签署自己的名字。签名并不代表他所说的利多行情一定会发生，但至少能让"内部人士"和"董事们"说话更谨慎。

　　公众必须永远牢记股票交易的基本原则。当一只股票上涨时，无须去探讨其上涨的原因，只要买进动作持续存在，它就会不断上涨。当股票持续上涨时，即使偶尔有小幅的自然回调，也是相当安全的。但是，如果一只股票经历了长期稳步上涨后反转开始下跌，而且在下跌过程中只出现偶尔的小反弹，那么很显然，该股票的最小阻力线已经从向上变成向下了。既然如此，为什么还有人需要解释呢？股票下跌也许有很好的理由，但这些理由只有少数人知道。这些人要不是守口如瓶，就是告诉公众股票现在很便宜。投机游戏本来就是这么玩的，公众应该意识到，真相只有少数人知道，而且他们不可能说出来的。

许多所谓的"内部人士"或官方的言论，其实都是没有事实依据的。有时候，内部人士根本没人要求他们出来发表言论，无论是匿名的还是具名的。这些故事都是对市场有浓厚兴趣的人杜撰出来的。当股票处于上涨的某个阶段，内部人士并不反对寻求职业作手的帮助。然而，尽管内部人士有可能告诉炒手何时买进，但他肯定不会告诉他们何时卖出。这样一来，职业作手就被放在与公众相同的处境中，他必须找到一个足够大的市场，让自己全身而退。这使你会收到最有误导性的"消息"。当然，某些内部人士的言论，无论在这场游戏中的哪个阶段，都不值得信任。通常，大公司的高层可能会根据自己的内幕知识，在市场上有所行动，但实际上他们并没有说谎。他们只是什么都不说，因为他们清楚地知道，有时候沉默是金。

我已经说了很多次，但这个道理无论说多少次都不嫌多：多年股票作手的经验使我相信，即使有人可以在某些时候、某些个股上赚到钱，也没有人能够持续不断地击败股票市场。无论交易者多么有经验，他也难免会犯错而亏损，因为投机不可能百分之百安全。华尔街的专业人士都知道，听信"内幕消息"的盲目操作，将比饥荒、瘟疫、农作物歉收、政局动荡或其他常见的意外更快速地击垮你。无论是华尔街或其他任何地方，通往成功的道路中没有一条是平坦的，为什么还要给自己增添麻烦呢？

参考书目

Reminiscences of a Stock Operator，by Edwin Lefèvre，1923.

Jesse Livermore – Speculator King，by Paul Sarnoff，1985.

Jesse Livermore: The World´s Greatest Stock Trader，by Richard Smitten，2001.

How To Trade In Stocks，by Jesse Livermore，2001.

Speculation as a Fine Art，by Dickson G. Watts，2003.

Trade Like Jesse Livermore，by Richard Smitten，2004.

Lessons from the Greatest Stock Traders of All Time，by John Boik，2004.

How Legendary Traders Made Millions，by John Boik，2006.

The Secret of Livermore: Analyzing the Market Key System.，by Andras Nagy，2007.

延伸阅读

1.《股票大作手操盘术精解》

2.《杰西·利弗莫尔手稿解密》

3.《杰西·利弗莫尔 25 堂精解课》

4.《杰西·利弗莫尔的资金与情绪管理》

5.《杰西·利弗莫尔动态操盘实战技巧》

6.《杰西·利弗莫尔图表形态实战技巧》

7.《杰西·利弗莫尔量价分析实战技巧》

8.《杰西·利弗莫尔 K 线操盘实战技巧》

9.《杰西·利弗莫尔买点卖点实战技巧》

10.《杰西·利弗莫尔趋势分析实战技巧》

以上图书，是齐克用先生 30 多年潜心研究的心血之作，完整呈现了杰西·利弗莫尔投资智慧与操盘技巧，具有跨越时空的永恒价值，是我们投资进阶的指路明灯，这些书，足以将你培养成为股市高手。

以上图书陆续出版，敬请关注